ABITUR 2016

Original-Prüfungsaufgaben mit Lösungen

Deutsch

Gymnasium Baden-Württemberg

2014–2015

STARK

13. neu bearbeitete und ergänzte Auflage
www.stark-verlag.de

Inhalt

Vergleichende Interpretation zweier Gedichte (Naturlyrik)

Interpretation eines Kurzprosatextes

Verfassen eines Essays

Analyse und Erörterung nicht fiktionaler Texte

Abiturprüfungsaufgaben 2014

Abiturprüfungsaufgaben 2015

Jeweils zu Beginn des neuen Schuljahres erscheinen die
neuen Ausgaben der Abiturprüfungsaufgaben mit Lösungen.

Autorinnen und Autoren:

Florian Andelfinger: Übungsaufgabe 7, Lösung Aufgabe 5 (2014 und 2015)
Christian Berg: Übungsaufgabe 12
Ulrike Blechschmidt: Übungsaufgaben 9 und 10
Gabriele Bohnert: Übungsaufgabe 13
Dr. Martin Brück: Hinweise und Tipps zur schriftlichen und mündlichen Abiturprüfung
Dieter Gall: Übungsaufgabe 1, Lösung Aufgabe 3 (2014 und 2015)
Dr. Dorothea Hennig: Übungsaufgaben 5 und 8
Ralf Heringhaus: Übungsaufgabe 2
Dr. Eva-Maria Knittel: Lösung Aufgabe 2 (2014 und 2015)
Dr. Stefan Metzger: Übungsaufgabe 3
Claudia Mutter: Übungsaufgaben 6 und 11, Lösung Aufgabe 4 (2014), Lösung Aufgabe 1 (2015)
Dr. Ulrich Vormbaum: Übungsaufgabe 4, Lösung Aufgabe 1 (2014), Lösung Aufgabe 4 (2015)

Vorwort

Liebe Abiturientinnen und Abiturienten,

Sie werden bald das Abitur im Fach Deutsch ablegen. Der vorliegende Band hilft Ihnen dabei, sich optimal auf die Prüfung vorzubereiten.

Das einführende Kapitel „**Hinweise und Tipps**" informiert Sie über die offiziellen Rahmenvorgaben, macht Sie mit den Arbeitsanweisungen (Operatoren) vertraut und erläutert die verschiedenen Schwierigkeitsstufen (Anforderungsbereiche) innerhalb jeder einzelnen Aufgabe. Es schließen sich konkrete Tipps an, was Sie bei der Bearbeitung der unterschiedlichen Aufgabenarten beachten müssen. Hinweise zur mündlichen Prüfung im Fach Deutsch runden diesen Teil ab.

Ein Block mit zahlreichen **Übungsaufgaben** bietet Ihnen die Möglichkeit, sich gezielt auf die aktuellen Pflichtlektüren, das Leitthema Lyrik: „Natur und Mensch in der deutschsprachigen Lyrik vom Sturm und Drang bis zur Gegenwart" und die verschiedenen Aufgabenformate vorzubereiten. Daran schließen sich die **offiziellen Abiturprüfungsaufgaben** aus den Jahren **2014** bis **2015** an.

Zu jedem Klausurbeispiel finden Sie einen ausführlichen **Lösungsvorschlag**, mit dem Sie Ihren eigenen Aufsatz vergleichen können. Den Lösungsvorschlägen vorangestellt sind **Hinweise und Tipps**, die Ihnen bei der Erschließung der einzelnen Arbeitsanweisungen helfen. Wesentliche **Fachbegriffe** in den Lösungsvorschlägen sind durch Fettdruck hervorgehoben; **Strukturierungshinweise am Rand** sollen helfen, den Gedankengang nachzuvollziehen. Ein **Stichwortverzeichnis** ermöglicht die schnelle Orientierung in dem Band.

Vergegenwärtigen Sie sich bei Ihrer Vorbereitung immer wieder die genaue Fragestellung und die verwendeten Operatoren und lesen Sie die Erklärung der unterschiedlichen Aufgabenarten in den Hinweisen nach. Auf diese Weise wiederholen Sie auch die im Unterricht gelernten Inhalte und Methoden.

Sollten nach Erscheinen dieses Bandes noch wichtige Änderungen in der Abiturprüfung vom Kultusministerium bekannt gegeben werden, finden Sie aktuelle Informationen dazu im Internet unter: *www.stark-verlag.de/pruefung-aktuell*

Wir wünschen Ihnen eine effektive Abiturvorbereitung und eine erfolgreiche Abiturprüfung!

Die Autoren und der Verlag

Stichwortverzeichnis

Werkregister

Personenregister

Hinweise und Tipps zur schriftlichen Abiturprüfung

1 Grundlagen

1.1 Vorgaben für das Zentralabitur Deutsch 2016

Die schriftlichen Abituraufgaben richten sich in Inhalt und Aufbau nach:
- dem Bildungsplan für die Kursstufe des Gymnasiums in Baden-Württemberg, veröffentlicht vom Ministerium für Kultus, Jugend und Sport Baden-Württemberg in: *Bildungsplan 2004. Allgemein bildendes Gymnasium,* S. 88f.,
- den bundesweit verbindlichen *Bildungsstandards im Fach Deutsch für die allgemeine Hochschulreife* (Beschluss der Kultusministerkonferenz vom 18. 10. 2012),
- den in der Regel für jeweils vier Schuljahre gültigen Pflichtlektüren, die vom Kultusministerium in *Kultus und Unterricht* veröffentlicht werden.

1.2 Anzahl der Prüfungsaufgaben, Zeitrahmen und Hilfsmittel

In der Abiturprüfung im Kernkompetenzfach Deutsch werden Ihnen **fünf Aufgaben** vorgelegt. **Sie wählen eine davon** zur schriftlichen Bearbeitung **aus**. Zur Vorbereitung der Endfassung des Aufsatzes (weißes Papier) kann ein Entwurf (grünes Papier) konzipiert werden, der abgegeben werden muss, aber in der Regel nicht in die Bewertung einbezogen wird. Wenn der Aufsatz aus Zeitgründen nicht fertiggestellt werden kann, ist es nur dann möglich, Teile des Entwurfs zu berücksichtigen, wenn diese ausformuliert, gut lesbar und deutlich markiert sind. Ein geringer ‚Punktabzug' wegen Mängeln in der äußeren Form ist aber auch dann nicht ausgeschlossen.

Die **Arbeitszeit** beträgt 330 Minuten einschließlich der Vorbereitungszeit (Textauswahl, Konzeptarbeit)

Hilfsmittel in Form unkommentierter Ausgaben der drei Pflichtlektüren werden nur für die Bearbeitung der Aufgabe I zur Verfügung gestellt. Im Unterricht verwendete bzw. eigene Ausgaben der Pflichtlektüren dürfen nicht benutzt werden. Weiterhin sind im Prüfungsraum aktuelle Ausgaben des Duden oder eines anderen Rechtschreibwerks auszulegen.

Für die schriftliche Abiturprüfung sind drei Werke als Pflichtlektüren benannt worden: der Roman „**Homo faber**“ von Max Frisch, der Roman „**Agnes**“ von Peter Stamm und das Drama „**Dantons Tod**“ von Georg Büchner. Die Gedichtinterpretation bzw. der Gedichtvergleich beziehen sich auf das Thema „**Natur und Mensch in der deutschsprachigen Lyrik vom Sturm und Drang bis zur Gegenwart**“.

Die genannten Lektüren finden sich im offiziellen Lektüreverzeichnis zum Bildungsplan 2004, der beim Landesinstitut für Schulentwicklung Baden-Württemberg erschienenen *Kommentierten Empfehlungsliste zur deutschsprachigen Literatur* (Heft H-07/47, Stuttgart 2007). Mit Frischs *Homo faber* wurde ein bewährter ‚Klassiker der Schullektüre‘, mit Peter Stamms *Agnes* ein wichtiger, von der Literaturkritik hoch bewerteter Roman der Gegenwartsliteratur ausgewählt und mit Büchners Drama *Dantons Tod* ein herausragendes Werk, das jedoch im Unterricht – vor allem im Vergleich zu Büchners Drama *Woyzeck* – eher selten behandelt wird. Der Schwerpunkt der Textauswahl liegt somit auf **moderner Literatur**, auch wenn zwischen *Homo faber* (1957), einem Werk der Nachkriegsliteratur, und *Agnes* (1998), einem der Gegenwartsliteratur zuzurechnenden Text, ein Zeitraum von etwa vierzig Jahren liegt. Büchners *Dantons Tod* (1835) ist von seinem Erscheinungsdatum her deutlich von den beiden Romanen abgesetzt, besticht aber bis heute durch die Modernität der Figurengestaltung wie auch der dramatischen Form.

Was ihre Behandlung im Unterricht und die Aufgabenstellung in der Abiturprüfung betrifft (vgl. 3.1), so ermöglichen die Pflichtlektüren eine **Fülle ergiebiger Vergleichsaspekte**. In der *Kommentierten Empfehlungsliste zur deutschsprachigen Literatur*, die nicht nach Epochen und Gattungen, sondern nach Themenfeldern strukturiert ist, ist *Homo faber* dem Themenfeld „Identität und Rolle“, *Agnes* dem Themenfeld „Gelingen oder Scheitern: Liebesgeschichten“ und *Dantons Tod* dem Themenfeld „Freiheit und Verantwortung: Der Mensch im Spannungsfeld der Geschichte“ zugeordnet. Solche Themenfelder sind nicht absolut zu verstehen, denn eindeutige Zuordnungen würden der Vieldeutigkeit literarischer Texte widersprechen. Doch verschaffen sie dem interpretierenden und vergleichenden Leser eine erste Orientierung und sind Wegweiser zu zentralen Fragen, welche die Schriftsteller aufwerfen. Im vorliegenden Fall kann als der allgemeinste Nenner und die stärkste thematische Klammer zwischen den Pflichtlektüren das Themenfeld **Identität und Rolle** betrachtet werden. **Liebe** wie auch **Freiheit und Verantwortung** stehen in den drei genannten Werken in einem engen Zusammenhang mit Identitätsproblemen und einem rollenbestimmten Verhalten, mit spezifischen Rollenkonflikten usw. Ausgehend von „Identität und Rolle“ können auch weitere, damit verbundene thematische Dimensionen der Texte erschlossen werden: So z. B. hinsichtlich geschlechtsspezifischer Rollen, misslingender und gelingender Paarbeziehungen, im Hinblick auf Selbst- und Fremdbestimmung und auf die sich in allen Werken stellende Schuldfrage.

Eine kurze Zusammenfassung der Pflichtlektüren mag als Beleg dienen:
Die Hauptfigur von **Max Frischs Roman „Homo faber“**, der Ingenieur Walter Faber, ist Rationalist und überzeugter Vertreter eines naturwissenschaftlichen Weltbilds, das das Schicksal ausschließt und nur den Zufall gelten lässt. Die Romanhandlung beinhaltet in der Tat, beginnend mit einem Flugzeugabsturz in der mexikanischen Wüste, viele Zufälle, die allerdings in ihrem Zusammenwirken schicksalhafte Auswirkungen annehmen: Faber wird mit einer früheren Phase seines Lebens, der in den dreißiger Jahren des 20. Jahrhunderts gescheiterten Beziehung zu der Halbjüdin Hanna, konfrontiert. Seine Reisen im ersten Teil des Romans – Ausgangspunkt ist New York, Endstation Athen – erweisen sich als Reisen in die eigene Vergangenheit. Von zentraler Bedeutung ist die Schiffsreise von New York nach Paris, bei der er die junge Sabeth kennenlernt, seine und

Hannas Tochter, von deren Existenz er jedoch nichts weiß. Während einer Autoreise durch Italien und Griechenland beginnen sie ein inzestuöses Liebesverhältnis. Die Indizien, dass Faber Sabeths Vater ist, häufen sich. Er verdrängt jedoch seine Ahnungen – wie auch die Symptome seiner Krankheit – ganz entsprechend seinem Rollenkonzept als Techniker, der sein Leben ohne Widerstände planen, berechnen und konstruieren kann. Kurz vor dem Ziel der gemeinsamen Reise verunglückt Sabeth und stirbt später an den Folgen des Unfalls. In Athen begegnet Faber Hanna, wenig später erkrankt er an Magenkrebs. Alle diese Ereignisse widerlegen sein bisheriges Selbstverständnis als souveräner Techniker, bewirken zwar keine vollständige Neuorientierung, aber eine gewisse Relativierung seines Weltbildes und eine veränderte Wahrnehmung seiner Umwelt, insbesondere Hannas. – Formal ist Max Frischs Roman als Bericht Walter Fabers konzipiert, mit dem dieser sein Verhalten rechtfertigen und mögliche Schuldvorwürfe entkräften will. Bei diesem Bemühen werden an vielen Stellen sein schlechtes Gewissen und der Versuch, Belastendes zu verdrängen und zu verharmlosen, in der Art und Weise des Berichterstattens deutlich. Dieses Berichten ist vor allem gekennzeichnet durch ein nicht-chronologisches Vorgehen, durch vielfachen Wechsel zwischen Gegenwartshandlung, unmittelbarer und weit zurückliegender Vergangenheit, durch gezielte Aussparungen, Verzögerungen und Verharmlosungen. Hinzu kommen reflektierende Passagen, mit denen Faber sein Weltbild und seine Überzeugungen illustriert, die sich häufig als klischeehaft erweisen.

Peter Stamms Roman „Agnes" erzählt von einem (vermutlich) tödlich endenden Spiel mit den Ebenen ‚Realität' und ‚Erfindung'. Realität – das ist die problematische Liebesgeschichte zwischen einem älteren Sachbuchautor und der Physikstudentin Agnes, die sich in Chicago abspielt. Die Ebene der Erfindung bzw. der Fiktion setzt ein, als Agnes den namenlos bleibenden Erzähler bittet, über sie und die gemeinsame Beziehung zu schreiben. Agnes erwartet sich ein Porträt, doch was spielerisch beginnt, nimmt bald zwanghafte Züge an und führt dazu, dass die Geschichte die Realität überholt. Dies bedeutet, dass die Geschichte in die Zukunft vorausgreift und die Wirklichkeit der Geschichte angepasst wird, was nicht immer und oft nur mit Mühe möglich ist. Zu einer Krise kommt es schließlich, als Agnes ein Kind erwartet, das der Erzähler ablehnt, da es nicht in seine Lebenskonzeption passt. Daraufhin verlässt sie ihn. Nachdem Agnes eine Fehlgeburt erlitten hat, kehrt sie jedoch auf seine Bitte zu ihm zurück. Die real nicht vorhandene Familienidylle wird samt Kind in die Fiktion verlagert und im Leben so weit als möglich ‚nachgespielt', bis Agnes diese Geschichte als Lebenslüge entlarvt und sie sich ihr verweigert. Für den Schluss seiner Geschichte erfindet der Erzähler, der inzwischen eine oberflächliche Beziehung zu einer anderen Frau eingegangen ist, zwei Varianten, ein Happy-End und Agnes' Tod im Schnee. Agnes verschwindet, nachdem sie die zweite Version gelesen hat: „Agnes ist tot. Eine Geschichte hat sie getötet." So beginnt, das Ende vorwegnehmend, Stamms komplexer Roman.

Gemeinsamkeiten zwischen Walter Faber und dem Erzähler in *Agnes* liegen auf der Hand. In beiden Fällen handelt es sich um problematische Existenzen: Sie sind unsicher, was ihr Selbstverständnis und ihre Lebensweise betrifft, und unzuverlässig als Erzähler ihrer Geschichten, weil das Schreiben der Rechtfertigung dient (Faber) und die Ebenen ‚Realität' und ‚Fiktion' zunehmend ineinander übergehen (Erzähler). Diese Mängel aber versuchen sie zu überspielen, indem sie sich mit ihrer Rolle – einerseits als souveräner Techniker, andererseits als allmächtiger Autor – (über)identifizieren. Anders verhält es sich mit Danton in **Büchners Drama „Dantons Tod"**, das zeitlich in der Spätphase der Französischen Revolution (März/April 1794) angesiedelt ist und in dessen Mittelpunkt der Konflikt zwischen radikalen Jakobinern und Dantonisten steht. Auch Danton spielt Rollen: Früher die des überzeugten Revolutionärs, später dann – schon zu Beginn des Dramas – die eines Epikuräers (Genussmenschen), der sich aus der Politik zurückgezogen hat und einen luxuriösen Lebensstil pflegt. Danton unterhält jedoch ein distanziertes, oft ironisches Verhältnis zu seinen Rollen; er versucht nicht in ihnen aufzugehen, sondern spielt sie, um der alles beherrschenden Langeweile und den Gedanken an Tod und Sterben zu entfliehen. Dies wird besonders deutlich, als Danton und seine Freunde sich im Gefängnis auf den Tod vorbereiten, indem sie philosophische Gespräche führen. Dagegen ist Dantons Gegenspieler Robespierre eine in der politischen Öffentlichkeit perfekt funktionierende Rollenexistenz, die die Massen zu manipulieren weiß. Als Danton nach seiner Verhaftung und dem vergeblichen Versuch einer Rechtfertigung vor dem Revolutionstribunal der Hinrichtung entgegensieht, findet er Trost in den Gedanken an seine Frau Julie, die mit ihm in den Tod geht, indem sie sich das Leben nimmt. Das Private – auch seine Besuche bei der Prostituierten Marion – stellt für Danton eine Sphäre des Schutzes und der Geborgenheit dar. Sie ist insofern eine Gegenwelt zur Welt des Politischen, die sich für den ehemaligen Revolutionär und Justizminister Danton angesichts der vielen getöteten Opfer mit quälenden Schuldgefühlen verbindet.

Neben den drei Pflichtlektüren ist für die schriftliche Abiturprüfung das lyrische Schwerpunktthema **Natur und Mensch in der deutschsprachigen Lyrik vom Sturm und Drang bis zur Gegenwart** verbindlich. Damit ist ein breiter zeitlicher Rahmen vorgegeben, der ein an literarischen Epochen orientiertes Vorgehen nahelegt. In der Epoche des ‚Sturm und Drang' entdeckt sich das lyrische Ich als erlebendes und empfindendes Subjekt und entwickelt ein Gefühl für die Natur. Von hier aus spannt sich ein Bogen bis zur Gegenwartsliteratur, die mit ihrer vielfältigen Naturlyrik von der ungebrochenen Aktualität dieser Gattung zeugt. Durch den Vergleich von Gedichten aus verschiedenen Epochen können unterschiedliche Auffassungen von ‚Natur' erarbeitet werden, die sich nicht nur inhaltlich, sondern auch in Sprache und Form der lyrischen Texte widerspiegeln. Es geht dabei nicht nur um Natur, sondern immer auch um das Verhältnis zwischen Natur und Mensch, um die Bedeutung der Natur für ihn und sein Verständnis von Natur, aber auch um sein Selbstverständnis, seine Gefühle und Reflexionen und vieles mehr. Die in den Gedichten zum Ausdruck kommende Naturerfahrung ist oft mehrdeutig, auch widersprüchlich, und stellt eine Herausforderung für den Leser und Interpreten dar. Sie kann auf die besonderen Lebensumstände der Autoren verweisen. Dabei dürfen allerdings über die Person des Autors hinausreichende und auf diesen zurückwirkende Faktoren nicht vergessen werden – das historische und soziale Umfeld, für eine Epoche typische Weltanschauungen usw. So haben sich das Bild der Natur und das Naturverhältnis des Menschen durch die Entwicklung von Wissenschaft und Technik verändert. Von den fundamentalen Auswirkungen der industriellen Revolution auf die Lebenswelt kann die Naturlyrik nicht unberührt bleiben – wie auch andererseits modernes ökologisches Denken, das Natur als ‚Partner' und nicht als Objekt des Menschen begreift, in Gedichten seinen Ausdruck finden kann.
Eine Herausforderung stellt gewiss die relativ breite thematische Vorgabe (‚Vom Sturm und Drang bis zur Gegenwart') dar, denn das Spektrum der infrage kommenden Gedichte ist kaum überschaubar. Im Unterricht wird aus der Fülle des Materials eine exemplarische Auswahl getroffen. Vor allem zwei Auswahlkriterien sind dabei von Belang: die Repräsentativität der lyrischen Texte für wichtige Epochen und die Vergleichbarkeit der Gedichte. Um Letzteres zu erreichen, kann es hilfreich sein, innerhalb des an Epochen ausgerichteten historischen Längsschnitts thematische Querschnitte (z. B. ‚Natur und Empfindung', ‚Naturbeherrschung', ‚Natur und Geschichte' usw.) vorzunehmen und derart mit literarischen Themenfeldern zu arbeiten, die auch der Auswahl der Pflichtlektüren (‚Identität und Rolle') zugrunde liegen. Ein Wissen zu Epochenmerkmalen trägt zu einem vertieften Verständnis der Gedichte bei. Kenntnisse dieser Art können auch in der Abiturprüfung von Vorteil sein, sind jedoch nicht von zentraler Bedeutung. Entscheidend ist vielmehr die Fähigkeit, Gedichte interpretieren und miteinander vergleichen zu können (vgl. dazu Abschnitt 3.4). Dabei ist in der Regel mit weniger bekannten Texten zu rechnen: Wer sich also für dieses Thema entscheidet, muss in der Lage sein, anhand von bestimmten Gedichten erworbene Kompetenzen auf andere Gedichte zu übertragen.

3 Aufgabenarten

Die bundesweit gültigen *Bildungsstandards im Fach Deutsch für die allgemeine Hochschulreife* unterscheiden drei wesentliche fachspezifische Erschließungsformen von Texten (Interpretation, Analyse, Erörterung) sowie materialgestütztes Schreiben, d. h. das Verfassen eines Textes auf der Basis themenspezifischer, den Schülerinnen und Schülern zusammen mit der Aufgabe vorzulegender Materialien (Texte, Schaubilder, Grafiken, Statistiken). Es ergibt sich folgendes Gesamtbild:

Textbezogenes Schreiben				**Materialgestütztes Schreiben**	
Interpretation literarischer Texte	Analyse pragmatischer Texte	Erörterung literarischer Texte	Erörterung pragmatischer Texte	Informierende Texte	Argumentierende Texte
Aufgabenart I, Teilaufgabe 1 Aufgabenarten II und III	Aufgabenart V Schwerpunkt Analyse	Aufgabenart I, Teilaufgabe 2	Aufgabenart V Schwerpunkt Erörterung	Aufgabenart IV: Verfassen eines Essays • Materialsammlung (Dossier), auch mit informierenden Texten, wird vorgelegt • Essay: nicht-argumentierende Schreibform (ggf. argumentierende Passagen)	

In den *Bildungsstandards* wird ausgeführt, dass die Aufgabenarten „Grundmuster" darstellen, die „miteinander kombinierbar sind" und „Mischformen" (vgl. Essay: 3.4) zulassen.
Das oben dargestellte Spektrum wird durch die Aufgabenarten der schriftlichen Abiturprüfung in Baden-Württemberg abgedeckt:

I. Interpretationsaufsatz mit übergreifender Teilaufgabe zu einer Pflichtlektüre
II. Interpretationsaufsatz zu einem Gedicht oder Gedichtvergleich
III. Interpretation eines literarischen Prosatextes
IV. Verfassen eines Essays
V. Analyse und Erörterung nicht fiktionaler Texte (mit Schwerpunkt *Erörterung* oder *Analyse*)

Im Folgenden werden diese fünf Aufgabenarten näher erläutert:

3.1 Interpretation und Vergleich der Pflichtlektüren (‚Werke im Kontext')

Einer der drei Pflichtlektüren (Gattungen: Drama, Erzählung bzw. Novelle, Roman) wird ein **Textauszug** entnommen, der in der Regel nicht mehr als zwei Seiten umfasst, aber auch deutlich kürzer ausfallen kann. An diesen schließen sich zwei Aufgabenstellungen an. Die **erste Arbeitsanweisung** ist standardisiert, d. h. sie ist in aller Regel und von Ausnahmen (siehe weiter unten) abgesehen stets zu erwarten und lautet: *Interpretieren Sie den Textauszug im Kontext der vorangegangenen Handlung.* Verlangt wird hier sowohl eine Zusammenfassung der vorangegangenen Handlung als auch eine Interpretation der vorgelegten Textstelle. Die Formulierung zweier Aufgaben in Form *einer* Aufgabenstellung betont, dass die Zusammenfassung als Hinführung zum Textauszug zu konzipieren ist und die zu dessen Verständnis notwendigen Voraussetzungen herstellen muss.

Eine komplette und womöglich detaillierte Inhaltsangabe wird dieser Aufgabenstellung nicht gerecht und wäre außerdem ein zeitraubendes Unternehmen. Sie sollen hier nicht nur Ihre Kenntnis des Werks unter Beweis stellen, sondern zeigen, dass Sie Wesentliches von Nebensächlichem unterscheiden und die für das Verständnis der Vorlage notwendigen Informationen vermitteln können.
Bei der möglichst kompakten, folgerichtigen und übersichtlichen Darstellung sollten Sie einen ‚fiktiven Leser' vor Augen haben, der das Gesamtwerk nicht kennt und sich im Hinblick auf die gegebene Schlüsselstelle schnell orientieren will. In den meisten Fällen wird nur eine funktionale **Hinführung zum Textauszug** verlangt; das weitere Geschehen wird dann nicht referiert, unter Umständen ist ein kurzer Ausblick auf zentrale Ereignisse im Anschluss an die Textstelle denkbar. In eher seltenen Fällen verlangt die erste Arbeitsanweisung die Einordnung der Textstelle in einen begrenzten Werkausschnitt (z. B. Akt, Szene, Kapitel). Dies könnte vor allem dann der Fall sein, wenn es sich um ein umfangreiches Werk handelt und die Textstelle z. B. einem der letzten Kapitel entnommen ist. Eine vollständige, vom Beginn der Handlung ausgehende Zusammenfassung würde in solchen Fällen zu viel Arbeitszeit in Anspruch nehmen und auch den anzustrebenden Proportionen des Aufsatzes (Umfang der einzelnen Teile) nicht entsprechen. Die Arbeitsanweisung könnte dann wie folgt aussehen: *Interpretieren Sie den Textauszug (die Textstelle) im Kontext des 20. Kapitels/der vierten Szene des fünften Aktes.*

Zusammenfassend ist festzuhalten: Anhand der ersten Arbeitsanweisung ruft sich der Aufsatzschreiber sein Wissen über Inhalt und Struktur des literarischen Werks in Erinnerung und trifft eine Auswahl, die geeignet ist, die Interpretation der Textstelle in Form einer informativen Einleitung vorzubereiten.

Für die **Interpretation** gelten die üblichen Regeln: Die Vorlage wird nach inhaltlichen, sprachlichen und formalen Aspekten ausgewertet, die in eine – diese Schwerpunkte verbindende – Deutung eingehen.

Die Berücksichtigung sprachlicher Merkmale gehört zwingend zu einer Interpretation; inwieweit formale Eigenschaften der Textgestaltung (Erzählweise, szenische Gestaltung, Satire, Parabel usw.) eine – womöglich gar zentrale – Rolle spielen, ist von der besonderen Qualität beziehungsweise Vielschichtigkeit (Komplexität) des zu behandelnden Werks abhängig.
Der Interpretationsteil des Aufsatzes erfordert eine **Konzentration auf die Textstelle**; andere Werkpassagen dürfen nur in aller Kürze herangezogen werden, wenn sie die Deutung weiterbringen und ein vertieftes Verständnis der Textstelle fördern; dagegen sind längere Abschweifungen unbedingt zu vermeiden.

Bei der Durchführung der Interpretation ist auf ein **systematisches Vorgehen** sowie auf **Anschaulichkeit** zu achten. Ein systematisches Vorgehen setzt voraus, dass sich der Verfasser des Aufsatzes über die Zielrichtung seiner Interpretation im Klaren ist und einen entsprechenden Aufbau für diesen Teil seiner Arbeit konzipiert, der für den Leser durchschaubar sein muss. Wenn er einen dramatischen Dialog vor sich hat, so kann er diesen zum Beispiel in Gesprächsphasen untergliedern, sich die Verlaufsstruktur verdeutlichen und die Interpretation anhand dieses Leitfadens anlegen; es wäre aber auch denkbar, die Gesprächsstrategie einer Figur darzustellen und das Verhalten (Reagieren) des Dialogpartners damit zu vergleichen. Neben der Inhaltsebene (Austausch von Informationen) ist die Beziehungsebene des Dialogs und der Zusammenhang zwischen Absichten und sprachlichen Strategien (Rhetorik) zu berücksichtigen. Auch die nonverbale Kommunikation (Bewegungen, Gesten, Mimik) kann aufschlussreich sein. Ebenso wenig wie eine Inhaltsangabe werden ein beliebiges, methodisch unkontrolliertes Vorgehen (‚Springen' im Textauszug von einer Stelle zur anderen), eine Aneinanderreihung von Einzelbeobachtungen ohne argumentative Einbindung oder eine fragmentarische Textbetrachtung der Aufgabenstellung gerecht. Schließlich sollten Sie unbedingt eine getrennte Behandlung von Inhalt und Sprache bzw. Form vermeiden, da nur eine **integrative Darstellung** die Funktion und damit den Sinn sprachlicher und formaler Gestaltungsmerkmale vermitteln kann.

Anschaulichkeit wird durch gezieltes und **korrektes Zitieren** (vor allem der Kernstellen) und **Verweise** (Zeilenangaben) gewährleistet. Zitate sind funktionslos, wenn sie lediglich als ‚schmückendes Beiwerk' auftreten; sie müssen vielmehr als Belege für Interpretationsthesen beziehungsweise als auszuwertendes Material in den Gang der Untersuchung eingebaut werden. Beliebiges oder unkommentiertes Zitieren, das Zitieren ganzer Textblöcke oder ganze Zitatreihen ziehen den Aufsatz unnötig in die Länge und führen anstelle von Anschaulichkeit zu Unübersichtlichkeit.

Da der Interpretationsaufsatz eine anspruchsvolle Vergleichsaufgabe umfasst, die den Schwerpunkt des Aufsatzes bildet (Arbeitsanweisung 2, siehe unten), wird sich der Umfang des Interpretationsteils schon aufgrund des Zeitbudgets in gewissen Grenzen halten müssen. Entscheidend für die Planung ist hier eine Unterscheidung nach **Kernstellen**, wichtigeren und eher beiläufigen Passagen des Textauszugs. In jedem Falle muss der **Gesamtverlauf** eines Dialogs, eines inneren Monologs oder einer Erzählpassage erfasst, strukturiert und übersichtlich dargestellt werden. Zitate (Kernstellen) sollten exemplarische Qualität haben und der Vertiefung dienen; eine Veranschaulichung (Konkretisierung) kann weiterhin durch Textparaphrasen (knappe, pointierte Zusammenfassungen von Textpassagen in eigenen Worten) mit Verweisen (Zeilenangaben) und kurzen Belegzitaten erfolgen. Ein **exemplarisches Vorgehen** empfiehlt sich auch bei der Einbeziehung sprachlicher und formaler Texteigenschaften. Zu vermeiden ist eine bloße Auflistung verschiedener Befunde, sinnvoll dagegen eine gezielte Beschränkung auf jene Merkmale – zum Beispiel der Figurensprache, der Erzählweise –, die entscheidend zur Wirkung des Textes auf den Leser beitragen. Vollständigkeit kann nicht angestrebt werden: Es geht vielmehr darum, bei der Auswertung zentraler Zitate oder bei der Paraphrasierung von Textstellen **anhand typischer Gestaltungsmerkmale den funktionalen Zusammenhang zwischen Inhalt, Sprache und Form** zu **verdeutlichen**.

Grundsätzlich ist der Umfang der Interpretation von der Länge der vorgegebenen Textstelle abhängig. Ein kurzer Textauszug, der fünfzehn oder zwanzig Zeilen umfasst, ermöglicht ein stärker ins Detail gehendes Interpretieren als eine drei bis vier Mal so lange Passage, die ein Vorgehen nach der oben skizzierten Methode nahelegt.

Die **zweite Arbeitsanweisung** verlangt die Einbeziehung weiterer Pflichtlektüren in den Interpretationsaufsatz. Dabei kann sich der geforderte Vergleich auf *einen* oder *zwei* Texte beziehen. Zu diesen weiteren Pflichtlektüren wird kein Textauszug vorgelegt. Sie müssen entsprechend der Fragestellung Ihre **Lektürekenntnisse** in einen Vergleich **einbringen**. Direkte Belege (Zitate, Verweise auf einzelne Textstellen) können aufgrund des Umfangs der Aufgabe und der zur Verfügung stehenden Zeit nicht erwartet werden. Allerdings ist es notwendig, zum Beispiel Romankapitel oder Akte beziehungsweise Szenen eines Dramas als Belege anzuführen.

Der Bildungsplan für die Kursstufe in Baden-Württemberg sieht die Behandlung literarischer Werke und ihrer historischen Voraussetzungen vor: Im Verlauf der Kursstufe sollen Sie u. a. „die geschichtliche Bedingtheit eines Werkes und des eigenen Verstehens und Urteilens" erkennen wie auch „Zusammenhänge zwischen Texten (Intertextualität)" und in der Lage sein, „themenverwandte beziehungsweise motivähnliche Texte aus verschiedenen Epochen zu vergleichen". Die Erarbeitung solcher Kontexte führt nicht nur zu einem literarischen „Orientierungswissen", sondern dient auch dem besseren Verständnis einzelner Werke. Auf methodischer Ebene trägt die zweite Arbeitsanweisung diesen Zielvorstellungen Rechnung, insofern hier ein **thematisch ausgerichteter Vergleich** von Werken aus verschiedenen Epochen vorgenommen werden muss.

Die **Aufgabenstellung knüpft an die zuvor interpretierte Textstelle an** und erlaubt es Ihnen, ausgehend von den Ergebnissen Ihrer Deutung eine vergleichende Betrachtung vorzunehmen. Es ist also in jedem Falle von Vorteil, die Untersuchung mit dem Werk zu beginnen, das durch den Textauszug repräsentiert ist. Ein Beispiel aus dem Bereich der aktuellen Pflichtlektüren mag als Illustration dienen: Die Textstelle wird Max Frischs Roman *Homo faber* entnommen (S. 98–100, Suhrkamp BasisBibliothek 3, Frankfurt a. M. 1998). Sie gehört zu jenen Passagen des Werks, bei denen der Berichterstatter innehält, um Grundsätzliches (über sein Selbstverständnis, sein Verhältnis zur Welt, über Natur und Technik usw.) zum Ausdruck zu bringen. Hier geht es um das Verhältnis zwischen Mann und Frau, so wie es sich dem überzeugten ‚Single', dem um Souveränität bemühten Planer und ‚Konstrukteur' seines eigenen Lebens darstellt. Dabei kommen zahlreiche, als geschlechtsspezifisch aufgefasste Rollenklischees zur Sprache: So bezüglich des Mannes als eines Einzelkämpfers, der ganz in seiner Arbeit aufgeht, und der auf Liebe und Ehe fixierten, sich wie Efeu (eine Anspielung auf Ivy) an ihn klammernden Frau.

Die Aufgabenstellung könnte nun lauten: *Untersuchen Sie in einer vergleichenden Betrachtung das Verhältnis zwischen Faber und Sabeth und die Beziehung zwischen dem Erzähler und Agnes in Peter Stamms Roman.* Im Falle eines Dreiervergleichs könnte *die Ehe zwischen Danton und Julie* einbezogen werden.

Ein gelungener **Werkvergleich** muss mehr leisten als eine Reproduktion von Inhalten; eine bloße Bilanzierung von Gemeinsamkeiten und Unterschieden (etwa in den Motiven und Verhaltensweisen von Figuren) wird der Aufgabe nicht gerecht. Vielmehr kommt es darauf an, die Lektürekenntnisse in eine stringente Argumentation einzubinden. Sie müssen Ihr literarisches Wissen im Hinblick auf den Vergleichsaspekt eigenständig organisieren, Schwerpunkte setzen und eine Gliederung entwickeln, die Verlauf und Zielrichtung der Argumentation klar hervorhebt und für den Leser nachvollziehbar macht. Bezogen auf die obige Aufgabenstellung bedeutet dies: Der Verfasser des Aufsatzes sollte erkennen, dass die von Faber im Textauszug geäußerten Überzeugungen durch die Beziehung zur jungen und lebenslustigen Sabeth zumindest infrage gestellt, wenn nicht gar erschüttert werden, und dies anhand entsprechender Episoden belegen und erläutern. Dabei muss jedoch zur Sprache kommen, um welchen Preis (Inzest, Tod Sabeths) sich diese Entwicklung vollzieht und inwiefern Fabers technokratisches Weltbild (rationale Lebensplanung, Verdrängung bedrohlicher Anzeichen als Störfaktoren) an der Katastrophe maßgeblich beteiligt ist. Vor diesem Hintergrund wäre dann die Beziehung zwischen dem Erzähler und Agnes zu untersuchen, die ebenfalls problematisch verläuft und (vermutlich) mit dem Tod der Frauenfigur endet. Dem wiederum dominanten Mann in Stamms Roman steht jedoch mit Agnes eine unsichere Frau gegenüber, die dem Erzähler keine Impulse für eine mögliche Veränderung vermitteln kann, zumal dieser auf *sein* literarisches Projekt ‚Agnes' und nicht auf die Beziehung zur realen Agnes konzentriert ist. Die Ehe zwischen Danton und Julie lässt sich im Vergleich zu den problematischen Paarbeziehungen in beiden Romanen als positives Gegenbild verstehen. Wie alle Frauenfiguren in Büchners Drama repräsentiert Julie mit ihrer Menschlichkeit und Emotionalität einen Gegenpol zur Welt des Politischen. Absolute Liebe, Treue und Hingabe bestimmen ihr Verhältnis zu Danton, für den sie eine verlässliche Zuflucht darstellt, wenn er es auch mit der ehelichen Treue nicht allzu ernst nimmt (Verhältnis zu Marion). Vor allem angesichts der bevorstehenden Hinrichtung gibt ihm Julies Entscheidung zum Selbstmord Halt.

3.2 Vergleichende Interpretation zweier Gedichte *oder* Interpretation eines Gedichts

Dieser Aufgabentyp ergänzt die Interpretation literarischer Texte der Gattungen Roman, Erzählung/Novelle und Drama. Insofern gelten die üblichen Kriterien für eine gelungene Deutung auch hier (vgl. Abschnitt 3.1). Im Falle von Gedichten ist die Textbasis schmaler, an das Verständnis werden jedoch aufgrund der – in besonderem Maße – poetischen Sprache und Formgestaltung höhere Anforderungen gestellt; eine **ausgeprägte Sensibilität für Lyrik** kann **als wichtigste Voraussetzung** für eine erfolgreiche Gedichtinterpretation bezeichnet werden. Außerdem ist es notwendig, das **Instrumentarium der Formanalyse** zu beherrschen, das heißt, wenigstens die gängigen Fachbegriffe (zum Beispiel metrische Formen, rhetorische Figuren) präzise und trennscharf verwenden zu können. (Schulbücher und spezielle Trainingsmaterialien enthalten hilfreiche Zusammenstellungen, häufig in lexikalischer Form. Eine gute Übersicht über rhetorische Figuren findet sich beispielsweise in dem folgenden Band: Werner Winkler, *Prüfungswissen Oberstufe,* Freising: Stark Verlag, Titel-Nummer: 94406).

Für die Interpretation von Gedichten ist also eine genaue Analyse der sprachlichen und formalen Gestaltung unabdingbare Voraussetzung. Oft erschließt sich der mögliche Sinn eines Gedichts erst aus der Form sowie besonderen sprachlichen Eigenschaften. **Inhaltliche, sprachliche und formale Elemente** sind so **eng miteinander verknüpft**, dass eine isolierte Betrachtung weit weniger noch als bei erzählenden oder dramatischen Texten zum Ziel führt. Dort hat man es in aller Regel mit einem logisch nachvollziehbaren Handlungsgerüst zu tun, von dem man ausgehen und auf das man sich beziehen kann. Gedichte verweigern sich dagegen häufig der Alltagslogik und erzählen – von Balladen abgesehen – keine referierbaren Geschichten.

Dennoch muss auch ihre Deutung den Anforderungen an eine Interpretation genügen: Es kommt auf **Präzision**, **Anschaulichkeit** und nicht zuletzt auf ein **systematisches Vorgehen** an. Eben dabei hilft häufig eine gründliche Form- und Sprachanalyse: So kann man etwa, ausgehend von der strophischen Gliederung, aus Entsprechungen und Unterschieden zwischen einzelnen Strophen und Strophengruppen (thematische Schwerpunkte, Haltung des lyrischen Ichs, Metrum, Endreim usw.), aber auch aus charakteristischen Abweichungen (etwa Stimmungsumbruch, Reimlosigkeit von Versen) die **Struktur des lyrischen Textes** ableiten. Damit ist eine solide Grundlage für alles Weitere gelegt: Die genaue Untersuchung der einzelnen Gedichtabschnitte nach inhaltlichen und formalen Aspekten; die Erarbeitung des Stimmungsgehalts beziehungsweise der besonderen subjektiven Färbung des Erlebten, welche zum lyrischen Ich, dem Sprecher im Gedicht, führt; schließlich die begründete Einschätzung der Wirkung des Gedichts auf den Leser. Dies alles ist nur als *ein* mögliches Vorgehen zu verstehen, denn das jeweilige Interpretationsverfahren muss sich am lyrischen Text ausrichten und lässt sich nur auf einer sehr allgemeinen Ebene standardisieren. Die **übliche Arbeitsanweisung** erlaubt Ihnen ganz bewusst große methodische Freiheit: *Interpretieren Sie dieses Gedicht* beziehungsweise *Interpretieren und vergleichen Sie die beiden Gedichte.*

In der Regel wird ein **Gedichtvergleich** (vgl. zweite Arbeitsanweisung) verlangt; jedenfalls kamen in den vergangenen Jahren Vergleichsaufgaben weit häufiger vor als solche, die nur ein Gedicht zum Gegenstand haben. Ein Gedichtvergleich stellt nicht unbedingt höhere Anforderungen an den Interpreten, sondern kann auch eine gewisse Arbeitserleichterung bedeuten: Denn eine Gegenüberstellung zweier Gedichte hilft, den Blick für die jeweiligen Besonderheiten zu schärfen. Das **methodische Vorgehen beim Gedichtvergleich** muss genau überlegt werden. So kann man die Texte zunächst unabhängig voneinander bzw. nacheinander deuten und dann zu einem Vergleich übergehen oder das zweite Gedicht vor dem Hintergrund einer ausführlichen Interpretation des ersten behandeln.

Das Thema „**Natur und Mensch in der deutschsprachigen Lyrik vom Sturm und Drang bis zur Gegenwart**“ macht aufgrund der kaum überschaubaren Vielzahl infrage kommender Gedichte ein exemplarisches Vorgehen erforderlich (vgl. Abschnitt 2: Pflichtlektüren). Im Falle eines Vergleichs können die Gedichte aus einer oder zwei historischen beziehungsweise literarischen Epochen stammen sowie von einem oder zwei Schriftstellern verfasst worden sein – wobei die jeweils zweite Variante die übliche ist. Liegen zwei lyrische Texte vor, so sollte man beide möglichst gleichgewichtig interpretieren. Auch in diesem Punkt sind Ausnahmen zu berücksichtigen, wenn etwa die Gedichte hinsichtlich Umfang und Komplexität deutliche Unterschiede aufweisen. Somit sind – je nach Textvorlage – Schwerpunktsetzungen möglich und vielleicht sogar zwingend.

Die Arbeitsanweisung zielt ganz bewusst nicht auf besondere Kenntnisse ab (zum Beispiel zur historischen und literarischen Epoche oder zur Biografie der Autoren). Diese können dort, wo es sich anbietet, in die Interpretation eingebunden werden, doch sollten **textexterne Zusammenhänge nur sparsam und funktional** – das heißt stets bezogen auf die Erschließung und Deutung des lyrischen Textes – zur Geltung kommen. Informationen zum Autor und seinen Lebensumständen können aber beispielsweise in der Einleitung des Aufsatzes sinnvoll platziert werden. In jedem Fall wird eine ausführliche Behandlung solcher Kontexte der Aufgabenstellung ebenso wenig gerecht wie ein bloß stimmungsbetontes Paraphrasieren des Gedichts ohne eine gründliche Betrachtung von Inhalt, Sprache und Form. Maßgeblich für die Bewertung sind die Präzision, Anschaulichkeit und Systematik der Interpretation.

3.3 Interpretation eines Kurzprosatextes

Die Hinweise zum Interpretationsteil bei Aufgabenart I (vgl. 3.1) gelten auch für die Interpretation eines kurzen literarischen Prosatextes. An die Stelle eines Textauszugs aus einer Pflichtlektüre tritt hier allerdings ein abgeschlossener, ein bis (maximal) zwei Seiten umfassender Text. Auch orientiert sich die Auswahl der Texte durch die Abiturkommission – im Unterschied zur Lyrikaufgabe (vgl. 3.2) – nicht an einem bestimmten Themenfeld oder Motiv und ist weiterhin auch nicht auf eine oder mehrere literarische Epochen eingeschränkt. In aller Regel werden die Prosatexte aber der **Literatur des 20. Jahrhunderts und der Gegenwartsliteratur** zugehören. Innerhalb dieses Rahmens wird die **Literatur von der Nachkriegszeit bis zur Gegenwart** einen Schwerpunkt bilden, wobei wiederum die **Gegenwartsliteratur** verstärkt zu berücksichtigen ist. Zum Begriff ‚Gegenwartsliteratur‘ liegen unterschiedliche Definitionen vor. Im Sinne einer groben Orientierung könnte man hier von Texten noch lebender Autoren ausgehen oder von solchen, die etwa ab 1990 erschienen sind, d. h. nach der deutschen Wiedervereinigung, die eine historische Zäsur mit gesellschaftlichen und kulturellen Auswirkungen darstellt. Eine solche Grenzziehung ist jedoch nicht absolut zu verstehen, sondern als mögliche Periodisierung.

Die **Aufgabenstellung** lautet stets: *Interpretieren Sie diesen Text* oder *Interpretieren Sie diese Geschichte.* Hinweise zu möglichen Schwerpunktsetzungen (*Achten Sie dabei besonders auf...*) werden nicht gegeben. Die Offenheit des Aufgabenimpulses lässt Ihnen größtmögliche Freiheit, was Inhalt und Aufbau Ihrer Deutung betrifft. Diese Freiheit ist jedoch nicht mit Beliebigkeit zu verwechseln, denn es gelten auch hier bestimmte Grundregeln des Interpretierens (vgl. 3.1) und die Ergebnisse müssen schlüssig und nachvollziehbar anhand des Textes entwickelt werden.

Unverzichtbar ist eine **knappe Einleitung**, die den Gegenstand der Interpretation (Titel, Autor, Gattung) bestimmt und über die Thematik informiert (z. B.: *Die Kurzgeschichte handelt von einem gerade aus der Haft entlassenen Mann, der mit Veränderungen in seinem privaten Umfeld konfrontiert wird*). Möglich wäre aber auch die Formulierung erster

Lektüreeindrücke oder einer Hypothese (z. B.: *Mit seiner Kurzgeschichte will der Autor darauf aufmerksam machen, dass…*), die den Leitfaden der Interpretation bilden bzw. durch diese überprüft werden könnte. Im Anschluss an die Einleitung sind unterschiedliche Vorgehensweisen denkbar: Eine kurze **Zusammenfassung des Inhalts** kann – als erste Orientierung – der **Interpretation** vorangestellt werden, die dann Schwerpunkte setzt und den funktionalen Zusammenhang zwischen Inhalt und Gestaltung herausarbeitet (vgl. 3.1). Alternativ hierzu können **Textwiedergabe und Interpretation** auch miteinander verbunden werden. Dies setzt eine übersichtliche Gliederung des Textes voraus, auf die dann entlang der einzelnen Phasen bzw. Abschnitte Bezug genommen wird, wobei der äußere und innere Zusammenhang der Teile, also die Kohärenz des erzählten Geschehens, nicht verloren gehen darf.

Schwerpunkte der Interpretation können nicht schematisch aufgeführt werden, sondern richten sich nach Inhalt und Gestaltung des jeweiligen Prosatextes. Neben Personen und Beziehungen (z. B. Konflikten) zwischen Personen kann dem Schauplatz (literarische Topografie) oder der Gestaltung der Zeit (Dehnung und Raffung), dem inneren Geschehen (Gedanken, Gefühle) oder sonstigen Elementen (Wettersymbolik, Farbsymbolik usw.) besondere Bedeutung zukommen. Unabhängig von inhaltlichen und gestalterischen Eigenschaften dieser Art müssen grundsätzlich **Merkmale der Sprache** – sowohl des Erzählers, gegebenenfalls auch der Figuren – und der **Erzählweise** in die Interpretation einbezogen werden. Die besondere Erzählweise ergibt sich aus der Perspektive des Erzählers, der ein auktorialer (‚allwissender'), ein personaler (‚Er'-Form, Nähe zu einer oder mehreren Figurenperspektiven) oder ein ‚Ich'-Erzähler sein kann. Zu untersuchen wäre z. B., inwieweit der Erzähler den Figuren bzw. dem Geschehen eher distanziert gegenübersteht und Wertungen abgibt (auktorial), ob sich seine Perspektive mit der Sichtweise einer oder mehrerer Personen teilweise oder ganz deckt (personal), ob die subjektive Perspektive des Erzählers glaubhaft wirkt oder Unstimmigkeiten und Widersprüche offenbart (‚Ich'-Erzähler). Aussage und Wirkung von Prosatexten werden entscheidend von der zentralen Instanz des Erzählers bestimmt, der auf das Textverständnis des Lesers und dessen Haltung zum erzählten Geschehen (z. B. Einfühlung oder kritische Distanz) Einfluss nimmt.

Neben inhaltlichen Elementen, sprachlichen und erzähltechnischen Merkmalen ist schließlich noch die **literarische Form** zu erwähnen. Ob sie für die Interpretation von Interesse ist, hängt vom jeweils vorliegenden Text ab. Literarische Kurzprosa ist eine sehr allgemeine Gattungsbezeichnung, die u. a. Kurzgeschichten, Fabeln, Parabeln, Satiren umfasst. Sollten solche spezifischen Prosaformen, die bestimmte, im Unterricht zu erarbeitende Eigenschaften aufweisen, Gegenstand der Interpretation sein, ist die Einbeziehung der literarischen Form auf alle Fälle geboten. Denn diese ist entscheidend für die Wirkung des Textes auf den Leser, dem durch gezielte Übertreibung (Satire), durch Verallgemeinerbarkeit (Parabel) oder Verfremdung (Fabel) eine bestimmte Lesart nahe gelegt oder der durch Aussparungen und eine Reduktion auf das Nötigste (Kurzgeschichte) zu einer produktiv ergänzenden Lektüre angehalten wird.

Insgesamt verlangt die Aufgabenart ‚Interpretation eines literarischen Prosatextes' eine **textimmanente Interpretation**, die auf der Basis einer möglichst genauen Analyse anhand der oben genannten Kriterien zu einer Gesamtdeutung führt. ‚Immanent' bedeutet, dass sich die Interpretation ganz im Horizont des Textes bewegt und nicht über diesen hinausgeht. Konkret heißt dies: Die Biografie des Autors, der zeitgeschichtliche Hintergrund, die literarische Epoche spielen keine Rolle. Sollten Sie (zufälligerweise) über entsprechendes Spezialwissen verfügen, kann allenfalls zur Abrundung des Aufsatzes an dessen Ende ein kurzer Kommentar stehen. Notwendig ist dies nicht.

3.4 Verfassen eines Essays

Im Unterschied zu den bisher erläuterten Aufgabenarten ist der Essay thematisch nicht auf den Gegenstandsbereich Literatur beschränkt. Infrage kommende **Themenbereiche** betreffen **fachspezifische Aufgabenstellungen** (Literatur, Sprache, Medien), aber auch solche von **gesellschaftlicher und kultureller Bedeutung**, oft mit ethischen Akzentsetzungen (z. B. beschleunigte Lebenswelt, Folgen biotechnologischen Fortschritts, Ursachen von Gewalt, Zivilcourage); schließlich **philosophische**, häufig anthropologisch ausgerichtete Themen (z. B. Grenzen der Freiheit, Möglichkeiten der Selbstverwirklichung, Glück).

Was die möglichen Themenfelder betrifft, besteht zunächst kein Unterschied im Vergleich zum Erörtern oder Analysieren pragmatischer Texte (vgl. 3.5). Entscheidend ist jedoch die Art und Weise der jeweiligen Auseinandersetzung, die **spezifische Schreibform**, für die grundsätzlich andere Kriterien gelten als für einen streng argumentativ oder analytisch ausgerichteten Aufsatz (vgl. 3.5). So ist der Essay nicht an festen Ergebnissen orientiert. Charakteristisch für ihn sind vielmehr ein Misstrauen gegenüber endgültigen Festlegungen und eine prinzipielle Offenheit des Vorgehens, das Antworten in Zweifel zieht, weitere Fragen stellt und verschiedene Sichtweisen auf ein Problem durchspielt. Nicht das Ziel steht im Mittelpunkt, sondern der Weg, d. h. der Prozess des Schreibens selbst; nicht das logische Voranschreiten entlang einer schlüssigen Verknüpfung von Thesen, Belegen und Argumenten, sondern das Experimentieren mit Gedanken und unterschiedlichen Perspektiven. Dementsprechend überlässt es der Essay dem Leser, ein mögliches Fazit zu ziehen. Dieser soll nicht überzeugt werden, vielmehr soll er die Vielschichtigkeit des Problems und die Unabschließbarkeit der Auseinandersetzung mit der jeweiligen Fragestellung erkennen. Nicht umsonst wird der Essay metaphorisch als **„Gedankenspaziergang"** bezeichnet: Die Gedankenführung kann assoziativ sein; erlaubt sind Abschweifungen wie auch einseitige, höchst subjektive Standpunkte, die nicht korrigiert werden, sondern den Leser provozieren und ihm Denkanstöße vermitteln sollen. Auch satirische Überspitzungen oder Ironie können Stilmerkmale des Essays sein, der insofern im Verhältnis zu ‚rein' literarischen und ‚rein' pragmatischen Texten als **Mischform** gilt.

Die Offenheit der **Aufgabenstellung** sorgt für ein großes Maß an Gestaltungsfreiheit. Sie könnte z. B. lauten: *Verfassen Sie einen Essay zum Thema „Glück".* Möglich ist auch eine Kombination mit einer These oder einem kurzen Zitat: *Rollen geben uns Halt – Rollen schränken uns ein. Verfassen Sie einen Essay zum Thema „Mensch und Rolle".* Zur Aufgabenstellung erhalten Sie eine **Materialsammlung (Dossier)**. Die Materialien unterscheiden sich hinsichtlich des Schwierigkeitsgrades, der Sichtweise auf das jeweilige Thema und der Textsorte: Es kann sich um Sachtexte (philosophisch, wissenschaftlich, journalistisch), um literarische Texte, aber auch um Schaubilder, Statistiken oder Grafiken handeln. So kann man die Themen „Glück" bzw. „Rolle" u. a. aus soziologischer und psychologischer Perspektive in den Blick nehmen, man kann Ergebnisse aus Umfragen zum Verständnis von „Glück" in Form von Statistiken oder Grafiken darstellen und auf literarische Texte (ein Gedicht, ein Auszug aus einer Erzählung) zurückgreifen, in denen es um die Rollengebundenheit menschlichen Denkens und Handelns geht (z. B. Max Frisch, *Homo faber*). Das Dossier versteht sich als **Anregung**, nicht als Vorgabe. Die Materialien *können* – ohne direkten Verweis, aber auch in Form von Zitaten, vollständig oder in Auswahl – verwendet werden. Doch ist dies weder zwingend noch ausschlaggebend für die Bewertung des Essays. Auch ein Essay, der ganz ohne Materialbezug auskommt, kann überzeugend gelingen. Es ist aber zu erwarten, dass Sie von den Vorteilen, die ein anregendes Dossier bietet, Gebrauch machen werden.

3.5 Erörterung und Analyse nicht fiktionaler Texte (mit Schwerpunkt Erörterung oder Analyse)

Bei diesem Aufgabentyp wird ein nicht fiktionaler Text beziehungsweise ein Textauszug aus einem größeren (essayistischen, philosophischen, wissenschaftlichen) Werk vorgegeben. Die – weit häufiger vorkommenden – eigenständigen **Textvorlagen**, die unter Umständen gekürzt sein können, sind zumeist Zeitungen, Zeitschriften oder sonstigen periodisch erscheinenden Publikationen entnommen.

Das **breite Themenspektrum** hat zur Folge, dass Sie sich auf der Inhaltsebene nicht gezielt vorbereiten, sondern allein die für die Aufsatzformen des Erörterns und Analysierens notwendigen Methoden einüben können. Überblickt man die Aufgaben der letzten Jahre, so lässt sich allerdings eine gewisse Eingrenzung des Erwartbaren vornehmen. In der Regel behandeln die ausgewählten Texte **aktuelle gesellschaftliche Probleme**, **die in übergreifende** (historische, kulturelle, philosophische) **Perspektiven gerückt werden**. Dem Anspruch der Abiturprüfung würde es nicht genügen, zu schnell veraltenden Tagesaktualitäten – wie etwa zu einer Umfrage – Stellung zu nehmen. Im engeren Sinne politische, geschichtliche und wissenschaftliche Themen, die Spezialkenntnisse aus anderen Fächern voraussetzen, scheiden ebenfalls aus. **Häufig vorkommende Themenbereiche** sind zum Beispiel: Chancen und Risiken der (neuen) Medien; die gesellschaftliche beziehungsweise kulturelle Bedeutung von Literatur, Theater und Kunst allgemein; gesellschaftliche Institutionen und persönliche Verantwortung; Generationenkonflikte und Erziehungsfragen; Probleme der Informationsgesellschaft; Konsequenzen neuerer medizinischer und biologischer Forschung für das Bild vom Menschen.

Die **Unterscheidung von Erörtern und Analysieren** lässt sich im Hinblick auf Texte und Kompetenzen begründen. So gibt es Texte, deren Wirkung sich in erster Linie argumentativ und nicht sprachlich-rhetorisch entfaltet: In diesem Fall kommt die Erörterung als geeignete Aufsatzform in Betracht. Andererseits bedienen sich nicht nur Reden, sondern auch Leitartikel und sonstige nicht fiktionale Texte gezielt sprachlicher, stilistischer, rhetorischer Mittel, um den Leser zu überzeugen. Solche Vorlagen eignen sich in besonderem Maße für eine Textanalyse.

Der Erörterung ist eine **zweigliedrige Aufgabenstellung** zugeordnet. Die **erste Arbeitsanweisung** verlangt eine – sprachlich möglichst eigenständige – **Textwiedergabe**, in welcher die zentralen Thesen und der Gang der Argumentation in den entscheidenden Zügen herausarbeitet werden. Was die Beschränkung auf das Wesentliche und die Vermeidung ausgiebigen Zitierens betrifft, so gelten hier dieselben Kriterien wie für die erste Arbeitsanweisung des Interpretationsaufsatzes (vgl. Abschnitt 3.1). Bei der sprachlichen Formulierung ist insbesondere darauf zu achten, dass hier nicht die eigene Meinung, sondern die **Position des Autors** referiert wird – dies betrifft vor allem die Verwendung des Distanz ausdrückenden Konjunktivs. Der Textwiedergabe kommt in der Konzeption des gesamten Aufsatzes die **Funktion einer Einleitung** zu. Sie dient der Absicherung eines lückenlosen Textverständnisses – nur auf dieser Basis kann eine Erörterung geführt werden. Die **Aufgabenstellung** könnte lauten: *Arbeiten Sie die Kerngedanken des Verfassers heraus* oder *Arbeiten Sie die Position heraus, die der Autor hier vertritt.*

Die **zweite Arbeitsanweisung** fordert zur **Erörterung der Textvorlage** auf. Diese macht den **Hauptteil des Aufsatzes** aus. Auf der Grundlage eigener Erfahrungen und Überlegungen sollen Sie sich hier mit der Position und den Argumenten des Autors hinsichtlich ihrer Sachbezogenheit, Folgerichtigkeit und Stichhaltigkeit auseinandersetzen. Da dieses Verfahren einem indirekten **Dialog** zwischen Aufsatzschreiber und Autor gleicht, sind Zitatbelege (Kernstellen) und Textverweise unerlässlich. Darüber hinaus wird eine Vertiefung beziehungsweise Ausweitung der vorgegebenen Argumentation erwartet, die in eine möglichst genau **begründete Darlegung des eigenen Standpunktes** münden sollte.

Die Texterörterung verfährt dialogisch, da ihr anstelle einer These eine argumentative Vorlage zugrunde liegt, die für den Aufbau der eigenen Argumentation Orientierungen vermitteln kann. Eine gelungene Erörterung darf sich jedoch nicht allzu eng an den Text anlehnen, was zu einer bloßen Paraphrasierung (Umschreibung) führen kann. Sie muss sich vielmehr – im Rahmen des vorgegebenen Themas – von der Textvorlage lösen, Eigenständigkeit zeigen und zu begründeten persönlichen Schlussfolgerungen kommen. Folgende **Aufgabenstellung** wäre denkbar: *Erörtern Sie die hier vorgetragene Auffassung von Disziplin.*

Auch die Textanalyse umfasst zwei Aufgabenstellungen. Der **Schwerpunkt** liegt **hier** aber **auf der ersten Arbeitsanweisung**, deren Bearbeitung also den **Hauptteil** des Aufsatzes bildet. Eine solche Arbeitsanweisung könnte lauten: *Arbeiten Sie die Kerngedanken des Textes heraus und analysieren Sie seine Struktur und sprachliche Gestaltung.* Somit steht die **untersuchende Erschließung** des Textes im Vordergrund. Deren Qualität resultiert – wie bei der Interpretation eines literarischen Textes (vgl. Abschnitt 3.1) – aus der Ergiebigkeit, Anschaulichkeit und Systematik des Vorgehens. Sie müssen – entsprechend den Regeln der Textwiedergabe (siehe oben) – die Position des Autors und den Gang der Argumentation herausarbeiten, jedoch im Zusammenhang damit die Funktion der Textgestaltung (Aufbau, Sprachniveau, stilistische Besonderheiten, rhetorische Figuren usw.) ausführlich berücksichtigen. Für die Bewertung ist die Frage entscheidend, ob und inwieweit das **Zusammenwirken von Inhalt und Form** erfasst und angemessen dargestellt wird.

Die **zweite Arbeitsanweisung** verlangt eine **kurze Erörterung** in Form einer **begründeten Stellungnahme** zu einer (der) zentralen These der Textvorlage. Handelt es sich beispielsweise um einen Text zum Thema ‚Beschleunigung des Lebens als Fortschritt?', so könnte die **Aufgabe** lauten: *„Immer mehr gleichzeitig zu tun, daran machen wir heute unser Fortschrittsideal fest.": Nehmen Sie zu dieser These des Autors Stellung.* Im Anschluss an die eingehende Analyse des Textes sollen Sie hier die Fähigkeit unter Beweis stellen, sich anhand einer Kernaussage auch gedanklich mit der Auffassung des Autors auseinanderzusetzen.

Insbesondere auf eine Texterörterung, aber auch auf eine Analyse eines nicht fiktionalen Textes sollten Sie sich nur dann einlassen, wenn sie **mit der Thematik** schon **grundsätzlich vertraut** sind. Eigenständiges Erörtern sowie die intensive analytische Beschäftigung mit einem pragmatischen (so der in den Bildungsstandards verwendete Begriff) Text werden in aller Regel nur dann zu guten Ergebnissen führen, wenn man auf ein bereits vorhandenes Wissen bezüglich des jeweiligen Themenbereichs zurückgreifen kann. Spezielle Vorkenntnisse stellen in jedem Fall eine günstige Voraussetzung für eine fundierte Auseinandersetzung mit der Position des Autors dar und sind gewiss auch hilfreich, wenn es um die Analyse der Strategien geht, mit denen eine bestimmte Auffassung geltend gemacht wird.

4 Anforderungsbereiche und Operatoren

4.1 Anforderungsbereiche (AFB)

In den *Bildungsstandards im Fach Deutsch für die allgemeine Hochschulreife* werden **drei Anforderungsbereiche** definiert, die sich in jeder Aufgabe – in jeweils leicht variierenden Anteilen – wiederfinden. Die einzelnen Bereiche bauen aufeinander auf und verlangen von Ihnen einen zunehmenden Grad an Abstraktionsfähigkeit und Problemlösungsvermögen. In jedem Bereich gilt es, eine Verstehensleistung, eine Argumentationsleistung und eine Darstellungsleistung zu erbringen.

- **Anforderungsbereich I** betrifft die **Reproduktion:** die Wiedergabe von gelernten Sachverhalten sowie die wiederholende Zusammenfassung. Der im Unterricht erarbeitete Hintergrund an Lektüre- und Faktenwissen, fachspezifische Arbeitstechniken, Methoden der Texterschließung sowie Darstellungstechniken sollen zum Einsatz gebracht werden.
- **Anforderungsbereich II** zielt auf die Anwendung erworbener Arbeitsweisen, auf **Reorganisation von Bekanntem und Transferleistungen**. Solche Anforderungen verlangen ein selbstständiges Auswählen, Ordnen, Erläutern, Interpretieren oder Vergleichen. Erwartet wird von Ihnen eine eigenständige, argumentativ begründete Darstellung (Interpretation, Erörterung, Werkvergleich) oder ein den Regeln der Textsorte Essay entsprechender Aufsatz. Sie zeigen dadurch, dass Sie in der Lage sind, Gelerntes auch auf unbekannte Zusammenhänge anzuwenden. Auf dem AFB II liegt in der Abiturprüfung das Hauptgewicht.
- **Anforderungsbereich III** betrifft die gedankliche Selbstständigkeit der Leistung. Hier müssen Sachverhalte und Zusammenhänge eigenständig ausgewertet, durchdacht und begründet beurteilt oder sprachlich gestaltet werden. Sie sollen zu einer differenzierten und kritischen Wertung von Texten und Sachverhalten gelangen und Ihre Fähigkeit zur **Reflexion und Problemlösung** beweisen.

Die Aufgabenstellung kann zwei Teilaufgaben umfassen (vgl. Aufgabenart I und V) oder aus nur einem umfassenden Operator (Arbeitsanweisung) bestehen (vgl. Aufgabenart II, III und IV) wie „interpretieren" oder „einen Essay schreiben". Auch im letzteren Fall sind Leistungen in allen drei Anforderungsbereichen verlangt. Wird die Aufgabe nicht weiter differenziert, entfällt freilich auch eine erste Strukturierungshilfe, die die einzelnen Teilaufträge ansonsten bieten. Folglich haben Sie weniger Orientierungspunkte, aber auch mehr Freiraum beim Gliedern Ihres Aufsatzes.

4.2 Operatoren

Operatoren sind Arbeitsanweisungen. Sie machen deutlich, welche Art von Aufgabenstellung gemeint ist, lassen sich den einzelnen Anforderungsbereichen zuordnen und geben einen Hinweis auf das Gewicht der entsprechenden Aufgabe. Durch ihre konkreten Vorgaben dienen Operatoren sowohl dazu, Arbeitsaufträge eindeutig zu formulieren und voneinander abzugrenzen, als auch einheitliche Bewertungs- und Korrekturmaßstäbe zu setzen. Die folgende Operatorenliste entspricht den als Anhang zu den *Bildungsstandards im Fach Deutsch für die gymnasiale Oberstufe* veröffentlichten Musteraufgaben für die schriftliche Abiturprüfung.

Anforderungsbereich I (Reproduktion)

beschreiben	Hier sollen Sie eine genaue und sachliche, auf Erklärung und Wertung verzichtende Darstellung von Personen, Situationen, Vorgängen, Formmerkmalen usw. geben.	*Beschreiben Sie den Verlauf* des Dialogs
bestimmen	Wichtige Sachverhalte wie Ursachen, Motive und Ziele (z. B. einer Figur) werden anhand von Kriterien prägnant festgestellt.	*Bestimmen Sie die Situation der Figur* im vorliegenden Romanauszug.
darstellen / darlegen	Sie haben die Aufgabe, einen Zusammenhang, eine Entwicklung, eine methodische Entscheidung (des Autors) sachbezogen und objektiv zu formulieren.	*Stellen Sie die Wirkungsabsicht dar,* die der Autor mit seinem Text verfolgt.
skizzieren	Es kommt darauf an, ein Persönlichkeitsbild, einen Entwicklungsprozess, eine Situation usw. auf das Wesentliche begrenzt, also in groben Zügen zu vermitteln.	*Skizzieren Sie Situation und Verhalten* der Figur anhand des vorliegenden Textauszugs.
wiedergeben	Sie sollen Informationen aus dem vorliegenden Text zusammenfassend in eigenen Worten präsentieren.	*Geben Sie* die Hauptgedanken der Rede *wieder.*
zusammenfassen	Es wird von Ihnen erwartet, dass Sie Inhalte, Aussagen, Zusammenhänge strukturiert und komprimiert wiedergeben.	*Fassen Sie den Gang der Argumentation* im vorliegenden Zeitungsartikel *zusammen.*

Anforderungsbereich II (Reorganisation und Transfer)

untersuchen, erschließen	Hier müssen Sie einen Text in Einzelheiten des Inhalts und der Form zerlegen sowie einzelne Textaspekte und Textelemente für sich und in ihrer Wechselbeziehung systematisch betrachten.	*Untersuchen Sie,* inwiefern *die rhetorischen Mittel* die Aussageabsicht verstärken. *Erschließen Sie die Motive der Figur* anhand ihres Gesprächsverhaltens.
einordnen	Einzelne Textelemente – in der Regel der vorgegebene Textauszug – werden unter Berücksichtigung ihrer Bedeutung und Funktion in einen Gesamtzusammenhang (z. B. Akt, Kapitel, Werk) gestellt.	*Ordnen Sie die vorliegende Szene in den Handlungszusammenhang* des ersten Aktes *ein.*
charakterisieren	Es wird von Ihnen erwartet, dass Sie Figuren, Vorgänge, Sachverhalte usw. in ihren spezifischen Eigenheiten pointiert darstellen, Wesentliches gewichtend hervorheben und unter leitenden Gesichtspunkten kennzeichnen.	*Charakterisieren Sie die Figur* anhand des inneren Monologs.
vergleichen	Sie sollen Texte, Figuren, Sachverhalte und Problemstellungen unter vorgegebenen oder selbst gewählten Aspekten einander gegenüberstellen und Gemeinsamkeiten sowie Unterschiede feststellen.	*Untersuchen Sie in einer vergleichenden Betrachtung das Rollenverhalten von Walter Faber* in Max Frischs Roman *und das von Georg Danton* in Büchners Drama.

erklären	Hier müssen Sie Textaussagen und Sachverhalte in einen Begründungszusammenhang stellen und zu Schlussfolgerungen kommen.	*Erklären Sie die in dieser Stellungnahme zum Ausdruck kommende Einschätzung* des Romans.
erläutern	„Erläutern" entspricht „erklären", enthält jedoch den zusätzlichen Aspekt, dass Sie Ihre Ergebnisse durch Zusatzinformationen und Beispiele veranschaulichen und einsichtig machen sollen.	*Erläutern Sie diese Einschätzung* des Romans *vor dem Hintergrund Ihrer Lektüreerfahrungen.*
heraus-arbeiten	Hier geht es darum, Strukturen, Leitgedanken, Strategien usw. aus einem Textganzen herauszulösen und in textbezogener Vorgehensweise sowie unter Konzentration auf das Wesentliche darzustellen.	*Arbeiten Sie die rhetorische und sprachliche Gestaltung* des Leitartikels *heraus.*

Anforderungsbereich III (Reflexion und Problemlösung)

beurteilen	Sie müssen zu einem Text oder zu einem Sachverhalt zu einem selbstständigen, begründeten Sachurteil gelangen, und zwar nicht gestützt auf subjektive Werte, sondern auf fachliches Wissen.	*Beurteilen Sie den Lösungsvorschlag, den der Verfasser* im vorliegenden Text *entwickelt.*
bewerten	Es wird von Ihnen erwartet, dass Sie zu einem Sachverhalt, Text oder Problem selbstständig Stellung nehmen und ihn unter Bezugnahme auf eine Wertordnung angemessen beurteilen.	*Bewerten Sie den Lösungsvorschlag des Verfassers vor dem Hintergrund Ihrer eigenen Erfahrungen mit der Problematik.*
(kritisch) Stellung nehmen	Hier geht es darum, die Einschätzung einer Problemstellung, eines Sachverhaltes, einer Wertung auf der Grundlage fachlicher Kenntnis und Einsicht nach kritischer Prüfung und Abwägung zu formulieren.	*Nehmen Sie Stellung zu der zentralen These des Autors,* der zufolge Computerspiele die Gewaltbereitschaft bei Jugendlichen fördern.
begründen	Es ist wichtig, dass Sie ein Analyseergebnis, Urteil, eine Einschätzung, eine Wertung fachlich und sachlich absichern (durch einen entsprechenden Beleg, Beispiele, Argumente).	Nehmen Sie Stellung zum Thema ‚Computerspiele und Gewalt' *und begründen Sie Ihre Auffassung.*
sich auseinandersetzen mit	Sie sollen zu einer (fachlichen) Problemstellung oder These eine Argumentation entwickeln, die zu einem begründeten und nachvollziehbaren Ergebnis führt. Es handelt sich um eine offene, auf die Breite des thematischen Spektrums ausgerichtete Form des Erörerns, die Sachverhalte skizziert, Ursachen und Folgen reflektiert.	*Setzen Sie sich mit den Schlussfolgerungen, zu denen der Autor kommt, auseinander.*
prüfen, überprüfen	Hier müssen Sie eine Auffassung, eine Argumentation, ein Ergebnis usw. auf ihre / seine Schlüssigkeit, Gültigkeit, Berechtigung hin unter Bezugnahme auf Kriterien untersuchen.	Arbeiten Sie die Kernthesen des Autors heraus *und überprüfen Sie ihre Gültigkeit.*

gestalten	Erarbeiten Sie hier in Verbindung mit einer Textvorlage (literarisches Werk oder pragmatischer Text) und einer konkreten Aufgabenstellung ein eigenes Textprodukt (innerer Monolog / Brief / Tagebucheintrag oder Rede / Leserbrief) nach ausgewiesenen Kriterien (inhaltliche Stimmigkeit, adäquater Sprachstil, Rhetorik).	Gehen Sie von folgender Annahme aus: Kohlhaas verfasst im Gefängnis einen Brief an seine Söhne, in dem er seine Sicht der Vorgänge darstellt. – *Gestalten Sie diesen Brief.* Gehen Sie von folgender Annahme aus: Sie haben den Artikel gelesen und möchten sich eingehend dazu äußern. – *Gestalten Sie einen Leserbrief.*
analysieren, interpretieren	**Literarische Texte:** Texterfassung, Textbeschreibung, Textdeutung (unter Berücksichtigung des Wechselbezuges von Textstrukturen, Funktionen und Intentionen, Erfassen zentraler strukturbildender, genretypischer, syntaktischer, semantischer und rhetorischer Elemente und ihrer Funktionen für das Textganze), kritische Reflexion und ggf. Wertung. **Sachtexte:** Texterfassung, Textbeschreibung, Textuntersuchung (Zusammenhang von Textstruktur und Textintention, strukturbildende semantische, syntaktische Elemente unter Berücksichtigung der sprachlichen Funktion); Erfassen der pragmatischen Struktur des Textes unter besonderer Berücksichtigung der Argumentationsweise; Erkennen und ggf. Beurteilen des Zusammenspiels von Struktur, Intention und Wirkung im Rahmen des historischen und aktuellen Verstehenshorizontes.	*Interpretieren Sie* das vorliegende Gedicht. *Interpretieren Sie* beide Gedichte im Vergleich. *Interpretieren Sie* den Dialog, und achten Sie dabei insbesondere auf die szenische und sprachliche Gestaltung. *Analysieren Sie* die vorliegende Rede, und achten Sie dabei insbesondere auf Merkmale und Funktion der rhetorischen Gestaltung. *Analysieren Sie* den vorliegenden Textauszug; berücksichtigen Sie dabei insbesondere die Wirkungsstrategie des Autors.
erörtern	Es wird von Ihnen erwartet, dass Sie eine These, eine Problemstellung oder eine Argumentation in schlussfolgernder Abwägung des Für und Wider und unter Berücksichtigung verschiedener Perspektiven überprüfen sowie ein begründetes Urteil fällen, ggf. auch Schlussfolgerungen ziehen und Lösungsperspektiven entwickeln.	*Erörtern Sie,* ausgehend von der Argumentation des Verfassers, *die Notwendigkeit* von Sprachförderkonzepten. *Erörtern Sie die Frage,* ob Kleists Drama als Komödie oder Tragödie inszeniert werden sollte.

5 Tipps

5.1 Praktische Tipps

Die **Wahl der Aufgabe** sollte sorgfältig getroffen werden, denn von der „richtigen“ Aufgabe hängt ganz wesentlich der Erfolg der Arbeit ab. Deshalb sollten Sie nicht nur die Textvorlage, sondern auch die Aufgabenstellung genau lesen und für sich selbst folgende Fragen beantworten:

- Was genau wird verlangt: Reproduktion, Erarbeitung, Beurteilung, Stellungnahme, Vergleich, Eigengestaltung?
- Welches ist die Schwerpunktaufgabe? Liegt sie mir?
- Welche Aufgabe fordert mich heraus? Wo kann ich meine Stärken einbringen?
- Ausschlaggebend sollte nicht die vermeintliche Leichtigkeit einer Aufgabe sein, sondern die Möglichkeit, sie auf ergiebige und gehaltvolle Weise zu lösen. Auch die Gelegenheit, Kenntnisse aus dem Unterricht einzubringen, ist ein Aspekt bei der Entscheidungsfindung.

Grundsätzlich gibt es zwei Aufgabentypen: die **Reproduktions-** und die **Erarbeitungsaufgabe**.

- Zum ersten Typus gehört alles, was man „im Kopf“ hat (oder haben sollte), wenn man den Prüfungsraum betritt: Wissen um Gattungen, Epochen, Autoren, Stoffe, Werke – kurz, das Hintergrundwissen, das für jede Bearbeitung und Einordnung nötig ist. Sie sollten es parat haben und nur noch entscheiden müssen, was davon im vorliegenden Zusammenhang relevant ist.
- Einen anderen Charakter hat die Erarbeitungsaufgabe: Hier liegt das Wissen noch nicht bereit, es ist mithilfe geeigneter Methoden erst noch zu erschließen. Das ist natürlich arbeits- und zeitaufwändiger als das Reproduzieren. Erarbeitungsaufgaben sind daher immer Schwerpunktaufgaben.

Ist die Entscheidung gefallen, sollten Sie die Aufgabe möglichst nicht mehr wechseln, denn das wäre verschenkte Zeit.

Eine **Zeitplanung** ist immer hilfreich. Die 330 Minuten Bearbeitungszeit entsprechen einem Unterrichtsvormittag. Es liegt also nahe, eine Grobplanung im 45-Minuten-Takt vorzunehmen. Bei Analyseaufgaben könnte man zum Beispiel zwei Unterrichtsstunden für die Konzeptphase ansetzen – Textmarkierungen, Skizzen, Gliederung, Ausformulierung von Kern- und Gelenkstellen –, etwa zwei Stunden für die Reinschrift und eine Stunde für die Durchsicht und Feinkorrektur. Damit wären etwa fünf Stunden verplant, sodass abzüglich der Pausen noch ein Puffer von mehr als einer Stunde bleibt. Pausen sollte man erst nach Beendigung eines Arbeitsganges einlegen, im Idealfall erst vor der Reinschrift.

5.2 Hinweise zu den Bewertungskriterien

Da ein Aufsatz als ganzheitliche Leistung zu betrachten ist, werden der Beurteilung keine Verrechnungspunkte zugrunde gelegt. Für alle Aufgaben liegen den Lehrkräften Lösungshinweise vor, die allerdings relativ offen formuliert sind und mögliche Ergebnisse skizzieren, also alternative Bearbeitungen nicht ausschließen, wenn diese den Anforderungen entsprechen. Die sprachliche Qualität des Aufsatzes (sprachliche Korrektheit und stilistisches Niveau) muss angemessen berücksichtigt werden, wobei keine bestimmte Quote (Prozentangabe) vorgegeben wird.
Die Korrekturrichtlinien besagen, dass die Note nicht durch Addition von auf die Anforderungsbereiche bezogenen Teilnoten errechnet wird, sondern eine Gesamtwürdigung der erbrachten Leistung darstellt.
Bei der Bepunktung werden folgende Bewertungskategorien berücksichtigt:

- inhaltliche Leistung,
- Aufbau und methodische Leistung,
- sprachliche Leistung/Darstellungsleistung.

Besonders viel Gewicht wird in der Bewertung darauf gelegt, dass Ihre Ausfertigung

- sachlich richtig ist,
- Ihre Aussagen folgerichtig und begründet sind,
- Ihre Darstellung und Ihr Verständnis der Thematik den prinzipiellen Ansprüchen des Kernkompetenzfaches entsprechen,
- Ihre Arbeit einen bestimmten Grad an Selbstständigkeit, z. B. in der Entwicklung von Gedankengängen, aufweist,
- über einen klaren Aufbau und eine klare Sprache verfügt,
- eine grundlegende Sicherheit im Umgang mit der Fachsprache und den entsprechenden Methoden aufzeigt und
- sprachlich richtig und in ihrer äußerlichen Form angemessen ist.

Hinweise und Tipps zur mündlichen Abiturprüfung

1 Allgemeines

Die mündliche Prüfung im Kernkompetenzfach Deutsch ist nicht obligatorisch, sondern freiwillig. Sie wird jedoch nur selten gewählt, da sich der Abiturdurchschnitt aufgrund der Anrechnungsmodalitäten selbst durch eine sehr gute oder gute Leistung allenfalls geringfügig verbessern lässt.

Die mündliche Zusatzprüfung ist keine Präsentationsprüfung, sodass Ihnen nicht bekannt ist, welches Thema den Schwerpunkt der Prüfung bildet, und Sie sich auf den gesamten Unterrichtsstoff der vier Kurshalbjahre vorbereiten müssen. Gleichwohl enthält auch die Zusatzprüfung einen Präsentationsteil in Form eines **Vortrags**, allerdings anhand der Ihnen vorgegebenen Aufgabenstellung. Neben den Vortrag tritt als gleichwertiges Element das **Prüfungsgespräch**. In beiden Fällen kommt es darauf an zu zeigen, dass Sie auch in mündlicher Rede präzise und anschaulich argumentieren können und die Zielrichtung im Blick behalten.

Zunächst wird Ihnen eine Aufgabenstellung vorgelegt, die aus einer oder mehreren – in der Regel aber nicht mehr als zwei – Teilaufgaben besteht. Für die Bearbeitung dieser Aufgabe stehen Ihnen im Vorbereitungsraum 20 Minuten zur Verfügung. Innerhalb dieser Zeit sollen Sie einen etwa 10-minütigen Vortrag vorbereiten, der in sich geschlossen und logisch untergliedert ist. Während des Vortrages können Sie sich auf die Texte sowie auf Ihre stichwortartigen Aufzeichnungen stützen.

Die Kürze der Vorbereitungszeit schließt aus, dass Sie Ihren Vortrag schriftlich ausformulieren; vielmehr ist es, ähnlich wie bei der Sichtungsphase in der Klausur, notwendig, den Vortrag durch sinnvolles Markieren und knappe Anmerkungen vorzubereiten.

Der zweite Prüfungsteil besteht aus einem Prüfungsgespräch, in dem Ihr Hintergrundwissen und Ihre Fähigkeit, größere fachliche und sachliche Zusammenhänge zu erschließen, überprüft werden.

2 Themen

Die Themen der mündlichen Zusatzprüfung erstrecken sich auf die **Unterrichtsinhalte der vier Halbjahre der Kursstufe**. Der Stoffbereich der schriftlichen Abiturprüfung ist nur ein Teilbereich davon und kann nur mit bestimmten Einschränkungen Gegenstand des Vortrags bzw. des Prüfungsgesprächs sein. Werden zum Beispiel Aufgaben zu den Pflichtlektüren gestellt, so dürfen sich diese nicht mit den schriftlichen Prüfungsaufgaben überschneiden. Vielmehr sind dann andere Textauszüge mit deutlich abgegrenzten thematischen Schwerpunkten und Aufgaben zu wählen. Wenn es auch dazu keine rechtlichen

Vorschriften gibt, wird den Lehrkräften empfohlen, auch andere Aufgabenformate zu wählen. Ein solches alternatives Format könnte in Bezug auf Büchners Drama *Dantons Tod* zum Beispiel darin bestehen, Auszüge aus einer Theaterkritik oder einem Inszenierungskonzept – ggf. zusammen mit einer Szene aus dem Stück – vorzulegen. Zu überprüfen und anhand der eigenen Interpretation zu bewerten wäre dann das der Kritik bzw. der Inszenierung zugrunde liegende Verständnis des Dramas. Man kann eine Szene oder einen Szenenauszug aber auch mit einer Videosequenz aus einer Inszenierung kombinieren und die Umsetzung beurteilen lassen. Dieses Verfahren lässt sich z. B. auch auf Max Frischs Roman *Homo faber* anwenden, zu dem es eine viel diskutierte Verfilmung gibt. Mit solchen Aufgaben würde die im Bildungsplan zentral verankerte Medienkompetenz in die Prüfung einbezogen.

Grundsätzlich dürfen sich die von den Lehrerinnen und Lehrern vorgelegten Aufgaben aber nicht auf den Prüfungsbereich der schriftlichen Prüfung beschränken. Ihnen wird empfohlen, in erster Linie auf andere Themenbereiche zurückzugreifen, z. B. auf weitere im Unterricht behandelte Romane, Erzählungen und Dramen. Möglich sind aber kurze Prosatexte oder Sachtexte, etwa in Verbindung mit der obligatorischen Epoche ‚Aufklärung': Eine Fabel, die Sie anhand Ihrer Kenntnisse der Gattung und der Epoche interpretieren und kommentieren; oder ein Auszug aus Lessings *Hamburgischer Dramaturgie*, wobei Sie Lessings Kriterien für ein gelungenes Drama auf ein Ihnen bekanntes Theaterstück beziehen und erläutern. Auch nicht-literarische Themen sind für die Prüfung geeignet, etwa die Beurteilung eines kurzen Essays oder eines Auszugs aus einem Essay unter Heranziehung wesentlicher Merkmale und Wirkungsabsichten dieser Textsorte. Über die Pflichtbereiche hinaus ergeben sich die jeweiligen Themen aus den von den Lehrkräften gesetzten Schwerpunkten im Kursunterricht. In das **Prüfungsgespräch** sollten in jedem Fall, ausgehend von der vorgelegten Aufgabe, weitere Schwerpunkte aus den vier Kurshalbjahren einbezogen werden.

3 Prüfungsteil I: eigenständiger Vortrag

Die größten Schwierigkeiten bei der mündlichen Abiturprüfung liegen erfahrungsgemäß im ersten Teil, also in dem ca. 10-minütigen zusammenhängenden, gegliederten Vortrag. Da es für solch lange Vorträge kaum echte Übungsmöglichkeiten im Unterricht gibt, zumindest nicht für jeden Einzelnen, fehlt es weitgehend an konkreten Vorerfahrungen; daher im Folgenden einige Tipps, wie Sie sich auf diese Prüfungssituation vorbereiten und Ihren Vortrag ansprechend gestalten können.

Tipps für die 20-minütige Vorbereitung

- Themenstellung: Was ist die Zielrichtung der geforderten Bearbeitung?
- Operatoren: Welche konkreten Anforderungen werden gestellt? Bei Mehrteiligkeit: Welche Gliederungshilfe bieten die Teilaufgaben? Welcher Aufgabe kommt das größte Gewicht zu?
- Einstieg: Mit welcher Einführung führt man den Vortrag schnell und stringent zum Kern der Aufgabenstellung?
- Texte: Fachbegriffe an den Rand schreiben, Quellen-Anmerkungen ergänzen, Stichworte für den Vortrag festlegen; wichtige Zitatstellen markieren.
- Gliederung: Nummerieren Sie Ihre Markierungen, damit Sie Ihren Vortrag anhand dieser Reihenfolge gestalten können.
- Beenden Sie Ihren Vortrag mit einem klaren Fazit.
- Grobstruktur: Nennung der Aufgabenstellung – Einleitung – Bearbeitung der Teilaufgaben – Schlussteil.

Tipps für den Vortrag

- Zeitmanagement: Legen Sie eine Armbanduhr neben Ihr Konzept, schreiben Sie, bevor Sie zu sprechen anfangen, den konkreten Zeitraum für Ihren Vortrag auf Ihr Konzept – so haben Sie klare zeitliche Anhaltspunkte.
- Nutzen Sie die Anmerkungen, die Sie während der Vorbereitungszeit angefertigt haben, als Leitfaden Ihres Vortrages.
- Sprechen Sie möglichst frei, klammern Sie sich nicht an Ihr Konzept.
- Sprechen Sie klar, deutlich und hinreichend laut.
- Achten Sie auf ein angemessenes Sprechtempo. Versuchen Sie, nicht zu schnell zu sprechen.
- Vermeiden Sie sowohl „Endlossätze" als auch Aneinanderreihungen und monotone Satzanfänge („Und … und … und …").
- Verwenden Sie die Fachsprache, die Sie gelernt haben, um zu verdeutlichen, dass Sie Ihr Metier beherrschen.
- Zitate/Textbelege: Verdeutlichen Sie während des Vortrages, woher Sie Ihre Aussagen beziehen, indem Sie Kernstellen mit Zeilenhinweis anführen.
- Ein gelegentlicher Blickkontakt zu Ihrem Prüfer oder den übrigen Beisitzern zeugt von einem souveränen Umgang mit der Situation und den Kommunikationsregeln.
- Bewegen Sie sich bei Ihrem Vortrag auf einer einheitlichen Sprachebene und vergegenwärtigen Sie sich, dass die Adressaten Ihres Vortrags Deutschlehrerinnen und Deutschlehrer, also Fachleute sind.

Sie können diesen ersten Teil der mündlichen Prüfung üben und simulieren, indem Sie ein im Unterricht behandeltes Thema (z. B. ‚Bertolt Brechts Theorie des epischen Theaters') auswählen, die Vorbereitungszeit exakt einhalten und zwei Kursmitglieder als fiktive Prüfungskommission hinzuziehen. Lassen Sie sich anschließend von Ihrer „Prüfungskommission" begründet darlegen, ob Ihr Vortrag sprachlich und inhaltlich verstanden wurde. Ebenso können Sie natürlich in der Familie oder im Freundeskreis das Referieren üben oder zu diesem Zweck Ihren Vortrag selbst aufnehmen und überprüfen.

4 Prüfungsteil II: das Prüfungsgespräch

Die zeitliche Dauer des zweiten Prüfungsteils entspricht derjenigen des ersten Teils und sollte etwa 10 Minuten betragen. Das Prüfungsgespräch knüpft in aller Regel an den vorangegangenen Vortrag an. Ihm kann zunächst – je nach Qualität und Vollständigkeit des Vortrags – die Aufgabe zukommen, Unklarheiten zu beseitigen, einzelne Punkte zu präzisieren oder zu Ergänzungen hinzuführen. Nach einem ‚perfekten' Vortrag ist freilich ein umgehender Themenwechsel möglich, wobei zwischen dem Thema des Vortrags und den Themenbereichen des Gesprächs zumeist Verbindungen – in Form eines Werkvergleichs, einer Epochenzuordnung und so weiter – bestehen. Ganz grundsätzlich zielt das Prüfungsgespräch – im Unterschied zur schriftlichen Abiturprüfung – auf die Breite des Wissens und auf die Fähigkeit ab, Zusammenhänge herzustellen, Schwerpunkte zu setzen, Vergleichsaspekte zu entwickeln und so fort.

Im Verlauf des Gesprächs sollen Sie Ihre Kommunikationskompetenzen im Rahmen eines Fachgespräches unter Beweis stellen: Zeigen Sie sich also als gewandter Gesprächspartner, der adressatengerecht und sachkundig die Fragen und Impulse aufgreift und möglichst selbstständig und ergiebig damit umgeht.

Tipps für das Prüfungsgespräch

- *Sprechanteil:* Je eigenständiger und umfassender Sie als Prüfling mit den Fragen und Impulsen umgehen, desto besser! Begnügen Sie sich nicht mit Kurzantworten, führen Sie länger aus.
- *Erfassen der Frageintention:* Achten Sie auf die Operatoren und auf fachliche Kernbegriffe! Führen Sie sinnvolle Beispiele oder Vergleiche aus dem Unterricht an, zeigen Sie Ihr Hintergrund- und Allgemeinwissen. Aber schweifen Sie nicht ab, bleiben Sie beim Thema.
- *Gesprächsaufbau durch den Prüfer:* In der Regel gestaltet der Prüfer ein solches Gespräch nach dem Prinzip „Vom Einfachen zum Schwierigen, vom Einzelfallbeispiel zum Allgemeinen / Modellhaften".
  Wenn Sie einen Bezug zu einer Ihnen passend erscheinenden Theorie oder zu einem aus dem Unterricht bekannten Beispiel selber herstellen können: Tun Sie dies!
- *Unterrichtsbezüge:* Hintergrund aller Fragen und Impulse ist das aus dem Unterricht Bekannte. Stellen Sie also dort nach Möglichkeit über das gerade angesprochene Einzelbeispiel hinaus Vergleiche zu dem im Unterricht Behandelten an, weisen Sie auf Gemeinsamkeiten oder auch auf Unterschiede hin. Machen Sie somit deutlich, dass Sie die Themen des Prüfungsgesprächs in größere Zusammenhänge einordnen können.
- *Verständnisproblem:* Sollten Sie mit einer einzelnen Frage einmal nichts anfangen können: Verlieren Sie keine Zeit, bitten Sie an einer solchen Stelle um eine kurze ergänzende Erläuterung.
- *Unterbrechungen:* Lassen Sie sich nicht irritieren. Der Prüfer möchte Ihnen entweder zurück auf den Haupt(frage)weg helfen oder den Themenschwerpunkt wechseln, was vielleicht nur daran liegt, dass die Prüfungszeit allmählich knapp wird: Werten Sie solche Unterbrechungen in jedem Fall als für Sie günstig und hilfreich.
- *Mimik und Gestik:* Lassen Sie sich nicht durch Äußerlichkeiten irritieren: Die Prüfer werden sich bemühen, eine neutrale Atmosphäre herzustellen. Wenn das Prüfungsgespräch beispielsweise weniger persönlich verläuft als eine normale Unterrichtsstunde, ist das kein beunruhigendes Zeichen.

Schriftliche Abiturprüfung Deutsch (Baden-Württemberg): Übungsaufgabe 1
Interpretation und Vergleich der Pflichtlektüren (Werke im Kontext)

Thema:
Peter Stamm (*1963): **Agnes**
Max Frisch (1911–1991): **Homo faber**
Georg Büchner (1813–1837): **Dantons Tod**

Peter Stamm, Agnes (Auszug)

Wir gingen durch das Viertel. Es hatte aufgehört zu regnen, aber die Straßen waren noch naß. Agnes zeigte mir, wo sie ihre Lebensmittel einkaufte, wo sie ihre Wäsche wusch, das Restaurant, wo sie oft zu Abend aß. Ich versuchte, mir vorzustellen, wie es war, in diesen Straßen zu Hause zu sein, aber es gelang mir nicht.

Agnes sagte, sie wohne gern hier, sie fühle sich wohl in diesem Viertel, auch wenn es nicht besonders schön sei und obwohl sie niemanden kenne. Als wir in ihre Wohnung zurückkehrten, holte sie aus einem Schrank einen Stapel kleiner trüber Glasplatten.

„Das ist meine Arbeit", sagte sie.

Auf den ersten Blick schienen die Platten gleichmäßig trübe zu sein, aber als ich genauer hinschaute, sah ich im grauen Nebel winzige Punkte in regelmäßigen Abständen. Auf jeder Platte bildeten die Punkte andere Muster.

„Das sind Röntgenbilder von Kristallgittern", sagte Agnes. „Die wirklichen Anordnungen der Atome. Ganz tief in fast allem ist Symmetrie."

Ich gab ihr die Platten zurück. Sie trat ans Fenster und hielt sie einzeln gegen das Licht.

„Das Geheimnisvolle ist die Leere in der Mitte", sagte sie, „das, was man nicht sieht, die Symmetrieachsen."

„Aber was hat das mit uns zu tun?" fragte ich. „Mit dem Leben, mit dir und mir? Wir sind asymmetrisch."

„Asymmetrien haben immer einen Grund", sagte Agnes. „Es ist die Asymmetrie, die das Leben überhaupt erst möglich macht. Der Unterschied zwischen den Geschlechtern. Daß die Zeit nur in eine Richtung läuft. Asymmetrien haben immer einen Grund und eine Wirkung."

Ich hatte Agnes noch nie mit so viel Begeisterung reden gehört. Ich umarmte sie. Sie hielt die Diapositive schützend in die Höhe und sagte: „Paß auf, sie sind zerbrechlich."

Trotz ihrer Warnung nahm ich Agnes auf die Arme und trug sie zur Matratze. Sie stand noch einmal auf, um die Bilder in Sicherheit zu bringen, aber dann kam sie zurück, zog sich aus und legte sich neben mich. Wir liebten uns, und dann war es draußen dunkel geworden. Ich blieb die Nacht über bei ihr.

Gegen Morgen weckten mich Klopfgeräusche in den Heizungsrohren. Ich richtete mich auf und sah, daß auch Agnes wach war.

„Da gibt jemand Klopfsignale", sagte ich.

„Das ist eine Dampfheizung, keine Klimaanlage wie bei dir. Die Rohre dehnen sich durch die Hitze aus und machen diese Geräusche."

„Stört dich das nicht? Bei dem Lärm kann man ja nicht schlafen."

„Nein, im Gegenteil", sagte Agnes, „Es gibt mir das Gefühl, nicht allein zu sein, wenn ich nachts aufwache."

„Du bist nicht allein."

„Nein", sagte Agnes, „jetzt nicht."

Aus: Peter Stamm, Agnes. Zürich: Die Arche 1998

Aufgabenstellung

- Interpretieren Sie den Textausschnitt im Kontext der vorausgegangenen Handlung.
- Peter Stamm: *Agnes*, Max Frisch: *Homo faber* und Georg Büchner: *Dantons Tod*: Untersuchen Sie in einer vergleichenden Betrachtung, wie die Protagonisten mit ihren jeweiligen Partnerinnen umgehen.

Hinweise und Tipps

Teilaufgabe 1
Die erste Teilaufgabe fordert von Ihnen zunächst eine kurze inhaltliche Hinführung zu dem Textausschnitt, der in Kapitel 8 von Peter Stamms Roman *Agnes* steht. Dabei genügt es, die Anfänge der Liebesbeziehung zwischen dem Erzähler und Agnes zu skizzieren und die ersten Schwierigkeiten in diesem Verhältnis anzudeuten. Anschließend sollten Sie den Textauszug gründlich interpretieren, wobei Sie sowohl die einzelnen Elemente der Handlung (Beschreibungsebene) aufzeigen als auch die zahlreichen Metaphern und Anspielungen (Deutungsebene) im Hinblick auf den Romanschluss erläutern müssen. Ein besonderes Augenmerk sollte dem von Agnes erklärten Kristallgitter mit seinen Symmetrien und Asymmetrien gelten, weil dieses Modell auf die problematische Entwicklung des Liebespaars vorausdeutet.

Teilaufgabe 2
Die zweite Teilaufgabe zielt auf eine vergleichende Betrachtung der Mann-Frau-Beziehung in den drei Pflichtlektüren von Peter Stamm *(Agnes)*, Max Frisch *(Homo faber)* und Georg Büchner *(Dantons Tod)*. Während die Protagonisten durch die drei Männer Erzähler, Walter Faber und Georg Danton vertreten sind, erweitert sich der Kreis bei den Frauenfiguren, weil neben den jeweiligen Partnerinnen der Protagonisten auch deren Rivalinnen eine wesentliche Rolle spielen. In diesem Zusammenhang kann insbesondere der Treuebegriff erörtert werden.
Im Mittelpunkt der Betrachtung steht auch das Frauenbild des jeweiligen Protagonisten, das sich durch sein Verhalten gegenüber den Frauen ergibt. Die Umgangsformen der Männer sind jedoch nicht nur auf ihre Taten beschränkt, sondern beziehen auch ihre Gespräche und nicht zuletzt ihre Denkweise ein. Von besonderem Interesse ist dabei die Frage, welchen Einblick die Männer ihren Partnerinnen in ihre berufliche Tätigkeit gewähren.
Alle drei Protagonisten erleben sowohl positive als auch negative Momente in ihren Liebesbeziehungen. Sie sollten in dem Textvergleich deshalb die Gemeinsamkeiten und Unterschiede in den Verhaltensweisen der Protagonisten gegenüber ihren Partnerinnen herausstellen, sodass die jeweiligen Charaktere (aus verschiedenen Epochen, vom 18. bis zum 20. Jahrhundert) deutlich zum Vorschein kommen.

Lösungsvorschlag in Grundzügen

Einleitung

„Gegensätze ziehen sich an." Mit dieser These wird oft versucht, das Geheimnis einer Liebesbeziehung zwischen Mann und Frau zu erklären. Doch wenn die Unterschiede überhandnehmen, kann bald die anfängliche Faszination verloren gehen, sodass es unausweichlich zu einer Trennung kommt.
In der Literatur spielt die geheimnisvolle Liebe seit jeher eine große Rolle. Verschiedene Facetten der gegenseitigen Anziehungskraft, aber auch zahlreiche Varianten des Scheiterns wurden von Autoren aus unterschiedlichen Epochen und Kulturkreisen in ihren Werken thematisiert. Ein Liebesverhältnis mit tragischem Ende wird sowohl in den modernen Romanen *Agnes* und *Homo faber* der Schweizer Schriftsteller Peter Stamm und Max Frisch als auch in dem Schauspiel *Dantons Tod* des Dramatikers Georg Büchner dargestellt.

In Peter Stamms 1998 erschienenem Debütroman *Agnes* lernt ein namenlos bleibender Ich-Erzähler eine um einige Jahre jüngere Studentin in der Chicago Public Library kennen. Bei gemeinsamen Raucherpausen kommen sich die beiden Bibliotheksbesucher, die an einem Sachbuch bzw. an einer Dissertation arbeiten, näher.
Nach mehreren Tagen trifft sich das Paar in der Wohnung des Erzählers, die sich in einem Wolkenkratzer mitten in Chicago befindet. Das Verhältnis wird intimer, aber es zeichnen sich auch erste Differenzen ab.

Teilaufgabe 1
Kontext

In Kapitel 8, dem der Textausschnitt entnommen ist, besucht der Erzähler zum ersten Mal seine neue Freundin in deren Wohnung, die im Vergleich zu seiner eigenen viel bescheidener aussieht und in einem Außenbezirk der Millionenstadt Chicago liegt. Einige Tage später beginnt der Erzähler auf Agnes' Bitte, eine Geschichte über sie beide zu schreiben: Realität und Fiktion vermischen sich darin zu einer eigentümlichen Wechselwirkung. Die sich fortlaufend entwickelnde Geschichte reflektiert das Verhältnis zwischen dem Erzähler und Agnes, bis sie schließlich in zwei Schluss-Varianten ihre Beziehung beendet.

Inhaltswiedergabe und Bedeutung von Kapitel 8

Kapitel 8 beschreibt die sensible, zurückhaltende Titelfigur Agnes in ihrer vertrauten Umgebung, die sowohl ihre Lebensgewohnheiten als auch ihre Denk- und Arbeitsweise verdeutlicht. Der Leser erlebt in der vorgegebenen Textstelle eine aufgeschlossene, lebhafte Studentin, die dem Erzähler voller Enthusiasmus von ihrer Doktorarbeit über die Struktur von Kristallgittern berichtet und sich ihm anschließend ohne Scheu hingibt. Das intime Zusammensein verläuft völlig harmonisch und führt das Liebespaar zu einer größeren Vertrautheit und Offenheit. Der Erzähler verbringt die ganze Nacht bei Agnes. Am nächsten Morgen werden die beiden dann von Klopfgeräuschen geweckt, die von der Heizung verursacht werden.

Interpretation

Die leichte und unbeschwerte Atmosphäre in diesem Textausschnitt offenbart bei näherer Betrachtung erste Probleme und Brüche. So zeigen sich an vielen Stellen Widersprüche zwischen einer gegenseitig zunehmenden Vertraulichkeit und einer wachsenden Distanz des Erzählers zu seiner jungen Freundin.

Agnes' Lebensumfeld

- Das Stadtviertel, in dem Agnes wohnt, erweist sich als ein **anonymes Großstadtmilieu**, das den Erzähler abschreckt. Selbst Agnes gibt zu, dass die Umgebung „nicht besonders schön sei" (Z. 6). Allerdings betont sie, dass sie gern in diesem Wohnbezirk, der alles Lebensnotwendige bietet, zu Hause sei, obwohl sie niemanden kenne. Die **Wettermetaphorik** vermittelt eine düstere Stimmung: Es regnet, und bald wird „es draußen dunkel" (Z. 27). Auch Agnes' Wohnung wirkt alles andere als gemütlich. Am frühen Morgen wird der Erzähler durch Klopfgeräusche der Heizung geweckt. Während sich der Erzähler von diesem „Lärm" (Z. 34) sehr gestört fühlt, empfindet Agnes jedoch das Klopfen als angenehm.

Fremdheit von Agnes' Welt für den Erzähler

- Bei seinem Besuch versucht der Erzähler sich sowohl in die Wohnsituation als auch in den Charakter seiner Partnerin hineinzuversetzen, was ihm jedoch nicht gelingt (vgl. Z. 3 f.). Er kann sich nicht vorstellen, dass man sich in dieser hässlichen und lauten Umgebung wohlfühlen kann. Trotz dieser **Irritationen** steigert sich die **Verliebtheit** des Erzählers, was vor allem auf Agnes' Redseligkeit zurückzuführen ist. Er umarmt Agnes und verbringt mit ihr eine Liebesnacht, aus der er jedoch unsanft erwacht.

- Ohne Vorbehalte erzählt Agnes ihrem Freund – gleich nach dem Spaziergang durch das trübe Stadtviertel – ausführlich von ihrer Tätigkeit an der Universität. Anhand von Röntgenbildern erklärt sie **Symmetrien und Asymmetrien** bei Strukturbildern von Kristallen. Durch die häufige Verwendung von direkter Rede wirkt das Gespräch sehr lebendig. Die Erläuterungen an diesen konkreten Beispielen führen zu **allgemeinen Aussagen über das Leben** an sich: Laut Agnes bestimmt die Asymmetrie das Dasein, und die Zeit läuft nur „in eine Richtung" (Z. 21). Es ist der Erzähler, der Agnes fragt, was die Kristalle mit ihrer Liebesbeziehung zu tun haben. So wird deutlich, dass die „trübe[n]" (Z. 9) und „zerbrechlich[en]" (Z. 24) Glasplatten eine metaphorische Bedeutung für das von Gegensätzen und Unwägbarkeiten bestimmte Verhältnis zwischen dem Erzähler und Agnes haben.

metaphorische Ebene von Agnes' Forschungen

- Auf dem Weg zu Agnes' Wohnung hat sich der Erzähler verfahren, obwohl ihm seine Freundin „genaue Anweisungen" gegeben hatte. Auch ihrem Vortrag über Kristallformen hört er zunächst nur oberflächlich zu, bis er schließlich „genauer" (Z. 9) hinschaut und **Zusammenhänge** erkennt. Allerdings sieht er noch nicht die Asymmetrien in seiner Beziehung zu Agnes, obwohl seine Partnerin auf den „Unterschied zwischen den Geschlechtern" (Z. 20) hinweist und im Hinblick auf die zerbrechlichen Platten (brüchiges Liebesverhältnis!) eine „Warnung" ausspricht. Zudem stellt er selbst die Behauptung auf: „Wir sind asymmetrisch." (Z. 17 f.) Auch die „Klopfsignale" (Z. 31) können in diesem Kontext als erstes Warnzeichen und damit als eine Ermahnung an das Liebespaar gesehen werden. So zeigt sich selbst in dieser harmonischen Liebesszene die **Gefährdung** der Beziehung. Mit Metaphern und Anspielungen wird auf das Ende der Geschichte hingewiesen. Vor dem Liebesakt steht Agnes noch einmal auf, um die Glasplatten „in Sicherheit" (Z. 26) zu bringen – ihr gesamtes Leben wird allerdings von Unsicherheit und Ungewissheit beherrscht, zumal die Gegensätze zu dem Erzähler ab diesem Moment stetig zunehmen.

Erzähler ignoriert Symptome einer Beziehungskrise

Teilaufgabe 2

Sowohl in den Romanen *Agnes* und *Homo faber* als auch in dem Drama *Dantons Tod* werden **intime Glücksmomente** zwischen zwei Liebenden beschrieben, die jedoch nicht von Dauer sind und schließlich in ein **tragisches Ende** münden.

Umgang des *Agnes*-Erzählers mit Frauen

Für den Erzähler in **Peter Stamms „Agnes"** liegt die Ursache für das Scheitern der Liebesbeziehung in seiner eigenen Unbeständigkeit und Bindungsunfähigkeit.

- Offen bekennt der Schweizer Sachbuchautor, dass er bereits „einige gescheiterte Beziehungen" (S. 15) hinter sich habe. Obwohl er schon längere Zeit in Chicago lebt, kennt er in dieser Stadt niemanden. Deshalb hat er sich mit seinem „Alleinsein abgefunden" (S. 15). Doch neben Agnes lernt er auch bald Louise kennen.

kaum soziale Bindungen

- Agnes ist für den Erzähler in erster Linie eine **Sexualpartnerin**. Die Liebesakte bilden deshalb auch die wenigen Momente eines erfüllten Glücks. Agnes' ständige Präsenz wird ihm immer wichtiger, sodass er bei sich schließlich „eine fast körperliche Abhängigkeit" (S. 61) feststellt. Kurze Zeit später fällt ihm auf, „wie wenig [er] sie kannte" (S. 61). Bei der Gestaltung der fiktionalen Geschichte über ihre Beziehung dominieren das Aussehen und das Körperliche. Bezeichnenderweise be-

Reduktion von Agnes aufs Körperliche

ginnt die Story mit einer Beschreibung ihres Äußeren. Ihre Charaktereigenschaften und ihre Mentalität spielen nur eine untergeordnete Rolle.

- Immerhin empfindet der Erzähler mehrmals, dass er sich in Agnes verliebt hat. Dieses Gefühl treibt ihn auch beim Schreiben ihrer Geschichte an. Er wartet dann beim Vorlesen gespannt auf Agnes' Reaktion und korrigiert sogar gelegentlich eine Formulierung, wenn Agnes etwas missfällt. Doch ein Traum offenbart ihm die **zunehmende Entfremdung** zwischen ihm und seiner Partnerin, da sie ihm darin gesteht, Angst vor ihm zu haben. In der Wirklichkeit entwickelt sich zwischen dem Erzähler und Agnes eine schnell wachsende **Sprachlosigkeit**. Die beiden haben sich immer weniger zu sagen. Schließlich merkt der Erzähler, dass die von ihm in seiner Geschichte beschriebene Familienidylle mit Eheglück und zwei Kindern nicht zu ihrem Leben passt. Deshalb tritt am Ende der auf dem Computer gespeicherte „Schluß2" in den Vordergrund, in dem Agnes in eine eisige Winterlandschaft hinausgeht.

Entfremdung von Agnes

- Der **Bruch der Liebesbeziehung** beginnt mit Agnes' Geständnis, dass sie schwanger ist. Sofort erklärt der Erzähler, dass er kein Kind haben möchte, woraufhin Agnes bei ihm auszieht. Die **unterschiedlichen Vorstellungen über eine gemeinsame Zukunft** werden nur in der idyllischen „Familiensaga" angeglichen. Darin kann sich der Erzähler eine Rolle als Familienvater vorstellen, aber er ahnt gleichzeitig, dass nach dem ersten großen Konflikt mit Agnes ein glückliches Familienleben nicht mehr möglich sein wird. Weder der egozentrische Erzähler noch die introvertierte Agnes bringen die Voraussetzung für eine aufrichtige Partnerschaft mit. Gegenseitige **Untreue** und Eifersucht zerstören das Vertrauen vollends. Während Agnes dem Erzähler vorhält, dass Herbert sie mehr liebe als er, obwohl sie mit ihm nie intim war, betrügt dieser seine Partnerin in der Silvesternacht mit Louise. Aber auch diese Frau enttäuscht er, weil er ihre Beziehung nur als Affäre ansieht und zu Agnes zurückkehrt. So zeichnet sich aufgrund der großen charakterlichen Unterschiede und einer negativen Entwicklung ihrer Beziehung schon früh das **Scheitern** des Liebesverhältnisses mit Agnes ab.

weitere Gründe für das Scheitern der Beziehung

In **Max Frischs Roman „Homo faber"** sind die Frauenbeziehungen des Protagonisten von Missverständnissen und schwerwiegenden Irrtümern geprägt. Mit drei Frauen hat es der 50-jährige Schweizer Walter Faber fast gleichzeitig zu tun, was eine „Super-Constellation" (Name des Flugzeugs, mit dem Faber eine Bruchlandung in der Wüste erlebt!) darstellt. Aus dieser heiklen, komplexen Lage mit all ihren schicksalhaften Verkettungen geht der begeisterte Techniker äußerst ramponiert hervor.

Umgang Walter Fabers mit seinen Partnerinnen

- Mit dem 26-jährigen Mannequin **Ivy** (Bedeutung: Efeu – eine Frau, die wie eine Klette an Faber hängt) verbringt der viel reisende Walter Faber meist die Wochenenden in seiner 2-Zimmer-Wohnung in New York. Obwohl die verheiratete Frau für den Schweizer „ein herzensguter Kerl" (S. 65) ist, hat er häufig **Streit** mit ihr. Da er sich immer öfter mit der modebewussten Dame langweilt, beschließt er, sich von ihr zu trennen. Aber Ivy ignoriert seinen Abschiedsbrief und versucht mit allen Mitteln, Faber an sich zu binden. Bei einer heftigen Auseinandersetzung fällt sie über ihren um einiges älteren Liebhaber ein vernichtendes Urteil. Sie wirft ihm vor, er sei „ein Egoist, ein Rohling, ein Barbar in bezug auf Geschmack, ein Unmensch in bezug auf die Frau" (S. 31).

Trennung von anhänglicher Ivy

- Ein noch größerer Altersunterschied besteht zwischen Faber und seiner erst 20 Jahre alten Tochter **Sabeth** (Elisabeth), der er zufällig auf einem Schiff begegnet und mit der er, ohne zu wissen, dass er ihr Vater ist, eine **inzestuöse Verbindung** eingeht. Dabei findet er „das Mädchen mit dem blonden Roßschwanz“ (S. 69) und den schwarzen Cowboyhosen zunächst nicht attraktiv, vielmehr zieht ihn ihre Jugendlichkeit an, und ein wenig erinnert sie ihn an seine einstige Geliebte Hanna.

  Liebesverhältnis mit seiner Tochter Sabeth

  An seinem 50. Geburtstag macht Faber Sabeth einen Heiratsantrag, obwohl er die junge Frau noch kaum kennt und er immer wieder betont, dass er am liebsten allein lebe. In väterlicher Fürsorge begleitet er die Studentin auf ihrer weiteren Reise durch Frankreich und Italien. Dabei kommt sich das ungleiche Paar näher. Gleichzeitig ahnt der 50-Jährige immer deutlicher, dass Sabeth seine Tochter sein könnte, wobei er diese Gedanken mithilfe von selbsttäuschenden Rechenspielen sogleich wieder verwirft. Trotz ihrer zunehmenden Verliebtheit merken die beiden, dass sie sehr **unterschiedliche Lebensauffassungen** haben. Während sich Sabeth für Kultur und Archäologie interessiert, kann sich Faber nur für technische Errungenschaften begeistern. Der Ingenieur schätzt an seiner Tochter, dass sie eine rasche Auffassungsgabe, vor allem auch im technischen Bereich, besitzt, doch sie wirft ihm immer wieder vor, dass er sie nicht ernst nehme. Schließlich führt Walter Faber ungewollt den Tod seiner Tochter herbei, die nach einem Schlangenbiss schwer stürzt und sich dabei einen Schädelbasisbruch zuzieht. Mit der Frage nach seiner eigenen Schuld quält sich der Ingenieur bis zu seinem Ende.

  Attraktivität von Sabeths Jugend

- Äußerst schwierig verläuft Fabers Beziehung mit der Halbjüdin **Hanna Landsberg**, die er als 30-Jähriger hatte heiraten wollen. Die damals schwangere Hanna beendete das Verhältnis jedoch überraschend auf dem Standesamt, weil sie Faber unterstellte, dass er kein gemeinsames Kind haben und sie nur aus Mitleid – die deutsche Halbjüdin war in ihrer Heimat während des Dritten Reiches gefährdet – heiraten wollte. Erstaunlicherweise kümmert sich Faber 20 Jahre lang nicht um seine Tochter, weil er vermutet, dass Hanna wohl nach ihrer Trennung eine Abtreibung vorgenommen hat. Allerdings behauptet Faber, dass er Hanna damals geliebt habe, obwohl es, ähnlich wie mit Ivy, ständig **Konflikte** gab und die **Gegensätze** – Hanna studierte Kunstgeschichte – schon damals deutlich hervortraten.

  spannungsreiches Verhältnis mit Hanna

  Zwei Jahrzehnte nach ihrer letzten Begegnung treffen die beiden wieder zusammen, und Faber findet die ergraute Mutter seiner Tochter immer noch „attraktiv“ (S. 140). Mehr als ihre äußere Schönheit bewundert er aber ihre **Selbstständigkeit** und ihr **starkes Selbstbewusstsein**. Zu einer offenen Aussprache gelangen die beiden jedoch nicht: Den Fragen nach Fabers Vaterschaft und dem Schicksal von Hannas einstigem Ehemann Joachim Hencke (Tod durch Suizid) weichen sie aus und verschweigen einander lange die Wahrheit, ja sie belügen sich sogar. Erst nach Sabeths Tod werden die Gespräche aufrichtiger geführt. Durch viele Erzählungen wird die Vergangenheit wechselseitig aufgearbeitet. Faber nimmt sich dann sogar vor, Hanna zu heiraten, obwohl er immer deutlicher erkennt, dass er ihr Verhalten nicht versteht. Allerdings leistet ihm Hanna Beistand bei seiner anstehenden Magenoperation.

  Hanna als emanzipierte Frau

  Sehr spät hat sich für Walter Faber und Hanna aufgrund ihres gemeinsamen Schicksals ein **Vertrauensverhältnis** entwickelt, das aus der anfänglichen Liebesverwirrung herausführt, denn Hanna war für Faber zu-

  Hanna als Freund

nächst „die Mutter meiner Geliebten, die selbst meine Geliebte ist" (S. 141). Am Ende bezeichnet er sie als seinen „Freund" (S. 198), der ihm das Alleinsein erträglicher macht. In seinem **Reifeprozess** erkennt Faber, dass innere Werte wichtiger sind als Äußerlichkeiten, die er vor allem bei Ivy und teilweise auch bei Sabeth geschätzt hat.

Umgang Dantons mit Frauen

Der Protagonist in **Georg Büchners Drama „Dantons Tod**" ist ein äußerst zwiespältiger Charakter, der einerseits seine Ehefrau Julie innig liebt, sich andererseits jedoch auch mit anderen Frauen vergnügt.

Dantons Hedonismus und Liebschaften

- Der **Frauenheld** Danton führt ein lasterhaftes Luxusleben. Gleich die ersten Szenen in Büchners Schauspiel zeigen den Genussmenschen beim Zusammensein mit leichten Mädchen, deren „Schönheit" und „geschmeidige Hüften" er mit geübtem Kennerblick begutachtet. Das Gegenbild zu diesem ausschweifenden Lebemann stellt der tugendhafte Robespierre dar, der von den Bürgern für seine Aufrichtigkeit und Geradlinigkeit bewundert wird. Der Vergleich dieser beiden Revolutionäre fällt denn auch für das Volk eindeutig aus, zumal sich Danton mit seiner Lebensweise eher aristokratisch gibt. So stellt ein Bürger missbilligend fest: „Danton hat schöne Kleider, Danton hat ein schönes Haus, Danton hat eine schöne Frau" (S. 70), und er fährt voller Empörung gegenüber seinen Zuhörern fort: Er „schläft bei euern Weibern und Töchtern, wenn er betrunken ist" (S. 70). Doch inzwischen hat Danton viel von seiner Lebensfreude und Triebhaftigkeit eingebüßt. Die Grisette Marion kommt zum Ergebnis, dass der Frauenliebhaber Danton in diesen politisch aufgewühlten Zeiten seine Verführungskunst verloren hat: „Deine Lippen sind kalt geworden, deine Worte haben deine Küsse erstickt." (S. 24)

Geborgenheit in der Ehe mit Julie, …

- Als **Privatmann** schätzt der resignierte Revolutionär Danton zunehmend die sorglosen Momente mit seiner **Frau Julie**. Der untreue Ehemann genießt die Ruhepausen, die ihn Abstand von den politischen Auseinandersetzungen, aber auch von seinen Ausschweifungen gewinnen lassen. Julie beruhigt ihren von Albträumen geplagten Mann und gibt ihm dadurch die Geborgenheit, die ihm in dem aufgewühlten Politikgetriebe fehlt. Politische Fragen sind jedoch kein Gesprächsthema zwischen den beiden Eheleuten. Frauen dienen Danton und seinen Anhängern nur zur Entspannung und zum Vergnügen. Politik und Revolution sind in Büchners Drama reine Männersache.

… aber auch Entfremdung der Partner

- Der müde **Politiker** Danton ist sich seiner vergangenen Verdienste bewusst und kann sich deshalb sicher sein, dass er als ruhmreicher Mann in die Geschichtsbücher eingehen wird. Aber der Atheist sieht auch die Begrenztheit des Lebens („Da ist keine Hoffnung im Tod", S. 67), weshalb er mit seiner Vergnügungssucht den Gedanken an sein baldiges Ende zu verdrängen versucht. Außerdem erkennt Danton, dass jeder Mensch ein einsames Wesen ist, das sich nur bedingt auf andere verlassen kann. Selbst ein langjähriges Zusammenleben mit einer Partnerin kann das stetige **Gefühl der Entfremdung** nicht aufheben. Deshalb sagt Danton zu Julie: „Wir wissen wenig voneinander." (S. 5) Trotz aller Seitensprünge hält Danton in seiner eigenen Art von Treue zu seiner Lebensgefährtin, die für ihn einen Ruhepol inmitten der spannungsgeladenen Politik darstellt.

- Im Augenblick des **Todes** erfährt Danton von seiner Partnerin die **größte Solidarität**. Julie lässt ihrem Ehemann kurz vor dessen Hinrichtung eine Locke von sich ins Gefängnis bringen, und Danton weiß, dass seine Ehe ein festes Fundament hat. So denkt er kurz vor seinem Ende an seine Frau und ist sich dabei sicher, dass er auf seinem letzten Gang Unterstützung findet: „Ich werde nicht allein gehen, ich danke dir Julie." (S. 74) Tatsächlich wird diese Ahnung wenig später bestätigt, denn Julie vergiftet sich und geht so mit ihrem Ehemann gemeinsam in den Tod. Dieses letzte Treuebekenntnis steht in starkem Gegensatz zu Dantons permanentem Ehebruch, aber es zeigt auch, dass in dieser revolutionären Umbruchsituation noch etwas Beständiges, Unerschütterliches, nämlich die **Liebe**, existiert.

gemeinsamer Tod des Ehepaares

In **allen drei Werken** sind die Partnerschaften zwischen Mann und Frau ständig gefährdet und werden schließlich durch den Tod beendet. Bereits vorher wurden die Beziehungen durch Untreue, Gleichgültigkeit oder Interessensgegensätze schwer erschüttert. Alle drei **Männer** beweisen einen großen **Egoismus**, indem sie sich ihren Partnerinnen gegenüber unsensibel oder gleichgültig verhalten. Besonders der Erzähler aus *Agnes* und Walter Faber stoßen ihre schwangeren Freundinnen vor den Kopf, als sie davor zurückschrecken, die Vaterrolle einzunehmen. Für Hanna und Agnes bedeutet diese verantwortungslose Haltung eine starke Kränkung, die die Beziehung nachhaltig beschädigt. Während Hanna sehr selbstbestimmt handelt, bleibt Agnes stets die Unterlegene. In seiner Geschichte verurteilt der Erzähler sie sogar zum Tod durch Erfrieren.

Fazit
Gemeinsamkeiten im Umgang der drei männlichen Figuren mit ihren Partnerinnen

Die Partner öffnen sich einander nie völlig, sodass stets ein Rest von **Fremdheit** bleibt. Sowohl der Erzähler bei Peter Stamm als auch Faber und Danton interessieren sich mehr für die **körperlichen Reize** der Frauen als für deren Wesen. Dennoch zeigen alle drei, dass ihnen das Verhältnis mit ihrer jeweiligen Gefährtin viel bedeutet hat, was sie entweder mit literarischen Versuchen oder mit Reflexionen bekunden. Bezeichnenderweise sind es stets die **Frauen**, die **Empathie und Opferbereitschaft** zeigen, indem sie den Männern beistehen, wie Hanna dem todkranken Faber, oder gar mit ihnen sterben, wie Julie mit Danton.

Schriftliche Abiturprüfung Deutsch (Baden-Württemberg): Übungsaufgabe 2
Interpretation und Vergleich der Pflichtlektüren (Werke im Kontext)

Thema:
Max Frisch (1911–1991): **Homo faber**
Peter Stamm (*1963): **Agnes**

Peter Stamm: Agnes (27. Kapitel) (Auszug)

[…] Ich ging ins Schlafzimmer. Vor dem Fenster schwebte eine Gondel, in der zwei Männer standen und die Fenster putzten. Sie waren eben fertig, winkten und schwebten lachend in die Höhe. Ich hatte einen Zettel von der Hausverwaltung bekommen, der die Reinigung der Fenster angekündigt hatte, aber ich hatte vergessen, es Agnes zu sagen. Ich ließ die Rolläden herunter und ging zurück in den Flur. Im Badezimmer hörte ich Agnes leise wimmern. Ich klopfte. Schließlich öffnete sie die Tür.
„Sie haben mich angeschaut", sagte sie, wischte sich mit Toilettenpapier die Tränen ab und putzte sich die Nase.
„Jetzt sind sie weg. Ich habe die Läden geschlossen." „Sie schauen uns an. Alle schauen uns an, wenn wir Kindersachen kaufen. Alle wissen es. Es ist eine Lüge." „Es ist doch nur eine Geschichte. Du wolltest …"
„Ich habe nicht gewusst …", unterbrach mich Agnes, aber sie sprach nicht weiter.
„Du wolltest, daß ich sie so schreibe", sagte ich, „wir haben sie zusammen geschrieben."
„Ich habe nicht gewußt, wie wirklich es wird. Und doch ist es eine Lüge. Es ist krank."
„Ich habe gehofft, es würde dir helfen. Es hat mir geholfen, als du nicht da warst."
„Es stimmt nicht. Du mußt schreiben, wie es wirklich war und wie es ist. Es muss stimmen."
„Ja", sagte ich.
„Schreib, wie es weitergeht", sagte Agnes. „Wir müssen wissen, was geschieht."
„Gut. Ich werde schreiben, was wir machen, wohin wir gehen, welche Kleider du trägst. Wie vorher. Du wirst das dunkelblaue Kleid wieder tragen. Wenn es wärmer ist."
„Ich ziehe es heute abend an."
Noch an diesem Abend warf Agnes alle neu gekauften Sachen in den Müllschlucker im Flur. Ich wollte sie verschenken, aber Agnes bestand darauf, alles wegzuwerfen. Als der Teddybär nicht in das enge Loch paßte, riß sie ihm die Arme ab. Auch was wir am Nachmittag auf dem Computer geschrieben hatten, löschten wir. Dann zog Agnes das blaue Kleid an.
„Als Kind waren die Figuren der Bücher, die ich las, meine besten Freunde", sagte sie, „meine einzigen Freunde eigentlich. Auch später noch. Nachdem ich *Siddhartha* gelesen hatte, stellte ich mich eine Stunde lang barfuß in den Garten, um meine Gefühle abzutöten. Das einzige Gefühl, das ich abtötete, war das in meinen Füßen. Es lag Schnee."
Agnes lachte zögernd. Ich hatte eine Tiefkühlpizza in den Ofen geschoben und öffnete eine Flasche Wein.
„Ich bin immer traurig, wenn ich ein Buch zu Ende gelesen habe", sagte Agnes. „Es ist, als sei ich zu einer Person des Buches geworden. Und mit der Geschichte endet auch das Leben dieser Person. Aber manchmal bin ich auch froh. Dann ist das Ende wie die Befreiung aus einem bösen Traum, und ich fühle mich ganz leicht und frei, wie neugeboren. Ich frage mich manchmal, ob die Schriftsteller wissen, was sie tun, was sie mit uns anstellen."
Ich küßte Agnes.
„Da bin ich mit dir zusammen und weiß gar nicht, daß in deinem Kopf das ganze Personal der Weltliteratur steckt."

„Ich lese nicht mehr viel“, sagte Agnes, „vielleicht deshalb. Weil ich nicht mehr wollte, daß Bücher Gewalt über mich haben. Es ist wie ein Gift. Ich habe mir eingebildet, ich sei jetzt immun. Aber man wird nicht immun. Im Gegenteil.“
Dann aßen wir, und später nahm Agnes das Beruhigungsmittel, das der Arzt ihr nach der Operation verschrieben hatte. Ich setzte mich auf den Rand des Bettes, um zu warten, bis sie eingeschlafen war.
„Jetzt sind wir wieder zusammen“, sagte sie noch, bevor sie einschlief, „nur wir zwei.“

Aus: Peter Stamm: Agnes. Zürich: Die Arche 1998

Erläuterung:

Z. 29: *Siddhartha:* Ein Roman von Hermann Hesse, entstanden 1919–1922, in dem ein Mensch (Siddhartha) gezeigt wird, der sich aus familiären und gesellschaftlichen Konventionen befreit und auf seiner beschwerlichen Suche nach der absoluten Weisheit zu sich selbst findet.

Aufgabenstellung

- Interpretieren Sie die Textstelle im Kontext der vorangegangenen Handlung.
- Untersuchen Sie in einer vergleichenden Betrachtung das Verhältnis zwischen den Erlebnissen der Ich-Erzähler und ihrer Darstellung des Erlebten in den Romanen *Agnes* und *Homo faber*.

Hinweise und Tipps

Teilaufgabe 1

In einem ersten Schritt geht es darum, die sowohl für das Verständnis der Textstelle als auch für den gesamten Roman notwendigen Informationen zu vermitteln.
Aus diesem Grund müssen Sie zunächst die **Textstelle in den Romanverlauf einordnen**. Achten Sie darauf, den Roman nicht nachzuerzählen, sondern inhaltliche Schwerpunkte zu setzen. So dürfen nur die Bestandteile der vorangegangenen Handlung angesprochen werden, die einen thematischen Bezug zur Textstelle haben. Dadurch wird sie näher beleuchtet und fassbarer.
Im Anschluss an die Einordnung in den Gesamtkontext müssen Sie den **Inhalt der Textstelle** in eigenen Worten kurz zusammenfassen. Dabei ist es wichtig, auf die Handlung, den **Aufbau** der Textstelle, die beteiligten **Figuren** sowie auf den **Ort** und die **Zeit** des Geschehens einzugehen. Zudem muss die **thematische Ausrichtung der Textstelle** deutlich werden. Da die thematischen Schwerpunkte „Realität und Fiktion“ und „der Einfluss von Literatur auf die Protagonistin“ eng miteinander zusammenhängen, ergeben sich innerhalb der Interpretation Querverbindungen.
In einem zweiten Schritt wird die Textstelle unter Berücksichtigung **inhaltlicher** (Figurencharakterisierung, Figurenkonstellation, Dialoganalyse, (Leit-)Motive, Absichten und Interessen der Figuren), **sprachlicher** (verbale und non-verbale Kommunikation, Wortwahl, Satzbau, rhetorische Mittel) und **formaler** (Erzähltechnik) **Aspekte** interpretiert und analysiert. Dies kann **in Form eines linearen** (chronologisch, am Text entlang) **oder aspektorientierten** (themenbezogenen) **Interpretationsverfahrens** geschehen. Der folgende Lösungsvorschlag orientiert sich am themenbezogenen Verfahren.

Wie man der Aufgabenstellung entnehmen kann, wird eine **kontextbezogene Interpretation** verlangt. Sie sollten also andere Textpassagen nur dann mit einbeziehen, wenn diese für die Deutung und das tiefere Verständnis des Auszugs von Belang sind. Grundlage für die erfolgreiche Bearbeitung dieser Aufgabe ist die **genaue Kenntnis des Textes**. Bei der vorliegenden Aufgabe bezieht sich der Vergleichsaspekt der zweiten Teilaufgabe auf die zu bearbeitende Textstelle. Deshalb wird dieser Vergleichsaspekt bereits im Rahmen der Interpretation berücksichtigt.
Idealerweise werden die Aspekte „**Inhalt**“, „**Sprache**“ und „**Form**“ nicht getrennt voneinander betrachtet, sondern bei der Deutung miteinander verbunden und die Ergebnisse zusammenhängend dargestellt. Die Beobachtungen zu Sprache und Form sind nur dann zielführend, wenn deutlich wird, welche Funktion und Wirkung von der sprachlichen und erzähltechnischen Gestaltung im Hinblick auf die Inhaltsebene ausgeht. Am Ende der Interpretation sollten Sie auf die **Bedeutung** (hier: Krise und Konfliktlösung) und **Funktion der Textstelle** eingehen. Ein kurzer **Ausblick auf die weitere Romanhandlung** rundet Ihre Interpretation ab.
Aussagen müssen genau am Text belegt werden; achten Sie dabei auf die **richtige Zitierweise**, was selbstverständlich die Angabe von Seiten bzw. Zeilen mit einschließt. Zitate müssen in die Sätze integriert sein und dürfen nicht in Klammern angegeben werden, damit der Lesefluss nicht beeinträchtigt wird. Was den Schreibstil anbelangt, so sollten **unpersönliche Formulierungen** verwendet werden, was einer wissenschaftlichen Schreibweise entspricht.

Teilaufgabe 2
Die Aufgabe verlangt einen **Vergleich** von Peter Stamms Roman *Agnes* mit Max Frischs Roman *Homo faber* unter dem in der Aufgabenstellung formulierten Aspekt „Verhältnis zwischen den Erlebnissen der Protagonisten und ihrer Darstellung des Erlebten“. Der Vergleich der zwei literarischen Werke bleibt auf diesen Aspekt beschränkt und sollte eine **gleichmäßige Gewichtung** der beiden Romane erkennen lassen.
Die Ergebnisse der ersten Teilaufgabe in Bezug auf den Vergleichsaspekt können als Überleitung zur zweiten Teilaufgabe bzw. als Anknüpfungspunkt für die Untersuchung des Vergleichsaspekts dienen.
Um der Aufgabenstellung gerecht zu werden, legen Sie Ihrer Untersuchung sinnvollerweise die Begriffe „Fiktion“ und „Wirklichkeit“ zugrunde, die Sie zunächst erläutern und voneinander abgrenzen müssen. Bevor Sie die jeweiligen Werke genauer untersuchen, sollten Sie einen knappen **inhaltlichen Überblick unter Berücksichtigung des Vergleichsaspekts** geben. Eine reine Inhaltsangabe zu *Homo faber* oder zu *Agnes* ist nicht erwünscht. Im weiteren Verlauf müssen anhand von geeigneten Textstellen **Bezüge zwischen den beiden Werken und dem Vergleichsaspekt** hergestellt werden. Zunächst müssen die angeführten Textstellen kurz erläutert werden, bevor sie unter Berücksichtigung des Vergleichsaspekts gedeutet werden können. Dabei sollten Figuren, die in den Textstellen erwähnt werden, kurz eingeführt werden.
Bei einem Vergleich sind **zwei Vorgehensweisen** möglich: 1. Die Werke werden nacheinander untersucht. Wichtig dabei ist, dass die jeweiligen Unterschiede bzw. Gemeinsamkeiten in Bezug auf den Vergleichsaspekt im Schlussteil dargelegt und erläutert werden. 2. Die Werke werden zusammenhängend betrachtet. Dabei werden Bezüge zwischen den einzelnen Texten hinsichtlich des Vergleichsaspekts hergestellt. Für den Lösungsvorschlag wurde wegen des komplexen und abstrakten Vergleichsthemas die erste Vorgehensweise gewählt. Querverbindungen zwischen den einzelnen Werken ergeben sich dabei jedoch zwangsläufig.
Aussagen müssen auch hier am Text belegt werden; jedoch reicht der **Verweis auf Kapitel** aus. **Direkte Zitate** aus den Werken wären bei dem Vergleich wünschenswert, können aber nicht vorausgesetzt werden. Dennoch ist die **genaue Textkenntnis** der beiden Werke für die Bearbeitung dieser Aufgabe unverzichtbar.

Die Primärtexte werden zitiert nach: Max Frisch: *Homo faber*. Frankfurt a. M.: Suhrkamp 1977; Peter Stamm: *Agnes*. Frankfurt a. M.: Fischer Taschenbuch Verlag 2009.

Lösungsvorschlag in Grundzügen

Teilaufgabe 1

Themen des Romans

Basissatz

„Wir denken, wir leben in einer einzigen Welt. Dabei bewegt sich jeder in seinem eigenen Stollensystem […]“ (*Agnes*, S. 127) – die hier angesprochenen Themen wie **mangelnde Wahrnehmung**, **Vereinzelung**, **Vereinsamung und fehlende Kommunikation** ziehen sich wie ein roter Faden durch den Roman *Agnes* des Schweizer Schriftstellers Peter Stamm. In seinem erfolgreichen Debütroman, der im Jahre 1998 erschienen ist, behandelt Stamm das **Scheitern der Liebesbeziehung** zwischen Agnes und einem namenlosen Ich-Erzähler, für die das Schreiben und Lesen von Texten eine wichtige Rolle spielt, wie in der vorliegenden Textstelle aus dem 27. Kapitel deutlich wird.

Übergang zur Textstelle

Einordnung in den Handlungsverlauf

Zunächst wird der Handlungszusammenhang genauer betrachtet, um den Textauszug besser verstehen zu können. **Agnes**, eine junge amerikanische Physikstudentin, die an ihrer Dissertation schreibt, trifft in der Public Library in Chicago, einem Ort der Bücher, des Wissens und der Anonymität, auf den deutlich älteren **Ich-Erzähler**, einen Schweizer Sachbuchautor, der ein Buch über amerikanische Luxuseisenbahnen verfasst. Zwischen beiden entwickelt sich schnell eine **Liebesbeziehung**, die jedoch zum Scheitern verurteilt ist, da beide kaum in der Lage sind, über ihre Befindlichkeiten und Probleme offen miteinander zu sprechen. Aus dem Interesse an Literatur, aus dem Wunsch, Spuren im Leben zu hinterlassen, und aus dem Bedürfnis nach Vergewisserung der eigenen Identität bittet Agnes den Ich-Erzähler, **eine Geschichte** über sie zu schreiben. Er stimmt dem Anliegen, das für ihn eine Herausforderung darstellt und ihm zugleich die Möglichkeit der Selbstverwirklichung bietet, aus Neugierde zu. Im Verlauf der Geschichte verschwimmen teils die **Grenzen zwischen Realität und Fiktion**, teils klaffen beide jedoch auch auseinander. An anderen Stellen greift die Fiktion in die Realität ein und bestimmt diese sogar. Nach ihrer Fehlgeburt flüchtet sich Agnes in die fiktive Geschichte, in der sie das Kind zur Welt gebracht hat. **Agnes' Verdrängung der schmerzlichen Realität** geht so weit, dass sie mit dem Ich-Erzähler während der Weihnachtseinkäufe Spielsachen und Kleidung für die fiktive Tochter namens Margaret kauft. Dass die **Illusion eines glücklichen Familienlebens** keine wirkliche Lösung darstellt, muss Agnes schon bald erkennen. An dieser Stelle beginnt der vorliegende Textauszug.

Zusammenfassung der Textstelle
erstes Gespräch

Agnes bringt in einem **emotionalen Gespräch** mit dem Ich-Erzähler zum Ausdruck, dass sie an der fiktiven Geschichte, die von ihnen beiden und vom Verlauf ihrer Liebesbeziehung handelt, zweifle bzw. verzweifle. In der Wohnung des Ich-Erzählers, in die Agnes nach einer kurzen Trennung von ihm wieder eingezogen ist, begegnet sie zwei Fensterputzern, von denen sie durchschaut zu werden glaubt. Dieses Erlebnis ist der Auslöser für das Gespräch, bei dem Agnes und der Erzähler sich am Ende darauf verständigen, die **Geschichte** unter der Prämisse weiterzuführen, dass nur noch die **Wirklichkeit abgebildet** werden soll.

zweites Gespräch

In einem zweiten Gespräch der beiden, das am gleichen Tag in der Wohnung des Ich-Erzählers stattfindet, beschreibt Agnes ihr **Verhältnis zu Büchern**. Sie spricht von ihrer einstigen Freude am Lesen und beschreibt ihre starke emotionale Beziehung zu Figuren aus Büchern, die sie gelesen hat. Da sie erkannt habe, dass Bücher einen zu großen Einfluss auf sie ausübten, lese sie mittlerweile viel weniger. Gleichzeitig gesteht sie sich ein, immer noch von Büchern angezogen zu werden.

Bei der nun folgenden Interpretation wird zunächst der Aspekt „**Fiktion und Wirklichkeit**“ und im Anschluss daran der Aspekt „**Wirkung und Einfluss von Literatur**“ untersucht, der sich durch den gesamten Roman zieht.

Interpretation
Hinweis zum Vorgehen

Die Textstelle ist **inhaltlich zweigeteilt:** Im ersten Teil (Z. 1–27) thematisiert Agnes in einem Zwiegespräch ihre Haltung und Einstellung zur fiktiven Geschichte; im zweiten Teil (Z. 28 bis Ende) hält sie fast eine Art Monolog, in dem sie – beeinflusst durch das vorherige Gespräch – ihr widersprüchliches Verhältnis zur Literatur im Allgemeinen schildert.

Aufbau der Textstelle

In der Eingangsszene sticht der **Gegensatz** zwischen der **Fröhlichkeit der Fensterputzer** (vgl. Z. 2) und **Agnes' Niedergeschlagenheit** ins Auge. Aus Verzweiflung verschanzt Agnes sich im Bad. Das Verriegeln der Tür ist hier und an anderen Stellen im Roman (vgl. 28. Kapitel, S. 122) ein Symbol für **Agnes' Wunsch nach Schutz**, Sicherheit und Intimität, den sie mit den Erfahrungen aus ihrer Kindheit begründet (vgl. S. 29). Im Gegensatz zur Eingangsszene ist das **Ende** der Textstelle **versöhnlich:** Der Ich-Erzähler wacht an Agnes' Bett, bis sie eingeschlafen ist (vgl. Z. 47 f.), was Ausdruck von Nähe, Vertrautheit und Mitleid ist. Möglicherweise zeugt es aber auch von einem schlechten Gewissen Agnes gegenüber, weil er sich seiner Mitschuld an ihrer anfänglichen Verzweiflung bewusst ist. Agnes' Feststellung, dass beide wieder zusammen seien, auf die der Ich-Erzähler bezeichnenderweise nicht reagiert (vgl. Z. 49), mag für sie im Augenblick zwar tröstlich sein, stellt sich aber im weiteren Verlauf des Romans als Trugschluss heraus.

Eingangsszene

Kontext

Schluss der Textstelle

Der **Grund für Agnes' emotionalen Zusammenbruch** wird durch ihre Aussage, die **fiktive Geschichte** sei „eine Lüge“ (Z. 10), offensichtlich. Ihre Trauer und Wut spiegeln sich zum einen in ihrem nonverbalen Verhalten, dem Weinen, und zum anderen in den kurzen, parataktischen Sätzen (vgl. Z. 9 f.) wider. Diese sind so eindrücklich, dass der Leser/die Leserin Agnes' Schreien förmlich hören kann. Im Gegensatz dazu ist die Sprache des Erzählers sachlich-distanziert.

erstes Gespräch

Sprache

Agnes muss sich eingestehen, dass der verzweifelte **Versuch, den Schmerz über den Verlust ihres ungeborenen Kindes zu betäuben**, indem sie nach der fiktiven Handlung der Geschichte lebt, **gescheitert** ist. Während sie kurz nach ihrer Fehlgeburt die Fortführung der Geschichte, in der sie das Baby zur Welt gebracht hat, ausdrücklich begrüßt und den Ich-Erzähler dazu auffordert, die „Familiensaga“ (S. 116) weiterzuschreiben, bezeichnet Agnes diesen Plan nun als „krank“ (Z. 14). Sie ist zwar in der Lage, die fiktive Geschichte rational zu beurteilen, hat aber offenkundig den **Bezug zur Realität** ein Stück weit **verloren**, wenn sie annimmt, dass alle den Ich-Erzähler und sie an- und durchschauten (vgl. Z. 9 ff.). Geht man von der Annahme aus, dass die Protagonistin sich am Ende – beeinflusst und getrieben durch den zweiten Schluss der Geschichte – das Leben nimmt (vgl. Kapitel 1 und 35), so wird die **Gefahr** offenkundig, die die **extreme Identifikation mit der Fiktion** bedeutet. Agnes' unvollständiger Satz „Ich habe nicht gewusst …“ (Z. 12) führt vor Augen, dass sie sich ihres naiven Verhaltens und der damit verbundenen Gefahr bewusst wird. Dieser **Erkenntnisgewinn** ist für die Protagonistin so erschreckend und desillusionierend zugleich, dass sie kurz verstummt. Sie bezieht sich später indirekt erneut auf diese Bedrohung, die sich aus der **Abhängigkeit von**

Kontext

der Fiktion und ihrer Sogwirkung ergibt, wenn sie sagt: „Es ist, als sei ich zu einer Person des Buches geworden." (Z. 34 f.)

Dialoganalyse

Während sich **Agnes** immer mehr **in Rage** redet, fällt sie dem Ich-Erzähler mehrfach ins Wort. Sie äußert dabei den Satz: „Ich habe nicht gewußt, wie wirklich es wird." (Z. 14) Indirekt macht sie ihm hier den Vorwurf, dass er als Verfasser die Tragweite der fiktiven Geschichte nicht erkannt und sie in ihrem Eifer, die Handlung kopieren zu wollen, nicht gebremst habe. Deshalb gerät **er** anfangs **in die Defensive**; er versucht sich zu rechtfertigen und Agnes zu beruhigen, indem er die Bedeutung der Geschichte herunterspielt. Dass es sich dabei um eine gewöhnliche Geschichte handelt (vgl. Z. 10 f.), stimmt natürlich nicht, denn beide schlüpfen **wie Schauspieler in ihre zugewiesenen Rollen** und handeln nach dem Drehbuch. Im vorliegenden Gespräch geht der **Ich-Erzähler in die Offensive**, wenn er Agnes zu bedenken gibt, dass es ihr Wunsch war, die Episode mit Margaret in die Geschichte zu integrieren, und dass die Geschichte als Ganzes ihr gemeinsames Projekt sei (vgl. Z. 13). Hier ist aber kritisch anzumerken, dass der Ich-Erzähler, der sich als Schöpfer und Agnes als sein Geschöpf ansieht – vergleichbar mit Zeus und Athene (vgl. S. 55) –, den weiteren Verlauf der Geschichte immer stärker selbst vorgibt. Für beide ist es zu Beginn ein faszinierendes **Spiel mit Fiktion und Realität**, das sie emotional zusammenbringt und somit eine entscheidende Rolle in ihrer Beziehung spielt (vgl. S. 56). Doch schon früh wird das in der Geschichte enthaltene **Konfliktpotenzial** sichtbar. Aussagen des Ich-Erzählers wie „[Er sei] erstaunt, wie vieles Agnes und [er] anders erlebt oder anders in Erinnerung hatten" oder „Manches, was [er] ausführlich beschrieb, empfand sie als belanglos" (S. 56) belegen dies. Der Konflikt bricht in der Textstelle dann in aller Schärfe aus, weil Agnes nicht ertragen kann, dass die Geschichte nicht „stimmt" (Z. 16), also nicht der Wirklichkeit entspricht. Der Ich-Erzähler verteidigt die Geschichte, indem er in einer für ihn ungewöhnlichen Offenheit sagt: „Ich habe gehofft, es würde dir [bei der Verarbeitung der Fehlgeburt] helfen. Es hat mir geholfen, als du nicht da warst." (Z. 15) Diese Aussagen bringen die **emotionale Verbundenheit des Ich-Erzählers mit Agnes** zum Vorschein. Darüber hinaus wird hier indirekt auf eine **Funktion von Literatur** angespielt. Neben der Möglichkeit, in andere Welten entfliehen und damit Halt erfahren zu können, die Agnes im zweiten Teil der Textstelle anspricht, erlaubt es das Verfassen von Literatur, Erlebnisse und Erfahrungen zu verarbeiten.

Kontext

Sprache

Auf **Agnes' entschiedene Forderung, Realität und Fiktion wieder in Einklang zu bringen**, antwortet der Ich-Erzähler mit einem lakonischen „Ja" (Z. 18). Es entsteht der Eindruck, als wolle er damit die Diskussion schnell beenden, ohne vielleicht von dem Vorhaben voll und ganz überzeugt zu sein. Mit der dreifachen Verwendung des Modalverbs „müssen" (Z. 16 ff.) und der imperativischen Formulierung „Schreib, wie es weitergeht" (Z. 19) verleiht Agnes ihrer Forderung Nachdruck. Die Verantwortung für den weiteren Verlauf der Geschichte und deren Gestaltung legt die Protagonistin in die Hände des Ich-Erzählers. Während der Leser bis hierher den Eindruck hatte, als wolle Agnes ihre Haltung zur Geschichte ändern, zeigt sich, dass sie in bekannte problematische Verhaltensmuster zurückfällt: **Gefangen in ihrer Hilflosigkeit und der Abhängigkeit vom Ich-Erzähler** führt sie das aus, was er für sie in ihrer Rolle vorgesehen hat (vgl. Z. 20 ff. und 26 f.). Die Protagonistin zieht einen **vermeintlichen**

Schlussstrich, indem sie mit dem Ich-Erzähler die Episode mit Margaret löscht und sie die für Margaret gekauften Sachen entsorgt, in der Hoffnung, ihre Sorgen und Probleme gleich mit zu entsorgen. Die Brutalität, mit der sie dabei vorgeht, lässt sowohl auf **Wut und Enttäuschung** über sich als auch auf Trauer über ihre Fehlgeburt schließen.

zweites Gespräch

Gleich zu Beginn des zweiten Teils, der unmittelbar einsetzt, macht Agnes deutlich, welch großen Stellenwert **Bücher** in ihrem Leben einnahmen. Sie bezeichnet die Figuren aus Büchern ihrer Kindheit als ihre „besten Freunde" (Z. 28). Der hier verwendete Superlativ stellt die fiktiven Freunde auf eine höhere Stufe als ihre realen. Die Emphase „meine einzigen Freunde eigentlich" (Z. 29) macht deutlich, dass Agnes bereits seit Kindertagen ein Mensch ist, der kaum Kontakte zu anderen Menschen besitzt. Sie sagt von sich selbst, dass sie kein sehr sozialer Mensch sei (vgl. S. 20). In ihrem Leben, das von **Isolation, Einsamkeit und Unsicherheit** geprägt ist, hat sie sich mithilfe von Büchern eingerichtet. Diese sind auf der einen Seite Ersatz für soziale Kontakte und auf der anderen ihre ständigen Wegbegleiter auf der Suche nach Glück und Zufriedenheit. **Agnes' Verhältnis zur Literatur ist ambivalent:** Einerseits empfindet sie Traurigkeit, wenn sie ein Buch zu Ende gelesen hat (vgl. Z. 34), weil sie die heimelige Scheinwelt verlassen und in die ernüchternd und bedrohlich erscheinende Realität zurückkehren muss; andererseits sieht sie das Ende eines Buches als „Befreiung aus einem bösen Traum" – mit der Folge, sich „leicht", „frei" und „wie neugeboren" zu fühlen (Z. 36 f.). Bücher sind darüber hinaus für Agnes eine „Art verschlüsseltes Gedächtnis" (S. 31), eine Brücke zwischen Vergangenheit und Gegenwart, weil Agnes durch sie an bestimmte Situationen in ihrem Leben erinnert wird.

Sprache

Charakterisierung der Figur Agnes

Kontext

intertextueller Bezug

Nach der Lektüre des Romans ***Siddhartha*** von Hermann Hesse, in dem der Protagonist ähnlich wie Agnes von dem Wunsch nach **Selbstfindung** geleitet wird, stellt sie sich barfuß in den Schnee, um ihre Gefühle abzutöten. Ihr Ziel, ähnlich wie Siddhartha psychische und physische **Grenzerfahrungen** zu sammeln, um ihr wahres Ich zu erkennen, war nicht von Erfolg gekrönt, wie sie selbstironisch anmerkt (vgl. Z. 31). Anstatt frei von jeglichem inneren Gefühl, frei von jeglichem Ballast zu sein und sich in einem Zustand der inneren Ruhe zu befinden, war das einzige Gefühl, das sie „abtötete", das in ihren Füßen (ebd.). Agnes identifiziert sich hier mit einer fiktiven Figur und imitiert deren Verhalten, so wie sie ihre Rolle im Drehbuch des Ich-Erzählers ausfüllt. Das beschriebene Verhalten im Schnee hat **etwas Selbstzerstörerisches** an sich, was die Vermutung nahelegt, dass Agnes sich am Ende umbringt. Ein weiterer Beleg für diese These ist der Satz „Und mit der Geschichte endet auch das Leben dieser Person" (Z. 35 f.). Mit dem Ende der fiktiven Geschichte des Ich-Erzählers endet also auch das Leben der fiktiven Figur Agnes. Die intelligente, selbstreflektierende Protagonistin erkennt die zerstörerische Kraft der Literatur und die Gefahr extremer Identifikation mit fiktiven Figuren selbst, indem sie sagt: „Ich lese nicht mehr viel […]. Weil ich nicht mehr wollte, daß Bücher Gewalt über mich haben. Es ist wie ein Gift." (Z. 43 f.) Die **Personifikation der Bücher** in Verbindung mit dem Vergleich „wie ein Gift" betont die tiefgreifenden Erfahrungen, die Agnes sammelte. Die Unfähigkeit, der Bedrohung zu entkommen, hängt zum einen mit Agnes' Charakter und zum anderen mit der Sogwirkung der Fiktion zusammen. Die Antithese „Ich habe mir eingebildet, ich sei jetzt immun. Aber man

Sprache

wird nicht immun", verstärkt durch die Ellipse „Im Gegenteil", (Z. 44 f.) verdeutlicht die aussichtslose Lage, in der sich Agnes befindet.

Den Satz „Ich frage mich manchmal, ob die Schriftsteller wissen, was sie tun, was sie mit uns anstellen" (Z. 38 f.) kann man als **indirekte Kritik am Ich-Erzähler** verstehen, der sich wie ein Künstler die fiktive Agnes nach seinen Vorstellungen modelliert. Wie bereits im ersten Gespräch appelliert Agnes hier an das **Verantwortungsbewusstsein des Ich-Erzählers**. Die Tatsache, dass er darauf nicht eingeht, sondern Agnes plötzlich küsst, zeigt, dass er den Vorwurf überspielen will. Seine **nonverbale Geste** ist auch insofern überraschend, als dass der Austausch von Zärtlichkeiten für ihn nicht selbstverständlich ist.

Charakterisierung des Ich-Erzählers

Er ist jemand, der seine **Freiheit und Eigenständigkeit** nicht verlieren will und daher vor allzu großer Nähe zurückschreckt. Der Romanverlauf vermittelt das **Bild eines egoistischen Menschen**, der nur mit sich selbst beschäftigt ist und in seiner Ichbezogenheit nicht wirklich auf Menschen eingehen kann. Nach Agnes' Fehlgeburt, in einer Phase, in der seine Partnerin ihn als seelische Stütze brauchen würde, zögert er lange, bis er sie besucht. Seine **Schwierigkeit, sich auf Menschen einzulassen**, zeigt sich auch in dem vorliegenden Textauszug. Während Agnes tiefgründige, sehr persönliche Aussagen zum Thema „Wirkung und Einfluss von Literatur" macht, schweigt er nahezu die ganze Zeit und führt banale Handlungen aus (vgl. Z. 32 f.). Das Einzige, was er äußert, ist der ironisch gefärbte Kommentar: „Da bin ich mit dir zusammen und weiß gar nicht, daß in deinem Kopf das ganze Personal der Weltliteratur steckt." (Z. 41 f.) All dies könnte **Ausdruck von Desinteresse** sein oder als Zeichen von **Unsicherheit** und **Irritation** gedeutet werden, denn Agnes zeigt in der vorliegenden Textstelle ihre emotionale Seite, die sonst kaum zum Vorschein kommt.

Fazit

Das **Auftreten des Ich-Erzählers** in der Szene entspricht zum Teil dem Bild, das man von ihm hat: kommunikationsscheu, verschlossen und unsensibel. Gleichzeitig nimmt der Leser ihn aber auch als jemanden wahr, der im ersten Teil auf Agnes' Befindlichkeit eingeht und Rücksicht nimmt.

Bedeutung der Textstelle

Es zeigt sich, dass dem Textauszug eine **besondere Bedeutung** innerhalb des Romans zukommt: Die **Protagonistin hinterfragt** hier zum ersten Mal die **Geschichte**. Zudem lässt Agnes im Gegensatz zu anderen Passagen im Roman ihren **Gefühlen freien Lauf**, kehrt ihr Inneres nach außen und redet offen über ihre Gedanken. Dies mündet im ersten Teil der Textstelle in einen emotionalen Wutausbruch, der in gewisser Weise ein Ventil für die Spannungen innerhalb der Beziehung ist. Die scheinbare Lösung, die Geschichte unter anderen Vorzeichen fortzuführen, stellt sich als Trugschluss heraus, da die Protagonistin am Ende des Romans verschwunden und das Ende der Beziehung damit besiegelt ist.

Ausblick

Offen bleibt, ob sie, wie im zweiten Schluss der fiktiven Geschichte angedeutet, Selbstmord im Schnee begeht oder aber sich endgültig vom Ich-Erzähler getrennt hat.

Die Wendung zum Besseren, wie der Schluss der Textstelle es nahelegt, tritt im weiteren Verlauf nicht ein: Agnes entfernt sich immer mehr vom Ich-Erzähler und verfällt in einen bis dahin nicht gekannten Aktionismus. Sie treibt viel Sport, geht wieder regelmäßig zu den Proben des Streichquartetts und arbeitet an ihrer Doktorarbeit (vgl. S. 122). Die **Kommunikationsprobleme** zwischen beiden, die in der Textstelle exemplarisch vor Augen geführt werden, verschärfen sich. Der Ich-Erzähler steht dem hilflos gegenüber. Es zeigt sich schlussendlich, dass die **Fiktion die Beziehung der beiden und möglicherweise auch Agnes als Person zerstört** hat. Im weiteren Verlauf wird auf das Verhältnis zwischen den Erlebnissen der Protagonisten und ihrer Darstellung des Erlebten in den Romanen *Agnes* und *Homo faber* näher eingegangen.

Übergang zur zweiten Teilaufgabe

Die beiden bereits angesprochenen Begriffe „**Fiktion**" und „**Wirklichkeit**", die häufig als Gegensatzpaar angesehen werden, spielen bei dem Vergleichsaspekt eine zentrale Rolle. Aus diesem Grund werden sie zunächst erläutert und voneinander abgegrenzt.

Teilaufgabe 2

Werkvergleich

Unter „**Fiktion**" versteht man etwas, das der menschlichen Fantasie entspringt, das somit erfunden und erdichtet ist. Es wird durch die Kunst eine eigene, fiktive Welt erschaffen, die der realen Welt mit ihren (physikalischen) Gesetzen nachempfunden ist oder in der diese keine Gültigkeit mehr haben. Mit dem Begriff „**Wirklichkeit**" wird all das beschrieben, was wahr und real ist.

Begriffserklärung

Innerhalb der Lebenswirklichkeit ist es zum Teil **schwierig, zwischen Fiktion und Wirklichkeit zu unterscheiden** – man denke nur an „Scripted Reality" – Sendungen, die Fiktives im Stil einer Dokumentation präsentieren. Was man hier als ‚Wirklichkeit' erlebt, ist eine medial geschaffene Pseudowirklichkeit, die nicht mehr als Fiktion zu erkennen ist, sondern eine Simulation der Welt darstellt.

Ein weiterer Begriff, der in diesen Gesamtkontext gehört, ist „**Metafiktion**". Sie ist häufig in postmoderner Literatur anzutreffen, in der der fiktionale Charakter eines Textes bewusst thematisiert wird. Die beiden Romane *Ruhm* von Daniel Kehlmann und der bereits thematisierte Roman *Agnes* sind gute Beispiele für diese Form der Literatur.

Postmoderne

Agnes zeichnet sich durch die **Geschichte in der Geschichte**, durch Fiktion in der Fiktion aus. Die **Erzählebene** (das tatsächliche Geschehen in Chicago) und die **Metaebene** (die fiktive Geschichte) **verschmelzen** im Laufe des Romans immer mehr miteinander. Die Fiktion schiebt sich bei diesem Prozess immer weiter vor die Realität. Der Ich-Erzähler begründet dies im 14. Kapitel wie folgt: „[…] unser gleichmäßiges Leben eignete sich nicht dazu, beschrieben zu werden." (S. 68) Die Protagonistin teilt die Auffassung des Ich-Erzählers, wenn sie erwidert: „Es muß etwas passieren, damit die Geschichte interessanter wird." (ebd.) Aus diesem Grund fügen sie Ideen in die Geschichte ein, nach denen sie beide handeln können. Nachdem der Ich-Erzähler geschrieben hat, dass seine fiktiven Figuren einen Ausflug ins Museum machen, gehen beide ins Art Institute of Chicago. Die **fiktive Geschichte beeinflusst das Denken** der beiden und wird gleichzeitig zu ihrer Lebensgrundlage, bis der Text seine zerstörerische Wirkung entfaltet. Sie beeinflusst nicht nur **Agnes' Wahrnehmung**, wie man in der vorgegebenen Textstelle erkennen kann, sondern auch die des Ich-Erzählers. Augenfällig wird dies im 19. Kapitel, in dem Agnes dem Ich-Erzähler eröffnet, dass sie ein Kind von ihm erwarte. Seine Antwort „Agnes wird nicht schwanger" (S. 89) zeigt, dass er ihre Äußerung nicht wahrhaben will und darüber verblüfft ist, dass die Realität sich nicht so verhält, wie er sie in seiner Geschichte entworfen hat. Deutlich wird, dass er sie auf das Bild, das er von ihr hat, reduziert: Er glaubt, dass

Rückbezug auf *Agnes*

Rückbezug auf die Textstelle

sie ihn nicht wirklich liebe (vgl. S. 89), und ist so sehr von der Fiktion verblendet, dass er sich anmaßt, Agnes besser zu kennen als sie sich selbst.

Mittlerweile lebt er in und mit der Fiktion, sodass er die **Realität** teilweise **als Bedrohung** empfindet. Seine anfängliche Befürchtung, die Kontrolle über den Schreibprozess zu verlieren (vgl. S. 50), scheint sich zu bewahrheiten.

Die **Geschichte stiftet** durch die Versatzstücke aus ihrer gemeinsam erlebten Vergangenheit eine **gedankliche Einheit** zwischen Agnes und dem Ich-Erzähler, ohne die die Beziehung möglicherweise ihr rasches Ende gefunden hätte. Denkbar ist aber auch, dass die Protagonisten ohne die Geschichte stärker dazu gezwungen worden wären, wirklich aufeinander zuzugehen und miteinander zu kommunizieren. Denn das Verfassen der Geschichte stellt nichts anderes dar als eine **Ersatzhandlung für ein echtes, wahrhaftes Miteinander**.

Homo faber

Überblick über den Roman

In Max Frischs Roman *Homo faber*, der 1957 veröffentlicht wurde, spielt das Verhältnis von Fiktion und Wirklichkeit ebenfalls eine wichtige Rolle. Der Protagonist des Romans mit dem Untertitel „Ein Bericht" ist **Walter Faber**, ein 50-jähriger Ingenieur, dessen Lebenseinstellung geprägt ist von Technik, Rationalität und wissenschaftlichen Überlegungen. In seiner schwarz-weiß gefärbten Welt ist kein Platz für Gefühle, Mystik und Kunst. Fabers Welt- und Selbstbild wird durch die Begegnung mit einer jungen Frau namens **Sabeth** ins Wanken gebracht. Er verliebt sich in sie, muss aber dann erkennen, dass es sich bei ihr um seine eigene Tochter handelt, die später an den Folgen eines Unfalls stirbt.

Rückbezug auf Agnes

Wenn Faber im Hinblick auf die Notlandung während des Fluges nach Caracas sagt „Ich glaube nicht an Fügung und Schicksal, als Techniker bin ich gewohnt mit den Formeln der Wahrscheinlichkeit zu rechnen." (S. 22), will er **seine scheinbar objektiv-rationale Sicht der Dinge** zum Ausdruck bringen. Er nimmt Erlebnisse und Eindrücke durch seine „Wissenschaftsbrille" wahr und ordnet sie seinen Vorstellungen von Wirklichkeit zu. Er filtert, verzerrt und **konstruiert Realität**, um sie sich so zu gestalten, wie sie für ihn in Ordnung ist. Dahinter steckt der vergebliche Versuch, **Gefühle zu verdrängen** und sich vor allem Unangenehmen zu schützen. Dies trifft auch auf den Ich-Erzähler in *Agnes* zu, der seine Eifersucht auf Herbert, einen Freund von Agnes, zu verbergen versucht, indem er ihn in der fiktiven Geschichte mit keinem Wort erwähnt (vgl. *Agnes*, S. 57). **Faber** versucht, seine **Angst vor dem Tod** zu verdrängen, indem er bei seiner Einlieferung ins Athener Krankenhaus eine Statistik bemüht (vgl. S. 164). Dass er auf der anderen Seite die Augen vor den Fakten und somit vor der Realität verschließt, verdeutlicht seine Aussage „Ich rechnete im stillen [...] pausenlos, bis die Rechnung aufging, wie ich sie wollte: Sie [Sabeth] konnte nur das Kind von Joachim [Fabers totem Freund] sein! Wie ich's rechnete, weiß ich nicht; ich legte mir die Daten zurecht, bis die Rechnung wirklich stimmte" (S. 121). Er benutzt hier die **Mathematik, um die Wirklichkeit zu manipulieren**. Wohlwissend, dass Sabeth seine Tochter ist, setzt er den Inzest fort und lädt damit **Schuld** auf sich.

In Form eines ‚**Berichts**' versucht Faber, Verfasser und Protagonist in einer Person, seine verhängnisvollen Erlebnisse zu schildern. Sein Text besteht aus **zwei Teilen:** Der erste Teil umfasst die Zeit von seinem Abflug aus New York bis zu Sabeths Tod. Dieser beinhaltet sowohl Rückblicke auf diese Zeit als auch auf die weiter zurückliegende Vergangenheit der Jahre 1934 bis 1936, in die seine Beziehung zu Hanna, Sabeths Mutter, fällt. Neben Rückblenden enthält dieser Teil **Fabers Reflexionen** über verschiedene Bereiche des Lebens wie Technik und Kultur. Der zweite Teil, der aus **tagebuchähnlichen Aufzeichnungen** besteht, schildert die Zeit nach Sabeths Tod bis kurz vor seiner Operation, bei der er stirbt. In beiden Teilen werden die Ereignisse aus Fabers subjektiver und somit eingeschränkter Wahrnehmung dargestellt.

formale Besonderheiten

Beide Teile stehen in einem **inneren Widerspruch** zueinander: Die Berichtsform des ersten Teils suggeriert Fabers Objektivität und Distanz als Ich-Erzähler zu den beschriebenen Geschehnissen. Der zweite Teil, geprägt durch die subjektive Schreibform eines Tagebuchs, entspricht in keinster Weise den Vorgaben eines Berichts. Dass auch der erste Teil nicht die Kriterien dieser Textsorte erfüllt, zeigt sich beispielsweise daran, dass er die **Ereignisse nicht chronologisch** wiedergibt. So berichtet Faber über die Rückfahrt von der Plantage erst nach dem Abschied bzw. der Trennung von Ivy, seiner jungen Freundin, und vor dem Bericht von der ersten Begegnung mit Sabeth (vgl. S. 68 f.). Hinzu kommen Fabers persönliche Wertungen und Urteile.

Intention von Fabers Bericht

Dass **Fabers Text nicht sachlich-objektiv** sein kann, verwundert eigentlich nicht, denn es geht ihm darum, sich im Hinblick auf Sabeths Tod vor Hanna, aber auch **vor sich selbst zu rechtfertigen** und eine Schuld von sich zu weisen.

Schon im Untertitel des Romans wird der Widerspruch zwischen Fiktion und Wirklichkeit deutlich: Ein fiktiver Text trägt die Bezeichnung „Bericht", um den Eindruck von Authentizität zu erwecken. Die **Grenzen zwischen Fiktion und Wirklichkeit verschwimmen** aber, wenn Erlebtes wiedergegeben und gleichzeitig reflektiert wird. Faber verfasst anstatt eines Berichts eine „Geschichte", die er zunächst als sein Leben auffasst. Am Ende gesteht Faber sich die **Fiktionalisierung der Realität** ein, indem er sagt: „alle Zeugnisse von mir wie Berichte, Briefe, Ringheftchen, sollen vernichtet werden, es stimmt nichts." (S. 199)

Fazit

Zusammenfassend lässt sich sagen, dass die Beziehung von **Fiktion und Wirklichkeit** bei Stamm und Frisch eine **zentrale Rolle** spielt, und zwar auf zwei Ebenen: Zum einen sind beide Aspekte für das Selbstverständnis der Protagonisten und ihre Sicht der Welt von Bedeutung; zum anderen bestimmen sie die Gestaltung und den Aufbau des jeweiligen Werkes. Beide Ich-Erzähler wollen durch ihre Texte Fakten beschönigen, eigenes Versagen rechtfertigen oder die Wirklichkeit verdrängen, doch scheitern sie. Ihre eigenen Niederschriften erweisen sich als verräterisch und offenbaren zwischen den Zeilen, dass die Verfasser die Realität in ihrem Sinne dargestellt und somit verfremdet haben.

Schriftliche Abiturprüfung Deutsch (Baden-Württemberg): Übungsaufgabe 3
Interpretation und Vergleich der Pflichtlektüren (Werke im Kontext)

Thema:
Georg Büchner (1813–1837): **Dantons Tod**
Max Frisch (1911–1991): **Homo faber**
Peter Stamm (*1963): **Agnes**

Georg Büchner: Dantons Tod, 1. Akt, 5. Szene

Lacroix. Höre, Danton, ich komme von den Jakobinern.

Danton. Nichts weiter?

Lacroix. Die Lyoner verlasen eine Proklamation, sie meinten, es bliebe ihnen nichts übrig, als sich in die Toga zu wickeln. Jeder macht ein Gesicht, als wollte er zu seinem Nachbar sagen: Paetus, es schmerzt nicht! – Legendre rief, man wolle Chaliers und Marats Büsten zerschlagen. Ich glaube, er will sich das Gesicht wieder rot machen, er ist ganz aus der Terreur herausgekommen, die Kinder zupfen ihn auf der Gasse am Rock.

Danton. Und Robespierre?

Lacroix. Fingerte auf der Tribüne und sagte: die Tugend muss durch den Schrecken herrschen. Die Phrase machte mir Halsweh.

Danton. Sie hobelt Bretter für die Guillotine.

Lacroix. Und Collot schrie wie besessen, man müsse die Masken abreißen.

Danton. Da werden die Gesichter mitgehen.

Paris, *tritt ein.*

Lacroix. Was gibt's, Fabricius?

Paris. Von den Jakobinern weg ging ich zu Robespierre; ich verlangte eine Erklärung. Er suchte eine Miene zu machen, wie Brutus, der seine Söhne opfert. Er sprach im Allgemeinen von den Pflichten, sagte der Freiheit gegenüber kenne er keine Rücksicht, er würde alles opfern, sich, seinen Bruder, seine Freunde.

Danton. Das war deutlich, man braucht nur die Skala herumzukehren, so steht er unten und hält seinen Freunden die Leiter. Wir sind Legendre Dank schuldig, er hat sie sprechen gemacht.

Lacroix. Die Hébertisten sind noch nicht tot, das Volk ist materiell elend, das ist ein furchtbarer Hebel. Die Schale des Blutes darf nicht steigen, wenn sie dem Wohlfahrtsausschuss nicht zur Laterne werden soll, er hat Ballast nötig, er braucht einen schweren Kopf.

Danton. Ich weiß wohl, – die Revolution ist wie Saturn, sie frisst ihre eignen Kinder. *(Nach einigem Besinnen.)* Doch, sie werden's nicht wagen.

Lacroix. Danton, du bist ein toter Heiliger, aber die Revolution kennt keine Reliquien, sie hat die Gebeine aller Könige auf die Gasse und alle Bildsäulen von den Kirchen geworfen. Glaubst du, man würde dich als Monument stehen lassen?

Danton. Mein Name! das Volk!

Lacroix. Dein Name! Du bist ein Gemäßigter, ich bin einer, Camille, Philippeau, Hérault. Für das Volk sind Schwäche und Mäßigung eins. Es schlägt die Nachzügler tot. Die Schneider von der Sektion der roten Mütze werden die ganze römische Geschichte in ihrer Nadel fühlen, wenn der Mann des September ihnen gegenüber ein Gemäßigter war.

Danton. Sehr wahr, und außerdem – das Volk ist wie ein Kind, es muss alles zerbrechen, um zu sehen, was darin steckt.

Lacroix. Und außerdem Danton, sind wir lasterhaft, wie Robespierre sagt d. h. wir genießen, und das Volk ist tugendhaft d.h. es genießt nicht, weil ihm die Arbeit die Genussorgane stumpf macht, es besäuft sich nicht, weil es kein Geld hat und es geht nicht ins Bordell, weil es nach Käs und Hering aus dem Hals stinkt und die Mädel davor einen Ekel haben.

Danton. Es hasst die Genießenden, wie ein Eunuch die Männer.

Lacroix. Man nennt uns Spitzbuben, und *(sich zu den Ohren Dantons neigend)* es ist, unter uns gesagt, so halbwegs was Wahres dran. Robespierre und das Volk werden tugendhaft sein, St. Just wird einen Roman schreiben, und Barère wird eine Carmagnole schneidern und dem Konvent das Blutmäntelchen umhängen und – ich sehe alles …

Danton. Du träumst. Sie hatten nie Mut ohne mich, sie werden keinen gegen mich haben; die Revolution ist noch nicht fertig, sie könnten mich noch nötig haben, sie werden mich im Arsenal aufheben.

Lacroix. Wir müssen handeln.

Danton. Das wird sich finden.

Lacroix. Es wird sich finden, wenn wir verloren sind.

Marion *(zu Danton).* Deine Lippen sind kalt geworden, deine Worte haben deine Küsse erstickt.

Danton *(zu Marion).* So viel Zeit zu verlieren! Das war der Mühe wert! – *(Zu Lacroix.)* Morgen geh ich zu Robespierre, ich werde ihn ärgern, da kann er nicht schweigen. Morgen also! Gute Nacht meine Freunde, gute Nacht, ich danke euch.

Lacroix. Packt euch, meine guten Freunde, packt euch! Gute Nacht Danton, die Schenkel der Demoiselle guillotinieren dich, der Mons Veneris wird dein Tarpejischer Fels. *(Ab.)*

Aus: Georg Büchner, Dantons Tod, 1. Akt, 5. Szene (Schluss; Reclam S. 22–24)

Worterläuterungen:

Z. 5: *Paetus, es schmerzt nicht:* römischer Verschwörer, dem in aussichtsloser Lage seine Frau den Dolch, nachdem sie ihn sich selbst in die Brust gestoßen hatte, mit diesen Worten reichte.

Z. 18: *Brutus:* römischer Konsul, der zwei seiner Söhne, die an einer Verschwörung beteiligt waren, in seiner Anwesenheit hinrichten ließ.

Z. 50: *Carmagnole:* populäres Revolutionslied der Sansculotten.

Z. 64: *Mons Veneris:* Oberhalb der weiblichen Scham liegende Erhöhung

Z. 64: *Trapejischer Fels:* Fels, von dem vor allem hochrangige Verurteilte in Rom zu Tode gestürzt wurden.

Aufgabenstellung

- Interpretieren Sie die Szene im Kontext der Handlung. Beziehen Sie die sprachliche und szenische Gestaltung ein.
- Büchners *Dantons Tod,* Frischs *Homo faber* und Stamms *Agnes:* Untersuchen Sie in einer vergleichenden Betrachtung, inwieweit Georg Danton, Walter Faber und der Erzähler in *Agnes* als autonome Individuen handeln.

Hinweise und Tipps

Am Anfang der Bearbeitung steht immer genaues **Lesen der Aufgabenstellung**, was hier natürlich insbesondere heißt: eine genaue (mehrfache, bleistiftgestützte) Lektüre der Textstelle. Gerade bei Dramentexten ist es wichtig, sich auch ein mögliches Geschehen auf der Bühne vorzustellen (Wer ist auf der Bühne? Wie könnten die Personen angeordnet sein? Was tun sie, auch wenn sie nicht sprechen? Wie sieht das Bühnenbild aus? …). Darüber gibt der Nebentext teilweise, aber nie erschöpfend Auskunft. An die Lektüre schließt sich die **Textplanung** an, also Stoffsammlung und Erstellen einer vorläufigen Gliederung.
Verlangt ist stets ein Aufsatz, also ein zusammenhängender Text mit Einleitung, Überleitungen zwischen den Teilen und einem Fazit. Die **Einleitung** sollte thematisch sein (also *nicht* einfach mit einem ersten Satz beginnen, der nur Titel, Autor, Textsorte und Thema des Textes nennt). Ihre Funktion ist es, Interesse zu wecken und ins Thema des Aufsatzes einzuführen. Wichtig für die Führung des Lesers sind immer auch **Überleitungen**, die zusammenfassen, den neuen Abschnitt einführen und dessen Problemperspektive klären, etwa indem eine Leitfrage formuliert wird. Der Aufsatz sollte abgerundet werden durch ein **Fazit**. Eine allzu persönliche Stellungnahme, eine aktuelle Anbindung oder ein Appell bieten sich nur selten an, häufig wirken sie aufgesetzt und drohen hinter das erreichte Reflexionsniveau zurückzufallen. Formulieren Sie besser eine konzentrierte Zusammenfassung Ihrer wesentlichen Ergebnisse. Schön (aber nicht immer zwingend) ist es, wenn das Fazit einen Gedanken der Einleitung wieder aufgreift. Hier ist die Textplanung äußerst wichtig: Erst wenn klar ist, worauf der Aufsatz inhaltlich hinauslaufen wird, kann man eine gute und passende Einleitung schreiben, die stimmig ins Thema führt.

Die **erste Teilaufgabe** verlangt eine knappe **Einordnung der Stelle in den Handlungszusammenhang**, die wesentliche Verstehensvoraussetzungen für Leser und Interpret – also Sie – klärt. Diese Einordnung sollte straff gehalten werden, ein deutlicher Schwerpunkt muss auf der Interpretation der Stelle liegen. Daher kann man sich hier auf das Nötigste beschränken: Dantons Stellung in der Revolution (Septembermorde, Wohlfahrtsausschuss), seine prekär gewordene Stellung gegenüber Robespierre und der Terreur, sein Zögern in Verkennung der Lage und die daraus resultierende Verhaftung, Verurteilung und Hinrichtung.
Interpretation heißt, den Text in seiner Bedeutung zu erschließen, indem Inhalte und Form aufeinander bezogen werden. Wichtig sind bei einer Dramenszene die **Funktion** der Szene für den Handlungsverlauf (hier die Zuspitzung der Bedrohung der Dantonisten durch Dantons Zögern), der **Dialogverlauf** (der begrifflich benannt und keinesfalls langatmig nacherzählt werden sollte!), die wesentlichen **Absichten**, **Sprechakte** und **Kommunikationsstrategien** der Figuren (also das sprachliche Handeln und nicht nur ein Wiedergeben der Aussagen!), die **Befindlichkeit** der Personen, die Berücksichtigung **sprachlicher Besonderheiten** und vor allem auch der **szenischen Mittel** (von der Personenkonstellation über den Ort der Handlung bis hin zum nonverbalen Handeln). Wichtig ist – und auch dazu ist eine gründliche Textplanung nötig –, dass die Interpretation schon die zweite Teilaufgabe im Blick hat, die ja einen allgemeinen Interpretationsaspekt beinhaltet; dieser gibt eine Orientierung für die Interpretation vor, denn die Teile des Aufsatzes sollen aufeinander bezogen sein.

Die **zweite Teilaufgabe** weitet die Perspektive, und zwar in doppelter Hinsicht: Zum einen wird mit dem Thema **Autonomie** ein allgemeiner Leitaspekt für eine Interpretation des ganzen Dramas genannt, der natürlich auch in der vorgelegten Stelle zum Tragen kommt; zum anderen soll ein Vergleich zwischen drei Texten angestellt werden. Inhaltliche Wiedergaben sind in diesem Teil nur in so weit nötig, als sie das Verständnis stützen; längere Inhaltsangaben der behandelten Texte sind nicht nur unnötig, sie verstoßen auch gegen die Textlogik Ihres Aufsatzes, weil sie von der erreichten Reflexionsebene der Interpretation auf die Inhaltsebene zurückfallen.
Eine vergleichende Interpretation ist anspruchsvoll. Sie soll nicht einfach die Texte nebeneinander stellen, sondern aufeinander beziehen. Dies kann diachron geschehen, d. h., die Tex-

te werden nacheinander abgehandelt, oder synchron, d. h., der Vergleich wird nach Aspekten gegliedert. Beim ersten Ansatz besteht die Gefahr, dass der Vergleich zu wenig intensiv gezogen wird; besser ist es, die Texte **aspektorientiert** zu **vergleichen**.

Woher die Vergleichsaspekte nehmen? Das ist in diesem Fall nicht ganz einfach. Hier wird eine genaue **Analyse des Leitbegriffs „Autonomie“** wichtig. Wird er geklärt und in angemessener Tiefe erfasst, ergeben sich daraus Vergleichsaspekte.

- Autonomie (gr. auto = selbst, nomos = Gesetz) bedeutet „selbstbestimmtes Handeln“. Selbstbestimmung war zunächst ein politischer Begriff, der die **Unabhängigkeit** der Entscheidungen in einem Gemeinwesen umriss. Dementsprechend kann man Selbstbestimmung zunächst als **Freiheit von Fremdbestimmung** (negative Freiheit, Hindernisfreiheit) verstehen.
- Zu dieser äußeren Freiheit kommt die **innere Freiheit**, also die Unabhängigkeit von inneren Zwängen, verinnerlichten Vorgaben, das Sich-lösen-Können von fixierten Vorstellungen und Bildern usw.
- Selbstbestimmung zeigt sich im eigenständigen **Setzen von Zielen** und im **aktiven Handeln** zu deren Verfolgung, nicht im bloßen Reagieren.
- Schließlich impliziert Selbstbestimmung eine rationale Distanz zu äußeren Zwängen und inneren Begierden. Dabei geht es nicht nur um Urteilsfähigkeit, das Vermögen, Situationen einzuschätzen, sondern auch um **Reflektiertheit** gegenüber den eigenen Zielen und dem eigenen Wesen, um **Verantwortung**. Die Aufgabenstellung zielt hier nicht so sehr auf die Frage faktischer Schuld, sondern auf die Frage der moralischen Reflektiertheit der Personen.

Eine solche Analyse des Leitbegriffs gibt einen Leitfaden für den Vergleich. Interessant ist es, die Fragestellung noch auf einer etwas abstrakteren Ebene zu betrachten, in der die Figuren als Modellfälle betrachtet und die Ergebnisse des Personenvergleichs damit einerseits an die Texte zurückgebunden und andererseits auf eine allgemeinere Deutungsebene gebracht werden. Auf der anderen Seite lässt sich jeder der genannten Aspekte zu einer eigenständigen Untersuchung ausbauen.

Lösungsvorschlag in Grundzügen

Einleitung

„Was weiß ich?“, fragt Michel de Montaigne auf dem Titelkupfer zu seinen *Essais*. Montaigne führt vor, wie sich ein modernes Subjekt in der Fülle der Gegenstände spiegelt und dabei vor allem eines im Sinn hat: sich selbst als denjenigen zu zeigen, der die Dinge bestimmt und der sich handelnd zu seiner Welt verhält.

Teilaufgabe 1

kurze inhaltliche Einordnung

Die kritische Selbstreflexion, die Montaigne in seinen kontemplativen Versuchen vergönnt ist, ist keine Selbstverständlichkeit, und oft zwingen die Umstände zu direktem und unmittelbarem Eingreifen. Diese Erfahrung reflektiert Georg Büchner in seinem Drama *Dantons Tod* von 1835. **Danton** wird **als Zauderer** gezeigt, der seine Position nicht aktiv verfolgt. Er, der am 2. September 1792 mit der Ermordung von 1 400 Royalisten und Priestern die Revolution radikalisiert hatte, der selbst 1793 im fast allmächtigen Wohlfahrtsausschuss gesessen hatte, droht im Frühjahr 1794 selbst ein Opfer der Terreur zu werden. Er glaubt sich sicher, würde am liebsten gar nichts tun, lässt sich aber zu einem Gespräch mit seinem Widersacher Robespierre überreden. Dieses Gespräch (I, 6) zeigt den strikten Gegensatz von Robespierres Moralismus und Dantons kritischem Hedonismus. Danton wird mit seinen Gefolgsleuten verhaftet, aufgrund einer konstruierten Anklage in Abwesenheit verurteilt und schließlich hingerichtet. Das Drama blendet dabei zwischen dem öffentlichen Tribunal, den Gesprächen der Dantonisten und seiner Frau hin und her.

Der tiefere **Grund für Dantons Zögerlichkeit** lässt sich beispielsweise anhand der Szene I, 5 zeigen. Zu Beginn berichtet die Prostituierte Marion zu Füßen Dantons, wie für sie der sexuelle Genuss zum Weg aus den Normen der bürgerlichen Welt geworden ist. Fortgesetzt wird dieses Thema in obszönen Gesprächen zwischen Danton und Lacroix, der in Begleitung zweier Prostituierter hinzukommt. Nachdem dieser die beiden Damen wieder weggeschickt hat, berichtet er vom Konvent der Jakobiner (vgl. I, 3). Danton sieht sehr wohl die Gefahr, die ihm droht: Robespierres „Phrase", „die Tugend muss durch den Schrecken herrschen" hobele „Bretter für die Guillotine" (Z. 10 ff.). Sein Freund Paris, der von einem Gespräch mit Robespierre kommt, bestätigt diese Einschätzung – Danton aber ist sicher: **„Doch, sie werden's nicht wagen"** (Z. 29), ihn zu verhaften. Die historisch verbürgte Formulierung erscheint als wohlbedachter und durch die Pause hervorgehobener Satz, den Danton „[n]ach einigem Besinnen" äußert (vgl. Z. 29). Lacroix appelliert an ihn, etwas zu tun, doch Danton zerredet dies, wie schon zu Beginn des Stücks (vgl. I, 1, S. 5 und 8).

Inhalt der Szene I, 5

Lacroix verfolgt dabei die **Strategie**, den **Appell** hinter Argumenten **auf der Sachebene zu verbergen**. Er führt das Fortbestehen des materiellen Elends an (vgl. Z. 24 ff.), erinnert daran, dass die Revolution vor keiner Autorität Halt mache (vgl. Z. 30 ff.), verweist auf die Eitelkeit der Sansculotten (vgl. Z. 34 ff.). Robespierres Aussage über die Tugend sucht er als Bemäntelung sozialer Not zu entlarven. Dahinter steckt eine grundlegende Gegenposition, die Danton im unmittelbar folgenden Gespräch mit Robespierre entfalten wird; Danton nennt Robespierre dort „empörend rechtschaffen" (S. 25, Z. 22), weil er durch den Terror gerade verhindere, dass die „soziale Revolution […] vollendet" (S. 25, Z. 10 f.) und das Elend des Volkes beseitig wird. Diese Anschuldigung Dantons gegenüber Robespierre fußt auf dem materialistischen Sensualismus der Dantonisten, die das Glück in Lustempfinden und Genuss begründet sehen.

Dialoganalyse: Lacroix' Überzeugungsstrategie

Die sensualistische Position schlägt sich auch in der **Sprache** nieder, die im Drama insgesamt wie in dieser Stelle sehr bildmächtig, metaphernreich und plastisch ist. So zeichnet Lacroix am Ende seiner Ausführungen ein anschauliches Bild der möglicherweise folgenden Ereignisse (Z. 47 ff.). Auch entfaltet er ein Netz von Anspielungen auf die Antike, die Danton wohl versteht, wie sein treffendes Bild des kinderfressenden Saturn für die Revolution zeigt (vgl. Z. 28).

Analyse der Sprache

Implizit zeigt sich darin auch, wie sehr Lacroix sich dessen bedient, was Schulz von Thun in seinem Kommunikationsmodell die **Beziehungsebene** nennt. Lacroix weiß genau, mit wem er spricht, und kann daher mit wenigen Andeutungen auskommen. Gegen Ende rückt er die Beziehungsargumentation noch etwas mehr in den Vordergrund, wenn er sich Danton nähert, um „unter uns gesagt" mit dem Vorwurf der Spitzbüberei zu kokettieren (Z. 47 f.). Danton bleibt – entsprechend seiner zögerlichen Passivität – lakonisch kurz und erwidert zunächst nur auf der Sachebene: Neben dem schon zitierten „sie werden's nicht wagen" finden sich die selbstbewusste Erinnerung an seinen „Name[n]" (Z. 33), die Geringschätzung des Volkes (vgl. Z. 39 f.) und – indirekt über die Zuschreibung an das Volk – die Bestätigung von Robespierres Sinnfeindlichkeit (vgl. Z. 46).

vertiefende Kommunikationsanalyse, Scheitern von Lacroix' Strategie

Auf Lacroix' Beziehungskommunikation reagiert er jedoch nicht. Als dieser, abgemildert durch den Plural, Danton direkt zum Handeln auffordert, **verweigert sich Danton**; Lacroix reagiert emotional und drückt, Dantons Formulierung aufgreifend, seinen Ärger aus (Z. 55 ff.). Darauf geht Danton nicht ein, bricht das Gespräch ab und **wendet sich Marion zu**, die als stumme Zeugin die ganze Szene über zu Dantons Füßen verharrt. Diese Wendung ist in mehrfacher Hinsicht charakteristisch für Danton. Zum einen verweigert er nicht zum ersten Mal die Kommunikation, wenn es darum geht, dass er handeln soll (vgl. Schluss von Szene I, 1). Dieses Verhalten ist stimmig, insofern Danton hier seine politische Passivität passiv durchsetzt. Zum Zweiten erhält die Szene einen thematischen Rahmen, nämlich die sinnlich-erotische Lust; Danton wendet sich von der Politik, die in Form von Botenberichten zu ihm dringt, wieder ganz ins Private. Dies verweist – zum Dritten – auf die tiefere Begründung von Dantons Passivität. Indem er den körperlichen Genuss der politischen Aktivität vorzieht, zeigt sich die Lust als Kehrseite von Dantons Überzeugung, dass politisch handelnde Individuen nur „Puppen sind [...] von unbekannten Gewalten am Draht gezogen" (S. 43, Z. 5 f.). Diese Überzeugung nimmt Dantons Selbststilisierung die Glaubwürdigkeit, mit der er sich vor dem Tribunal als treibendes Energiezentrum der Revolution hinstellt (vgl. III, 4). Lacroix bleibt am Ende der vorliegenden Szene nur, in einer virtuosen Zusammenführung von erotischem, antikem und politischem Diskurs resigniert ein schlimmes Ende zu prophezeien.

Dantons Verweigerung, nonverbales Handeln im Nebentext

Anders gesagt: **Danton bestimmt** in dieser Szene letztlich die **Kommunikation**, auch wenn er über weite Strecken nur reagiert. Er behält in seinem Widerstand gegen den Appell Lacroix' seine Selbstbestimmung – allerdings nimmt er damit eine Position ein, die ihr eigenes Wirksamwerden paradox unterläuft, weil Danton aus seinem Geschichtsfatalismus den Schluss zieht, nicht selbstbestimmt zu handeln, sondern **autonom zu unterlassen**.

Zusammenfassung mit Blick auf die zweite Teilaufgabe

Dantons Tod zeigt, wie prekär Autonomie unter einem Gewaltregime wird. Um Dantons Autonomie mehr Kontur zu geben, soll diese jetzt mit zwei literarischen Figuren aus dem 20. Jahrhundert verglichen werden, deren Ausgangslage auf den ersten Blick sehr viel mehr Autonomie zuzulassen scheint, nämlich Walter Faber aus Max Frischs *Homo faber* und der Erzähler im Roman *Agnes* von Peter Stamm.

Überleitung zur **Teilaufgabe 2**

Autonomie lässt sich zunächst verstehen als Unabhängigkeit, d. h. als Abwesenheit von Fremdbestimmung. Dies kann zum einen in einem äußeren Sinne gemeint sein, zum anderen aber auch im Sinne von innerer Freiheit, also die Unabhängigkeit von inneren Zwängen. Drittens impliziert Autonomie das eigenständige Setzen von Zielen und deren aktives Verfolgen. Und schließlich beruht Autonomie auf einer reflektierten Distanz zu äußeren Zwängen und inneren Begierden. Aus dieser Reflektiertheit erwächst Urteilsfähigkeit, aber auch Verantwortung für die eigenen Zielsetzungen.

begriffliche Vorklärung als Leitfaden des Vergleichs

Was die **äußere Unabhängigkeit** angeht, so steht es damit für Danton nicht zum Besten: Die Logik der **Terreur** und die Machtpolitik Robespierres bedrohen ihn und seine ganze Fraktion, er müsste handeln – doch wie gesehen, verweigert er sich und macht sich dadurch zum Spielball.

äußere Freiheit

Walter Faber hingegen ist mit seiner modernen **Ungebundenheit** geradezu als Gegenmodell angelegt. Er kann um die ganze Welt reisen, verfügt über technische und offenbar auch materielle Ressourcen, ist abgesehen von losen Liaisons wie der mit Ivy ungebunden. Auch wird er von seiner Arbeit nicht so in Anspruch genommen, dass er nicht Abstecher in den südamerikanischen Urwald oder nach Südeuropa machen könnte. Er betont schließlich immer wieder seine Gesundheit, die ihn ebenfalls von Hilfe unabhängig macht. Ja, umgekehrt ist er derjenige, der im Vollgefühl seiner selbst für die Unesco „technische Hilfe für unterentwickelte Völker" (S. 10) leistet. Faber weiß um diese Unabhängigkeit und legt großen Wert auf sie. Seine fortschreitende Krankheit und das Wiedersehen mit seiner ehemaligen Partnerin Hanna nach dem Tod seiner Tochter Sabeth schränken ihn allerdings mehr und mehr ein.

Der Ich-Erzähler in *Agnes* ist ähnlich unabhängig wie Faber. Wie dieser kann er als Schriftsteller seinen Wohnort frei wählen, wie dieser ist er zunächst ungebunden und frei für die Beziehung zu Agnes und kann sich offensichtlich auch die Zeit nehmen, sein aktuelles Projekt ruhen zu lassen und sich dem „Buch *Agnes*" (S. 138) zu widmen. Seine Gesundheit betont er indirekt, indem er Agnes' Kränklichkeit immer wieder herausstellt.

innere Freiheit

So sehr Faber und der Agnes-Erzähler ihre Unabhängigkeit hervorheben, so deutlich zeigt sich auf der anderen Seite ihre **innere Unfreiheit**. Dabei muss man allerdings differenzieren: Über die innere Verfassung gibt der Erzähler in *Agnes* nicht viel Auskunft. Er reagiert – im Gegensatz zu Faber, aber auch zu Danton – wenig emotional. Auch von äußerem Ruhm macht er seine Schriftstellerexistenz unabhängig, er „möchte keine Spuren hinterlassen" (S. 28) und befasst sich mit eher randständigen Themen wie „Zigarren, d[er] Geschichte des Fahrrads oder der Luxuseisenbahnwagen" (S. 20). Er bedient zwar den Gemeinplatz, dass der Autor ab einem gewissen Punkt „keine Kontrolle" (S. 50, vgl. auch S. 63) mehr über das Schreiben habe, sieht Agnes aber sehr wohl als „mein Geschöpf" (S. 62).

Fabers innere Unfreiheit ist deutlicher. Sie zeigt sich zunächst in unscheinbaren Motiven wie dem Rasieren, oder indem „er sein Gesicht in die öffentliche Schüssel" taucht – Metaphern dafür, dass Faber als Typus angelegt ist, dem es vorrangig darum zu tun ist, so zu sein, wie es erwartet wird. Das unterscheidet ihn von Danton, der sich genau dem verweigert, aber auch vom Erzähler von *Agnes*, der in diesem Punkt indifferent bleibt. Zu diesem Typus gehört neben dem Überlegenheitsgestus vor allem auch der Kontrollzwang, der bis hin zur Gewalt geht (vgl. S. 120, 149 f.) und sich, wie gesehen, auch in *Agnes* zeigt; Danton ist dieser Zug fremd. Faber leugnet die Existenz höherer Mächte, glaubt nicht „an Fügung und Schicksal" (S. 22), er ist wie Danton und der Erzähler von *Agnes* Agnostiker.

Danton kann **innerlich** als **freier** gelten, auch wenn er von Schuldgefühlen verfolgt wird; er bewahrt sich eine intellektuelle Unabhängigkeit, die ihn über sein Schicksal tröstet. Gleichwohl sieht er sich, wie gezeigt, als Marionette höherer Mächte – eine Erfahrung, die Faber insofern nicht fremd ist, als er immer wieder von seinen eigenen Entscheidungen überrascht wird, z. B. wenn er an Ivy schreibt (S. 30) oder sich am Telefon einen Schiffsplatz buchen hört (S. 59 f.).

Setzen von Zielen und deren aktives Verfolgen

Der Tatmensch Faber ist es gewohnt, **aktiv seine Ziele zu verfolgen**. Allerdings bezieht sich die Selbstbestimmung Fabers zunächst vor allem auf die Umsetzung von Zielen, die eigentlich **nicht er selbst steckt:** Die

Führung seines Lebens im Kleinen und die Realisierung technischer Projekte, zu denen er von seinem Chef Williams geschickt wird. Dies entspricht dem Typus des Technikers. Erst in dem Moment, als er anfängt, spontan von diesen beruflichen Zielen abzuweichen, beginnt er selbst Ziele zu setzen – die Reisemetapher macht dies ja explizit deutlich als Um- und Abweg: in den Urwald auf die Plantage zu Joachim, die Schiffsreise nach Europa, die Südeuropatour mit Sabeth, Kuba. Allerdings folgt er auch hier meist einem Impuls von außen bzw. flieht im Falle der Schiffsreise vor Ivy. Und selbst als ihn die Vergangenheit eingeholt und er sich zu ändern beschlossen hat, bleibt – wie sich auf Kuba zeigt – sein Weltbild von klischeehaften Oppositionen geprägt, jetzt eben nur mit anderen Vorzeichen.

Umgekehrt hat **Danton** ein – paradoxerweise auch von Robespierre formuliertes (vgl. S. 25) – **Ziel**, nämlich die Revolution sozial zu vollenden, und begründet es weltanschaulich mit der Vorstellung, den Menschen das Glück der Lust zu bereiten. Aber genau diese Begründung führt, wie oben gezeigt, konsequent zu **Handlungsverweigerung**. Danton wird im ersten Teil des Dramas vor allem dann kommunikativ aktiv, wenn er seine Passivität retten will; auch das ist in der analysierten Stelle exemplarisch deutlich geworden. Als er auf der politischen Bühne aktiv wird und sich vor dem Tribunal verteidigt (III, 4 und 9), ist es zu spät.

Der **Erzähler** von *Agnes* nimmt in der Frage der Aktivität eine **Mittelposition** ein. Seine vorrangige Tat als Schriftsteller ist – darin Danton verwandt – das Wort. Der Impuls zum „Buch *Agnes*“ (S. 138) geht – wie etwa auch der zum Ausflug in den „Hoosier National Forest“ – zunächst nicht von ihm aus, wird aber dann aktiv verfolgt. Agnes ist für ihn ein Experiment, das Experiment der Konstruktion eines Menschen durch einen Text. Dies erklärt ein Stück weit seine bekundete Passivität als Autor wie auch seine egoistisch wirkende Kälte.

Reflektiertheit und Verantwortung

Um von wirklicher Autonomie sprechen zu können, sind nicht nur Unabhängigkeit und Aktivität nötig, sondern auch das **Wahrnehmen von Verantwortung**; dies macht den Begriff der Autonomie in der Neuzeit, namentlich auch bei Immanuel Kant aus. Er ist eng gebunden an die Reflexion über sich selbst und insbesondere über die Maximen des Handelns.

Danton darf als **reflektierter Charakter** gelten, der sich – an dieser Stelle gegen Kant – nicht über Pflicht definiert, sondern Glück sensualistisch und epikuräisch (vgl. S. 79, Z. 11 ff.) versteht. Die **Schuldfrage**, vor allem das von ihm veranlasste Septembermassaker, bereitet ihm Albträume und ist für ihn prägend. Camille weist verschiedentlich auf die Widersprüchlichkeit von Dantons Position hin (vgl. z. B. S. 6, Z. 23 oder S. 8, Z. 25 f.). Die Frage nach der Verantwortung für die politische Passivität, in die Danton aufgrund seiner Schuld verfällt, wird im Drama gestellt, etwa wenn Lacroix an Dantons Solidarität appelliert und ihm vorwirft: „[D]u reißest alle deine Freunde mit dir.“ (S. 31, Z. 21) Beantwortet wird diese Frage im Drama nicht, sie wird an die Zuschauer gestellt.

Schuld prägt auch Walter Faber, sein ganzer Bericht ist ein großes Rechtfertigungsbuch. Charakteristisch für Faber ist, dass diese Rechtfertigung ein Schreiben gegen sich selbst wird, im Prozess des Schreibens wird seine Schuld und **Verdrängung** dem Leser immer klarer – auch wenn er selbst in Momenten des Bekenntnisses vom Rechtfertigen nicht lassen kann (vgl. etwa S. 72 f.). Faber ist ein Mensch der technisch-praktischen Imperative, aber nicht des kategorischen Imperativs Kants. Sein Prozess der Reflexion eines verfehlten Lebens führt in der Kuba-Episode zu einem neuen, entgegengesetzten Lebensgefühl, verharrt aber in holzschnittartigem Denken, das sich von der Fixierung auf einfache Dualismen nicht zu lösen vermag. So zeigt der Roman den Prozess einer Selbstreflexion und eines Bewusstwerdens von Verantwortung, der nicht zum Abschluss kommt, sondern durch den Tod beendet wird.

Beim Erzähler von ***Agnes*** sind **Verantwortungsbewusstsein und Selbstreflexion am geringsten ausgeprägt**, ja eigentlich kaum vorhanden. Seinen Egoismus und Agnes' Verdinglichung stellt er als Ich-Erzähler dar, reflektiert aber nicht den unmoralischen Aspekt seines Verhaltens. Soweit er von „Freiheit" (S. 110) spricht, ist immer nur – man nehme die Rechtfertigung für seine Ablehnung des Kindes – von äußerer Handlungsfreiheit die Rede. Der Mangel an Reflexion passt zu seiner Unzuverlässigkeit, die anders als bei Faber nicht Ausdruck eines Interesses ist. Seine Selbstbestimmung ist vor allem die Fremdbestimmung seines Gegenstandes Agnes, die mehr und mehr dem schreibend entworfenen Bild unterworfen wird, auch dann, als sie das ablehnt (vgl. S. 137). Für den mutmaßlichen Tod von Agnes ist in seinem Text „eine Geschichte" verantwortlich, nicht ihr Autor.

Abstraktion: Danton, Faber und der Erzähler von *Agnes* als Modellfiguren

Aber vielleicht ist an dieser Stelle die Frage der Selbstbestimmung auch zu psychologisch angesetzt. Danton, Faber und der *Agnes*-Erzähler lassen sich abstrakter **als Modellfiguren** auffassen. Für *Agnes* ist dieser Aspekt vielleicht am einschlägigsten. Der Roman gilt als postmoderner Text, was sich konkretisieren lässt: Die Postmoderne setzt an die Stelle des Subjekts die Konstruktion von Identität durch Diskurse – und entzieht der Frage nach der Selbstbestimmung damit eigentlich von vornherein den Boden. Dementsprechend ist die Figur Agnes ein schriftstellerisches Experiment, da sie in einer Geschichte über sie verschwindet und nur diese zurücklässt. Dem entspricht die eigentümliche Entindividualisierung des Erzählers, der nicht nur wenig Gefühle, sondern vor allem keinen Namen hat. Demgegenüber zeigt *Homo faber* den Typus eines modernen Ichs, das seine Freiheitsvorstellung zum unhinterfragten Glauben an die Verfügbarkeit aller Lebensverhältnisse steigert. Dieser zerbricht an einer Liebe, die ihn überfällt und die gerade in ihrem Narzissmus – so ließe sich das Inzestmotiv deuten – unmöglich ist, und am Tod. Seine Individualität wird gerade durch seine Schuld hergestellt. Danton steht in dieser Hinsicht zwischen den beiden. Er zeigt ein Modell von Glück, dass ihn zur Passivität zwingt und sich in einer historischen Extremsituation nicht gegen einen unmoralischen, menschenverachtenden Tugendrigorismus zu behaupten vermag.

Fazit

So kann man insgesamt sagen, dass Danton und Walter Faber sich in der Frage der Autonomie in vielen Punkten gegensätzlich verhalten. Danton, äußerlich eingeschränkt, erringt sich eine innerliche Autonomie, indem er mit seinem Epikureertum und seinem geschichtsphilosophischen Fatalismus eine intellektuell eigenständige Position entfaltet, die zu einer kommunikativ aktiv verteidigten Handlungsverweigerung führt. Er ist darin reflektiert; inwiefern er verantwortlich handelt, lässt der Text offen. Walter Fabers innere Unfreiheit wird durch seine äußere Freiheit noch unterstrichen. Im Gegensatz zu Danton ist er der Mann der Tat, allerdings nur auf der Ebene der Umsetzung, weniger in der Setzung seiner Ziele. Selbstreflexion und Verantwortungsbewusstsein ergeben sich bei Faber aus einem Prozess des Schreibens gegen sich selbst. Prinzipiell anders gelagert ist der Fall des Erzählers von *Agnes*. Bei aller äußeren Freiheit ist es angesichts der wenig ausgearbeiteten Individualität zweifelhaft, ob die Frage autonomer Individualität bei diesem postmodernen Text überhaupt greift. Bejaht man diese Frage, dann hat man sie schon fast beantwortet: Dieser Erzähler ist, ungeachtet aller Macht der Fremdbestimmung und aller schriftstellerischer Aktivität, kein autonomes Individuum, sondern jemand, der – darin Montaigne ähnlich – ein Experiment mit einem erschriebenen Individuum anstellt, ohne sich – und darin läge dann der entscheidende Unterschied zu Montaigne wie zu Danton und Faber – darin spiegeln zu wollen.

Schriftliche Abiturprüfung Deutsch (Baden-Württemberg): Übungsaufgabe 4
Interpretation und Vergleich der Pflichtlektüren (Werke im Kontext)

Thema:
Max Frisch (1911–1991): **Homo faber**
Peter Stamm (*1963): **Agnes**

Max Frisch: Homo faber (Auszug)

[…] Hanna war immer sehr empfindlich und sprunghaft, ein unberechenbares Temperament; wie Joachim sagte: manisch-depressiv. Dabei hatte Joachim sie nur ein oder zwei Mal gesehen, denn Hanna wollte mit Deutschen nichts zu tun haben. Ich schwor ihr, daß Joachim, mein Freund, kein Nazi ist; aber vergeblich. Ich verstand ihr Mißtrauen, aber sie machte es mir nicht leicht, abgesehen davon, daß unsere Interessen sich nicht immer deckten. Ich nannte sie eine Schwärmerin und Kunstfee. Dafür nannte sie mich: Homo Faber. Manchmal hatten wir einen regelrechten Krach, wenn wir beispielsweise aus dem Schauspielhaus kamen, wohin sie mich immer wieder nötigte; Hanna hatte einerseits einen Hang zum Kommunistischen, was ich nicht vertrug, und andererseits zum Mystischen, um nicht zu sagen: zum Hysterischen. Ich bin nun einmal der Typ, der mit beiden Füßen auf der Erde steht. Nichtsdestoweniger waren wir sehr glücklich zusammen, scheint mir, und eigentlich weiß ich wirklich nicht, warum es damals nicht zur Heirat kam. Es kam einfach nicht dazu. Ich war, im Gegensatz zu meinem Vater, kein Antisemit, glaube ich; ich war nur zu jung wie die meisten Männer unter dreißig, zu unfertig, um Vater zu sein. Ich arbeitete noch an meiner Dissertation, wie gesagt, und wohnte bei meinen Eltern, was Hanna durchaus nicht begriff. Wir trafen uns immer in ihrer Bude. In jener Zeit kam das Angebot von Escher-Wyss, eine Chance sondergleichen für einen jungen Ingenieur, und was mir dabei Sorge machte, war nicht das Klima von Bagdad, sondern Hanna in Zürich. Sie erwartete damals ein Kind. Ihre Offenbarung hörte ich ausgerechnet an dem Tag, als ich von meiner ersten Besprechung mit Escher-Wyss kam, meinerseits entschlossen, die Stelle in Bagdad anzutreten sobald als möglich. Ihre Behauptung, ich sei zu Tode erschrocken, bestreite ich noch heute; ich fragte bloß: Bist du sicher? Immerhin eine sachliche und vernünftige Frage. Ich fühlte mich übertölpelt nur durch die Bestimmtheit ihrer Meldung; ich fragte: Bist du bei einem Arzt gewesen? Ebenfalls eine sachliche und erlaubte Frage. Sie war nicht beim Arzt gewesen. Sie wisse es! Ich sagte: Warten wir noch vierzehn Tage. Sie lachte, weil vollkommen sicher, und ich mußte annehmen, daß Hanna es schon lange gewußt, aber nicht gesagt hatte; nur insofern fühlte ich mich übertölpelt. Ich legte meine Hand auf ihre Hand, im Augenblick fiel mir nicht viel dazu ein, das ist wahr; ich trank Kaffee und rauchte. Ihre Enttäuschung! Ich tanzte nicht vor Vaterfreude, das ist wahr, dazu war die politische Situation zu ernst. Ich fragte: Hast du denn einen Arzt, wo du hingehen kannst? Natürlich meinte ich bloß: um sich einmal untersuchen zu lassen. Hanna nickte. Das sei keine Sache, sagte sie, das lasse sich schon machen! Ich fragte: Was meinst du? Später behauptete Hanna, ich sei erleichtert gewesen, daß sie das Kind nicht haben wollte, und geradezu entzückt, drum hätte ich meinen Arm um ihre Schultern gelegt, als sie weinte. Sie selber war es, die nicht mehr davon sprechen wollte, und dann berichtete ich von Escher-Wyss, von der Stelle in Bagdad, von den beruflichen Möglichkeiten eines Ingenieurs überhaupt. Das war keineswegs gegen ihr Kind gerichtet. Ich sagte sogar, wieviel ich in Bagdad verdienen würde. Und wörtlich: Wenn du dein Kind haben willst, dann müssen wir natürlich heiraten. Später ihr Vorwurf, daß ich von Müssen gesprochen habe! Ich fragte offen heraus: Willst du heiraten, ja oder nein? Sie schüttelte den Kopf, und ich wußte nicht, woran ich bin. Ich besprach mich viel mit Joachim, während wir unser Schach spielten; Joachim unterrichtete mich über das Medizinische, was bekanntlich kein Problem ist, dann über das Juristische, bekanntlich auch kein Problem, wenn man sich die erforderlichen Gutachten zu verschaffen weiß, und dann stopfte er seine Pfeife, Blick auf unser Schach, denn Joachim war grundsätzlich gegen Ratschläge. Seine Hilfe (er war Mediziner im Staatsexamen) hatte er zugesagt, falls wir, das Mädchen und ich, seine Hilfe verlangen. Ich war ihm sehr dankbar, etwas verlegen, aber froh, daß er keine große Geschichte draus machte; er sagte bloß: Du bist am Zug! Ich meldete Hanna, daß alles kein Problem ist. Es war Hanna, die plötzlich Schluß machen wollte; sie packte ihre Koffer, plötzlich ihre wahnsinnige Idee, nach München zurückzukehren. Ich stellte mich vor sie, um sie zur Vernunft zu bringen; ihr einziges Wort: Schluß! Ich hatte gesagt: Dein Kind, statt zu sagen: Unser Kind. Das war es, was mir Hanna nicht verzeihen konnte.

Aus: Max Frisch: Homo faber. Frankfurt a. M.: Suhrkamp Verlag 1995, S. 47 f.

Aufgabenstellung

- Interpretieren Sie die vorliegende Textstelle. Skizzieren Sie dabei auch, in welchem Zusammenhang sie steht, und beziehen Sie die sprachliche und argumentative Gestaltung mit ein.
- Untersuchen Sie in einer vergleichenden Betrachtung, welchen Stellenwert die männlichen Protagonisten in den Romanen *Homo faber* und *Agnes* einer Heirat und der Vaterschaft zumessen.

Hinweise und Tipps

Teilaufgabe 1

Zunächst sollten Sie in der ersten Teilaufgabe eine Einordnung der Textstelle vornehmen, die sich auf das Wesentliche beschränkt (siehe Operator „skizzieren"). Dennoch ist die Situierung vergleichsweise komplex. Das liegt an der Textstelle, die den chronologischen Berichtsverlauf unterbricht und Teil eines zusätzlich eingeschobenen Rückblicks ist. (Es empfiehlt sich, quasi als Vorentlastung, den Berichtcharakter des Romans und die darin enthaltenen Rückblenden bereits in der Einleitung des Aufsatzes kurz anzusprechen.)
Zudem kann der Begriff „Zusammenhang" aus der Aufgabenstellung weit gefasst werden, nämlich einmal im Sinne des Kontextes innerhalb des Berichts, zum anderen mit Bezug auf lebens- und zeitgeschichtliche Aspekte. Sie stehen also vor der nicht einfachen Aufgabe, die Textstelle in ihrem Charakter als Rückblende einzuordnen, zudem zwei weitere Rückblicke auf dieselbe Zeit einzubeziehen und schließlich diese vergangene Zeit hinsichtlich der gesellschaftlichen sowie der persönlichen Umstände des Protagonisten zu erläutern. Darüber hinaus wäre es wünschenswert, einen Grund für die eingestreuten Rückblenden zu nennen. Ausgelöst werden sie wahrscheinlich dadurch, dass die Brüder Herbert und Joachim Hencke, mit denen Walter Faber auf seiner Reise konfrontiert wird, die Erinnerung an Hanna und die damalige Zeit wachrufen.

Der knappe Berichtsstil der vorliegenden Textstelle könnte zu einer Inhaltsangabe ohne Analyse der sprachlichen und argumentativen Gestaltung verleiten. Aber auch das Aufzeigen sprachlicher Mittel wie Ellipsen, Wiederholungen etc. genügt nicht. Es ist eine Deutung gefordert („Interpretieren Sie …"), und das heißt, sprichwörtlich zwischen den Zeilen zu lesen, Hypothesen aufzustellen und an der sprachlichen Form Widersprüche zu erkennen sowie wahre Motive aufzudecken.
Entscheidend ist die grundlegende Erkenntnis, dass dieser rückblickende Bericht allein Fabers Perspektive enthält und wir über Hannas Sicht nur Mutmaßungen anstellen können. Insofern wäre es Faber für eigentlich leicht, sein damaliges Verhalten zu rechtfertigen. Eine Analyse der Art und Weise, wie er in seinem Rückblick argumentiert und sich die Dinge zurechtbiegt,

bringt jedoch eine tiefere Schicht ans Licht, die Fabers Selbstbezogenheit, seine fehlende Einsicht und mangelnde Empathie sowie sein egoistisches Karrieredenken offenlegt.
Für die Lösung der Teilaufgabe 1 wird von Ihnen eine detaillierte Textarbeit mit Belegen aus der vorliegenden Textstelle (Zeilenzahlen angeben!) erwartet.

Teilaufgabe 2
Es bietet sich an, bei der Bearbeitung der 2. Teilaufgabe zunächst in Peter Stamms Werk einzuführen. Dabei sollten Sie die Protagonisten kurz vorstellen und die Doppelbödigkeit des Romans – die Erzählung und die vom Ich-Erzähler verfasste Geschichte in der Erzählung – anführen. Es empfiehlt sich zur Kennzeichnung beider Ebenen der Gebrauch einer klaren Terminologie wie z. B. „erzählte Wirklichkeit" versus „fiktive Geschichte". Daraus könnte dann entwickelt werden, dass ein Heiratsantrag nur in der Fiktion ausgesprochen wird.
Kern der vergleichenden Betrachtung zum Thema „Heirat" und „Vaterschaft" sind sicherlich die Szenen, in denen den Protagonisten die Schwangerschaft mitgeteilt wird, und die verblüffend ähnlichen Reaktionen sowie die Folgen: Beide Male kommt es zur Trennung. Darüber hinaus sollten Sie vor allem die unterschiedlichen Umgangsweisen mit Heirat und Vaterschaft nach dieser Trennung beleuchten. Frischs Faber verdrängt beharrlich eine mögliche Vaterschaft und ist seiner Tochter gegenüber mit Blindheit geschlagen; Stamms Ich-Erzähler kompensiert seine Bindungsunfähigkeit mit einem in der Fiktion fabulierten Familienglück.
Der Umfang der Vergleichsaufgabe verlangt eine Konzentration auf wesentliche Aussagen zur Fragestellung. Zentrale Erkenntnisse können mit Quellenverweisen auf die Ganzschriften (Seitenzahl angeben!) abgesichert werden, eine detaillierte Textarbeit wird nicht erwartet.

Lösungsvorschlag in Grundzügen

Einleitung

Max Frischs Roman *Homo faber,* erstmals erschienen 1957, ist eigentlich ein über zwei Stationen verlaufender Bericht der fiktiven Figur Walter Faber über die verschiedenen Reisen, die den 50-jährigen Ingenieur durch Amerika und Europa führen, wobei gelegentlich auch Rückblicke auf seine Zeit als junger Erwachsener in Zürich eingestreut werden. In der Form einer Selbstrechtfertigung kreist der Reisebericht um die gescheiterte Liebesbeziehung zu Hanna und um das Verhältnis mit der 20-jährigen Reisebekanntschaft Elisabeth, in der Walter Faber die gemeinsame Tochter mit Hanna erkennen wird.

Teilaufgabe 1
Rückblick auf die Zeit mit Hanna in Zürich

Der vorliegende Textauszug ist dem ersten Bericht (**Erste Station**) entnommen. Es handelt sich um einen Ausschnitt aus einem der Rückblicke auf die Lebensphase, als **Walter Faber, noch nicht dreißig Jahre alt, als Assistent an der Eidgenössischen Technischen Hochschule in Zürich** an seiner Dissertation arbeitet. Nicht nur der Ort, auch der zeitliche Kontext ist ziemlich genau feststellbar: Faber und seine damalige Freundin Hanna Landsberg, eine „halbjüdische" Studentin der Kunstgeschichte aus München, hören im Radio die Verkündung der Nürnberger Rassengesetze auf dem Reichsparteitag (vgl. S. 46), die einer Entrechtung der Juden gleichkommen – das war im September 1935. Diese Nachricht sowie der irrtümliche Entzug von Hannas Aufenthaltsgenehmigung in der Schweiz sind Anlass für Fabers Entschluss, seine Freundin zu heiraten und so vor den Nazis zu schützen. Gleichzeitig aber winkt ein für die berufliche Karriere verlockendes Angebot, in Bagdad als Ingenieur zu arbeiten. **1936** werden die Heiratsvorbereitungen getroffen, doch Hanna entzieht sich auf dem Standesamt im letzten Moment der Eheschließung, obwohl sie ein Kind von Faber erwartet (vgl. S. 57). Es kommt zur Trennung, Faber reist nach Bagdad und lässt Hanna in der Obhut seines Freundes und Arztes Joachim zurück: „[E]s war ausgemacht, dass unser Kind nicht zur Welt kommen sollte." (S. 57)

Einordnung der Textstelle: Fabers Südamerika-Reise

Der Autor Frisch platziert den Rückblick, dem der vorliegende Textauszug entstammt, genau an der Stelle, als Walter Faber davon berichtet, wie er einen Landrover instand setzt und packt, um eben diesen **Joachim Hencke**, den er seit über 20 Jahren nicht mehr gesehen hat, **auf einer entlegenen Plantage in Guatemala zu besuchen**. Man kann die These aufstellen, dass die Vergangenheit desto öfter eingeblendet wird, je mehr Faber auf seinen Reisen mit seiner früheren gescheiterten Liebesbeziehung und deren personalem Umfeld konfrontiert wird. Nach einer Notlandung in einer Wüste in Mexiko ist er der Begegnung mit dem Mitreisenden Herbert Hencke ausgesetzt. Beim gemeinsamen Schachspiel erfährt er zunächst, dass dieser ein Bruder von Joachim ist, dann, dass Hanna und Joachim geheiratet und zusammen eine Tochter haben, und schließlich, dass sie längst geschieden sind, Hanna aber den Holocaust überlebt hat. An dieser Stelle erfolgt der erste kurze Rückblick auf die nicht zustande gekommene Heirat mit Hanna in widersprüchlicher Form, einerseits wird ihre Unmöglichkeit aus finanziellen Gründen, andererseits Fabers Bereitschaft zur Eheschließung angeführt (vgl. S. 33). Mit dieser Einblendung in die vergangene Situation findet **beim Protagonisten ein Gesinnungswandel** statt: Für seinen Charakter völlig ungewöhnlich, unterbricht er seine Dienstreise und begleitet Herbert auf seiner Fahrt zu Joachim. Die Reise zum Ausgangsort der Expedition (Palenque) enthält immer wieder Gespräche und Gedanken über Joachim oder Hanna (vgl. S. 35 f., 39, 44). Als der Landrover endlich bereit ist, folgt der zweite, längere Vergangenheitseinschub, in den auch die vorgegebene Textstelle integriert ist. Die weglose Fahrt durch den Dschungel ist durchsetzt von Bildern der Verwesung, **Höhepunkt ist das Auffinden von Joachims Leiche**, der sich erhängt hat. Der daran **anschließende dritte Rückblick** verweist auf die gescheiterte Eheschließung am Standesamt und die nachfolgende Trennung (vgl. S. 57). Danach wird die Dienstreise nach Venezuela fortgesetzt; da sich sein Arbeitsauftrag als Ingenieur verzögert, macht Faber einen Zwischenstopp in seinem Apartment in New York und trifft seine Freundin Ivy.

Interpretationshypothese: Fabers Ignoranz

Walter Fabers Haltung ist von mangelnder Einsicht und Ignoranz geprägt. Seine zentrale Aussage im vorliegenden Text lautet: „eigentlich weiß ich wirklich nicht, warum es damals nicht zur Heirat kam." (Z. 12 f.) Dabei bietet sein verknappter, von vielen Ellipsen durchsetzter Bericht über die damalige Situation bei genauerer Analyse jede Menge **Anhaltspunkte, warum die Beziehung zwischen ihm und Hanna auseinanderbricht** – und dies, obwohl wir als Leser Hannas eigene Perspektive gar nicht erfahren.

Gegensätzlichkeit von Hanna und Faber

So kommt Fabers These vom gemeinsamen Glück, von ihm selbst schnoddrig relativiert („scheint mir", Z. 12), schon etwas überraschend, wird doch das Paar vor allem in seiner Gegensätzlichkeit beschrieben: hier die **„Schwärmerin und Kunstfee"** (Z. 6), die musisch Interessierte, dort der **„Homo Faber"** (Z. 6 f.), **der technisch tätige Mensch**. Nun können freilich Gegensätze fruchtbare Ergänzungen sein, es fällt jedoch auf, dass Faber Hanna in seiner Charakterisierung abwertet. Gleich zu Beginn schreibt er ihr Wesen fest („immer sehr empfindlich und sprunghaft", Z. 1) und rückt es, mit Verweis auf den objektiven Befund des Arztes Joachim, ins Krankhafte („manisch-depressiv", Z. 2). Die vielen Theaterbesuche mit ihr sind für ihn keine Bereicherung, sondern eine Nötigung (vgl. Z. 8). Ihre politischen Interessen werden ohne weitere Begründung abgetan und ihren Hang zum Mystischen beurteilt er als Neigung zur Hysterie (vgl. Z. 9 f.), womit er sich traditioneller weiblicher Rollenklischees bedient. Er dagegen beschreibt sich geradezu selbstverständlich **als Mann mit Bodenhaftung** („Ich bin nun einmal der Typ, der mit beiden Füßen auf der Erde steht", Z. 10 f.), was die Sicherheit seines Standpunktes und der Urteile in Bezug auf Hanna vordergründig untermauern könnte, eigentlich aber seine **mangelnde Selbstreflexion bloßlegt**. Selbstzweifel scheint die Figur Faber in ihrem Repertoire nicht zu haben. Dabei ist die Frage nach der Anbindung an die Erde für einen Mann, der zwischen sich und die Erde beständig die Technik als Puffer schiebt, der in einem Wolkenkratzer in New York wohnt, andauernd in einem Flugzeug unterwegs ist und im Kontakt mit dem Dschungel Ekelgefühle bekommt, durchaus diskutabel.

Fabers mangelnde Anbindung an die Erde

So sind auch seine **Standpunkte**, die er **gegen eine Vaterschaft** vertritt, keineswegs fest und klar, sondern weisen Widersprüche auf und bleiben vordergründig. Einmal begründet er seinen fehlenden Wunsch, Vater zu werden, mit der **mangelnden Reife** eines jungen Mannes, der noch bei seinen Eltern wohnt (vgl. Z. 14 ff.), ein anderes Mal verweist er auf den **Ernst der politischen Situation** (vgl. Z. 30) – offenbar sind die spannungsgeladene Lage in Europa vor dem Zweiten Weltkrieg und die Verfolgung von Juden in Deutschland gemeint, die nicht dazu ermutigen, Kinder in die Welt zu setzen. Dabei scheint Faber gar nicht ein so „unfertig[er]" (Z. 14) Nesthocker zu sein, wie er sich im Rückblick darstellt, ist er doch fest „entschlossen, die Stelle [als Ingenieur] in Bagdad anzutreten sobald als möglich" (Z. 21). Diese **Karriereaussicht**, „eine Chance sondergleichen für einen jungen Ingenieur" (Z. 17 f.), ist wahrscheinlich der eigentliche Grund, der gegen eine Vaterschaft spricht, das Argument mit der politischen Krise dagegen nur ein Vorwand. Stützen lässt sich diese Hypothese durch die syntaktische Abfolge, die **das Stellenangebot und Hannas Schwangerschaft als Gegensätze** markiert: Zunächst berichtet Faber von dem „Angebot von Escher-Wyss" (Z. 17) und fügt hinzu, dass ihm „nicht das Klima von Bagdad, sondern Hanna in Zürich" (Z. 18 f.) Sorgen mache. Die saloppe Gleichstellung von „Klima" und „Hanna" nimmt der Sorge die Fürsorge und reduziert sie auf ein Problem. Welcher Art das Problem ist, signalisiert die folgende knappe Aussage: „Sie erwartete damals ein Kind." (Z. 19) In den folgenden Sätzen wird der Gegensatz von Schwangerschaft und Stellenangebot noch verschärft. Hanna teilt Faber die Schwangerschaft mit, „ausgerechnet" (Z. 20) als er von einer ersten Besprechung in der neuen Firma zurückkommt. Laut Hanna reagiert er darauf „zu Tode erschrocken" (Z. 22), was Faber bis heute bestreitet. Er erinnert sich, alle Emotionen unterlassen und zwecks Gewissheit nachgefragt zu haben. Zweimal fällt das Wort **„sachlich"** (Z. 23, 25) in ähnlich gebauten Sätzen, die in ihrer elliptischen Struktur auf jede Ausschmückung verzichten. Dem **Bemühen um Sachlichkeit** steht freilich im Inneren das Gefühl gegenüber, betrogen worden zu sein, was durch das zweimalige **„übertölpelt"** (Z. 23, 28) zum Ausdruck gebracht wird. Auch hier führt er für dieses Gefühl fadenscheinige Gründe an: einmal Hannas Bestimmtheit, zum anderen seine Vermutung, sie habe es schon länger gewusst. Viel wahrscheinlicher aber ist, dass er sich übertölpelt fühlt, weil die Schwangerschaft seinem Entschluss, nach Bagdad zu gehen, im Wege steht.

Standpunkte gegen eine Vaterschaft

berufliche Karriere oder Vaterschaft

verräterische Syntax

verräterische Wortwahl

Wie gehen beide nun vorerst mit dieser Situation um? Laut Fabers rückblickendem Bericht ist Hanna enttäuscht (vgl. Z. 29), vor allem wahrscheinlich aufgrund seiner nüchternen Reaktion. In dieser Stimmung versteht sie Fabers Frage nach einem geeigneten Arzt wohl als **Vorschlag, eine Abtreibung durchführen zu lassen** und signalisiert durch Kopfnicken ihre Zustimmung (vgl. Z. 31 ff.). Interessant ist nun, dass Faber in seinem Bericht zu verstehen gibt, dass er die Frage anders gemeint hätte („Natürlich meinte ich bloß: um sich einmal untersuchen zu lassen", Z. 31 f.), es aber trotzdem bei diesem Missverständnis bewenden lässt. Diese **Kommunikationsstörung** ist typisch für Faber, der oft nicht richtig zuhört oder nicht offen sagt, was er denkt und worum es ihm geht (z. B. bei manchen Dialogen mit Herbert oder Sabeth). Im vorliegenden Fall profitiert er jedenfalls von seiner unbestimmten Redeweise, weil das Gespräch eine wahrscheinlich gewünschte Richtung nimmt, ohne dass er sich positionieren und von Abtreibung oder Schwangerschaftsabbruch sprechen muss. Dabei gilt diese Unbestimmtheit nicht nur für den Dialog mit Hanna, sondern auch sich selbst gegenüber. Denn auch wenn er rückblickend davon berichtet, dass er bei seinem Freund und Arzt Joachim Rat sucht, ist nie von einem Schwangerschaftsabbruch die Rede. Das ist für Faber viel zu direkt und konkret. Stattdessen werden **abstrakte Begriffe wie „das Medizinische" und „das Juristische"** ins Feld geführt und jeweils mit dem Zusatz „bekanntlich kein Problem" versehen (Z. 43 f.), sodass sich der Leser erst zusammenreimen muss, dass hier wohl kaum von einer Geburt, sondern von einer Abtreibung die Rede ist, die Probleme beseitigt, also den Weg zur Ingenieurskarriere freimacht, einer Abtreibung, die technisch bzw. rechtlich auf ihre Durchführbarkeit hin beleuchtet wird, **ohne dass psychische und emotionale Befindlichkeiten eine Rolle spielen**. Der mögliche Vollzug der Abtreibung – durch die Schachmetaphorik „Du bist am Zug!" (Z. 49) verfremdet – wird Hanna dann in verharmlosender Verallgemeinerung gemeldet: **„alles kein Problem"** (Z. 49). Kein Wunder, dass Hanna, die sich in ihrer persönlichen Situation gar nicht wahrgenommen gefühlt haben muss, die Beziehung zu Faber beenden („ihr einziges Wort: Schluß!", Z. 52) und trotz der für sie äußerst brisanten Situation nach München zurückkehren will.

Fabers unbestimmte Redeweise

Neigung zur Abstraktion und Verschleierung

Als **Fazit** lässt sich sagen, dass Walter Faber nicht klar Stellung zu Hanna bezieht und **keinen Anteil an der Schwangerschaft** nimmt. Er berichtet ihr nur von der neuen Firma, der Stelle in Bagdad und den beruflichen Möglichkeiten (vgl. Z. 36 f.), aber er bringt nicht zum Ausdruck, ob er Hanna liebt und sie heiraten will. Die Heirat wird von ihm als Notwendigkeit oder gar als Zwang angesehen („müssen wir natürlich heiraten", Z. 39), ein fraglicher Vollzug, dem **das Persönliche fehlt** („Willst du heiraten, ja oder nein?", Z. 40 f.).

Zwischenfazit: keine Anteilnahme an Schwangerschaft

Hätte er gefragt „Willst du mich heiraten?", hätte er eine Beziehung zu Hanna hergestellt, so aber bleibt seine Teilhabe aus. Dies wird auch an dem **Gebrauch der Possessivpronomen** deutlich, die nicht anzeigen, dass das ungeborene Kind auch ein Teil von ihm ist. Er nennt es „ihr Kind" (Z. 38) oder „dein Kind" (Z. 39), eine Missachtung, die noch einmal Fabers **Beziehungslosigkeit** unterstreicht. Hanna schüttelt daher auf seine pragmatische Heiratsanfrage den Kopf (vgl. Z. 41), macht ihm den Vorwurf, „von Müssen gesprochen" (Z. 40) zu haben, und packt ihre Koffer, weil sie keine Basis für eine Beziehung sieht.

Fabers Beziehungslosigkeit

Hannas Konsequenzen

Die vorliegende Textstelle schließt mit den Sätzen: „Ich hatte gesagt: Dein Kind, statt zu sagen: Unser Kind. Das war es, was mir Hanna nicht verzeihen konnte." (Z. 52 f.) Man könnte diese Aussage als **aufkeimende, vielleicht auch erst später vollzogene Einsicht Fabers** interpretieren, der den Fehler bei sich selbst zu suchen beginnt, anstatt immer andere Personen oder die äußeren Umstände verantwortlich zu machen. Angesichts seiner ignoranten Haltung, wirklich nicht zu wissen, warum die Heirat nicht zustande kam (vgl. Z. 12 f.), ist aber die Lesart wahrscheinlicher, dass er **Hannas Umgang mit Worten kleinlich findet** und es der am Anfang des Textauszuges konstatierten Empfindlichkeit (vgl. Z. 1) zuschreibt, dass sie ihm nicht verzeihen kann. Unterstützung findet diese Deutung in einer späteren Charakterisierung, als Faber Hanna in Athen trifft: „Hanna wie früher: sie weiß genau, was man meint. Ihre Lust an Worten! Als käme es auf die Worte an. Wenn man es noch so ernst meint, plötzlich verfängt sie sich in irgendeinem Wort." (S. 144)

aufkeimende Einsicht?

oder weiterhin Ignoranz?

In Peter Stamms Roman *Agnes* kommt es – entgegen Walter Fabers Ansicht – auf jedes Wort an, besonders auf das geschriebene. **Der Ich-Erzähler ist ein Schweizer Sachbuchautor**, der bei Recherchen zu seinem Buch über amerikanische Luxuseisenbahnwagen in der Chicago Public Library der 25-jährigen Physikstudentin Agnes begegnet. Als sie sich nähergekommen sind und eine Beziehung miteinander führen, obwohl er fast ihr Vater sein könnte (vgl. S. 26), greift Agnes einmal wieder das Thema „Schreiben" auf und bittet ihren Geliebten, eine Geschichte über sie zu verfassen. Der Ich-Erzähler lässt sich auf dieses Unternehmen ein, und während er **Agnes' Geschichte** aus der Vergangenheit über die Gegenwart bis in die Zukunft fortschreibt, wird seine Liebe zu ihr größer. Merkwürdigerweise stagniert der Schreibfluss in dem Augenblick, als er in der **fiktiven Geschichte** Agnes fragt: „Willst du mich heiraten?" (S. 80), und sie wie selbstverständlich zustimmt. In der **erzählten Realität** stellt er sich jedoch in Gedanken vor, dass Agnes ihn nicht heiraten will, und auch er selbst muss zugeben, dass er „in Wirklichkeit nie daran gedacht [hatte], Agnes zu fragen, ob sie [ihn] heiraten wolle" (S. 82).

Teilaufgabe 2
die Protagonisten in Stamms Roman

fiktive Geschichte und erzählte Realität

Zu dieser Grundhaltung nicht unpassend lernt er in der erzählten Wirklichkeit **Louise** kennen. Agnes macht ihn alsbald auf sein unstetes Leben aufmerksam („Was machst du eigentlich, wenn du dein Buch fertig geschrieben hast?", S. 88) und eröffnet ihm dann, dass sie schwanger sei (vgl. S. 89). Ähnlich wie Walter Faber **reagiert der Ich-Erzähler auf diese Mitteilung kühl und abweisend**. Ohne Kommentar geht er zunächst zum Kühlschrank, um sich ein Bier zu holen, und ohne Körperkontakt antwortet er mit einem verkrampften Witz und der fast zynischen Feststellung: „Nicht gerade, was ich mir vorgestellt habe. Warum? Hast du die Pille vergessen?" (S. 89). Dabei handelt der Schriftsteller, der mit den Ebenen von Fiktion und Wirklichkeit spielt („homo ludens"), in seiner Selbstbezogenheit noch radikaler als der Techniker („homo faber"). Dieser fragt nach der objektiven Diagnose („Bist du bei einem Arzt gewesen?", Z. 24), jener dagegen vermeint bereits hellsichtig die **Antwort** zu kennen, die er **aus der selbst fabulierten Geschichte** ableitet: „‚Agnes wird nicht schwanger', sagte ich. ‚Das war nicht … Du liebst mich nicht. Nicht wirklich.'" (S. 89) Kann Walter Faber sein Kind nicht annehmen, weil es sich nicht mit seiner technischen Weltsicht und den damit verbundenen Karrierevorstellungen verträgt, so negiert Stamms Ich-Erzähler die Vater-

Reaktion auf die mitgeteilte Schwangerschaft

Ablehnung der Vaterschaft bei Faber und bei Stamms Ich-Erzähler; Reaktionen der Frauen

schaft, weil sie nicht in sein fiktives Skript passt. Die Schlussfolgerung ist sehr ähnlich: **Beide männlichen Protagonisten drängen auf Abtreibung**, ohne das Wort auszusprechen (vgl. Z. 31/S. 90) und entziehen sich der Problematik. Beide Männer handeln unsensibel und selbstbezogen und sind nicht in der Lage, Verantwortung zu übernehmen. **Walter Faber geht** nach Bagdad und damit **den Weg der Technik**, Hanna bleibt ihrer musischen Ausrichtung treu, kehrt 1936 nach Deutschland zurück und emigriert zwei Jahre später nach Paris. Der **Ich-Erzähler in Stamms Roman verlässt die gemeinsame Wohnung** und wandert lange am See entlang, bevor er ein Café aufsucht (vgl. S. 92). Agnes nimmt die Abwesenheit zum Anlass auszuziehen und beendet in einem nachfolgenden Telefonat die Beziehung: „‚Du willst kein Kind', sagte sie, ‚und du kriegst kein Kind.'" (S. 94)

unterschiedliche Verhaltensweisen nach der Trennung

So ähnlich Verhaltensweisen und Motive für die Trennung in beiden Romanen sind, so unterschiedlich gestalten sich nun die Handlungsweisen danach. Faber und Hanna hören in den nächsten 20 Jahren nichts voneinander. **Faber scheint Hanna und das Kind abgeschrieben zu haben.** Der **Ich-Erzähler** in Stamms Roman **sucht dagegen den Kontakt** zu seiner Geliebten, aber ohne Erfolg. Dann wendet er sich wieder der fiktiven Geschichte zu und revidiert seine Reaktion auf die mitgeteilte Schwangerschaft. Zwar ist er auch in der fiktiven Version skeptisch und wenig gefühlsbetont, aber willens, die Vaterschaft anzunehmen: „‚Ja', sagte ich, ‚wir werden es schon irgendwie schaffen.'" (S. 99) Es kommt zu einer widersprüchlichen Aufspaltung: In der **erzählten Wirklichkeit flirtet er mit Louise, in der Fiktion aber wird er Vater einer Tochter** namens Margaret und wandelt sich zum glücklichen Familienmenschen. In der Realität jedoch hat Agnes währenddessen eine Fehlgeburt. Innerlich zerrüttet zieht sie wieder zu ihrem Geliebten und gemeinsam schreiben sie weiter an ihrem fiktiven Familienglück, ziehen das erfundene Kind auf und kaufen sogar Spielzeug und Kleider, bis Agnes **diese Lebenslüge** nicht mehr aufrechterhalten will. Agnes braucht die Wahrhaftigkeit und kapselt sich ab. Insofern ist sie auch über das geschönte Ende enttäuscht, das der Ich-Erzähler für ihre Geschichte erfindet und das die enge Verbundenheit des Paares betont (vgl. S. 136). Doch der Erzähler hat noch **eine andere Version für Agnes** vorbereitet, „**Schluß 2**". Nachdem das Paar sich weiter auseinander gelebt hat und die Sylvesternacht getrennt verbringt – der Erzähler feiert bezeichnenderweise bei Louise und schläft offenbar mit ihr –, liest Agnes heimlich den Schluss ihrer Geschichte auf dem PC, der ihr „vorschreibt", in den Wald zu gehen, sich in den pulvrigen Schnee zu legen und in der Kälte zu verglühen. Die ersten zwei Sätze des Romans legen es nahe, dass Agnes dieses Ende wahr macht.

fiktive Vaterschaft, Fehlgeburt in der Realität

Agnes' Ende in der Fiktion

Fabers rationalistisches Weltbild

Während der Erzähler in Stamms Roman seine Beziehungsunfähigkeit durch die Flucht in die Fiktion kompensiert und auf dieser Ebene Vaterschaft und Familienglück fantasiert, geht Faber den Weg des Technikers und versteigt sich zu einem einseitigen **rationalistischen Denken**, in dem Gefühle keinen Wert haben und mit dem er seine Bindungsschwäche und die verhinderte Vaterschaft sachlich rechtfertigen kann. So begreift er sich als tätiger Mann, der für seine Arbeit lebt, und **im Alleinsein** den „einzigmögliche[n] Zustand für Männer" (S. 91) sieht. Seine Schlussfolgerung: Gefühle sind „Ermüdungserscheinungen" (S. 92), und die Tatsache, dass man sich nicht selbst „Gutnacht sagen" kann, sei noch kein Grund zum Heiraten (S. 93). Den **Schwangerschaftsabbruch hält er für eine kulturelle**

Errungenschaft. Dabei betrachtet er das Phänomen der Abtreibung grundsätzlich, sodass er von seiner Person und seiner potenziellen Vaterschaft ganz absehen kann. Seine Schlussfolgerung: „Wer die Schwangerschaftsunterbrechung grundsätzlich ablehnt, ist romantisch und unverantwortlich." (S. 106) Die fehlende Verantwortung, die er für Hanna und das gemeinsame Kind gezeigt hat, wird auf diese Weise ins Gegenteil verkehrt.

die Begegnung mit der Tochter Sabeth

Wie sehr Faber seine mögliche Vaterschaft verdrängt hat, wird durch die **Begegnung mit Sabeth und ihr sich anbahnendes Verhältnis** auf die Spitze getrieben. Es ist augenfällig und wird immer wieder betont, wie sehr ihn dieses 20-jährige Mädchen an Hanna erinnert. Dabei steht er unmittelbar vor seinem 50. Geburtstag und könnte also ihr Vater sein (eine interessante Parallele zu Agnes und dem Ich-Erzähler). Seine Rationalität und seine Vorliebe für Statistik hindern ihn daran, das zu denken, was der Leser längst argwöhnt, nämlich dass hier das Schicksal Vater und Tochter zusammengeführt hat. Die Vernunft ist ein sehr einseitiges Erkenntnisinstrument, wenn sie nicht die Macht der Gefühle mit bedenkt, und Faber hat sich, ohne es zu wissen, bereits in Sabeth verliebt. Der Leser gewinnt den Eindruck, dass Faber all das, **was er mit Hanna versäumt hat, nun mit Sabeth nachholen will**. So macht er ausgerechnet ihr, die er nicht heiraten kann, einen **Heiratsantrag** (vgl. S. 88, 95), obwohl er gleich zu Beginn seines Berichtes kategorisch erklärt hat, dass für ihn eine Eheschließung grundsätzlich nicht infrage kommt (vgl. S. 7). Sabeth geht zwar auf seine Werbung nicht ein, aber Faber erreicht es, dass sie gemeinsam nach Griechenland fahren. Auf der Reise wird ihre Beziehung intimer, es kommt zum **unwissentlichen Inzest**. Dabei verdichten sich für Faber die Anzeichen seiner Vaterschaft immer mehr, aber seine losgelöste Vernunft macht ihn blind, weil seine unverstandenen Gefühle es nicht wahrhaben wollen (vgl. S. 121). Es ist diese **Blindheit**, die ihn des Inzests an seiner Tochter schuldig macht und letztlich auch ihren Tod verantwortet. Denn als Sabeth auf Akrokorinth von einer Schlange gebissen wird und ihr Faber zu Hilfe eilen will, weicht sie vor ihm zurück, stürzt hinterrücks die Böschung herunter und stirbt später an den dabei zugezogenen Verletzungen. **Hat sie vielleicht in ihm ihren Vater erkannt?** Jedenfalls erfährt Faber genau in diesem textuellen Umfeld von Hanna, dass Sabeth sein Kind ist, und er gibt zu, es bereits gewusst zu haben (vgl. S. 158).

Sabeth als zweite Hanna

Nicht-Wahrhaben-Wollen der Vaterschaft

Sabeths Tod

Fazit
Bindungsunfähigkeit der männlichen Protagonisten und Tod der beiden jungen Geliebten

In beiden Romanen sterben die jungen Geliebten und **die männlichen Partner**, die ihre Väter sein könnten bzw. sind, **tragen eine Mitschuld daran**. Die Männer, die sich selbstbezogen in ihr rationalistisches Weltbild bzw. in ihre eigene literarische Fiktion verstrickt haben, bleiben **bindungsunfähig** zurück, unfähig auf die Befindlichkeit des geliebten Mitmenschen einzugehen, obwohl sie doch augenscheinlich eine Beziehung führen wollen und von Heirat sprechen. Walter Faber versucht zwar noch so etwas wie eine Zweckfamilie zu gründen – „nicht romantisch, nicht moralisch, sondern praktisch: gemeinsames Wohnen, gemeinsame Ökonomie, gemeinsames Alter" (S. 159) –, aber dafür hat Hanna nur ein Lachen übrig. Zwar wandelt sich Fabers Einstellung auf Kuba, er öffnet sich gegenüber seiner Umwelt, der Natur und begreift sich als Teil von ihr, anstatt sie über die Technik beherrschen zu wollen, doch stirbt dieses neu aufkeimende Lebensgefühl vermutlich mit dem Tod durch Magenkrebs, wie es das abrupte Ende des Berichts nahelegt. Der Erzähler in Stamms Roman könnte sich einem neuen Sachbuch zuwenden. Doch das ist eine andere Geschichte; genau genommen stirbt auch er mit dem Ende der Erzählung.

Schriftliche Abiturprüfung Deutsch (Baden-Württemberg): Übungsaufgabe 5
Interpretation und Vergleich der Pflichtlektüren (Werke im Kontext)

Thema:
Georg Büchner (1813–1837): **Dantons Tod**
Max Frisch (1911–1991): **Homo faber**

Max Frisch: Homo faber (Auszug)

Seit ich weiß, wie alles gekommen ist, vor allem angesichts der Tatsache, daß das junge Mädchen, das mich in die Pariser Opéra begleitete, dasselbe Kind gewesen ist, das wir beide (Hanna auch) mit Rücksicht auf unsere persönlichen Umstände, ganz abgesehen von der politischen Weltlage damals, nicht hatten haben wollen, habe ich mit mehreren und verschiedenartigen Leuten darüber gesprochen, wie sie sich zur Schwangerschaftsunterbrechung stellen, und dabei festgestellt, daß sie (wenn man es grundsätzlich betrachtet) meine Ansicht teilen. Schwangerschaftsunterbrechung ist heutzutage eine Selbstverständlichkeit. Grundsätzlich betrachtet: Wo kämen wir hin ohne Schwangerschaftsunterbrechungen? Fortschritt in Medizin und Technik nötigen gerade den verantwortungsbewußten Menschen zu neuen Maßnahmen. Verdreifachung der Menschheit in einem Jahrhundert. Früher keine Hygiene. Zeugen und gebären und im ersten Jahr sterben lassen, wie es der Natur gefällt, das ist primitiver, aber nicht ethischer. Kampf gegen das Kindbettfieber. Kaiserschnitt. Brutkasten für Frühgeburten. Wir nehmen das Leben ernster als früher. Johann Sebastian Bach hatte dreizehn Kinder (oder so etwas) in die Welt gestellt, und davon lebten nicht 50 %. Menschen sind keine Kaninchen, Konsequenz des Fortschritts: wir haben die Sache selbst zu regeln. Die drohende Überbevölkerung unserer Erde. Mein Oberarzt war in Nordafrika, er sagt wörtlich: Wenn die Araber eines Tages dazu kommen, ihre Notdurft nicht rings um ihr Haus zu verrichten, so ist mit einer Verdoppelung der arabischen Bevölkerung innerhalb von zwanzig Jahren zu rechnen. Wie die Natur es überall macht: Überproduktion, um die Erhaltung der Art sicherzustellen. Wir haben andere Mittel, um die Erhaltung der Art sicherzustellen. Heiligkeit des Lebens! Die natürliche Überproduktion (wenn wir drauflosgebären wie die Tiere) wird zur Katastrophe; nicht Erhaltung der Art, sondern Vernichtung der Art. Wieviel Menschen ernährt die Erde? Steigerung ist möglich, Aufgabe der Unesco: Industrialisierung der unterentwickelten Gebiete, aber die Steigerung ist nicht unbegrenzt. Politik vor ganz neuen Problemen. Ein Blick auf die Statistik: Rückgang der Tuberkulose beispielsweise, Erfolg der Prophylaxe, Rückgang von 30 % auf 8 %. Der liebe Gott! Er machte es mit Seuchen; wir haben ihm die Seuchen aus der Hand genommen. Folge davon: wir müssen ihm auch die Fortpflanzung aus der Hand nehmen. Kein Anlaß zu Gewissensbissen, im Gegenteil: Würde des Menschen, vernünftig zu handeln und selbst zu entscheiden. Wenn nicht, so ersetzen wir die Seuchen durch Krieg. Schluß mit Romantik. Wer die Schwangerschaftsunterbrechung grundsätzlich ablehnt, ist romantisch und unverantwortlich. Es sollte nicht aus Leichtsinn geschehen, das ist klar, aber grundsätzlich: wir müssen den Tatsachen ins Auge sehen, beispielsweise der Tatsache, daß die Existenz der Menschheit nicht zuletzt eine Rohstoff-Frage ist. Unfug der staatlichen Geburtenförderung in faschistischen Ländern, aber auch in Frankreich. Frage des Lebensraumes. Nicht zu vergessen die Automation: wir brauchen gar nicht mehr so viele Leute. Es wäre gescheiter, Lebensstandard zu heben. Alles andere führt zum Krieg und zur totalen Vernichtung. Unwissenheit, Unsachlichkeit noch immer sehr verbreitet. Es sind immer die Moralisten, die das meiste Unheil anrichten. Schwangerschaftsunterbrechung: eine Konsequenz der Kultur, nur der Dschungel gebärt und verwest, wie die Natur will. Der Mensch plant. Viel Unglück aus Romantik, die Unmenge katastrophaler Ehen, die aus bloßer Angst vor Schwangerschaftsunterbrechung geschlossen werden heute noch. Unterschied zwischen Verhütung und Eingriff? In jedem Fall ist es ein menschlicher Wille, kein Kind zu haben. Wieviele Kinder sind wirklich gewollt? Etwas anderes ist es, daß die Frau eher will, wenn es einmal da ist, Automatismus der Instinkte, sie vergißt, daß sie es hat vermeiden wollen, dazu das Gefühl der Macht gegenüber dem Mann, Mutterschaft als wirtschaftliches Kampfmittel der Frau. Was heißt Schicksal? Es ist lächerlich, Schicksal abzuleiten aus mechanisch-physiologischen Zufällen, es ist eines modernen Menschen nicht würdig. Kinder sind etwas, was wir wollen, beziehungsweise nicht wollen. Schädigung der Frau? Physiologisch jedenfalls nicht, wenn nicht Eingriff durch Pfuscher; psychisch nur insofern, als die betroffene Person von moralischen oder religiösen Vorstellungen beherrscht wird. Was wir ablehnen: Natur als Götze! Dann müßte man schon konsequent sein: dann auch kein Penicillin, keine Blitzableiter, keine Brille, kein DDT, kein Radar und so weiter. Wir leben technisch, der Mensch als Beherrscher der Natur, der Mensch als Ingenieur, und wer dagegen redet, der soll auch keine Brücke benutzen, die nicht die Natur gebaut hat. Dann müßte man schon konsequent sein und jeden Eingriff ablehnen, das heißt: sterben an jeder Blinddarmentzündung. Weil Schicksal! Dann auch keine Glühbirne, keinen Motor, keine Atom-Energie, keine Rechenmaschine, keine Narkose – dann los in den Dschungel!

Aus: Max Frisch: Homo faber. Frankfurt a. M.: Suhrkamp Verlag 1995, S. 106 f.

Aufgabenstellung

- Interpretieren Sie die Textstelle im Zusammenhang der Romanhandlung.
- Untersuchen Sie in einer vergleichenden Betrachtung Dantons und Walter Fabers Verhältnis zum Tod.

Hinweise und Tipps

Teilaufgabe 1
Bei der **Einordnung** der Textstelle in den gesamten Zusammenhang des Romans ist zu beachten, dass der Ich-Erzähler auf mehreren Zeitebenen schreibt und die Chronologie der Handlung immer wieder unterbricht. Die vorliegende Textstelle ist aus der Perspektive des Hotelaufenthalts in Caracas geschrieben. Auf dieser Ebene wird keine Handlung erzählt, sondern es werden Gedanken, Rückblenden und Vorausdeutungen mitgeteilt. Diese reflektierenden Passagen stehen an ganz bestimmten Schnittstellen innerhalb der Romanhandlung. Ihre Funktion und die **Interpretation** der Gedanken erschließen sich erst durch die **Beachtung des inhaltlichen Kontextes**, in dem sie stehen.
Die Methode der Textanalyse entspricht etwa der **Interpretation eines inneren Monologs**. Dialoge in wörtlicher Rede und andere erzählerische Handlungselemente kommen nicht vor. Sie müssen beachten, dass ein innerer Monolog vor allem charakteristische Wesenszüge des Erzählers preisgibt. Hier versucht der Techniker Faber, die Subjektivität seines Gedankenstroms immer wieder hinter der Fassade der wissenschaftlichen Sachlichkeit zu verbergen.
Voraussetzung für die Interpretation ist es, dass Sie sich über den **Inhalt der Gedanken** innerhalb des vorliegenden Textausschnittes genau im Klaren sind und ihn exakt benennen. Weiterhin sollten Sie abschnittweise **thematische Einheiten** bestimmen, die den absatzlosen Text **strukturieren**. Dafür gibt es verschiedene Möglichkeiten, für die hier ein Lösungsvorschlag gezeigt wird. Dabei müssen Sie die eigene Gliederung jeweils am Text begründen. Beobachtungen zum **Stil** lassen sich sowohl in die detaillierte Analyse einfügen als auch gesondert vornehmen. Vor dem Hintergrund der Ergebnisse sollten Sie am Ende der Interpretation in einer **Zusammenfassung** wieder den Bezug zum gesamten Roman herstellen.

Teilaufgabe 2
Der in der zweiten Teilaufgabe geforderte **Vergleich der beiden Werke** bildet den Schwerpunkt der Aufgabe und konzentriert sich auf den Aspekt, welches Verhältnis die Hauptfiguren zum Tod haben. In dem nachfolgenden Lösungsvorschlag werden dazu verschiedene Aspekte erläutert. Unter den zeitlich begrenzten Umständen des Abiturs werden Sie nicht immer für jede Einzelheit auch gleich die passende Belegstelle im Drama oder im Roman ausfindig machen können. Der Lösungsvorschlag gibt hier eine Orientierung, wie ein am Text entlang geführter Vergleich aussehen kann. Sie sollten aber durchaus darauf achten, die Gesichtspunkte eines Vergleichs am Text bzw. an der Handlung **im Einzelnen zu belegen**. Ein solcher Beleg kann auch in der Erwähnung von unbestrittenen Tatbeständen, wie etwa der Hinrichtung Dantons durch die Guillotine, bestehen. Hier bedarf es keiner besonderen Nennung einer bestimmten Textpassage aus dem Drama. Doch sollten Sie generell versuchen, Beobachtungen wie etwa zur allgemeinen Personencharakteristik oder zur Sprache durch Textstellen oder konkrete Hinweise auf das Geschehen zu stützen. Eine durch einen Aspekt geleitete Analyse entspricht einer **literarischen Erörterung**. Der literarische Text bildet hier die Argumentationsgrundlage. Verweise auf die Handlung, auf Romanabschnitte oder Dramenszenen und auf passende Belegstellen sind deshalb von herausragender Bedeutung für die Stichhaltigkeit der Interpretation.
Es empfiehlt sich, bei der Vergleichsfrage **von Max Frischs Roman auszugehen**, da das Thema des gegebenen Textausschnitts wie üblich eng mit dem Vergleichsaspekt zusammenhängt.
Auf der inhaltlichen Ebene sind Fabers in Antithesen aufgespaltenes Weltbild und seine sich daraus ergebende Verdrängung und Abwertung aller Bereiche, die sich der technischen Machbarkeit entziehen, grundlegend für sein Verhältnis zum Tod.
Da wir es aber mit einem literarischen Werk und nicht mit einer realen historischen Persönlichkeit zu tun haben, ist auch die **erzählerische Ebene** mit zu bedenken: Das Verhältnis Fabers zum Tod lässt sich ebenso aus dem von Frisch kalkuliert eingesetzten Stilmittel der leitmotivischen Wiederholung von Todessymbolen ablesen. Auch Fabers Wandel gibt Aufschluss über sein Verhältnis zum Tod.
In **Büchners Drama** wird der Tod als zentrales Thema bereits im Titel angekündigt. Die Bedeutung des Tötens und Sterbens im konkreten historischen Kontext, die sich so ganz anders als bei Frisch darstellt, sollte zunächst grundsätzlich erläutert werden. Das Verhältnis Dantons zum Tod erschließt sich dann notwendig auch aus seinem Verhältnis zur Politik und zum Leben. In einer abschließenden Gegenüberstellung lassen sich jeweils Unterschiede und Gemeinsamkeiten herausarbeiten. Sinnvoll ist es, die Aspekte hinsichtlich ihrer Bedeutung linear steigernd anzuordnen. In diesem letzten Abschnitt werden sich Textbelege und Zitate häufig erübrigen.

Lösungsvorschlag in Grundzügen

Teilaufgabe 1
Einleitung: Erzählebenen, Chronologie der Handlung

In dem 1957 erschienenen Roman *Homo faber* von Max Frisch gibt ein Ingenieur, der für die Unesco Entwicklungshilfe leistet, einen Rechenschaftsbericht über die Erlebnisse mit seiner kurz zuvor tödlich verunglückten Tochter Sabeth. Der fiktive Autor dieses Berichts, der Ich-Erzähler Walter Faber, schreibt, als er durch eine Krebserkrankung zur Ruhe genötigt ist, die Ereignisse der vergangenen Monate nieder. Der zweiteilige Bericht ist nicht chronologisch, er setzt mit einer Geschäftsreise nach Venezuela ein und endet in einem Athener Krankenhaus, wo Faber den zweiten Teil des Berichts verfasst. Die Chronologie der Ereignisse wird immer wieder durch Gedanken und Rückblicke auf die 20 Jahre zurückliegende Vergangenheit unterbrochen.

Auch in der vorliegenden Textstelle aus dem ersten Teil des Berichts sind **Reflexionen** in die Handlung eingebettet, die durch den situativen Kontext des schreibenden Ich-Erzählers bedingt werden: Das wird deutlich durch den Absatz, durch den diese und andere Textpassagen vom Erzählfluss der vorausgehenden Ereignisse abgegrenzt werden, und durch die einleitende Formulierung „Seit ich weiß, wie alles gekommen ist, [...]" (Z. 1). In dem ersten Teil des Berichts greift der Erzähler immer wieder vor auf die Tatsache, dass das Mädchen, das er auf einer spontan unternommenen Schiffsreise nach Europa kennengelernt hat, seine Tochter ist, von deren Existenz er bisher keine Ahnung hatte.

Hinführung zur Textstelle: Gedanken Fabers

Dieses Mädchen entstammt Fabers **Liebesbeziehung** mit der „Halbjüdin" **Hanna** Landsberg. Wie man aus den Rückblenden bis zu dieser Textstelle erfahren hat, hat Hanna damals nicht die geplante Abtreibung vorgenommen, Faber aber nie von der Geburt des gemeinsamen Kindes in Kenntnis gesetzt. Faber hatte eine Karriere fördernde Stelle in Bagdad angenommen. Seinen Heiratsantrag lehnte Hanna ab, da sie glaubte, er wolle sie nur heiraten, um sie vor der nationalsozialistischen Judenverfolgung zu schützen. Man trennte sich und Hanna zog das gemeinsame Kind allein auf.

Vorgeschichte

Reflektierende Textpassagen sind in Frischs Roman meistens zwischen zwei Abschnitte eingefügt; dies ist auch bei diesem Auszug der Fall: Den Reflexionen geht der Bericht über die **Schiffsreise von Amerika nach Europa** voraus, bei der Faber seine Tochter nichts ahnend kennenlernt. Sabeth erinnert ihn aber mit ihrem „Hanna-Mädchen-Gesicht" durchaus an die Mutter, seine frühere Geliebte. Dieser Handlungsabschnitt wird abgeschlossen mit dem Vorhaben Fabers, die 20-jährige Studentin auf ihrer Heimreise durch Frankreich und Italien nach Griechenland zu begleiten. Der vorliegenden Textpassage folgt der Bericht von der **gemeinsamen Reise**, auf der Faber nicht nur mit seiner Tochter schlafen wird, ohne genau zu wissen, wer sie ist, sondern an deren Ende Sabeth auch an den Folgen eines Sturzes tragisch stirbt. Es ist die Schuld Fabers, dass das medizinische Fachpersonal nicht ausreichend über die Umstände des Unfalls aufgeklärt wird und Sabeths Tod daher nicht verhindern kann.

Einordnung der Textstelle

Diese Tatsachen sind erwähnenswert, weil es inhaltlich in dem gegebenen Textausschnitt um die gesellschaftliche **Notwendigkeit von Abtreibungen** geht, die Faber bejaht. Seine Überlegungen erscheinen vor dem Hintergrund der geschilderten Ereignisse als blanker **Zynismus**. Faber schreibt diesen Text im Bewusstsein seiner schuldhaften Verstrickung in die Tragik von Inzest und Tod. Er leitet seine Gedanken ein mit der Bemerkung, er habe **nach dem Tod Sabeths** über die Notwendigkeit von Abtreibungen gesprochen (vgl. Z. 4 ff.). Da er sich nun, nachdem er das Leben seiner Tochter zerstört hat, noch „grundsätzlich" (Z. 6) Gedanken über den gesellschaftlichen Nutzen von Schwangerschaftsunterbrechungen macht, scheint es, als wolle er damit nachträglich sein Verhalten **rechtfertigen** und die Schuld von sich abwälzen. Doch das Wichtige steht wie immer in Klammern: Faber schickt den Gedanken schon einmal voraus, dass er die Problematik „grundsätzlich betrachte[n]" wolle (Z. 6). Die Wiederholung des Adverbs (vgl. Z. 8) soll den Abstand von seinem persönlichen Schicksal betonen. Der Techniker gibt sich damit auch den **Anschein von Sachlichkeit**. Tatsächlich entfernt sich Faber mit den anschließenden Gedanken sehr weit von seiner konkreten Geschichte.

inhaltlicher Zusammenhang der Gedanken Fabers

Faber redet in diesem Abschnitt dem technischen Fortschritt und der Abtreibung bedingungslos das Wort. Inhaltlich wirkt diese Passage wie ein Nachschlag zu dem Vortrag über Kybernetik, Roboter und Maschinen, den er Sabeth auf der Schiffsreise gehalten und in dem er gleichfalls die Allmacht der technischen Vernunft gepriesen hatte (vgl. S. 74f.). Beide Passagen zeigen die inhaltliche Aktualität des Romans, denn in den angesprochenen Aspekten wie **Automatisierung** durch Rechenmaschinen (vgl. Z. 59), **Überbevölkerung** (vgl. Z. 16), Verteilungskämpfe um **Rohstoffe** (vgl. Z. 23ff.) und nicht zuletzt Geburtenkontrolle zeigt sich ein höchst sensibler Blick des Autors Max Frisch auf die entscheidenden Probleme der globalisierten Welt, die heute mehr denn je Thema des Diskurses um die Zukunft der Menschheit sind.

Inhalt und Aktualität der von Faber angesprochenen Themen

Der Textausschnitt lässt sich in **drei thematische Abschnitte** gliedern, die jeweils durch eine rhetorische Frage eingeleitet werden. Im **ersten Abschnitt** („Wo kämen wir hin ohne Schwangerschaftsunterbrechungen?", Z. 8f.) legt Faber die Zustände vor 200 Jahren dar und stellt die Kindersterblichkeit als natürliche Auslese und Regelung des Bevölkerungsproblems hin.

Gliederung und Interpretation nach Abschnitten

Im **zweiten Abschnitt** („Wieviel Menschen ernährt die Erde?", Z. 23f.) weitet er die Fragen aus auf die politische und ethische Dimension des globalen Problems der Überbevölkerung, die er schon zuvor in dem Ausruf „Heiligkeit des Lebens!" (Z. 21) anklingen lässt. Faber führt Faktoren wie die natürliche Begrenzung der Rohstoffe und die Automation als Argumente für den schwindenden Bedarf an menschlicher Arbeitskraft und die Notwendigkeit der Geburtenkontrolle an.

Im **dritten Abschnitt** konzentriert sich Faber wieder auf das Thema Abtreibung, eingeleitet durch die elliptische Frage nach dem „Unterschied von Verhütung und Eingriff?" (Z. 43f.), fortgeführt durch die Fragen „Was heißt Schicksal?" (Z. 48) und „Schädigung der Frau?" (Z. 50) Doch wird die Differenzierung von Verhütung und Abtreibung nicht weiter verfolgt, sondern die Irrationalität des weiblichen Kinderwunsches als „Automatismus der Instinkte" (Z. 46) der Frau interpretiert. Indem Faber die vermeintliche Schädlichkeit einer Abtreibung für die Frau hinterfragt, wertet er die christlichen Moralvorstellungen ab. Die dreimaligen Nominalfügungen innerhalb der drei Abschnitte, die als kurze Zwischenrufe eingeworfen werden („Heiligkeit des Lebens!", Z. 21; „Der liebe Gott!", Z. 27 und „Natur als Götze!", Z. 53) nennen die **christliche Ethik** in einem Atemzug mit **archaischen Kulturen und Götzenverehrung**. Dieser stellt Faber abschließend die hochentwickelte industrielle Kultur als vielfach überlegen gegenüber (vgl. Z. 53ff.).

Im Druckbild hebt sich dieser Abschnitt von den zerklüfteten erzählenden Passagen ab. Der **Gedankenfluss** verläuft in der Art eines **inneren Monologs** ohne Absätze. Allerdings herrscht ein Nominalstil vor und die Sätze sind kurz und ohne verbindende Konjunktionen (asyndetisch), oftmals sogar elliptisch (vgl. Z. 12f.). Der Ich-Erzähler versteckt sich wiederholt hinter einem generalisierenden und auf Understatement zielenden „Wir" (Z. 8, 13, 16, 20 etc.). Stilistisch kommt die Meinungsäußerung scheinbar objektiv und abgekürzt daher wie in einem **Protokoll**; zugleich sind die Gedanken allerdings sprunghaft wie in einem **Tagebuch** (vgl. Z. 24ff.). Durch das historische Beispiel Johann Sebastian Bach (vgl. Z. 14f.), den

sprachliche Gestaltung (Syntax, Wortwahl)

Einsatz eines Autoritätsbeweises (Aussage des Oberarztes, vgl. Z. 17ff.) und Statistiken (vgl. Z. 27) will Faber seine Schlussfolgerungen wissenschaftlich unanfechtbar machen. Der Techniker Faber behandelt sein Thema mitunter **wie eine mathematische Gleichung**, wobei inhaltliche Zusammenhänge durch einen Doppelpunkt mitgeteilt werden. Ein Beispiel: „Der liebe Gott! Er machte es mit Seuchen; wir haben ihm die Seuchen aus der Hand genommen. Folge davon: wir müssen ihm auch die Fortpflanzung aus der Hand nehmen.“ (Z. 27ff.) Wie in einer Rechnung werden hier die einzelnen Größen gegeneinandergehalten und abschließend wird das Ergebnis als zwingender logischer Schluss präsentiert. Fabers Vorgehen provoziert später Hanna zu der Äußerung: „Du behandelst das Leben nicht als Gestalt, sondern als bloße Addition [...]“ (S. 170).

Rückschlüsse auf Fabers Charakter

Dazu passt auch, dass Faber nicht argumentierend vorgeht, sondern seine Ansichten als widerspruchsfreie Feststellungen und **ewig gültige Wahrheiten im Nominalstil** vorbringt. So spricht er von der „Würde des Menschen, vernünftig zu handeln [...]. Wenn nicht, so ersetzen wir die Seuchen durch Krieg. Schluß mit Romantik. Wer Schwangerschaftsunterbrechung grundsätzlich ablehnt, ist romantisch und unverantwortlich.“ (Z. 29ff.) Wer also zu widersprechen wagt, der weiß nicht, was Vernunft ist. Erneut wird das „Grundsätzliche“ betont, insofern eine mathematische Gleichung nur entweder richtig oder falsch sein kann.

Zusammenfassung

Der Textausschnitt, der den ersten in Amerika spielenden Abschnitt des Romans abschließt, kurz nachdem Faber und seine Tochter das europäische Festland betreten haben, stellt eine Art **ideologisierende Zusammenfassung von Fabers antithetischem Welt- und Charakterbild** dar. Seine Apologie der Abtreibung wird von den bereits bekannten Negativbegriffen und Abwertungen untermauert. Alles, was unberechenbar und unkalkulierbar ist, was nicht auf Rechnung und Vernunft beruht, das wertet Faber ab. In einem großen Topf der sogenannten „Romantik“ (Z. 31) findet sich jeder wieder, der nicht plant oder berechnet, sondern seinen irrationalen Wünschen folgt, wer glaubt, Gewissensbisse hegt (vgl. Z. 29) oder moralischen und religiösen Vorstellungen anhängt (vgl. Z. 52). Der Personenkreis, der diese „romantisch[en]“ und „unverantwortlich[en]“ (Z. 32) Vorstellungen pflegt, ist bis hierhin auch schon hinreichend bekannt: Es sind in Fabers Augen die **Frauen** sowie die **Menschen aus den Entwicklungsländern**, die sich hinsichtlich ihrer Gebärfreudigkeit auf einer Stufe mit den Tieren befinden (vgl. Z. 22), und natürlich auch die Menschen, die im Dschungel leben, die also auf der untersten Stufe der technischen Zivilisation stehen. Der Schwangerschaftsabbruch ist dagegen für Faber Ausdruck einer hohen Entwicklungsstufe in der technischen Beherrschung, Berechenbarkeit und Unterwerfung der inneren und äußeren Natur des Menschen und seines „Schicksal[s]“ (Z. 48). Doch hat er sich hier auch inhaltlich sehr weit von seinem rein persönlichen Ausgangspunkt entfernt, indem er das **Thema als globales Problem** zu behandeln versucht. Dennoch bleibt ein **Vorwurf** unterschwellig präsent: Hätte Hanna damals abgetrieben, was „heutzutage eine Selbstverständlichkeit“ (Z. 7f.) sei, so wäre das alles nicht passiert. Der Text steht also im Kontext der allgemeinen Rechtfertigung des Geschehens gegenüber Hanna, die Faber zu dem Bericht veranlasst hat.

Intention Fabers

Bedenkt man, dass der Bericht 20 Jahre nach der Geburt Sabeths geschrieben wurde, so wäre zumindest eine zeitliche Differenzierung angebracht gewesen: In den 1930er-Jahren war eine Abtreibung in Europa noch weniger selbstverständlich als in den 1950er-Jahren; es drohte in den meisten Ländern – die Schweiz eingeschlossen – das Zuchthaus. Doch zeigt sich hier wieder das Zutreffende von Hannas Äußerung, Faber behandele das Leben nicht als Gestalt, sondern als Addition, er habe daher auch kein „Verhältnis zur Zeit, weil kein Verhältnis zum Tod" (S. 170).

Kritik an Fabers undifferenzierter Argumentation

Fabers Verhältnis zum Tod ist geprägt von seinem **dichotomen Weltbild**, das sich wie ein roter Faden als ein Denken in Antithesen durch den Roman zieht. In der gegebenen Textstelle ist das besonders zu bemerken an dem durchgängigen „Wir", das die Seite der vernünftigen und freien Welt gegenüber einer in ihrem Handeln determinierten und rückständigen Welt repräsentieren soll, der grundsätzlich die Frauen und die Menschen in den nicht industrialisierten Ländern zuzurechnen sind. Doch erweist sich **Faber** selbst in seinem Handeln in vielfacher Weise **determiniert und unfrei**. Er ist in seiner antithetischen Weltsicht gefangen und bleibt daher „**blind**" gegenüber den wesentlichen Tatsachen (vgl. S. 7, 110, 192). Das zeigt sich besonders in dem Teil des Berichts, der in den gegebenen Abschnitt (S. 105 f.) mündet. Wo immer Faber sich aufhält, bewertet er sich und die ihn umgebende Welt als positiv oder negativ nach verschiedenen jeweils vorherrschenden Gegensatzpaaren: In der Wüste ist es der Gegensatz von erlebter oder erklärbarer Welt oder von Mystik und Vernunft; im Dschungel tauchen mannigfache Gegensätze auf als Gegenüberstellung von Natur, Weiblichkeit, Schicksal, Religiosität und Tod als Gegensatz zu Technik und Wissenschaft und in New York sind es die Gegensätze von Mann und Frau, Verstand und Gefühl, die die vorherrschenden Oppositionen bilden. Bis zur Begegnung mit Sabeth liegt die Wertigkeit dieser Gegensätze dabei klar auf der Hand; Faber befindet sich seiner Meinung nach stets auf der richtigen Seite. Auch in der gegebenen Textstelle wird deutlich, dass Faber der Meinung ist, der technisch-industrielle Fortschritt führe zu einer weitgehenden **Beherrschung der natürlichen Gegebenheiten von Geburt und Tod** (vgl. Z. 28 ff.). Faber ist es dabei immer darum zu tun, die negative Seite so weit wie möglich aus seinem Leben zu tilgen.

Teilaufgabe 2
Werkvergleich
Fabers antithetisches Denken

Fabers Religion heißt Technik und Planung; daher geht er allem, was nicht kontrollierbar ist, aus dem Weg. Auch der **Tod** gehört zu den **unberechenbaren Negativkategorien**, die Faber am liebsten ganz aus seinem Leben streichen möchte. Das Hervorbringen von Leben, die Geburt, ist komplementär zum Tod. Daher lehnt Faber die ihre Kinder säugenden Indio-Mütter (vgl. S. 45) ab und propagiert vehement den Schwangerschaftsabbruch. Mitunter vermischen sich die Symbolik von Leben und Tod wie in dem Oxymoron von der „blühende[n] Verwesung" (S. 51) im Dschungel oder in der Gleichsetzung von Frau und Tod durch Marcel („Tu sais que la mort est femme!", S. 69). Faber **will** auch **von seiner eigenen tödlichen Erkrankung nichts wissen**, indem er jegliches Anzeichen dafür – beginnend von seinem Ohnmachtsanfall in Houston über die ständigen Magenschmerzen bis hin zu seinem Erschrecken über das eigene Spiegelbild im Athener Krankenhaus – konstant leugnet.

Fabers Verhältnis zum Tod

Dass Faber versucht, den Tod aus seinem Dasein zu verbannen, wird dem Leser auch durch die **Erzähltechnik** vermittelt. Neben den direkten Vorgriffen auf das Geschehen, auf Inzest und Tod, aus dem Rückblick des schreibenden Faber bedient sich der Autor einer **leitmotivischen Symbolik des Todes**, die dazu dient, dem Leser Fabers Verdrängungsmechanismus zu demonstrieren. Beispiele dafür finden sich in der Symbolik der Grabmale, so den an Grabsteine gemahnenden New Yorker Wolkenkratzern, dem Grab seiner ersten Geliebten oder dem Grabhügel, auf dem Faber sich mit seiner Tochter bezeichnenderweise niederlässt, als sie von ihrer Mutter erzählt; symbolische Vorboten des Todes sind auch die Zopilote im Dschungel oder die erzähltechnisch wohlplatzierten Begegnungen mit Professor O., „einem Totenschädel" (S. 193), der vermutlich Magenkrebs hat und dessen abgekürzter Name nichts als Tod bedeutet. Auch die vielfachen Anspielungen auf die **antike Mythologie** gehören in diesen Kontext.

Erzähltechnik und Leitmotiv des Todes

In dem Maße wie Faber sich durch die Begegnung mit seiner Tochter dem Leben öffnet, beginnt sein festgefügtes dichotomes Weltbild zu wanken und auch der **Tod** wird **nicht mehr nur ausgeblendet**. Dafür finden sich zahlreiche Anzeichen: Bei der Besichtigung des römischen Nationalmuseums entdeckt Faber den symbolträchtigen Kopf einer schlafenden Erynnie und stellt sich die Frage, was sie wohl „zusammenträumt" (S. 111); er belebt also in seiner Fantasie den zuvor als „steinerne Trümmer" (S. 110) abgewerteten Kunstgegenstand und wagt es, sich mit der Nachtseite des Lebens auseinanderzusetzen, dem Schlaf und Bruder des Todes.

Fabers veränderte Einstellung zum Tod

In **Kuba** stellt er kritische Überlegungen zur amerikanischen Werbung an, denn sie mache „Reklame für Optimismus als Neon-Tapete vor der Nacht und vor dem Tod" (S. 177). Er distanziert sich schließlich auch von seiner Manie, alles filmen zu wollen, da ihm bewusst geworden ist, dass die **Vergänglichkeit** auch durch die Kamera **nicht aufzuhalten** ist (vgl. S. 182).
Im Gespräch mit Hanna wird die „Weltlosigkeit des Technikers", der „kein Verhältnis zur Zeit und daher auch kein Verhältnis zum Tod" habe, explizit thematisiert (vgl. S. 169f.), was ebenfalls auf einen inneren Wandel hindeutet.
Zuletzt findet Faber in der „Verfügung für Todesfall" kurz vor seiner Operation zu der Aussage, dass der **Augenblick in seiner Einmaligkeit nur im Bewusstsein des Todes** erfahren werden könne (vgl. S. 199).

Auch Georg Büchners Drama *Dantons Tod* liegt ein **Antagonismus der Weltanschauung** zugrunde, der von den beiden Kontrahenten der Französischen Revolution Robespierre und Danton repräsentiert wird. Vor dem Hintergrund der Errungenschaften der Revolution geht es um die Auseinandersetzung darüber, wie die Revolution fortzusetzen ist: Nach Robespierre und seinem Gefolge soll „die Tugend durch den Schrecken herrschen" (I, 1) oder wie Danton es beschreibt: „die Revolution frißt ihre eignen Kinder" (I, 1) und die „Fußstapfen der Freiheit" sind die „Gräber" der Menschen, die dem „Despotismus der Freiheit" (I, 3) geopfert werden. Danton und seine Anhänger fragen nach dem Sinn dieser Opfer und betrachten das Leiden oder den Genuss nach dem Ende der Monarchie als eine Sache des Einzelnen, die den Staat nichts angeht, sofern der Einzelne den anderen in seiner Freiheit nicht einschränkt (vgl. I, 6). Im Verlauf der Handlung werden diese Unterschiede zwischen Danton und Robespierre auch in den Gegensatzpaaren von Freiheit und Tugend, Natur und Gesetz, Gemä-

Vergleich mit *Dantons Tod*

ßigte und Radikale sowie Epikur und Marat widergespiegelt. Danton und seine Anhänger müssen sterben, weil sie die Verschärfung des staatlichen Terrors infrage stellen. Der **Tod** ist hier – ganz im Unterschied zu Max Frischs Roman – weniger ein individuelles Schicksal als eine **öffentliche Angelegenheit** und als solche ein **Mittel der Politik**. Romantik existiert hier als die „Guillotinenromantik“ des Feierns und der öffentlichen Volksbelustigung, das öffentliche Sterben ist ein Bestandteil des revolutionären Lebens in Frankreich seit 1792. Auf den Tod Dantons – der im Titel des Dramas angekündigt wird – und seiner Anhänger läuft alles hinaus. Um die Themen „**Tod und Sterben**, **Töten und Getötetwerden**“ in all ihren Schattierungen und Motivierungen kreisen die Gespräche und das Geschehen.

Dantons Verhältnis zum Leben und zum Tod

Zu dem historischen Zeitpunkt, an dem das Drama einsetzt, hat Danton eine innere **Distanz zur Revolution** gefunden; er begründet diese Haltung mit seinem „Naturell“ (I, 1). Solange es noch darum ging, den Kampf gegen die Aristokratie zu führen, war Danton ein anderer gewesen, da er sich zur Abwendung der äußeren Bedrohung an dem Terror nach innen, den Septembermorden, beteiligt hatte. Doch sie lasten nun auf seinem Gewissen. Er möchte nunmehr „lieber guillotiniert werden, als guillotinieren lassen“ (II, 1). Deshalb bricht er auch den Fluchtversuch ab; er befürchtet, von seinem Gedächtnis verfolgt zu werden, und **zieht** daher den **Tod der inneren Qual vor**, wenn er sagt: „mir gibt das Grab mehr Sicherheit, es schafft mir wenigstens Vergessen“ (II, 4). Seine Absage an die Politik kommt damit einer **Absage an das Leben** gleich. Er könnte die Last der Schuld nur ertragen, wenn er der Logik des Terrors weiter folgen würde wie die Mitglieder des Konvents. Andernfalls bleibt ihm nur das Nichts als politisches „Asyl“, denn das „Leben ist [ihm] zur Last“ geworden (III, 4).

Seine **Lethargie** gegenüber der drohenden Guillotine hat noch weitere Gründe: Mit der politischen Untätigkeit haben sich die Langeweile und der **Lebensüberdruss** eingestellt (I, 1). Der 35-Jährige strebt nach der Ruhe des Grabes: Noch bevor er von seiner Bedrohung erfährt, vergleicht er seine Liebe zu Julie mit der **Sehnsucht nach dem Tod** (I, 1).

Gegenüberstellung von Faber und Danton

Auch **Faber** befindet sich seit der Notlandung des Flugzeugs in der Wüste in einem **Umbruch**. Langeweile und Lebensüberdruss sind für ihn keine Unbekannten. Sein Glaube an die Allmacht der Technik ist nicht mehr ungebrochen, in seinem Beruf arbeitet er im Verlauf der Romanhandlung teils freiwillig, teils krankheitsbedingt überhaupt nicht mehr, sondern er wendet sich dem Nichtstun und dem Reisen zu. Dabei empfindet er die Last des Daseins und in seiner **existenziellen Verunsicherung** klammert er sich an ein junges Mädchen, seine Tochter („Mein Leben lag in ihrer Hand“, S. 95). Allerdings ist Fabers Langeweile eher Ausdruck einer inneren Beschränkung, man könnte auch sagen, dass es ihm gerade an dem Epikureismus, an der Genussfähigkeit Dantons mangelt.
Ähnlich wie bei Faber gelingt Danton nicht der Übergang vom (politischen) Beruf in ein Dasein ohne die bisherigen Aufgaben, und es holt ihn nicht nur die Last der Vergangenheit, sondern auch Weltschmerz und Lebensüberdruss ein (II, 1) – und schließlich auch die Übermacht des politischen Gegners.

So wie Faber den Tod als Bestandteil des Irrationalen kontinuierlich aus seinem Leben auszublenden versucht, verdrängt Danton die tödliche Gefahr, die vom Konvent für ihn ausgeht: „Sie werden’s nicht wagen.“

(I,5; II,1; II,4; III,1) Mit dieser Beschwörungsformel schwächt er die reale Gefahr allzu leichtfertig ab. Er will sie nicht wahrhaben.

Eine andere Art, den Tod zu verdrängen, besteht darin, ihn zu **bagatellisieren** und zu **relativieren:** „Ich kokettiere mit dem Tod", sagt Danton, als er die Flucht abgebrochen hat, „es ist ganz angenehm so aus der Entfernung … mit ihm zu liebäugeln" (II, 4). Es sei eh einerlei, woran man sterbe", und es sei gut, „dass die Lebenszeit ein wenig reduziert wird" (II, 1). Solchen Äußerungen ist der **Zynismus** nicht fern, mit dem er noch im Gefängnis den Tod banalisiert, wenn er behauptet, er nehme die Erde lieber „zum Kissen, als zum Schemel" (II, 1).

Gemeinsamkeiten im Verhältnis zum Tod
– Rolle der Frauen

Faber und Danton gleichen sich auch darin, dass es ihnen wichtig ist, am Ende des Lebens **nicht allein** zu sein, und dass es die **Frauen** sind, die ihnen den fehlenden Trost der Metaphysik ersetzen. So versichert sich Faber ganz gegen sein altes Selbstverständnis in seinen letzten Notizen der Freundschaft Hannas und der Gewissheit, dank ihr „nicht allein" zu sein (S. 198).
Auch für Danton ist es schließlich von äußerster Bedeutung, dass (wie er dreimal sagt) er „nicht allein geh[t]" (III, 4), sondern dass Julie mit ihm den Freitod sterben wird. Den Tod, den er sich wünscht, stirbt am Ende sie stellvertretend für ihn. „Wie ein Stern fällt […] und ein Lichtstrahl in klaren Fluten sich begräbt"(III, 4), so stellt er sich den schönen Tod vor und genau so sieht Julie, als sie das tödliche Gift genommen hat, das Licht der Erde „in der Flut des Äthers" verlöschen (III, 6).

– Lebenswunsch angesichts des Todes

Für beide Protagonisten **intensiviert sich das Dasein** kurz vor ihrem Tod. Als der Tod durch die Verhaftung und Verurteilung näher rückt, treten die Ambivalenzen des Todes für Danton deutlicher zutage. Seine Gelassenheit und sein Lebensüberdruss weichen der Todesangst und zuletzt der **Lebensbejahung**, sodass er zugibt: „Ich kann nicht sterben." (III, 7) Danton wünscht sich einen schöneren Tod und stellt sich die Möglichkeit eines höheren Wesens vor, wenn er die nächtlich betrachteten Sterne als „Tränen" eines Auges bezeichnet (vgl. IV, 3). Dennoch bleibt er Atheist bis zum Schluss; zweifelnd, ob der Tod ihm wirklich die ersehnte Ruhe bringt, erkennt er weder im Leben noch im Sterben einen Sinn.

– kein Halt in der Religion

Dantons Verhältnis zum Tod gleicht demjenigen von Faber, der seinem Lebensdrang erst kurz vor seiner Operation wirklich Ausdruck gibt, indem er notiert: „Ich hänge an diesem Leben wie noch nie." (S. 198) und der auch bis zu seinem Ende **ohne den Trost der Religion** auskommt. Fabers Sprache wird am Ende seiner Aufzeichnungen poetischer. Er beschreibt bei seinem letzten Flug über die Alpen den Wunsch, die Erde mit allen Sinnen zu erfassen (vgl. S. 197), und vertieft sich in das Paradox der Ewigkeit des Augenblicks (vgl. S. 199).

Schluss: historisch bedingte Unterschiede in der Figurenzeichnung

Mit Dantons historisch überlieferter letzter Äußerung, dass „die Köpfe" der guillotinierten Freunde „sich auf dem Boden des Korbes küssen" werden (IV, 7), leuchtet ein **transzendenter Gedanke** auf: Die **Freundschaft** kann den Tod überwinden. Danton hatte bis zuletzt den Kreis der gleichgesinnten und der mitleidenden Freunde um sich. Faber stirbt als das vereinzelte bürgerliche Individuum des 20. Jahrhunderts, das überall und nirgends zu Hause ist. Erst kurz vor dem Tod begreift er die Zeitlichkeit und Einmaligkeit des menschlichen Daseins und öffnet sich der Erfahrung von Transzendenz.

Deutsch (Baden-Württemberg): Übungsaufgabe 6
Vergleichende Interpretation zweier Gedichte

Thema:
Natur und Mensch in der deutschsprachigen Lyrik vom Sturm und Drang bis zur Gegenwart

Günter Kunert (*1929): **Mondnacht** (1983)

Lebloser Klotz
Mond eisiger Nächte
der an bittere Märchen erinnert
an fremdes Gelebtwordensein
fern
wo Menschen heulten
anstelle der Wölfe
über blassem Schnee
bis zum Verstummen darunter

Geborstenes Geröll
auf dem unsere Schatten
gelandet sind
und sich taumelnd bewegen
viel zu leicht
für die Last unserer Herkunft

auch dort sind wir hingelangt
wie immer dorthin
wo Leben unmöglich ist:

In Gleichnisse ohne Erbarmen.

Aus: Günter Kunert: Stilleben. Gedichte. Hanser Verlag, 1983

Joseph von Eichendorff (1788–1857): **Mondnacht** (1835 verfasst, 1837 veröffentlicht)

Es war, als hätt' der Himmel
Die Erde still geküsst,
Dass sie im Blütenschimmer
Von ihm nun träumen müsst.

Die Luft ging durch die Felder,
Die Ähren wogten sacht,
Es rauschten leis' die Wälder,
So sternklar war die Nacht.

Und meine Seele spannte
Weit ihre Flügel aus,
Flog durch die stillen Lande,
Als flöge sie nach Haus.

Aus: Joseph von Eichendorff: Gedichte. Herausgegeben und eingeleitet von Herbert Cysarz. Reclam Verlag, Stuttgart 1978

Aufgabenstellung
Interpretieren und vergleichen Sie die beiden Gedichte.

Hinweise und Tipps

Beim **Aufgabentyp** „Vergleichende Interpretation zweier Gedichte“ im Themenbereich „Natur und Mensch in der deutschsprachigen Lyrik vom Sturm und Drang bis zur Gegenwart“ werden Ihnen **zwei Texte** vorgelegt, die Sie im Hinblick auf Gemeinsamkeiten und Unterschiede analysieren und deuten sollen. Dabei sollen Sie herausarbeiten, wie das jeweilige **Thema bzw. Motiv** in den unterschiedlichen Gedichten inhaltlich und formal entfaltet wird.
Lassen Sie zunächst **jedes Gedicht** für sich **wirken** und bilden Sie erste Verstehenshypothesen. Ein zu schneller Vergleich verstellt den Blick auf die Eigenart der Texte. Versuchen Sie die Texte sehr **genau wahrzunehmen** und **visualisieren** Sie alles, was Ihnen auffällt: Bringen Sie farbige Markierungen und Unterstreichungen an, arbeiten Sie mit Pfeilen und Linien, um Zusammenhänge zu verdeutlichen, zeichnen Sie grafische Symbole an den Rand usw. Beachten Sie nicht nur Semantik und Bildlichkeit der Sprache, sondern auch klangliche Phänomene (Reim, Alliterationen, Assonanzen usw.). Die Vorstellung, wie die Texte gesprochen oder gar gesungen werden könnten, hilft Ihnen dabei.
Die Aufgabenformulierung „Interpretieren und vergleichen Sie …“ lässt Ihnen einen **methodischen Spielraum**, den Sie nutzen sollten. Arbeiten Sie aber auch hier zielorientiert, z. B. indem Sie einen Schreibplan erstellen. Für Ihr Vorgehen gibt es unterschiedliche Möglichkeiten:

1. Lineares Vorgehen
   a) Die beiden Gedichte werden einzeln nacheinander in einer selbst festgelegten Reihenfolge interpretiert. Sie können chronologisch vorgehen oder (wie im folgenden Lösungsvorschlag der Fall) mit dem Gedicht beginnen, das Ihrer Zeit näher steht. Danach werden beide Texte aspektorientiert verglichen.
   b) Nach der Interpretation des einen Gedichts wird das andere im Hinblick auf die Interpretationsergebnisse des ersten analysiert und interpretiert. Ein vergleichendes Fazit rundet den Aufsatz ab.

2. Vernetztes Vorgehen
   Beide Gedichte werden parallel unter bestimmten Vergleichsaspekten interpretiert. Dieses Vorgehen bietet sich vor allem dann an, wenn bereits in der Themenstellung oder durch das Rahmenthema Vergleichsaspekte vorgegeben sind. Damit liegt der Fokus des Interpretierens von Beginn an auf den Unterschieden und Gemeinsamkeiten der Texte. Es besteht jedoch die Gefahr, dass wichtige Einzelaspekte übersehen werden oder der Überblick über die Texte als Ganzes verloren geht. Auch bei diesem Vorgehen bildet eine zusammenfassende Darstellung der Ergebnisse den Abschluss.

Zum Erwartungshorizont einer Gedichtinterpretation gehören nicht nur inhaltliche Erkenntnisse, sondern auch fachspezifisches und methodisches Wissen. Im Themenfeld „Natur und Mensch in der deutschsprachigen Lyrik vom Sturm und Drang bis zur Gegenwart“ sollten Sie Ihr literaturgeschichtliches Orientierungswissen einbringen, also die Epochenzugehörigkeit der vorgelegten Gedichte beachten. Verwenden Sie zur Beschreibung und Analyse der Gedichte eine angemessene Fachsprache und nutzen Sie diese funktional für die Deutung der Texte. Eine isolierte Aufzählung von im Text vorkommenden Stilmitteln stellt noch keine Interpretationsleistung dar.
Bei den vorliegenden Gedichten könnte die Untersuchung vom Motiv der „Mondnacht“ ausgehen, das in beiden Texten als Titel fungiert. Dabei wäre zu fragen, inwieweit dieses Motiv epochentypisch gestaltet wird. Bei Eichendorff wird Ihnen eine Einordnung in die Epoche der Romantik leichtfallen, denn das Gedicht bringt ein Grundgefühl der Romantik zum Ausdruck: die Sehnsucht nach Überwindung und Versöhnung aller Gegensätze, die in eine Hinwendung zu Gott, in die Suche nach realer und spiritueller Heimat mündet. Kunerts Gedicht zeichnet sich sehr deutlich als Text der Moderne aus: Titel und Textinhalt stehen in einem Verhältnis des Widerspruchs, der beim Leser Erstaunen und Erschrecken über die nüchterne, ja nihilistische Weltsicht des lyrischen Sprechers hervorruft.

Lösungsvorschlag in Grundzügen

Einleitung
Mond – altes Motiv der Literatur

Der Mond – in Mythen und Märchen, Liedern und Gedichten wird er seit jeher besungen. Musiker und Maler lassen sich von ihm inspirieren. Sein Licht, so sagt man uns, spendet Trost in der Nacht, als Mann im Mond wacht er über die Kinder im Schlaf, am nächtlichen Himmel hütet er seine Schäflein, die Sterne, und den Verliebten ist er ein treuer Begleiter. Nicht nur im System der Planeten, auch im Kosmos unseres kulturellen Gedächtnisses gehört der Mond zum Repertoire.

„Mondnacht" – ein Titel, zwei Gedichte

Das uralte Mondmotiv greifen auch die Dichter Joseph von Eichendorff (1788–1857) und Günter Kunert (*1929) in ihren Gedichten „Mondnacht" auf, die zur vergleichenden Interpretation vorliegen.

Interpretation von G. Kunert: Mondnacht

Inhalt, Form, Stimmung

In Günter Kunerts Gedicht unterläuft jedoch schon die einleitende **Metapher** der ersten beiden Verse unsere Erwartungen, denn sie erzeugt eine düstere Grundstimmung: „Lebloser Klotz/Mond eisiger Nächte". Irritierend wirkt auch die äußere Form des Gedichts: Die 19 **ungleich langen Verse**, deren kürzester aus einem einzigen einsilbigen Wort, „fern", besteht, und die Einteilung in **vier Strophen** mit abnehmender Verszahl (neun, sechs, drei, eins) ergeben ein fragmentiertes Textbild. **Reime** sind nicht vorhanden, eine regelmäßige **metrische Gliederung** ist nicht zu erkennen. Da Satzzeichen fehlen, bleiben die **syntaktischen Strukturen** oft unbestimmt. Umso mehr fällt auf, dass vor dem letzten Vers des Gedichts ein Doppelpunkt steht, wohl um eine Art Fazit anzukündigen, und dass das Gedicht mit einem Schlusspunkt endet. Kunerts „Mondnacht" von 1983 ist ein modernes Gedicht, in dem sich der Mensch des 20. Jahrhunderts nüchtern und illusionslos der Betrachtung des entzauberten Mondes widmet.

1. Strophe
Bruch mit der Motivtradition

Leblos, eisig, bitter, fremd, blass – das sind die Attribute, die dem „Klotz" (V. 1) Mond und den Erinnerungen, die er hervorruft, in der ersten Strophe zugeschrieben werden. Es entsteht das **Bild** einer lebensfeindlichen Natur, in der der Mensch sich nicht heimisch fühlen kann. **Kein lyrisches Ich** spricht hier, es ist lediglich ganz allgemein von „Menschen" die Rede, und zwar im Sinne der Gattung, da weder Artikel noch Attribute die Bezeichnung präzisieren (V. 6). Und doch muss es ein wahrnehmendes Subjekt geben, aus dessen Perspektive der Mond nicht nur beschrieben, sondern angesprochen wird. Die **Mondansprache** im Gedicht bricht jedoch mit der Tradition bekannter Lieder und Gedichte. Nicht als *guter Mond* (vgl. das Lied „Guter Mond, du gehst so stille"), sondern als „[L]ebloser Klotz/Mond eisiger Nächte" wird er angesprochen, „der an bittere Märchen erinnert/an fremdes Gelebtwordensein". Der Dichter spricht verstörende Erfahrungen an, gibt dem Leser Rätsel auf: Was sind „bittere Märchen", was bedeutet „Gelebtwordensein"? Der Glaube an die tröstliche Botschaft der Märchen – dass alles ein gutes Ende nimmt – ist offensichtlich unmöglich geworden. Der Mensch ist nur noch fremdbestimmtes Objekt des Lebens, er muss es passiv erdulden, ohne die Möglichkeit, es aktiv zu entwerfen und zu gestalten. Er ist sich selbst „fremd[]" (V. 4) geworden an einem Ort, der „fern" von der Erde ist und „wo Menschen heulten/anstelle der Wölfe" (V. 6 f.). Die **adverbiale Bestimmung** „fern" (V. 5) steht als isoliertes Wort genau in der Mitte der ersten Strophe und markiert eine Art raumzeitliche **Achse**. Die Betrachtung des Mondes im Hier und Jetzt (V. 1–4) löst Erinnerungen an ein „Es war einmal" aus, das räumlich und zeitlich gleichermaßen „fern" ist (V. 6–9). Auf dem „[l]eblose[n] Klotz"

(V. 1), in „eisige[n] Nächte[n]" (V. 2) – die Tiefsttemperatur auf dem Mond beträgt minus 160 Grad –, „wo Menschen heulten anstelle der Wölfe", ist menschliches Leben nicht möglich. Eindrückliche **Bilder** von „blassem Schnee" und vom „Verstummen darunter" verstärken diese Aussage. Das Verhalten der Menschen erinnert dabei an Wölfe, die den Mond anheulen. Durch ihr Geheul signalisieren Wölfe ihre Zugehörigkeit zum Rudel sowie die Bereitschaft zur Jagd und sie markieren ihr Territorium. Für den Menschen jedoch ist das Heulen keine artgemäße Form des Ausdrucks, es führt schlussendlich zum Verlust der Stimme, zu Tod und Erstarrung („Verstummen", V. 9).

2. Strophe
Erinnerung als zentrales Motiv

In den sechs Versen der zweiten Strophe wird das **Motiv der Erinnerung** an die Lebensfeindlichkeit des Mondes fortgeführt. Mit der **Alliteration** „[g]eborstenes Geröll" (V. 10) wird der Mond erneut angesprochen. Durch die Verben *landen* (vgl. V. 12) und *taumeln* (vgl. V. 13) entstehen vor dem Auge des Lesers unwillkürlich die (Film-)Bilder der Astronauten bei der ersten Mondlandung: Losgelöst von der Schwerkraft schwanken und schweben die Männer wie schattenhafte Schemen in ihren Raumfahrtanzügen über die Gesteinstrümmer der Mondlandschaft. Genau davon spricht das Gedicht in **metaphorischer** Weise, wenn es „unsere Schatten" (V. 11) als „viel zu leicht/für die Last unserer Herkunft" (V. 14 f.) beschreibt. Das lyrische Subjekt tritt hier zum ersten Mal in der 1. Person, und zwar im Plural auf, verzichtet jedoch auf das Personalpronomen („ich" bzw. „wir") als Subjekt und setzt stattdessen die Stilfigur des Pars pro Toto ein: Es sind nur Bilder, Projektionen unserer selbst, „unsere Schatten", die auf dem Mond gelandet sind „und sich taumelnd bewegen" (V. 13). Sie tun dies mit einer Leichtigkeit, die nicht zu unserer Herkunft von der Erde mit ihren Anziehungskräften passt. Die „Last unserer Herkunft" kann nicht nur naturgesetzlich, sondern auch geschichtlich gedeutet werden: Am Ende des 20. Jahrhunderts blickt der Mensch voller Skepsis auf Fortschritte und Errungenschaften von Wissenschaft und Technik. Eine zunehmend selbstzerstörerische Naturbeherrschung sowie die Traumata zweier Weltkriege haben zum Verlust einer sicheren Welterfahrung geführt. Eine solche Last lässt sich auch in der Schwerelosigkeit des Weltraums nicht abschütteln.

3. Strophe
Verhältnis des modernen Menschen zur Natur

Einen Gewinn an Menschlichkeit und Lebensqualität hat uns die Ausweitung des Lebensraums also nicht gebracht. Diese Erkenntnis formuliert das **lyrische Ich in der Wir-Form** in der dritten Strophe ganz explizit: Die Eroberung des Mondes wird lediglich als Beispiel für menschliche Grenzüberschreitungen angeführt, die auf paradoxe Weise im Verlust jeglicher existenzieller Sicherheiten enden: „auch dort [d. i. auf den Mond] sind wir hingelangt/wie immer dorthin/wo Leben unmöglich ist". Diese Aussage deutet darauf hin, dass die als „Schatten" (V. 11) gezeichneten Bilder der Apollo-Astronauten als **Chiffren** des modernen Menschen und seines Verhältnisses zur Natur gedeutet werden können: Mit Erfindungsgeist und Energie treibt er Wissenschaft und Technik voran, dringt in immer neue Sphären vor, erobert fremde Räume und muss doch immer wieder erfahren, dass dort „Leben unmöglich ist". Die Endgültigkeit dieser Aussage zeigt sich darin, dass das **Verb im Präsens** steht, und sie lässt vermuten, dass dies auch einst für das Leben hier auf Erden gelten könnte.

Von solchen Grenzüberschreitungen erzählen schon die alten Mythen und Märchen, bei denen die Helden gegen göttliche Gesetze verstoßen und dabei scheitern, wie z. B. Ikarus, der sich an der Sonne verbrennt. Am Ende jedoch wird dort die Ordnung der Natur, die Harmonie der Schöpfung wiederhergestellt. Kunerts Gedicht hingegen endet ohne diesen Trost. In der auf eine einzige Zeile reduzierten letzten Strophe zieht das lyrische Subjekt sein nihilistisches Fazit: „Gleichnisse ohne Erbarmen" (V. 19) erwarten uns Menschen, „wie immer" (V. 17), wenn wir unsere Grenzen überschreiten. Mit den Begriffen „Gleichnisse" und „Erbarmen" (vgl. die liturgische Formel „Herr, erbarme dich") erhält das Gedicht eine neue, eine religiöse Dimension. Diese ist jedoch nur noch in der **Negation**, im Abwesendsein erfahrbar. Auf „Erbarmen", laut Duden ein „von Herzen kommendes Mitgefühl, das zum Handeln bereit macht", darf der Mensch nirgends mehr hoffen. Die Eroberung lebensfeindlicher Gegenden im Himmel und auf Erden hat sich immer wieder als sinnloses Unterfangen erwiesen, das die großen Probleme der Menschheit hier auf der Erde nicht zu lösen vermag – so könnte man die pessimistische Botschaft des Gedichts zusammenfassen.

Nihilistisches Fazit: „Gleichnisse ohne Erbarmen"

Um Himmel und Erde geht es auch in den poetischen Werken des romantischen Dichters Joseph von Eichendorff (1788–1857). Das berühmte, von Robert Schumann vertonte Gedicht „Mondnacht" (1837), das sicher auch der moderne Dichter Günter Kunert (*1929) kannte, zeigt eine vollkommene Harmonie zwischen Mensch und Natur, zwischen den Sphären des Himmels und der Erde. Dies spiegelt sich auch in der formalen Gestaltung des Gedichts: Die drei Strophen zu je vier Versen stehen im Kreuzreim mit einem Wechsel von weiblichen und männlichen Kadenzen und weisen ein alternierendes Metrum auf. Beim Lesen (oder Hören) entstehen sofort Bilder einer Frühlingsnacht, die vom silbernen Licht des Mondes erhellt und verzaubert wird. Natur und Mensch durchdringen sich, indem die Natur personifiziert wird (Himmel und Erde *küssen* sich, die Erde *träumt* vom Himmel, vgl. 1. Strophe) und der Mensch Attribute der Natur annimmt (*Flügel der Seele*, 3. Strophe).

Interpretation von J. v. Eichendorff: Mondnacht

Inhalt, Form, Stimmung

In der ersten Strophe zeigt sich die romantische Verklärung der Naturwahrnehmung durch ein sich vollkommen zurücknehmendes lyrisches Subjekt, das im **Konjunktiv** spricht (vgl. „hätt" V. 1, „müsst", V. 4). Die wunderbare Vereinigung von Himmel und Erde erscheint also nicht als Realität, sondern als Wunschbild, als **Chiffre**, die über die sichtbare Wirklichkeit hinausweist.

1. Strophe Verklärung der Naturwahrnehmung

Aber das lyrische Subjekt ist auch ein genauer Beobachter realer Naturvorgänge. In der zweiten Strophe beschreibt es in **parataktischer Reihung** – jeder Vers entspricht einem Hauptsatz – die nächtliche Landschaft, die mit zahlreichen **romantischen Motiven** ausgestattet wird: Felder, wogende Ähren, rauschende Wälder, sternklare Nacht. Die Verben stehen hier im Indikativ („ging", „wogten", „rauschten", „war"), Adverbien und Adjektive präzisieren die **visuellen und akustischen Eindrücke** („sacht", „leis", „sternklar"), es herrscht eine ruhige und sanfte Atmosphäre. Harmonisch wie die Stimmung ist auch die **formale Gestaltung der Strophe**. Das **jambische Versmaß** fließt vollkommen regelmäßig dahin, alle **Reime** sind **rein** und „echt" – im Unterschied zur ersten Strophe, die ein unreines Reimpaar (*Himmel – Schimmer*), und zur dritten Strophe, die metrische Abweichungen (V. 9, 10, 11; Betonung der jeweils ersten Silbe) aufweist.

2. Strophe Beobachtung der Naturvorgänge, romantische Motive

Die dritte Strophe führt dem Leser die Wirkung dieser besonderen Stimmung auf das lyrische Ich vor Augen. Es ist eine Wirkung von großer Intensität, denn sie umfasst die Seele des lyrischen Ichs, also den Teil des Menschen, der ihn mit Gott, der Schöpfung, dem Jenseits verbindet. Die Seele, „meine Seele“, entfaltet ungeheure Kräfte, die im **Bild der Flügel und des Fliegens** zum Ausdruck kommen. Es gelingt ihr, die Erdenschwere zu überwinden und wie ein Vogel zu fliegen, ohne jedoch, wie Ikarus, gegen göttliche Gesetze zu verstoßen. Das Bild der fliegenden Seele, das in den ersten drei Versen entfaltet wird („spannte [...] Flügel aus“, „[f]log“), erweist sich nämlich als weitere **Chiffre**, die ins Irreale hinausweist. Dementsprechend endet das Gedicht, wie es begonnen hat, im **Konjunktiv:** „Als flöge sie [die Seele] nach Haus.“ Als romantischer Dichter glaubte Eichendorff an die Verzauberung und Entgrenzung der Welt durch die Poesie; als religiöser, fest im Katholizismus verwurzelter Mensch glaubte er an ein Jenseits. Der Seelenflug des lyrischen Ichs kann deshalb wohl als **symbolischer Ausdruck** für die Auferstehung nach dem Tod begriffen werden, in der der Mensch in seine eigentliche Heimat bei Gott zurückkehrt. Diese Sehnsucht nach einer Ferne, die zugleich Heimat ist, erlebt das lyrische Ich in der Mondnacht.

3. Strophe Entgrenzung, Symbolik des Seelenflugs

„Mondnacht“ – ein Titel, zwei Gedichte, die unterschiedlicher nicht sein könnten: Bei Eichendorff Harmonie, Verschmelzung von Ich und Natur, gläubiges Staunen angesichts von Himmel und Erde, bei Kunert kalt-nüchterne Sachlichkeit, nihilistische Weltsicht, entzauberte Natur. Nicht nur das Verhältnis der Menschen zur Natur, auch die literarische Verarbeitung von Naturerfahrungen hat sich zwischen Romantik und Moderne grundlegend geändert.

Gedichtvergleich

„Mondnacht“ – gemeinsamer Titel, gegensätzliche Aussagen

Im romantischen Gedicht „Mondnacht“ von Joseph von Eichendorff wird die Welt poetisiert. Die Grenzen zwischen Himmel und Erde, Mensch und Natur, Traum und Realität werden durch das „Zauberwort“ der Poesie aufgehoben. Dabei ist dem Dichter bewusst, dass Ideal und Wirklichkeit nicht übereinstimmen: Er spricht im Konjunktiv (vgl. V. 1 und 4: „hätt“, „müsst“; V. 12: „flöge“), beschreibt die Natur aus der subjektiven Perspektive des eigenen Erlebens (vgl. Strophe 2), drückt seine Sehnsucht nach Ganzheit in irrealen Bildern und Chiffren aus – und glaubt doch an die göttliche Verheißung, die auch in der harmonischen Gestaltung des Gedichts erfahrbar wird.

Eichendorff: Poetisierung der Welt

Günter Kunerts Gedicht zeigt, dass der Mensch die Grenze zwischen Himmel und Erde längst ganz real überwunden hat, seit er das Weltall erreicht und den Mond betreten hat. Eine Entgrenzung im romantischen Sinn kann der Dichter nicht feststellen, ganz im Gegenteil: Durch die Fortschritte der Weltraumforschung ist der Mond all seines Zaubers beraubt, auf seine materiellen Eigenschaften („[l]ebloser Klotz“, V. 1, „[g]eborstenes Geröll“, V. 10, „eisig[]“, V. 2) reduziert worden. Das Prinzip der Reduktion findet sich auch in der Form des Gedichts, dem wichtige traditionelle Gestaltungsmittel fehlen (Reim, Metrum, regelmäßige Stropheneinteilung). Bilder, Chiffren und Symbole drücken eine negative Weltsicht aus. Die Erfahrung der Schwerelosigkeit kann der moderne Mensch in Kunerts Gedicht nicht nutzen, um wie Eichendorffs lyrisches Ich ins Jenseits zu „fliegen“, denn er lebt in einer Welt „ohne Erbarmen“ und ohne Transzendenz. Das romantische Motiv der Mondnacht wird bei Kunert nur noch zitiert, um demaskiert zu werden.

Kunert: Entzauberung der Welt

Deutsch (Baden-Württemberg): Übungsaufgabe 7
Vergleichende Interpretation zweier Gedichte

Thema:
Natur und Mensch in der deutschsprachigen Lyrik vom Sturm und Drang bis zur Gegenwart

Paul Heyse (1830–1914): **Waldesnacht** (1850)

Waldesnacht, du wunderkühle,
Die ich tausend Male grüß',
Nach dem lauten Weltgewühle
O wie ist dein Rauschen süß!
Träumerisch die müden Glieder
Berg' ich weich ins Moos,
Und mir ist, als würd' ich wieder
All der irren Qualen los.

Fernes Flötenlied, vertöne,
Das ein weites Sehnen rührt,
Die Gedanken in die schöne,
Ach, mißgönnte Ferne führt!
Laß die Waldesnacht mich wiegen,
Stillen jede Pein,
Und ein seliges Genügen
Saug' ich mit den Düften ein.

In den heimlich engen Kreisen
Wird dir wohl, du wildes Herz,
Und ein Friede schwebt mit leisen
Flügelschlägen niederwärts.
Singet, holde Vögellieder,
Mich in Schlummer sacht!
Irre Qualen, löst euch wieder;
Wildes Herz, nun gute Nacht!

Aus: Paul Heyse: Gedichte. Hrsg. von Karl-Maria Guth. Berlin: Hofenberg 2014, S. 20 f.

Günter Eich (1907–1972): ***[WALD, BESTAND AN BÄUMEN, ZÄHLBAR]***
(zwischen 1945 und 1950)

WALD, BESTAND AN BÄUMEN, ZÄHLBAR
Schonungen, Abholzung, Holz- und Papierindustrie,
Mischwald ist am rentabelsten
Schädlinge, Vogelschutz
Wildbestand, Hege, Jagdgesetze
Beeren, Bucheckern, Pilze, Reisig
Waldboden, Wind, Jahreszeiten,
Zivilisationslandschaft.
Zauberwald Merlins
Einhorn (das Tier, das es nicht gibt)
    das uns bevorsteht,
    das wir nicht wollten
    die vergessene Zukunft.

Aus: Günter Eich: Gesammelte Werke Bd. 1. Hrsg. von Axel Vieregg. Frankfurt/Main: Suhrkamp 1991, S. 270

Aufgabenstellung
Interpretieren und vergleichen Sie die beiden Gedichte.

Hinweise und Tipps

Die beiden vorliegenden Gedichte „Waldesnacht“ von Paul Heyse und *„[WALD, BESTAND AN BÄUMEN, ZÄHLBAR]“* von Günter Eich haben das Verhältnis von Wald und Mensch als Thema gemein. Während das lyrische Ich in Heyses Text den Wald als wundersamen Zufluchtsort begreift, an dem seine Seelenqualen gelindert werden, wird der Wald bei Eich nur noch als entmythisierte wirtschaftliche Nutzfläche betrachtet. Sprachlich finden diese inhaltlichen Konzepte in beiden Gedichten Widerhall: Heyse dichtet formschön, poetisch, emotional; Eich hingegen praktiziert eine auf das Nötigste reduzierte, beinahe asyntaktisch und unvollständig anmutende, emotionslose Sprache, die erst in den letzten fünf Versen eine – zaghafte – Rückkehr zu älteren dichterischen Traditionen erahnen lässt.
Bei einem auf Anhieb schwer verständlichen Gedicht wie dem von Eich empfiehlt sich eine möglichst offene Herangehensweise an den Text. Vermeiden Sie frühzeitige Festlegungen. Sie können z. B. mit folgenden Fragen arbeiten:
- Lesen Sie den Text. Wo ergeben sich Verständnisprobleme?
- Wo finden sich Textelemente, die mit dem Gedichttitel korrespondieren?
- Welche Assoziationen zu außertextlichen Gegebenheiten löst das Gedicht in Ihnen aus? Können Sie diese in einen größeren Verstehenszusammenhang stellen?

Revidieren Sie Ihre Erkenntnisse ggf. im Lauf der weiteren Textarbeit.

Wie Sie im Detail bei einer vergleichenden Gedichtinterpretation vorgehen, können Sie auf S. 50 nachlesen.

Lösungsvorschlag in Grundzügen

Einleitung

„Wald“ bzw. das Verhältnis von Wald/Natur und Mensch ist das Thema der beiden vorliegenden Gedichte. Während das 1850 von Paul Heyse verfasste Gedicht „Waldesnacht“ deutliche Züge der Spätromantik trägt, ist Günter Eichs *„[WALD, BESTAND AN BÄUMEN, ZÄHLBAR]“* ein moderner Text, der zwischen 1945 und 1950 entstand.

Interpretation von P. Heyse: Waldesnacht
Form

Paul Heyses „Waldesnacht“ ist **sehr gleichmäßig strukturiert:** Es besitzt drei Strophen à acht Verse, die in einem regelmäßigen trochäischen Versmaß notiert sind. Weibliche und männliche Kadenzen wechseln einander stetig ab; es liegt ein durchgehender Kreuzreim vor – lediglich in den Versen 13 und 15 ist ein unreiner Reim festzustellen, allerdings verhalten sich die beiden Verse inhaltlich unauffällig. Die **harmonische Form** des Gedichtes spiegelt die vom lyrischen Ich in der „Waldesnacht“ erfahrene Harmonie wider, die im Folgenden detailliert nachgezeichnet werden soll.

Aufbau und Inhalt

Das Gedicht lässt sich in **zwei Sinnabschnitte** gliedern: In der ersten Strophe schildert das lyrische Ich, wie es den Wald in einer **seelischen Extremsituation** betritt und sich dort einen Schlafplatz sucht, um zur Ruhe zu kommen. Daraufhin teilt es in der zweiten und dritten Strophe seine **sinnlichen Erfahrungen in der Natur** mit, die mit seiner **seelischen Entspannung** einhergehen und schließlich zu seiner **geistigen Gesundung** führen.

Detailanalyse: Persönliches Verhältnis zur Natur

Der erste Vers beginnt mit dem Kompositum „Waldesnacht“ (V. 1), das **Handlungsraum und -zeitpunkt** mitteilt, gleichzeitig aber auch für **Ruhe und Stille** steht. Es handelt sich hierbei um eine personifizierende Anrede der Natur, die durch das Personalpronomen „du“ (V. 1) weiter ausgebaut wird: Zusammen stehen Kompositum und Personalpronomen für ein **persönliches, von Emotionalität und Nähe geprägtes Verhältnis**. „[W]underkühle“ (V. 1), ein weiteres Kompositum, verleiht der „Waldesnacht“ einen **zauberhaften Charakter**, legt gleichfalls aber auch die **Beruhigung** eines erhitzten Gemütes nahe – vergleichbar vielleicht mit Kältewickeln, die eine Entzündung lindern.

Seiner **Freude** über die Begegnung mit der Natur verleiht das lyrische Ich Ausdruck, indem es sie in Form einer Hyperbel („tausend Male“, V. 2) überschwänglich „grüß[t]“ (V. 2). Der Ruhe und Stille der „Waldesnacht“ wird nun das „laute[] Weltgewühle“ (V. 3) als **Gegenbild** entgegensetzt – vielleicht ein Verweis auf die Unruhe der Revolutionsjahre 1848/1849 –, vor dem das lyrische Ich in die Natur **flüchtet**. Die positive Konnotation des Waldes wird anschließend weiter ausgebaut: Die Interjektion „O“ (V. 4) steht für einen Augenblick **äußerster Empfindsamkeit**, für den es keine Worte gibt, nur Laute. Das gleichmäßige „Rauschen“ (V. 4) des Waldes **kontrastiert** mit dem dynamischen „Weltgewühle“, das Attribut „süß“ (V. 4) verdeutlicht die besondere Anziehungskraft, die dieses „Rauschen“ besitzt. Die **Entspannung**, die sich bereits jetzt allmählich einstellt, wird durch das Adverb „[t]räumerisch“ (V. 5) beschrieben: Das lyrische Ich kommt **physisch** zur Ruhe, ist dem Schlaf schon nahe, legt seine „müden Glieder“ (V. 5) aber nicht einfach nieder, sondern verschmilzt beinahe mit dem bequemen Waldboden („Berg’ ich weich ins Moos“, V. 6) – ausgedrückt durch die Präposition „ins“ im Gegensatz zu „aufs“ –, was für ein regelrechtes **Eintauchen in die Natur**, für ein **Einswerden** mit ihr steht. Das hieraus resultierende Gefühl der **Geborgenheit** geht mit einem ersten Hoffnungsschimmer einher: „Und mir ist, als würd’ ich wieder/All der irren Qualen los“ (V. 7 f.). Die seelische Extremsituation des lyrischen Ichs wird hier erstmals als qualvolle Krankheit beschrieben, die es im Wald zu heilen sucht.

körperliche Beruhigung

Auf die körperliche Beruhigung des lyrischen Ichs folgt in der zweiten und dritten Strophe die seelische. Der Wald bahnt sich nun über die **Sinne** einen Weg in das aufgewühlte „wilde[] Herz“ (V. 18 und 24), um „jede Pein“ (V. 14), jeden Schmerz darin zu „[s]tillen“ (V. 14), es also umfassend zu **heilen:** Vogelgezwitscher („holde Vögellieder“, V. 21) wird zum Schlaflied, Waldgerüche werden zu betörenden „Düften“ (V. 16), die das lyrische Ich gierig aufsaugt (vgl. V. 16), und die Natur, erneut personifiziert, „wieg[t]“ (V. 13) es, einer Mutter gleich, die ihren Säugling im Arm hält, „sacht“ (V. 22), also behutsam, in den „Schlummer“ (V. 22). Damit einher geht ein **Ausschluss der Welt jenseits des Waldes**, die dazu aufgefordert wird, zu verstummen: „Fernes Flötenlied, vertöne“ (V. 9). Das „weite[] Sehnen“ (V. 10) nach der „mißgönnte[n] Ferne“ (V. 12) ist vorüber: Das lyrische Ich ist am Ziel seiner Wünsche angelangt – im Wald, in der ursprünglichsten Form der Natur. In der Intimität dieser Situation gelingt es ihm nun, „Friede[n]“ (V. 19) mit seinem Inneren zu schließen. Die „leisen/Flügelschläge[]“ (V. 19 f.) stellen hierbei einen Gegenpol zum „lauten Weltgewühle“ dar, die Abwärtsbewegung („niederwärts“, V. 20) steht für Erdung: Die seelische Verkrampfung „löst [sich] wieder“ (V. 23). So erscheint das lyrische Ich im letzten Vers mit seinem „[w]ilde[n] Herz“ (V. 24) ausgesöhnt, wenn es ihm eine „gute Nacht“ (V. 24) wünscht – das

seelische Beruhigung

Ausrufezeichen dahinter verleiht diesem Wunsch Nachdruck – und sich dem Schlaf ergibt, einem Zustand umfassender Ruhe und Erholung.

Interpretation von G. Eich: *[WALD, BESTAND AN BÄUMEN, ZÄHLBAR]*

Günter Eichs „*[WALD, BESTAND AN BÄUMEN, ZÄHLBAR]*" wirft dagegen einen weitgehend emotions- und strukturlosen Blick auf das gestörte Verhältnis zwischen Wald und modernem Menschen. Als Nachkriegstext steht es in der Tradition der Kahlschlag- und Trümmerliteratur.

Form, Aufbau, Inhalt

Das Gedicht besteht aus einer einzigen Strophe, die 13 reimlose Verse ohne durchgängiges Metrum umfasst. Die letzten drei Verse sind eingerückt. Es lässt sich in **zwei Sinnabschnitte** gliedern: In den Versen 1 bis 8 wird der **entmythisierte, rein wirtschaftliche Zugriff** auf den Wald als Nutzfläche beschrieben, in den verbleibenden fünf Versen, die durch einen Punkt von den vorherigen abgesetzt werden, die **Möglichkeit einer Remythisierung des Waldes** in Aussicht gestellt.

Detailanalyse

Der **Titel**, der sich im ersten Vers wiederholt, definiert den Wald **nüchtern-distanziert** als einen numerisch erfassbaren („zählbar") **Wirtschaftsraum** („Bestand") und ist in Großbuchstaben arrangiert, die von eckigen Klammern eingefasst werden. Hierdurch entsteht ein **optischer Effekt:** Die Majuskeln wirken **kalt, indifferent und mechanisch** – ebenso umrahmen die eckigen Klammern den Wald nicht sanft und behutsam, wie es etwa runde täten, sondern **begrenzen** ihn scharf, fassen und zäunen ihn regelrecht ein.

Wald als wirtschaftliche Nutzfläche

Dieser Eindruck eines rein wirtschaftlichen, kontrollierenden Zugriffs auf den Wald bestätigt sich in den nachfolgenden zwei Versen: „Schonungen, Abholzung, Holz- und Papierindustrie" (V. 2) beschreibt einen **wirtschaftlichen Kreislauf**, der Gewinnmargen zu maximieren sucht („Mischwald ist am rentabelsten", V. 3). „Schonungen" (V. 2) als eingezäunte Bestände junger Bäume sind hier lediglich Teil einer **kalkulierten Bewirtschaftung** des Waldes, die allein der Aufrechterhaltung eines Wirtschaftsstandortes dient. In diesem Sinne können die in den Versen 4 bis 7 **unverbunden und blitzlichtartig** aufeinanderfolgenden Begriffe in **zwei Wortfelder** aufgegliedert werden, die diesen Kreislauf weiter auffächern: **Erhalt bzw. Wiederaufstockung** („Schädlinge, Vogelschutz/Wildbestand, Hege, Jagdgesetze […] Waldboden, Wind, Jahreszeiten", V. 4 ff.) und **wirtschaftliche Auswertung** („Beeren, Bucheckern, Pilze, Reisig", V. 6).
Die aufgelöste natürliche Einheit des Waldes spiegelt sich in der sprachlichen Gestaltung der ersten sieben Verse wider: Asyndetische Reihungen, die lediglich durch einen einzigen satzartigen Einschub in Vers 3 unterbrochen werden, bewirken eine regelrechte Fragmentierung der Sprache. Letztere beschränkt sich fast ausschließlich auf Nomen und lässt insbesondere Verben, Adjektive, Pronomen und Konjunktionen vermissen, weshalb sie sich karg, emotionslos, mechanisch, distanziert, unpersönlich und unvollständig präsentiert.
Das Kompositum „Zivilisationslandschaft" (V. 8) beendet schließlich die Begriffsreihe und fungiert als **Resümee:** Der in den vorhergehenden Versen beschriebene Wald ist ein zivilisatorisches Konstrukt, ist erzwungen, ist widernatürlich, ist unvollständig.

Wendepunkt: Wald als Ort des Irrationalen

Hierauf folgt der erste Punkt im Gedicht, der eine **Zäsur** markiert: Dem Wald als Wirtschaftsraum, als „Zivilisationslandschaft", wird die Chiffre „Zauberwald Merlins" (V. 9) entgegensetzt – ein auffälliger Bruch mit dem bisherigen nüchternen sprachlichen Duktus des Gedichts –, die den Wald als **Ort des Irrationalen, des Zauberhaften, der Emotionalität und Nähe** ausweist. Ebenfalls dem Bereich des Irrationalen entspringt das „Einhorn" (V. 10), ein Fabeltier, das in Gefangenschaft stirbt und dessen Existenz prompt verneint wird: „das Tier, das es nicht gibt" (V. 10). Es steht metaphorisch für den Wald, der als **Geisel der Zivilisation** seines Zaubers beraubt wird und als Ort der Fantasie seine Daseinsberechtigung verloren hat.

Versöhnung von Natur und Mensch möglich

Die **Entfremdung des Menschen von der Natur**, der Bruch mit dem Natürlichen wird durch die letzten drei eingerückten Verse visualisiert, die sich dennoch versöhnlich geben. Auffällig ist zunächst ihre **stärkere syntaktische und lyrische Ausgestaltung:** Ein vollständigerer Satzbau (vgl. V. 10 ff.), das Personalpronomen „wir" (V. 12), Anaphern (vgl. V. 10 ff.) sowie eine geordnetere Struktur führen zu einer **vollständigeren und persönlicheren Sprachlichkeit** und stellen einen deutlichen **Gegenpol** zur asyndetischen, formlosen Begriffsreihe in den Versen 1 bis 8 dar. Das Verb „bevorsteht" (V. 11) und das Nomen „Zukunft" (V. 13) richten den Blick nach vorn auf eine Zeit, die gegenwärtig zwar „vergessen[]" (V. 13) ist, aber nicht auf ewig verloren sein muss. Dementsprechend wird die Ablehnung des Einhorns durch den **Gebrauch des Präteritums** („das wir nicht wollten", V. 12) in die **Vergangenheit** projiziert. Somit erhält auch die Klammerung von „das Tier, das es nicht gibt" (V. 10) einen tieferen Sinn: Es besteht eine Chance, dass das Einhorn doch existiert, der Wald als Ort des Irrationalen hat womöglich eine **Daseinsberechtigung**, Mensch und Natur könnten wieder zueinanderfinden.

Gedichtvergleich

Im direkten Vergleich von Heyses „Waldesnacht" und Eichs *„[WALD, BESTAND AN BÄUMEN, ZÄHLBAR]"* offenbaren sich Schnittmengen, aber auch Unterschiede. Beide Gedichte haben das **Verhältnis zwischen Wald und Mensch** als Thema gemein, allerdings könnte diese Beziehung kaum **gegensätzlicher** ausfallen:
Heyses „Waldesnacht" begreift den Wald als ein **wundersames Refugium**, als einen **Ort der Ursprünglichkeit**, an den sich ein lyrisches Ich aus einer Welt flüchtet, die ihm Seelenqualen bereitet. Heyse greift dabei auf das typisch **romantische Motiv** des Ausbruchs aus einer rauen Wirklichkeit zurück: Erst in völliger **Einheit mit der Natur** und durch Ausschluss der Welt jenseits des Waldes kann das „wilde[] Herz" wieder gesunden. Sprachlich ahmt Heyse die harmonische und heilsame Vereinigung von Wald und Mensch nach, indem er sein Gedicht regelmäßig und formschön gestaltet.
Eichs *„[WALD, BESTAND AN BÄUMEN, ZÄHLBAR]"* konfrontiert den Leser mit einer Zivilisation, die den Wald seiner mythischen Dimension beraubt hat und ihn nur noch als wirtschaftliche Nutzfläche wahrnimmt: Er wird faktorisiert, regelrecht zertrümmert und systematisch ausgebeutet. Als **Ort der Fantasie** hat er ausgedient. Entsprechend karg, nahezu asyntaktisch und gänzlich unpersönlich ist die erste Hälfte des Gedichts sprachlich gestaltet. Dennoch endet es auf einer versöhnlichen Note: Eine **Rückkehr des Menschen zur Natur**, eine **Remythisierung** des Waldes ist möglich, der „Zauberwald Merlins" ist greifbar – eine Perspektive, die Eich zu begrüßen scheint, da zuletzt die Poesie wieder Einzug in seine Dichtung hält.

Schluss

Gedichte als Produkte ihrer Zeit

Zusammenfassend lässt sich feststellen, dass beide Gedichte Produkte ihrer Zeit sind: Heyses „Waldesnacht" steht in der Tradition der **Romantik**, Eichs nüchtern-melancholisches *„[WALD, BESTAND AN BÄUMEN, ZÄHLBAR]"* verrät inhaltlich wie sprachlich deutliche Anklänge an die illusionslose, geerdete und karge **Kahlschlag- und Trümmerliteratur**.

Deutsch (Baden-Württemberg): Übungsaufgabe 8
Vergleichende Interpretation zweier Gedichte

Thema:
Natur und Mensch in der deutschsprachigen Lyrik vom Sturm und Drang bis zur Gegenwart

Friedrich Matthisson (1761–1831): **Vaucluse** (veröffentlicht 1792)

Einsam grünender Ölbaum, der am wilden
Moosgesteine sich trauernd hinbeugt, atme
Kühlung über den Fremdling; Sommergluten
Sprühte der Maitag.

Hier wohnt Stille des Herzens; goldne Bilder
Steigen aus der Gewässer klarem Dunkel;
Hörbar waltet am Quell der leise Fittich
Segnender Geister.

Fleuch! Des Künftigen Traum verwallt in Nebel.
Eitle Schattengebilde des Vergangenen!
Einen Tropfen der Lethe nur, und Psyche
Schauert vor Wonne.

Aus: Deutsche Dichtung im 18. Jahrhundert. Hrsg. von A. Elschenbroich. München 1960, S. 383

Erläuterungen:

Überschrift *Vaucluse* = Fontaine de Vaucluse. Dort entspringt die Quelle des Flusses Sorgue. Vaucluse liegt in der südfranzösischen Provence nahe Avignon

Z. 7 *Fittich:* Flügel, Schutz; Vögel nehmen ihre Jungen unter ihre Fittiche

Z. 9 *Fleuch:* alte Form für „Fliehe"

Z. 11 *Lethe:* griechisches Wort für das Vergessen; Lethe ist einer der Flüsse der Unterwelt in der griechischen Mythologie, wer davon trinkt, verliert die Erinnerung.
Psyche: griechisches Wort für die Seele und den Atem, auch Herz und Geist

Sarah Kirsch (1935–2013): **Im Sommer** (veröffentlicht 1977)

Dünnbesiedelt das Land.
Trotz riesigen Feldern und Maschinen
Liegen die Dörfer schläfrig
In Buchsbaumgärten; die Katzen
Trifft selten ein Steinwurf.

Im August fallen Sterne.
Im September bläst man die Jagd an.
Noch fliegt die Graugans, spaziert der Storch
Durch unvergiftete Wiesen. Ach, die Wolken
Wie Berge fliegen sie über die Wälder.

Wenn man hier keine Zeitung hält
Ist die Welt in Ordnung.
In Pflaumenmuskesseln
Spiegelt sich schön das eigne Gesicht und
Feuerrot leuchten die Felder.

Aus: Sarah Kirsch: Rückenwind. Verlag Langewiesche-Brandt 1977, S. 51

Aufgabenstellung
Interpretieren und vergleichen Sie die beiden Gedichte.

Hinweise und Tipps

Den beiden vorliegenden Gedichten ist das Motiv vom einfachen, aber glücklichen, idyllischen Landleben gemeinsam. Die sogenannte Idylle, die ganz allgemein die Schilderung eines friedlichen, sorglosen Daseins in ländlicher, natürlicher Umgebung beinhaltet und im 18. Jahrhundert sehr beliebt und verbreitet war, entstammt der antiken Dichtung. In dem Gedicht von Matthisson ist diese Tradition in verschiedener Hinsicht noch wirksam: Die Orientierung an den Idealen der Antike entsprach dem Optimismus und der Aufbruchsstimmung dieses Jahrhunderts. Idyllische Motive blieben der Naturlyrik zwar durch die Jahrhunderte erhalten, aber das antike Vorbild verschwand allmählich aus dem Gedächtnis. Von einer bedrohten Natur hingegen weiß das 18. Jahrhundert noch nichts, im späten 20. Jahrhundert kommt man ohne dieses Thema in der Naturlyrik gar nicht mehr aus.
Bei der Interpretation dieser Gedichte ist die Frage zu stellen, welche Funktion die Darstellung solch idyllischen Lebens in der Natur für den Menschen (im Gedicht) hat: Soll das sorglose Leben in der Natur nur sehnsüchtig in Erinnerung gerufen oder soll die bestehende Distanz zur Natur gar rückgängig gemacht werden? Und welche Rolle spielt das lyrische Ich? Tritt es wirklich im Gedicht auf oder versteckt es sich hinter den Bildern, sodass man selbst beim Lesen des Gedichts in die idyllische Situation hineingezogen wird?
Wie Sie bei einer vergleichenden Gedichtinterpretation vorgehen, können Sie auf S. 50 nachlesen. Der folgende Lösungsvorschlag gibt eine Möglichkeit an, wie eine vergleichende Gedichtinterpretation im Einzelnen aussehen kann. Unter der zeitlichen Vorgabe im Abitur werden Sie sicher nicht auf alle diese Aspekte eingehen können.

Lösungsvorschlag in Grundzügen

Einleitung

Die beiden Gedichte „Vaucluse“ von Friedrich Matthisson und „Im Sommer“ von Sarah Kirsch sind in einem Abstand von fast 200 Jahren entstanden.

Inhalt allgemein

Beide Gedichte handeln von einer in sich geschlossenen Naturszene, die von einer Atmosphäre großer Ruhe und Zeitlosigkeit getragen ist. **Schauplatz beider Texte** ist das Leben in einer **ländlichen Idylle**, fernab vom Getriebe der gesellschaftlichen Öffentlicheit. Das Naturbild ist jeweils von der **warmen Jahreszeit** geprägt.

Interpretation von F. Matthisson: Vaucluse

Formbetrachtung

Matthissons Gedicht „Vaucluse“ besteht aus **drei völlig gleich gebauten, reimlosen Strophen** mit einem festen metrischen Rahmen. Jede Strophe wird gebildet aus drei Versen zu elf Silben und fünf Hebungen und schließt mit einem zweihebigen Kurzvers ab. Das vorherrschende Metrum ist der auftaktlose Trochäus. Fast alle Verse innerhalb einer Strophe sind durch Enjambements verbunden, Ausnahmen bilden die Verse 6, 9 und 10.
Bei der strengen, strophisch gegliederten Form handelt es sich um eine **Ode**, wie sie gern im 18. Jahrhundert für bedeutende Themen wie Gott, Liebe und Natur verwendet wurde. Die einzelnen Strophen bestehen aus jeweils vier Versen und sind reimlos, der letzte Vers ist verkürzt.

1. Strophe

In der ersten Strophe des Gedichts wird ein Ölbaum in einem einzigen über drei Verse hinweg führenden Satz angesprochen. Der Ölbaum, cha-

rakteristisches Gewächs des mediterranen Südens, wird darum gebeten, einem unbekannten und in diesem Landstrich offenbar fremden Besucher Schatten zu spenden. Der Baum wird personifiziert, er wird mit **Attributen des Menschlichen** versehen, die eine **melancholische Stimmung** verbreiten, indem er „[e]insam grün[t]" (V. 1) und sich „trauernd hinbeugt" (V. 2). Einsam ist auch der „Fremdling", der unter dem grünen Schutzschirm des Ölbaums einen schattigen Aufenthaltsort findet. Durch die personifizierenden Adjektive (*einsam* und *trauernd*) und das *Atmen* als charakterisierende Lebensaktivität des Ölbaums wird dieser Naturraum an der Flussquelle mit **menschlichen Qualitäten und Empfindungen** aufgeladen.
Das **Enjambement**, das den ersten Satz der ersten drei Verse zusammenhält, verbildlicht auch formal die Weite des Schattenraums, den der Ölbaum dem Besucher der Quelle spendet. Das Enjambement zum letzten Vers hin entspricht dem Bild einer sich wie das Quellwasser des Flusses versprühenden sommerlichen Hitze.

2. Strophe

In der zweiten Strophe ist der Fremdling gewissermaßen am Ort angekommen. Der unbekannte Sprecher konstatiert in einem kurzen Satz die „**Stille des Herzens**" (V. 5). An dieser Stelle kommt der Versfluss ins Stocken und die Stille wird durch diese kleine Zäsur hörbar gemacht.
Wie eine Erläuterung dieser ersten kurzen Aussage wirkt die Fortsetzung dieser Strophe: Die goldenen Bilder, die aus dem Quellgrund aufsteigen, lassen sich ebenso als **Natureindruck** verstehen, wie sie dem Bereich des menschlichen Vorstellungsvermögens, der **Fantasie**, zugeordnet werden können. Stille, Ruhe und Einkehr sind die Voraussetzungen, dass diese Bilder an die Oberfläche des Bewusstseins treten können.

Rückbezug zur 1. Strophe

Wie in der ersten Strophe werden die einzelnen Naturelemente durch den **Kontrast** belebt, der hier jedoch gesteigert wird: Ein **Paradoxon** ist das „klare[] Dunkel" (V. 6) der Gewässer ebenso wie der „leise Fittich" der Geister, der „[h]örbar" (V. 7) waltet. Entgegengesetzt ist auch die Bewegungsrichtung der Bilder und Töne: Von unten steigen die Bilder aus dem Quellgrund oder dem Grund des Unterbewussten auf, während der Segen immer von oben kommt.

Bildlichkeit / Metaphorik in der 2. Strophe

Das Bild vom „Fittich / Segnender Geister" (V. 7 f.) ist wiederum doppeldeutig **als Naturbild wie als Bild seelischer Vorgänge** zu verstehen: Mit dem akustisch vernehmbaren Fittich verbindet sich einerseits die Vorstellung vom Vogel, der seine Flügel schützend über seine Jungen ausbreitet, andererseits ist dieses Bild metaphorisch auf die Atmosphäre von Wohlbefinden und Geborgenheit zu übertragen, die dieser idyllische Ort ausstrahlt.

3. Strophe

Aus solcher Einstimmung auf Seelenruhe und inneren Frieden wird der Leser dieses Gedichts zu Beginn der letzten Strophe fast jäh aufgeschreckt durch den schroffen **Imperativ** „Fleuch!" (V. 9). Das ist eine Aufforderung, die in die kontemplative Ruhe des Herzens eindringenden Vorstellungsinhalte aus dem Bewusstsein zu verbannen. Die ersten beiden Verse, in denen Satz- und Versende erstmals zusammenfallen, zeigen das genauer. Der Aufforderung „Fleuch!" folgt eine Konkretisierung. Es werden nun jene Inhalte benannt, die es zu vergessen gilt: nämlich „[d]es Künftigen Traum" (V. 9), der aber – wiederum paradox – als ein „Schattengebilde des Vergangenen" (V. 10) bezeichnet wird. Es sind also damit Erinnerungen gemeint, die zudem als eitel (vgl. V. 10) bezeichnet werden, was im 18. Jahrhundert durchaus eine negative Formel war, die auf etwas Vergängliches und Nichtswürdiges deutete.

Das **Spiel mit den Kontrasten**, das schon in den ersten beiden Strophen auffallend war, findet hier in der dritten Strophe eine weitere Steigerung: Dadurch, dass der Zukunftstraum mit der Erinnerung an Vergangenes gleichgesetzt wird, wird das Paradoxon um den Aspekt der Zeitlichkeit erweitert. Es geht offenbar darum, die Zeitlichkeit des Daseins überhaupt aus dem Bewusstsein zu vertreiben – sei es als Vergangenheit, sei es als Zukunft – und sich ganz dem gegenwärtigen **Glück des Augenblicks** hinzugeben.

Rückbezug und Abgrenzung zur 1./2. Strophe

Auch in dieser letzten Strophe vermischt sich mit dem Bild der Natur unmittelbar etwas Seelisches, nämlich das **Vergessen**, das mit der mythologischen Anspielung an den antiken Fluss der Lethe gemeint ist. Matthisson bleibt bis zum Schluss im Mythologischen und verwendet die antike Bezeichnung „Psyche" anstatt des deutschen Ausdrucks „Seele". Durch das Vergessen ist das **Gegenwartsglück offenbar vollendet** „und Psyche/ Schauert vor Wonne" (V. 11 f.).

Sprechersituation

Die Sprechersituation der dritten Strophe ähnelt der der ersten Strophe, indem eine Aufforderung von einem **unbekannten lyrischen Subjekt** ausgesprochen wird. Der Ton dieser Aufforderung ist allerdings wesentlich intensiver geworden. Es bleibt dabei offen, an wen die Aufforderung sich richtet: an den Sprecher selbst, an den „Fremdling" oder jeden anderen, der sich in einem derartigen Naturraum einfindet – alles ist denkbar. Ein lyrisches Ich, das von seinen subjektiven Empfindungen spricht, ist nicht zu erkennen; die Befindlichkeit des Menschen schlechthin wird durch Natur versinnbildlicht. Auch die antike Mythologie des Schlussbildes hat **nichts Individuelles** an sich. Der Tropfen der Lethe, der zu den Wonneschauern der Seele führt, gilt ganz allgemein und kein besonderes lyrisches Ich tritt dabei in Erscheinung.

Bezug zur Überschrift

Von der Natur selbst ist zum Schluss fast nicht mehr die Rede. Es bedarf „[e]ine[s] Tropfen[s] der Lethe nur" (V. 11), um das zeitenthobene Gegenwartsglück ganz zu genießen. Hier klingt das **Thema des Quellwassers** an, das schon im Titel „Vaucluse", der direkt auf die Quelle („Fontaine de Vaucluse") verweist, gegeben ist. In der ersten Strophe findet man dieses Thema in den „**Sommergluten**" wieder, die der Maitag wie ein Gewässer versprüht. Und vom Wasser ist explizit in der zweiten Strophe die Rede, wenn die „**Bilder** [...] **aus der Gewässer klarem Dunkel**" (V. 5 f.) steigen.

Bedeutung der Jahreszeit

In der ersten Strophe zeigt die Erwähnung des Maitags die **Jahreszeit Frühling** an. Der idyllische Ort an einer Quelle wird mit menschlicher Empfindsamkeit so ausgestattet, dass das Naturbild die **Folie** für eine etwas melancholische (1. Strophe) und besinnliche/kontemplative (2. Strophe) sowie augenblickserfüllte (3. Strophe) seelische Stimmung abgibt. Menschliche und natürliche Bewegung stehen in reizvollem Kontrast zur metrischen Strenge der Odenform. Es entfaltet sich in dem Gedicht „Vaucluse" eine Situation, in der sich Mensch und Natur, dem Ideal des 18. Jahrhunderts gemäß, ganz in harmonischem Einklang befinden.

Epochenbezug

Interpretation von S. Kirsch: Im Sommer

Das Gedicht mit dem Titel „Im Sommer" von Sarah Kirsch wurde 1977 veröffentlicht und entstammt der Zeit, in der die Dichterin noch in der DDR (Ostberlin) lebte.

Formbetrachtung

Es besteht ebenfalls aus drei Strophen, die hier aus je fünf Versen gebildet werden, denen **keine strenge Bauform** zugrunde liegt. Die Verse sind von unterschiedlicher Länge, reimlos und meist durch Zeilensprung miteinander verbunden. Die Sprache ist einfach, gut verständlich und wie in vielen modernen Gedichten der Prosa angenähert.

Auch dieses Gedicht handelt von einer idyllischen Welt in ländlicher Umgebung. Allerdings ist die spätsommerliche Idylle nicht frei von äußeren Bedrohungen und Unsicherheiten, die sich (durchgängig) in jeder einzelnen Strophe bemerkbar machen. Thema

Die erste Strophe setzt mit einer eher düsteren Stimmung landschaftlicher **Einöde** ein. Man kann sich hier die großflächige Felderwirtschaft der landwirtschaftlichen Produktionsgenossenschaften in der ehemaligen DDR gut vorstellen. Doch schon im zweiten Vers, der dieses Bild noch um den anonymen Maschinenbetrieb erweitert, bewirkt die vorangestellte Präposition „Trotz" eine Abschwächung dieser etwas unwirtlichen Atmosphäre. Die Erwähnung der „Dörfer" (V. 3) und der „Katzen" (V. 4) **belebt die Szene** um Mensch und Tier; die „Buchsbaumgärten" (V. 4) stehen für den abgegrenzten und zweckfreien Naturraum, der **Geborgenheit** vermittelt. Er befindet sich im **Kontrast zur Weite der öden Felder** in der großindustriell betriebenen Landwirtschaft. Mit den Dörfern belebt sich die Szene auch grammatisch: Die Syntax wird vollständig, während die Beschreibung der industriellen Welt elliptisch verknappt ist. 1. Strophe

In dieser ersten Strophe steht also der traditionellen Lebensordnung des Dorfes, in dem Mensch und Natur in **friedlicher Eintracht** leben, unübersehbar die Welt der großindustriellen Landwirtschaft gegenüber. Die dörfliche Idylle ist weniger ein Flucht- und Erholungsraum als eine **an den Rand gedrängte** und in ihrer Existenz bedrohte, aber friedliche Welt.

Wie man dort lebt, davon handelt die zweite Strophe: Man bewegt sich im **Zyklus der Jahreszeiten**, liest aus den Sternschnuppen des Augusthimmels ein Glücksversprechen und geht im September zur Jagd. Graugans und Storch sieht man hier „[n]och" (V. 8) spazieren und fliegen, als wären sie nicht längst aus ihren heimischen Lebensräumen vertrieben. Doch zeigt sich die Idylle trotz des Lebens im Rhythmus der Natur als **bedroht** durch die verräterische Einfügung des Adverbs „noch". Denn damit wird zugleich von der **Vergänglichkeit und** der **Gefährdung der Natur** gesprochen. Es wird ein Bewusstsein von der **Vernichtung der Arten** deutlich, das aus dem Erleben der Natur nicht mehr wegzudenken ist. Ähnlich wirkt der Hinweis auf die „unvergiftete[n] Wiesen" (V. 9). Sie sind zwar *noch* unvergiftet, aber gerade diese Aussage zeigt, dass der Zustand der Wiesen **nichts Selbstverständliches** mehr ist, denn die hier verneinte Wirklichkeit ist woanders Realität, wo die Wiesen eben schon vergiftet sind. 2. Strophe

Am Ende dieser Strophe wendet sich der Blick wie anfangs in die Vertikale zum Himmel. Das Bild von den Wolken, die wie Berge über die Wälder fliegen (vgl. V. 9 f.), vermittelt den Eindruck einer **außerordentlichen Naturschönheit**. Es hat ebenso wie dasjenige der Sternschnuppen nichts Bedrohliches oder Vergängliches an sich. Im Gegenteil: Berge sind von unzerstörbarer Festigkeit und Dauerhaftigkeit. Aber diesem Bild ist die Interjektion „Ach" (V. 9) vorangestellt, durch die sich ein lyrisches Ich erstmals unmittelbar bemerkbar macht. Das bedeutet, dass diesem Natureindruck **Wehmut und Melancholie** beigemischt sind. Denn trotz des Vergleichs der dahineilenden Wolken mit den dauerhaften Bergen teilt sich hier doch auch der **Eindruck des Flüchtigen** mit, der sich an die Schilderung der bedrohten Idylle in den vorigen Versen unmittelbar anschließt. Blickrichtung / Perspektive Wirkung auf den Leser

Die Interjektion „Ach" wirkt dann wie der Ausdruck von Trauer und **Sehnsucht nach einer unzerstörten Natur**.

3. Strophe

In der letzten Strophe finden sich **farbige, herbstlich anmutende Bilder:** Pflaumen sind eine Frucht des weit fortgeschrittenen Sommers und der herbstlichen Jahreszeit. Das eigene „Gesicht" (V. 14) in den „Pflaumenmuskesseln" (V. 13) steht hier ganz allgemein für **das Menschliche**. Die Beschreibung der dörflichen Idylle und ihrer Randexistenz im sich bedrohlich erweiternden Raum der Industrie konzentriert sich hier zuletzt ganz auf den Menschen selbst, der sich selbst **in der Natur wiederzuerkennen** vermag. In diesem Sinne ist „die Welt in Ordnung" (V. 12), nichts Zerstörerisches ist in Sicht. Und doch gibt es auch hier wieder eine Einschränkung **in Form der Bedingung**, die täglichen Nachrichten aus der Welt zu ignorieren. Nur „[w]enn man hier keine Zeitung hält" (V. 11), kann diese dörfliche, friedliche Ordnung unhinterfragt bleiben. Die Bedrohung ist also auch in diesem Schlussbild wieder da, denn die Nichtbeachtung der aktuellen politischen und gesellschaftlichen Veränderungen, von denen die Zeitungen berichten, kann schließlich niemandem dazu verhelfen, sie unwirksam zu machen. Sie kann allenfalls bewirken, die Schönheit der vergänglichen Idylle nochmals voll auszukosten.

Ambivalenz der Bildlichkeit

Von dieser **Ambivalenz** zwischen idyllischer Schönheit und äußerer Bedrohung spricht auch der letzte Vers: „Feuerrot leuchten die Felder" (V. 15). Die Betonung liegt hier durch die Stellung am Versanfang auf dem Adjektiv „feuerrot". Darin ist einerseits die von der Sonne und den Farben des Herbstes durchglühte Natur enthalten, andererseits aber auch ein Anklang an die zerstörerische Kraft des Elements Feuer.

Zusammenfassung: Idylle zwischen Bedrohung und Schönheit

In allen drei Strophen des Gedichts „Im Sommer" von Sarah Kirsch wird ein idyllisches Leben im Einklang mit der Natur aufgezeichnet und festgehalten. Es wird aber deutlich, dass es **keine ungestörte Idylle** mehr geben kann. Denn die Auswüchse der landwirtschaftlichen Produktion (1. Strophe), die verbreitete Vergiftung der Felder und Vernichtung einheimischer Tierarten (2. Strophe) und die unaufhaltsamen gesellschaftlichen Entwicklungen, von denen die Zeitungen künden (3. Strophe), zeigen, dass die **Bedrohung** dieses harmonischen Einklangs **allgegenwärtig** ist. Doch indem Sarah Kirsch die Schönheit dieser bedrohten Welt im Gedicht vergegenwärtigt, hält sie die Erinnerung an das **„noch Unvergiftete"** wach. Der Mensch, der sich in der Natur wiederfindet, existiert noch und er möchte auch nicht aufhören, die Natur so zu erhalten und zu gestalten, dass er sich in ihr **wiedererkennt**.

Gedichtvergleich

Gemeinsamkeiten und Unterschiede allgemein

Obwohl die beiden Gedichte hinsichtlich ihrer Entstehungszeit sehr weit auseinanderliegen, herrscht eine **Gemeinsamkeit bezüglich des Naturbildes** vor: Natur wird verstanden als ein **Ort der Zuflucht und der Geborgenheit** sowie als Raum für die Selbstentfaltung des Menschlichen.
Allerdings besteht zwischen den **örtlichen Gegebenheiten** ein Gegensatz, denn die Wahl des südfranzösischen „Vaucluse" zeigt eine gewisse Exklusivität des Ortes an: Das erwachende Naturgefühl des 18. Jahrhunderts betraf zunächst überwiegend das gehobene und gebildetete städtische Bürgertum, das die Natur aus der Distanz der Muße betrachten konnte. Bei Sarah Kirsch hingegen handelt es sich um irgendein Dorf in der ehemaligen DDR. Das zeigt, dass im 20. Jahrhundert die Bedrohung der Idylle allgegenwärtig ist.

Die exklusive Ortswahl bei Matthisson spiegelt sich auch in der strengen, strophisch gegliederten Form. Bei Kirsch hingegen ist die Sprache eher alltäglich und der Prosa angenähert.

Gemeinsamkeiten von Strophe zu Strophe

Bei der **Ausgestaltung der idyllischen Situation** sind erstaunlich viele Gemeinsamkeiten in den beiden Gedichten enthalten:
Im Zentrum der jeweils ersten Strophe steht die Beschreibung der jeweiligen Örtlichkeit – bei Matthisson ist es der **südliche Ölbaum**, der den schattigen Raum an der Quelle der Sorgue repräsentiert, bei Kirsch sind es die Buchsbaumgärten, die die **dörfliche Idylle** von der hässlichen äußeren Umgebung abgrenzen.
In der zweiten Strophe beider Gedichte wird das menschliche Dasein in diesen Räumen jeweils näher spezifiziert und beschrieben. Bei Matthisson vermischen sich **Inneres und Äußeres**, verschmilzt die „Stille des Herzens" mit den optischen und akustischen Eindrücken der friedlichen Umgebung zu einer Einheit. Bei Kirsch gelingt es dem Menschen in der hier beschriebenen Jahreszeit des Sommers und des frühen Herbstes, ganz im **Einklang mit der Natur** zu leben.
In der jeweils dritten Strophe ist auf verschiedene Weise davon die Rede, dass eine **gewisse Ignoranz** nötig ist, um diesen Moment des Einklangs von Mensch und Natur voll auskosten zu können. Bei Matthisson ist es der Wassertropfen des Letheflusses, der das Vergessen und Ausblenden störender Erinnerungen bewirken soll. Bei Kirsch sind es die politischen Nachrichten aus der Zeitung, die zu ignorieren sind, um in den vollen Genuss des glücklichen Augenblicks zu kommen.

Unterschiede von Strophe zu Strophe

Es besteht jedoch auch ein **grundlegender Gegensatz** zwischen den beiden Texten aus dem 18. und dem 20. Jahrhundert: In der dörflichen Idylle bei Kirsch ist die bedrohte Natur des späten 20. Jahrhunderts allgegenwärtig. Die Idylle ist an den Rand gedrängt, aber in dieser **Randexistenz** behauptet sie sich gegen die andrängende Zerstörung von außen.
Im Gedicht von Matthisson ist die Jahreszeit der in seiner südlichen Hitze schon fast sommerlich anmutende Frühling. Der Frühling als die Zeit des Aufbruchs war in der Naturdichtung des 18. Jahrhunderts die bevorzugte Jahreszeit, denn er entsprach dem **aufkeimenden Naturgefühl** dieser Epoche. Die Naturbilder bei Matthisson sind überall eng mit dem Ausdruck seelischer Empfindungen verbunden. Die Einheit von Mensch und Natur beruht hier auf dem **harmonischen Zusammenspiel** von äußeren Naturbewegungen und innerer, seelischer Befindlichkeit.

Schluss

In beiden Gedichten herrscht eine **melancholische Grundstimmung** vor. Während sie bei Kirsch auf dem Bewusstsein der äußeren Naturbedrohung beruht, ist sie bei Matthisson ganz allgemein als Zeichen einer aufkommenden Empfindsamkeit zu verstehen.

Deutsch (Baden-Württemberg): Übungsaufgabe 9
Interpretation eines Kurzprosatextes

Angelika Mechtel (1943–2000): **Katrin**

Ich habe seine Kinder geboren. Ich habe mich eingeordnet. Ich habe versucht, ihn zu sehen, wie ich sah, daß meine Mutter ihren Mann gesehen hatte. Ich habe gelernt, Windeln zu waschen, Kinder zu trösten und Ordnung zu halten.

Ich habe einmal Mathematik und Latein gelernt, Physik und Französisch. Ich war eine mittelmäßige Schülerin. Ich habe mich streicheln lassen und schlagen. Ich habe zurückgeschlagen; habe gelernt, daß er mir überlegen ist.

Ich habe meinen Leib beobachtet, wie er anschwoll. Ich habe die Geburten überstanden; habe mir gesagt, dafür bist du eine Frau. Ich habe mir zugeredet, ich wollte glücklich sein.

Ich habe ihn zur Arbeit geschickt und das Essen gekocht.

Ich habe seine Angst gesehen, als ich im Fieber lag, und seine Ungeduld, wenn das Baby schrie.

Ich habe zugelassen, daß er meine Mutter fortschickte, weil sie in der Ein-Zimmer-Wohnung die Windeln am Ofen trocknete und die Milch vors Fenster stellte. Ich habe gelernt, daß er sagen durfte, was er dachte: Was sollen die Leute von uns denken? Ich habe nichts begriffen. Ich habe mich eingelebt.

Ich habe nach seinem Ärger gefragt. Ich habe ihm zugehört; habe seinen Chef begrüßt, Kollegen bewirtet.

Ich habe mich von seiner Mutter belehren lassen. Ich war freundlich zu ihr. Ich habe von ihr gelernt, wie er gewohnt war zu leben und was er am liebsten aß. Ich habe mich darauf eingestellt. Ich habe mir sagen lassen, wie sie ihre Kinder erzogen hat. Ich habe meinen Kindern beigebracht, bitte zu sagen und danke, einen Knicks zu machen oder einen Diener, die schöne Hand zu geben und Weihnachtslieder zu singen. Ich habe ihren Sohn kennengelernt. Ich habe Angst gehabt.

Ich habe versucht, verständig zu sein und Nachsicht zu üben. Ich habe die Fehler bei mir gesucht. Ich habe immer gehofft, daß er auch mein großer Bruder sein könnte. Davon habe ich ihm nie etwas gesagt.

Ich habe ihm gesagt, daß ich ihn liebe. Ich habe Zärtlichkeit gelernt; habe die Kinder in Schutz genommen, wenn er wütend war; habe gelernt, daß er wütend sein durfte. Ich habe es mir erklären können. Ich bin nicht verzweifelt. Ich habe mir gesagt, daß ich glücklich bin.

Ich war glücklich, wenn er mich in seinen Armen begrub, wenn er freundlich war. Ich habe ihn trösten können, habe ihm Mut zugesprochen. Ich hatte mir einen sanften Mann gewünscht. Ich habe in geschlossenen Räumen geweint. Ich habe gewußt, daß Depressionen krankhaft sind. Ich habe mich allein gefühlt. Ich habe mir Mut gemacht. Ich habe gesehen, wie meine Hände den Händen meiner Mutter ähnlich wurden; habe mir gesagt, daß die täglichen Niederlagen nichts sind gegen meine Zuneigung. Ich habe mich nicht gefragt.

Wir haben die Anfänge überstanden. Ich habe gelernt, mit seinen Ängsten zu leben. Ich habe ihn geweckt, wenn er nachts in seinen Träumen schrie, habe ihm gesagt: Ich bin es. Ich habe mir seine Träume erzählen lassen. Ich habe zugehört. Ich habe gelernt, auch seine Schwester zu sein. Ich habe mir sagen lassen, daß ich eine mütterliche Ausstrahlung hätte. Ich habe mir gedacht, du mußt warm und weich sein wie ein Muttertier; du mußt eine Höhle sein. Ich habe unsere Kinder geliebt. Zuflucht, habe ich gedacht. Ich habe mich preisgeben wollen, aber ich habe es nicht gekonnt. Ich habe mich schuldig gefühlt.

Ich habe mir vorgestellt, daß es vorübergeht, daß wir älter werden und ruhiger. Ich habe gelernt, daß ich einen Mann nicht mehr ändern kann. Ich habe mich nicht daran gehalten.

Ich habe gelernt, Latein zu vergessen und die höhere Mathematik.

Ich habe ihm Mut zugesprochen, als er arbeitslos wurde. Ich habe gelernt, Umzüge zu organisieren, Wohnungen einzurichten und mit dem Geld auszukommen. Ich habe die Krankheiten unserer Kinder überstanden. Ich habe Träume gehabt.

Ich habe Tabletten geschluckt gegen Kopfschmerzen, Tabletten gegen Schlaflosigkeit; ich habe Rückenschmerzen behandeln lassen und Blutarmut. Ich war eine Schlafwandlerin.

Ich habe streiten gelernt; habe Grabenkämpfe geführt. Ich bin in die Verweigerung gegangen, ich habe kein Wort mehr mit ihm gesprochen. Ich bin wütend geworden, wenn er wütend war. Ich habe mir gewünscht, daß die Kinder schnell groß werden.

Ich habe kapituliert, habe mir die Pulsadern aufgeschnitten, aber ich habe nicht sterben wollen. Ich habe es zugelassen, daß er mir den Arm abband; daß er für den Hausarzt einen Unfall erfand. Ich habe gehofft, daß einer fragen würde.

Ich habe mich selbst gefragt.

Wir haben es überstanden. Ich habe ihm den beruflichen Erfolg gewünscht. Ich habe um zwei Kindergartenplätze gekämpft; habe die Oberschwester mit Geschenken bestochen. Ich habe die Pille genommen. Ich habe mir gesagt: Du kannst keine Angst mehr haben. Ich habe meine Gefühle abgewehrt; ich habe eine Grenze gezogen. Ich habe nicht mehr zugelassen, daß mich einer verletzt.

Ich habe Schreibmaschine schreiben gelernt und Stenografie. Ich habe eine Arbeit angenommen. Ich habe Selbstvertrauen gewinnen wollen. Ich habe Geld nach Hause gebracht. Zu Weihnachten habe ich einen Kreislaufkollaps überwunden.

Ich habe halbtags gearbeitet wegen der Kinder.

Wir haben uns Urlaub leisten können und Anschaffungen. Wir sind vorangekommen. Ich habe nicht auf die Zeit geschaut. Ich habe gesagt: Die Neunzig-Stunden-Woche bringt mich nicht um.

Meine Hoffnungen habe ich nicht aufgegeben, ich habe sie verschüttet.

Wir haben ein Haus gebaut; haben die Kinder aufs Gymnasium geschickt. Wir sind dem Elternbeirat beigetreten. Wir haben uns engagiert, wo wir selbst betroffen waren. Wir haben es vermieden, Erinnerungen nachzuhängen. Ich habe mich arrangiert; habe gelernt, mit seinem Temperament umzugehen. Ich bin nicht untergegangen. Ich habe wieder Latein und Mathematik gelernt, als die Kinder es lernten.

Ich habe es nicht aufgegeben, mich von meinem Glück zu überzeugen. Ich bin hartnäckig gewesen. Ich habe es für mich behalten. Unsere Tochter habe ich zum Protest erzogen.

Ich habe gelernt, allein zu sein.

Gestern habe ich meine Tochter in Begleitung eines jungen Mannes gesehen. Ich habe ihm davon erzählt. Ich habe gesagt: Sie ist dir ähnlicher als mir. Ich habe mich gefragt, ob das eine Chance ist.

Aus: Mechtel, Angelika: Die Träume der Füchsin. Erzählungen. Stuttgart: Deutsche Verlagsanstalt 1976, S. 7–11.

Aufgabenstellung

Interpretieren Sie den Text.

Hinweise und Tipps

Die **Arbeitsanweisung** verlangt eine **Interpretation** des Textes, ohne besondere Untersuchungsaspekte vorzugeben. Sie müssen also den Text unter inhaltlichen, formalen und sprachlichen Gesichtspunkten deuten. Dabei sollten Sie Überlegungen darüber anstellen, welcher **Textsorte** der Text zuzuordnen wäre: Es handelt sich um eine Erzählung mit Elementen der Kurzgeschichte. Der Text ist sprachlich bzw. formal nicht sehr ergiebig, was allerdings nicht auf das Unvermögen der Autorin zurückgeht, sondern ein gezieltes Mittel darstellt, um eine bestimmte Wirkung hervorzurufen. Sie müssen somit versuchen, die Eintönigkeit in Satzbau und Wortwahl in Beziehung zum Inhalt, der Lebensgeschichte einer Frau, zu setzen. Es ist nicht sinnvoll, alle von Katrin aufgelisteten biografischen Stationen zu wiederholen, da Ihre Inhaltsangabe in diesem Fall zu weitschweifig würde. Vielmehr sollten Sie Ereignisse zusammenfassen bzw. exemplarisch anführen. Wenden Sie sich ausführlich der **Titelfigur** zu: Charakterisieren Sie sie und interpretieren Sie ihre Entwicklung aspektorientiert, wobei Sie auch auf den Titel eingehen sollten. Katrin ist ein typisches Beispiel für eine Frau, die sich am **Rollenbild** vergangener Generationen orientiert, ihr mangelt es an Selbstbewusstsein, sie leugnet ihre eigenen Bedürfnisse, erfüllt fremde Erwartungen, hat ein übersteigertes Schuldgefühl, leidet physisch wie psychisch und verklärt die Realität. Versäumen Sie es nicht, am und mit dem Text zu arbeiten, indem Sie **zitieren** bzw. auf Textstellen **verweisen**. Sie werden sich sicher fragen, warum die Protagonistin trotz des hohen Leidensdrucks nicht die nahe liegende **Konsequenz** zieht, sich von ihrem Mann scheiden zu lassen. Versuchen Sie, eine Antwort darauf zu geben unter Beachtung der Sozialisation der Figur.

Lösungsvorschlag in Grundzügen

Einleitung
Autorin, Titel, Erscheinungsjahr, Thema

Katrin ist die literarische **Titelfigur** der Erzählung von Angelika Mechtel, die 1976 im Band *Die Träume der Füchsin* erschienen ist. Sie ist die typische Vertreterin eines konservativen Frauenbildes. Mechtel lässt ihre Protagonistin in **zwei Teilen** aus ihrem Leben erzählen: Im ersten Teil (Z. 1–52) geht es um ihre Ehe, die sich am Rollenverhalten vergangener Generationen orientiert, und im zweiten Teil (Z. 53–83) wird deutlich, dass ihr Emanzipationsversuch wenig erfolgreich ist.

begründete Gattungszuordnung

Der Text ist eine **Erzählung** mit Merkmalen der **Kurzgeschichte**. Eine Figur, Katrin, steht im Mittelpunkt. Der Leser wird, was ein typisches Merkmal der Kurzgeschichte ist, in die Handlung geworfen mit der Aussage: „Ich habe seine Kinder geboren." (Z. 1) Katrin schildert aus der **Ich-Perspektive**, wie sich ihr Leben an der Seite ihres Mannes, also eine größere zeitliche Spanne, gestaltet hat, was eher auf eine Erzählung hindeuten würde. Dabei werden einerseits typische Stationen im Leben eines Paares, wie Kinderkriegen, Umzüge, Hausbau, Erwerbstätigkeit, aufgegriffen. Andererseits jedoch spielen psychische Momente der Frau, die gewöhnlich unsichtbar für Außenstehende ablaufen, wie Angst, Unsicherheit, Widerstand, Suizidversuch, eine entscheidende Rolle. Katrin wird älter, unternimmt währenddessen Versuche, sich zu emanzipieren, was jedoch nicht gelingt. Sie hat sich im Verlauf der Handlung nicht wesentlich verändert, was ebenso auf die Textsorte der Kurzgeschichte deutet wie auch die offene Schlussgestaltung. Der Text endet mit der Hoffnung, dass es Katrins Tochter einmal besser gelingen werde, ein selbstbestimmtes Leben zu führen.

Der **Zeitraum**, in dem Katrins Lebensgeschichte spielt, umfasst mehrere Jahre. Er beginnt mit der Geburt der Kinder und endet damit, dass sie „gestern“ ihre Tochter in Begleitung eines jungen Mannes gesehen hat. Die Tochter ist demnach inzwischen in dem Alter, in dem man gewöhnlich den ersten Freund hat, vielleicht 14 oder 15. Zudem verweist die Hauptfigur auf Ereignisse, die länger zurückliegen, wie ihre eigene Schulzeit.

formale Besonderheiten: syntaktisch, rhetorisch

Die Autorin lässt ihre Hauptfigur als Ich-Erzählerin **monologisch** überwiegend im **Perfekt** aus deren Leben erzählen. Sie bedient sich vorwiegend des parataktischen **Satzbaus**, wodurch die Aussagen recht kurzatmig dargeboten werden. Es scheint ein unablässiger Erzählstrom zu sein, mit dem Katrin einem Gesprächspartner leicht auf die Nerven gehen würde. Er spiegelt die **Monotonie** ihres Lebens wider. Der Text wird durch die oben erwähnten zwei Teile strukturiert. Er ist geprägt von **Anaphern**, **Parallelismen** sowie **Wiederholungen** der immer gleichen Personal- und Possessivpronomen *ich, er, ihm, meine, seine*.

Charakterisierung der Hauptfigur: Name

Die Hauptfigur heißt **Katrin**, ein Name, den viele Eltern in den 1960er- und 1970er-Jahren schön fanden und für ihre kleinen Mädchen ausgesucht haben. Dies könnte darauf hinweisen, dass das Schicksal Katrins verallgemeinerbar ist. So wie ihr ging und geht es vielen anderen Frauen. Der Name beginnt mit dem Buchstaben K. Auch die berühmten drei Bereiche, die traditionell den Frauen zugewiesen wurden und womöglich auch noch werden, beginnen mit K: Kinder, Küche, Kirche. Insofern assoziiert der Leser mit dem Titel eine **konservative Allerweltsfrau**.

Fremdbestimmung

Katrin ist verheiratet und Mutter. Sie sei „eine mittelmäßige Schülerin“ (Z. 5) gewesen, habe „einmal Mathematik und Latein gelernt, Physik und Französisch“ (Z. 4). Die Fächer stehen eher im Stundenplan eines Gymnasiums, woraus man schließen könnte, dass Katrin dort gelernt hat und intelligent ist. Sie kann ihren Kindern, als sie selbst am Gymnasium sind, bei den Hausaufgaben helfen (vgl. Z. 76 f.). Offensichtlich **fehlt** es **ihr an Selbstbewusstsein**, denn sie hat sich in ihren Entscheidungen immer nach anderen gerichtet, v. a. nach ihrem Mann und dessen Mutter. Sie erfüllt stets fremde Erwartungen. Ihre erste Feststellung lautet, sie „habe *seine* Kinder geboren.“ (Z. 1) Das ist, wenn es keine flapsige Bemerkung sein soll, die provokante Aussage einer Mutter, durch die der Leser emotional sofort ins Thema eingeführt wird. Ihr **Mann dominiert das Familienleben**, wie es jahrhundertelang üblich gewesen ist. Er scheint sie sogar geschlagen zu haben, woraus sie gelernt habe, dass er ihr überlegen sei (vgl. Z. 5 f.). Sie fügt sich, passt sich seinen Wünschen und Bedürfnissen an, ordnet sich bedingungslos unter, wie sie es von ihren Eltern vorgelebt bekommen hat: „Ich habe versucht, ihn zu sehen, wie ich sah, daß meine Mutter ihren Mann gesehen hatte.“ (Z. 1 f.) Mit dem häufig verwendeten Verb „lernen“ (u. a. Z. 2, 4, 6, 13, 27, 38) verrät die Ich-Erzählerin, dass sie sich erst in ihre Rolle „einleben“ (vgl. Z. 15) musste.

gestörte Kommunikation

Sie hält den Mund, wenn reden besser wäre. Innerhalb der Beziehung scheint es **kaum echte Kommunikation** zu geben und wenn, dann stehen die Befindlichkeiten ihres Mannes zur Diskussion, z. B. fragt sie nach *seinem* Ärger (vgl. Z. 16) oder nach *seinen* Träumen, wenn er nachts schreit (vgl. Z. 40), spricht *ihm* Mut zu, als er arbeitslos wird (vgl. Z. 48). Sie lässt sich belehren, z. B. von seiner Mutter, und verbietet sich in ihrer Sehnsucht nach Harmonie, die doch nur eine Scheinharmonie sein kann, Ehrlichkeit sowie die Äußerung eigener Wünsche. Wenn sie nicht mit ihm spricht, so glaubt sie, sei das eine Art der Rebellion. Streiten, das zu jeder Beziehung gehört und reinigend wie ein Gewitter sein kann, endet in „Grabenkämpfe[n]“ (Z. 53), d. h., jeder wirft dem anderen Argumente, die ihm später leidtun, an den Kopf, ohne auf den anderen zu hören. Viele Worte werden verbraucht, ohne ein Vorankommen zu ermöglichen, und beide gehen verletzt aus der Krise. **Angepasstes Verhalten** gibt sie ihrerseits an die Kinder weiter, indem sie Erziehungsprinzipien der Schwiegermutter übernimmt, die Wert auf altmodische Höflichkeitsformen wie Knicks und Diener legt (vgl. Z. 21 f.).

traditionelle Rollenbilder

Die Familie funktioniert auf der Basis, dass er das Geld verdient und sie die Kinder versorgt. Sie hat „ihn zur Arbeit geschickt und das Essen gekocht.“ (Z. 9) So kann sich das Paar einen bescheidenen Wohlstand leisten, ein Haus bauen, die Kinder im Gymnasium lernen lassen und in den Urlaub fahren. Dass es auch Krisen übersteht, ist vor allem der Hauptfigur zu verdanken, denn sie kommt selbst in einer engen Einraumwohnung mit zwei Kindern zurecht, lässt zu, dass er ihre eigene Mutter fortschickt, die der Tochter im Haushalt ein wenig unter die Arme greifen will (vgl. Z. 12 f.), geht sparsam mit dem wenigen Geld um und organisiert Umzüge. Später trägt sie durch eigene Arbeit zum Einkommen der Familie bei. Was sie nach Hause bringt, ist Geld, kein Selbstvertrauen, wie sie gehofft hat (vgl. Z. 69 ff.).

Katrins emotionale Situation

Katrin **leugnet eigene Bedürfnisse**. Gleich im zweiten Satz der Erzählung heißt es: „Ich habe mich eingeordnet.“ (Z. 1) Sie macht sich vor, selbst nicht so wichtig zu sein. Ihre Kinder nimmt sie in Schutz, wenn er wütend ist, und will glauben, dass das ein normales Verhalten für einen Mann bzw. Vater sei. Wie ein Almosen nimmt sie Zärtlichkeiten entgegen, wenn er sie einmal in „seinen Armen begrub, wenn er freundlich war“ (Z. 31), und redet sich in diesen wenigen Augenblicken ein, glücklich zu sein. Die Metapher „in den Armen begraben“ artikuliert Katrins **Sehnsucht nach Geborgenheit**, sie möchte einen Freund oder Bruder an ihrer Seite, Qualitäten die ihr Mann ihr nicht geben kann oder will, wohingegen sie sich einbildet, im richtigen Moment schwesterlich zu reagieren (vgl. Z. 40 f.). Es ist fraglich, ob er ihr sensibles Eingehen auf seine Ängste überhaupt registriert. Von eigenen **Träumen** spricht sie wie über alles andere, was ihr wichtig ist, im Perfekt, sie hat sie „gehabt“ (Z. 50) und begräbt sie von Anfang an. Sie vergisst Latein und Mathematik (vgl. Z. 47), die eine Voraussetzung dafür wären, weiter zu lernen, ein Studium zu absolvieren und einen akademischen Beruf anzustreben. In der Bemerkung „Ich habe mir vorgestellt, daß es vorübergeht, daß wir älter werden und ruhiger“ (Z. 45) liegt Resignation.

Glück als Einbildung

Katrin sehnt sich nach **Glück**, sie nimmt sich vor bzw. redet sich ein, glücklich zu sein (vgl. Z. 8 und 29 f.), und hat es nicht aufgegeben, sich von ihrem Glück zu überzeugen (vgl. Z. 78). Was für Katrin allerdings wirkliches Glück sein könnte, erfährt der Leser nicht. Sicher hängt es eng mit der Sehnsucht nach **Anerkennung**, der Akzeptanz ihrer Person zusammen. Das was sie tut, für den Mann, für die Kinder, scheint selbstverständlich. Aber sie fühlt sich allein und ausgenutzt, hat ihre Hoffnungen zwar nicht aufgegeben, aber „verschüttet“ (vgl. Z. 72). Man fragt sich, wo dabei der Unterschied ist. Sie rückt sich die Realität so zurecht, damit sie damit leben kann. Zudem macht sich ein übersteigertes **Schuldbewusstsein** bemerkbar: „Ich habe die Fehler bei mir gesucht“ (Z. 24 f.) und „Ich habe mich schuldig gefühlt“ (Z. 44), was sich offensichtlich auf alles, was um sie herum geschieht, bezieht. Für ihre Kinder will sie „Muttertier“ (Z. 42) und „eine Höhle“ (Z. 43) sein. „Ich habe unsere Kinder geliebt. Zuflucht, habe ich gedacht“ (Z. 43), wobei nicht klar wird, wer für wen Zuflucht sein soll, sie für ihre Kinder oder die Kinder für sie. Die Protagonistin erträgt klaglos **körperliche Leiden** und glaubt, das gehöre zum Frausein. Sie übersteht die Geburten, Fieber, schluckt Tabletten gegen Kopfschmerzen und Schlaflosigkeit, lässt Rückenschmerzen und Blutarmut behandeln, schlafwandelt, bekommt einen Kreislaufkollaps, was kein Wunder ist bei einer Neunzig-Stunden-Woche. Sie spürt das Älterwerden: „Ich habe gesehen, wie meine Hände den Händen meiner Mutter ähnlich wurden“ (Z. 34 f.). Die **psychischen Leiden** Angst, Depressionen, Einsamkeit, Unterlegenheits- und Schuldgefühle sowie Wut führen schließlich dazu, dass sie sich die Pulsadern aufschneidet. Es ist zu vermuten, dass sie nicht wirklich sterben, sondern damit ein Zeichen setzen wollte: Seht her, mir geht es schlecht, helft mir! Aber der Ehemann, der sie rechtzeitig findet, bindet den Arm ab und belügt den Arzt. Keiner fragt nach den wahren Ursachen.

Scheitern eines Ausbruchsversuchs

Katrins **Emanzipation bleibt ein Versuch**. Sie probiert, ohne sonderlichen Erfolg, ihrem Ehemann Widerstand entgegenzusetzen, sie spricht für eine Zeit nicht mit ihm, führt „Grabenkämpfe“ (Z. 53), lässt Gefühle zu, handelt in Ansätzen selbstbestimmt, indem sie die Pille nimmt, um keine weiteren Kinder auf die Welt zu bringen, und geht arbeiten. Ihr Aufschrei in Form des Suizidversuchs verhallt ungehört. Die permanente Wiederholung des Personalpronomens „Ich“ ist trügerisch: Katrin hat sich zu keinem Zeitpunkt ihres Lebens selbst verwirklichen können. Der Ton ihrer Lebenserzählung, mit der sie eine Art Bilanz zieht, schwankt daher auch zwischen Frustration und Resignation: Sie blickt auf ein **fremdbestimmtes**, letztlich **einsames Leben** zurück.

Der Leser gewinnt im Verlauf der Erzählung das traurige Gefühl, dass das, was Katrin in einem Leben durchmacht, ausreichend wäre für drei Leben. Einem schlimmen Ereignis folgt ein noch schlimmeres und sie kann sich nicht dagegen wehren. Kurzzeitig hat man den Eindruck, dass sich die Beziehung der beiden verbessert, nämlich in den wenigen Zeilen, als aus dem ständigen „Ich“ ein **„Wir“** wird (Z. 69 und Z. 74 f.). Die Familie leistet sich Urlaub und Anschaffungen, sie baut ein Haus, schickt die Kinder aufs Gymnasium, engagiert sich im Elternbeirat. Außenstehende würden sie, vielleicht sogar neidvoll, eine glückliche Familie nennen. Das positive Bild nach außen würde Befürchtungen des Mannes „Was sollen die Leute von uns denken?“ (Z. 14) zerstreuen. Der Satz „Wir haben es vermieden, Erinnerungen nachzuhängen“ (Z. 74 f.) rückt das schöne Bild zurecht: Es ist nur die **Fassade**, die die Leute zu sehen bekommen.

Erwartungen an die nächste Generation

Die Protagonistin greift schließlich zu einem Mittel, dessen sich viele Eltern bedienen: Sie projiziert ihre **Hoffnungen auf die Tochter**. Die soll nun das verwirklichen, was ihr selbst nicht vergönnt gewesen ist. Katrin sagt zufrieden oder vielleicht triumphierend zu ihrem Mann: „Sie ist dir ähnlicher als mir.“ (Z. 82) Die Tochter könnte die Erste sein, die aus einer langen Reihe von Frauen ausbricht, die immer wieder das alte Rollenbild ihrer Mütter und Großmütter übernommen haben. Die Mutter fragt sich jedoch zu Recht, ob das eine Chance sei. Was ist gewonnen, wenn nun anstatt des Mannes die Frau die Beziehung dominiert? Der richtige Weg wäre der, dass die Partner in einer Beziehung gleichberechtigt sind, dass sie gemeinsam planen, Chancen gleichermaßen wahrnehmen und jeder seine Lebensziele verfolgt. Rechtlich wäre das möglich. Im **Grundgesetz**, Artikel 3, steht seit 1949 der Satz: Männer und Frauen sind gleichberechtigt. Aber es galt weiterhin das Ideal einer kinderreichen Familie, welche die Mutter als **fleißige und aufopferungsvolle Hausfrau** treu umsorgte. Diesem **Idealbild** entspricht Katrin. Es ist ihr wenig möglich, daraus einfach auszubrechen. Sie rebelliert, sie jammert, sie hadert mit den Gegebenheiten, aber sie hat es durch ihre **Sozialisation** kaum in der Hand, ein selbstbestimmtes Leben zu beginnen. Ihren Kindern sollte dies schon eher gelingen.

Handlungsalternative

Immerhin könnte sie sich scheiden lassen und mit den Kindern in eine Wohnung ziehen. Je nachdem, zu welchem Zeitpunkt sie das tun würde, hätte sie es leichter oder schwerer nach ihrer Entscheidung. Wenn die Kinder aus dem Gröbsten heraus sind, könnte sie arbeiten und sich ihren Lebensunterhalt selbst verdienen. Würde sie sich früher zu dem Schritt entschließen, dann hätte sie als alleinerziehende Mutter mit mehr Schwierigkeiten zu kämpfen. Was Katrin davon abhält, kann man nur vermuten. Vielleicht das verminderte Ansehen innerhalb der Gesellschaft, die geschmälerte Lebensqualität, vielleicht ist sie einfach nicht mutig genug.

Schluss
Aktualität des Textes

Katrin ist ein typisches Beispiel dafür, wie **Tradition** einen Menschen in seiner Entwicklung hemmen bzw. einschränken kann. Es ist noch immer so, dass Frauen in Deutschland für die gleiche Tätigkeit im Schnitt 23 % weniger verdienen als ihre männlichen Kollegen. Sie bekommen auch seltener Sonderzahlungen, wie Urlaubs- oder Weihnachtsgeld, bzw. werden mit weniger Geld am Gewinn des Unternehmens beteiligt. Katrin hat um zwei Kindergartenplätze gekämpft und die Oberschwester bestochen, um arbeiten gehen zu können. Noch immer ist es wegen fehlender Kita-Plätze schwierig für Mütter, Kind und Karriere unter einen Hut zu bringen. Der Kampf um Gleichbehandlung dauert an. Katrins Tochter wird es vermutlich besser gelingen, die Vorteile der Gleichberechtigung für sich zu nutzen und sie in ihrer Beziehung zu leben.

Deutsch (Baden-Württemberg): Übungsaufgabe 10
Interpretation eines Kurzprosatextes

Josef Reding (geb. 1929)**: Überholte Perspektiven**

Der junge Mann mit dem daumenbreiten Backenbart schlug eine Mappe auf, nahm ein einziges, großformatiges Foto heraus und sagte: „Da!“

„Ei der Daus!“, rief der Redakteur. Er liebte es, antiquierte Redewendungen schnoddrig zu verstreuen. „Da haben wir aber etwas Exquisites.“

Der junge Mann blickte stolz auf seine Arbeit. „Braucht gar keine Unterschrift, das Bild. Die Perspektive macht’s. Ich hatte Glück. Als die Soldaten am Minister vorbeidefilierten, stand der Einbeinige an der Bordsteinkante. Ich habe zwischen Bein und Krücke hindurch die paradierenden Männer schnappen können. Es war Gegenlicht. Der Krüppel steht wie eine düstere Silhouette vor den strammen Marschierern.“

„Sagen Sie nicht Krüppel, Teurer. Klingt so hart. Sagen Sie besser: Versehrter, Verehrter! Nanu, I am a poet and I didn’t know it! Haha! Versehrter, Verehrter reimt sich.“ Der Redakteur nahm das Foto aus der Lichtwolke der Schreibtischleuchte. „Saubere Arbeit“, nickte er. „Ausgezeichnete Idee. Ich bin sicher, daß wir das Ding in unsere Festausgabe nehmen können. An exponierter Stelle. Als Aufmacher. Von den Sachen, die Sie uns in den letzten zwei Jahren hereingegeben haben, ist dieses Foto der dickste Hund. Ich muß noch das Material für die Jubiläumsnummer verwursten. Aber verlassen Sie sich drauf: Ihre Arbeit kommt ganz groß. Nächste Woche haben Sie Belege, cheerio!“

Der junge Mann wartete nicht bis zur nächsten Woche. Daß die Zeitung zum erstenmal eins seiner Fotos in großer Aufmachung bringen wollte, erregte ihn. Mit diesem Bild würde er vorrücken, sich in die Reihe der bewunderten älteren Kollegen stellen, die in den avantgardistischen Kunstzeitschriften standen, die unsere Zeit röntgen. Als er den feuchten, glänzenden Karton aus dem Fixierbad nahm, wußte er, daß er es geschafft hatte. Daß sein Blick geschärft war.

Am Donnerstag war Umbruch der Wochenendausgabe. Am Freitag war der Fotograf in der Redaktion.

„Ah, superb, daß Sie kommen, edler Recke“, sagte der Redakteur und breitete seine Arme aus. „Ihr Meisterstück ist drin. Schauen Sie!“ Der Redakteur faltete genüßlich die Beilage auseinander. Das steife Papier gleißte. „Hier, dreispaltig, und über die halbe Seite. Zufrieden?“

„Verdammt!“, sagte der junge Mann leise. „Was haben Sie mit meiner Arbeit gemacht?“ Langsam würgte er das Blatt. Das Papier lärmte aufgeregt. „Nu nu nu“, brummelte der Redakteur. „Lassen Sie sich erzählen. Stuhl? – Nee? Zigarette? – Auch nee? Also: der Boß wollte nicht an die Chose ran. Wäre überholt, die Kiste, sagte er. Damals, gleich nach der Niederlage, hätte man so etwas bringen können. Aber jetzt hätten wir uns zu einer Familienlektüre ausgewachsen. Da könnten wir den Abonnenten nicht mehr zumuten, beim wohlverdienten Abendstündchen mit solch tristen Sachen belastet zu werden. Verstehen Sie?“ „Nein“, sagte der Backenbärtige.

„Wohlgemerkt, das sagte der Chef. Sie hören doch hoffentlich, daß ich im Konjunktiv spreche. Und Sie wissen doch, wie ich Ihnen gewogen bin, ehrlich. Wenn der Kriegsversehrte nicht im Vordergrund wäre, käme das Bild gut an. Weil es technisch perfekt ist, das Bild. So hat er Ihr Foto gelobt. Na, und weil ich doch weiß, wie sehr Sie den Kies nötig haben“, der Redakteur rieb Daumen und Zeigefinger aneinander, „da habe ich ‘ne kleine Änderung vorgeschlagen. Den Ritter von der traurigen Gestalt im Vordergrund hinaus und die hübsche Kleine im Dirndl dafür rein. So ist die Komposition des Fotos nicht gestört, und das Bild paßt nun auch zur Unterschrift: ‚Wenn die Soldaten durch die Stadt marschieren …‘ Beide Bilder sind ja von Ihrer Künstlerhand, Maestro! Das schicke, winkende Mädchen haben Sie uns mal vor einem Jahr gebracht. ‚Dorfschönheit auf der Brücke‘ oder so ähnlich. Und unsere Klischierer sind auf Draht. Die haben das doch präzise hingefummelt. Das merkt kein Mensch, daß an dem Foto etwas geändert ist. Gucken Sie doch mal genau hin!“

Der Redakteur begann zu schwitzen. Er reichte dem Backenbärtigen ein neues Zeitungsexemplar.

„Wirklich“, flüsterte der junge Mann jetzt und starrte auf das retuschierte Idyll. „Das merkt kein Mensch.“ Er wischte das Blatt vom Tisch. „Ist die Zeitung schon ausgedruckt?“, fragte er.

„Ja“, sagte der Redakteur rasch. „Heute nacht die halbe Million Exemplare ausgespuckt. Fix und fertig. Unser Laden funktioniert.“

„Das tut er“, sagte der junge Mann. „Wahrhaftig, das tut er.“

„Nun machen Sie mal nicht so ein trauriges Gesicht, Mylord“, sagte der Redakteur. „Ich hätte mir schließlich die Mühe mit Ihren Bildern gar nicht zu machen brauchen, sondern ein anderes nehmen können. Zudem sieht die sanfte Schwingung von einem Paar Mädchenbeinen ästhetischer aus als das deprimierende Krückengerüst, das Sie mit den uniformierten Jungs geknipst haben. Na?“

Der Junge sagte nichts.

Der Redakteur wurde eifrig. „Aber hier, ein Pflästerchen auf Ihre ach so tiefe Seelenwunde. Ich habe die Honoraranweisung für Sie schon ausstellen lassen. Schauen Sie mal auf diesen Abschnitt. Dreistellige Zahl. Ist das denn nichts, Marie?“

Aus: Reding, Josef. Nennt mich nicht Nigger. Kurzgeschichten aus zwei Jahrzehnten. Recklinghausen: Georg Bitter Verlag 1978, S. 150–152.

Erläuterung

Z. 48 *Klischierer:* von klischieren: eine Zeichnung auf die Druckplatte übertragen und ätzen

Aufgabenstellung

Interpretieren Sie den Text.

Hinweise und Tipps

Die Arbeitsanweisung erfordert eine umfassende **Interpretation**. Beginnen Sie Ihre Darstellung mit der Erschließung des Textes nach den Ihnen bekannten Vorgaben wie Inhaltsangabe, Textsorte, Figurencharakterisierung bzw. -konstellation, Zeit- und Raumgestaltung, Erzählverhalten und der sprachlichen Betrachtung.

Die Quellenangabe gibt bereits vor, dass Sie es mit einer **Kurzgeschichte** zu tun haben. Weisen Sie diese Tatsache anhand von einschlägigen **Merkmalen** nach. Auch das **Verhältnis von Titel und Text** sollten Sie berücksichtigen.

Mit den **sprachlichen Mitteln**, die der Autor verwendet, können Sie dann zur **Deutung** überleiten; auf keinen Fall sollten Sie diese bloß benennen. Wörtliche Rede, Metaphern, Personifikationen, Vergleiche etc. tragen wesentlich zur Gesamtaussage bei. Sicher werden Sie auch erkennen, dass die beiden Protagonisten nicht die gleiche Sprache sprechen.

Die **Intention des Autors** besteht im Wesentlichen darin zu zeigen, wie die Wahrheit auf recht einfache Weise manipuliert werden kann; der Betroffene ist kaum in der Lage, dem entgegenzuhalten. Die **Macht des Geldes** klingt ebenso an wie die **Verantwortung der Medien**. Auch wenn die Geschichte im vergangenen Jahrhundert spielt, ist das Thema noch immer bzw. gerade heute ein viel diskutiertes Problem.

Lösungsvorschlag in Grundzügen

Einleitung

Was haben Maler, Fotografen und Schriftsteller gemeinsam? Sie haben alle mit dem **Begriff der Perspektive** zu tun, allerdings in ganz verschiedenen Bedeutungen bzw. Zusammenhängen: Der Maler kennt Perspektiven als Methoden beim Zeichnen, z. B. die Kavaliersperspektive. Dem Fotografen gefällt es, das eine Motiv aus der Frosch-, das andere aus der Vogelperspektive abzulichten. Der Schriftsteller muss sich vor dem Schreiben eines Textes über die Erzählperspektive im Klaren sein.

Josef Reding greift in seiner Kurzgeschichte *Überholte Perspektiven*, 1978 erschienen im Band *Nennt mich nicht Nigger*, verschiedene **Perspektivbegriffe** auf: Für die Hauptfigur, einen jungen Fotografen, ist ein von ihm geschossenes Foto aus genau der richtigen Perspektive aufgenommen, in seiner Aussage stark und zudem technisch perfekt. Er verspricht sich damit gute Aussichten für seine Karriere. Der zuständige Zeitungsredakteur verteidigt aber die Meinung seines Chefs, das Motiv sei in seiner Aussage überholt, und erlaubt sich eine entscheidende Korrektur. Dem Fotografen eröffnen sich nun zwei Möglichkeiten, zwei Perspektiven: ein künstlerisch hochwertiges Foto in seiner ursprünglichen Form verteidigen oder die „weichgespülte“ Version des Geldes wegen absegnen.

Hauptteil
Inhaltsangabe

Der Fotograf reicht in einer Zeitungsredaktion, im Übrigen nicht zum ersten Mal, eine Fotografie ein. Er ist stolz auf dieses ausdrucksstarke Werk und hegt Hoffnungen auf Verbreitung, Publicity und künstlerische Anerkennung. Das **Foto** zeigt eine Militärparade im Hintergrund, einen einbeinigen Mann im Vordergrund, und transportiert damit eine **kriegskritische Botschaft**. Der Redakteur verspricht, es in der nächsten Ausgabe groß herauszubringen. Einige Tage später präsentiert er dem Fotografen die Zeitungsseite: Im Hintergrund ist immer noch die Militärparade zu sehen, doch im Vordergrund steht – statt des Verwundeten – nun ein hübsches, winkendes Mädchen im Dirndl. Der junge Mann ist entsetzt über die vorgenommenen **Veränderungen an seinem Bild**, kann aber nichts mehr rückgängig machen, da die Ausgabe schon fertig gedruckt ist. Mit einem fürstlichen Honorar versucht der Redakteur ihn zu besänftigen.

Gattungszuordnung: Merkmale der Kurzgeschichte

Der Text **beginnt unvermittelt** mit dem Präsentieren des Fotos durch den Fotografen und **endet abrupt** mit dem Geldangebot des Redakteurs. Der Leser weiß nicht, ob der junge Mann das Honorar annimmt, ob er seine Bilder weiterhin Zeitungsredaktionen anbieten wird oder wie es generell mit ihm als Künstler weitergeht. Die beiden Figuren tragen **keine Namen** und stehen **exemplarisch** für die jeweilige Berufsgruppe bzw. für einen Charakter. Reding zeigt in seinen *Überholte[n] Perspektiven* somit ein kurzes (Lehr-)Stück aus dem Leben zweier Menschen, das sich genauso gut auch in anderen Situationen oder Gesellschaftsfeldern abspielen könnte. All diese Elemente können als **typische Merkmale einer Kurzgeschichte** verstanden werden.

Charakterisierung der beiden Figuren:
– der Fotograf

Der Fotograf wird als „junge[r] Mann mit [...] daumenbreite[m] Backenbart“ (Z. 1) eingeführt, der **professionell** arbeitet. So hat er eine Mappe dabei, aus der er ein großformatiges Foto zieht (vgl. Z. 1 f.). Von der Qualität seiner Arbeit wirkt er **überzeugt**, denn für die Präsentation seines Werkes meint er zunächst nur ein einziges Wort („Da!“, Z. 2) aufwenden zu müssen. Dies suggeriert: Das Foto ist perfekt, jeder sieht das, es muss in der

Zeitung erscheinen. Seiner Meinung nach brauche es auch gar keinen Titel, es würde sich durch das gelungene Motiv und die gewählte Perspektive selbst erklären (vgl. Z. 5). Dann erzählt er dem Redakteur **eifrig**, wie er die Soldaten, die am Minister vorbeidefiliert seien, bei Gegenlicht aufgenommen habe, zwischen Bein und Krücke eines an der Bordsteinkante stehenden „Krüppel[s]" hindurch (vgl. Z. 6 ff.).

Der Fotograf kann es kaum erwarten, sein Bild in der Zeitung zu sehen, und „**erregt**" (Z. 19) malt er sich aus, wie er sich in die Reihe bewunderter älterer Kollegen stellen werde, die Fotos in den avantgardistischen Kunstzeitschriften veröffentlicht und die Zeit „[ge]röntg[t]" hätten (vgl. Z. 19–21). Mit dieser Metapher offenbart er einen **hohen Anspruch an sich selbst:** Er will keine nichtssagenden Bildchen abliefern, sondern Kunstwerke, die sich am Puls der Zeit orientieren und eine tiefere Aussage, einen Appell beinhalten. Als er die Zeitungsseite mit seinem veränderten Foto sieht, ist er dementsprechend **enttäuscht**, **verletzt**, **fast zornig**, was durch den Fluch „Verdammt!" (Z. 30) offensichtlich wird. Das Mädchen im Dirndl, das nun im Vordergrund steht und auch noch winkt, verfälscht die Aussage grundlegend in dem Sinn, dass sie erstens die Blicke der Rezipienten auf sich zieht und von den Soldaten ablenkt und zweitens eine positive Sicht auf die Militärparade insgesamt bedingt. Die Soldatenformation wirkt plötzlich harmlos. Die Tatsache, dass das hineinmontierte Motiv aus einem seiner früher eingereichten Fotos stammt (vgl. Z. 46 f.), besänftigt den Fotografen nicht. Den grundlegenden Unterschied zwischen den Bildern erfasst der junge Mann sofort und **wehrt sich gegen die Verfälschung** – jedoch vergebens, denn die gesamte Ausgabe ist bereits gedruckt. Am Ende ist er **perplex und sprachlos** (vgl. Z. 64). Seine Reaktion, als der Redakteur ihm die Honoraranweisung mit einem dreistelligen Betrag zeigt, lässt sich nur erahnen, da die Geschichte offen endet. Der Eindruck, den man von dem jungen Mann gewonnen hat, lässt vermuten, dass es ihm nicht ums Geld geht, sondern um seine **Anerkennung als Künstler**, die er aber von diesem Zeitungsmitarbeiter wohl nie erhalten wird.

– der Redakteur

Der Redakteur wird mit dem veralteten Ausruf „Ei der Daus!" (Z. 3) eingeführt. Er **liebt antiquierte Wendungen**, die er in seine Rede streut, ob sie passen oder nicht. Später folgen u. a. „superb" (Z. 26) oder „wie ich Ihnen gewogen bin" (Z. 39). Den jungen Mann spricht er mit „Teurer" (Z. 10), „Verehrter" (Z. 10 f.), „edler Recke" (Z. 26), „Maestro" (Z. 46) sowie „Mylord" (Z. 59) an. Das wirkt nicht gebildet, sondern **eingebildet**, übertrieben und albern. Sofort nachdem der junge Fotograf sein Bild kommentiert hat, wird er gemaßregelt, dass er nicht „Krüppel" sagen solle, das klinge so hart. Daraus spricht allerdings kein Mensch mit Mitgefühl, sondern der **routinierte Zeitungsmacher**. Die zynische Betitelung des Behinderten als „Ritter von der traurigen Gestalt" (Z. 43), eine Anspielung auf Don Quichote, verstärkt diesen Eindruck später noch. Seine Art ist schnoddrig, selbstgefällig und unsympathisch. Auch wie es in der Redaktion zugeht, lässt sich heraushören: Da wird Material „verwurste[t]" (Z. 16), gute Projekte werden als „das Ding" (Z. 13), „der dickste Hund" (Z. 15), „Chose" oder „Kiste" (Z. 33) **abgewertet**, die Tätigkeit des Fotografierens vielsagend als „[K]nips[en]" (Z. 63) bezeichnet. Die Klischierer, die Veränderungen an Fotos „präzise hingefummelt" (Z. 48 f.) bekämen, die kein Mensch bemerke, seien auf Draht. Der Mann stellt sich insgesamt als **Gönner** dar, der statt des Fotos des jungen Fotografen auch irgendein anderes hätte nehmen können. Jedoch hat er nicht im Auge, den Künstler in ihm zu fördern, sondern eine **verkäufliche Auflage zu produzieren**. Die Honoraranweisung präsentiert er so, als müsste ihm der Fotograf auf Knien dafür danken. Nur ein einziges Mal zeigt der Redakteur authentische Züge oder einen Anflug von schlechtem Gewissen, als er beginnt „zu schwitzen" (Z. 51). Aber schnell fängt er sich und spricht über die Höhe der Auflage und das Honorar, was sein **medien- und profitorientiertes Verhalten** erneut bestätigt.

Erzählzeit und -verhalten

Die **Handlung** spielt sich an zwei Tagen jeweils **in der Zeitungsredaktion** ab, mit einem Zwischenraum von weniger als einer Woche. Insofern ist sie **gerafft** erzählt. Jedoch besteht sie zu maßgeblichen Teilen aus den nahezu **zeitdeckenden** Gesprächen zwischen dem Fotografen und dem Redakteur. Zu Beginn agiert ein **auktorialer Erzähler**, beispielsweise kommentiert er die seltsame Sprach-Vorliebe des Redakteurs mit „Er liebte es, antiquierte Redewendungen schnoddrig zu verstreuen." (Z. 3 f.) Später lässt der Autor **die Figuren** in den zwei Dialogen **für sich sprechen**, wodurch sich der Leser selbst ein Bild von ihnen machen kann. Die **wörtliche Rede** wird in den meisten Fällen mit dem Verb „sagen" eingeleitet, kommentiert durch Adjektive wie „leise" (Z. 30) oder „rasch" (Z. 56). Die **Sympathien des Lesers** für die Figuren liegen ganz eindeutig bei dem jungen Fotografen, auch wenn seine **Redeanteile** geringer sind. Er bleibt wortkarg, sagt und fragt nur das für ihn Wichtige, wodurch er als besonnen und ernst gekennzeichnet wird. Die Szene beherrscht jeweils der Redakteur. Seine Anteile bestehen aus Redeschwällen. Er formuliert mehrere kurze Hauptsätze hintereinander (Z. 14 ff.), selten Satzgefüge, häufig Ellipsen oder Einwortsätze (Z. 32, 43 f.) und wirkt dadurch überspannt, gehetzt, zynisch und arrogant.

sprachliche Gestaltung der Dialoge

Die beiden Dialoge (Z. 1–17 und Z. 26–67) leben besonders von ihren **sprachlichen Besonderheiten**. Neben den scheinethischen **Phrasen** und **antiquierten** bzw. **fremdsprachlichen Redewendungen** („I am a poet and I didn't know it!", Z. 11; „cheerio!", Z. 17; „Maestro!", Z. 46; „Mylord", Z. 59) des Redakteurs setzt der Autor weitere Mittel ein: Der Redakteur nimmt das Foto „aus der Lichtwolke der Schreibtischleuchte" (Z. 12). Er bemerkt durchaus dessen hohe künstlerische Qualität, entscheidet aber im selben Moment, dass es für seine redaktionellen Zwecke nicht zu gebrauchen sein wird und nimmt es folgerichtig **metaphorisch** aus dem Licht; so entzieht er es der Aufmerksamkeit. Der junge Mann begibt sich nach wenigen Tagen wieder in die Redaktion, um zu sehen, was aus seinem Projekt geworden sei. Der Redakteur präsentiert ihm das „Meisterstück" (Z. 27), worauf „[d]as steife Papier gleißte" (Z. 28), also unangenehm stark glänzt. Der Karton, den der Fotograf vorher im Labor aus dem Fixierbad genommen hat, „glänzte" (Z. 22) dagegen angenehm. Der Leser ahnt nach der bedrohlich klingenden Beschreibung schon den negativen Fortgang der Handlung. Selbst das Papier wehrt sich anscheinend gegen die Verfälschung, indem es sich steif macht. Es kann nichts dafür, trotzdem „würgte [der Fotograf] das Blatt. Das Papier lärmte aufgeregt." (Z. 31) Vom Autor **personifiziert**, wird es gewürgt, als hätte es einen Hals, und es protestiert dagegen mit Lärm. Somit entladen sich Enttäuschung und Empörung des jungen Mannes am Papier, die er wohl lieber am Verursacher des Machwerkes selbst ausgelebt hätte. Weitere auffällige sprachliche Mittel sind die **Wortschöpfung** „Seelenwunde" (Z. 65 f.), die mit einem „Pflästerchen“ (Z. 65) in Form einer Honoraranweisung behandelt werden soll. Der **Diminutiv** zeigt, wie wenig ernst der Redakteur die künstlerischen und moralischen Bedenken des Fotografen nimmt. Dass die Seelenwunde **ironisch** als „ach so tief[...]“ bezeichnet wird, zeugt von Zynismus und Arroganz. Die **Vergleiche** „wie eine düstere Silhouette“ (Z. 9) und „die sanfte Schwingung von einem Paar Mädchenbeinen ästhetischer als das deprimierende Krückengerüst“ (Z. 61 f.) veranschaulichen die Veränderungen im Foto. Die **Alliteration** bzw. der **Reim** „Versehrter, Verehrter!“ (Z. 10 f.) verdeutlicht einmal mehr die aufgesetzte Redeweise des Redakteurs. **Abwertende Ausdrücke** wie „Kies“ (Z. 41), „Kleine“ (Z. 44) oder „Laden“ (Z. 57) zeugen von seiner Überheblichkeit bzw. fehlendem Respekt anderen Menschen gegenüber.

Untersuchung der Kommunikation: Missverständnisse

Die beiden Protagonisten sprechen nicht dieselbe Sprache: Wenn der Redakteur dem Fotografen beispielsweise verspricht: „Ihre Arbeit kommt ganz groß.“ (Z. 17), meint er tatsächlich, dass das Foto groß, z. B. dreispaltig, über die halbe Zeitungsseite (vgl. Z. 28 f.) erscheint. Der junge Mann dagegen rechnet sich nach diesen Worten eher aus, dass er mit seiner Arbeit groß herauskommt, d. h. als Künstler wahrgenommen wird. Als der Zeitungsmann die Veränderungen im Bild präsentiert und stolz darauf verweist, dass diese kein Mensch bemerke, bestätigt dies der Fotograf mit „Wirklich [...] Das merkt kein Mensch.“ (Z. 53 f.), bringt damit aber seinen Schrecken zum Ausdruck. Er findet es eben gerade beunruhigend, wenn Leser der Zeitung nicht bemerken, dass an einem Foto Veränderungen vorgenommen worden sind. Der Redakteur ist wiederum stolz darauf, dass der „Laden funktioniert“ (Z. 57), währenddessen die zweimalige Bestätigung des jungen Mannes „Das tut er [...] Wahrhaftig, das tut er.“ (Z. 58) vielleicht seine Zweifel und Besorgnis darüber anmeldet, welche Möglichkeiten sich in Zukunft durch solche technischen Raffinessen wohl noch eröffnen mögen.

Handlungszeit

Die Geschichte spielt im **vorigen Jahrhundert**, was man leicht an verschiedenen Indizien bemerkt: Der Fotograf entwickelt seine Fotos im Labor, zieht „feuchten, glänzenden Karton aus dem Fixierbad“ (Z. 22) und bewahrt sie großformatig in einer Mappe auf. Heute ist die chemische Entwicklung von Fotos zwar nicht gänzlich abgeschafft, doch werden sie fast nur noch digital produziert. Das Motiv der marschierenden Soldaten mag damals noch Zündstoff für Diskussionen über vergangene Kriege gewesen sein, da der Zweite Weltkrieg, von Deutschland ausgelöst, noch nicht so lange zurückgelegen hat. Heute defilieren (also: ziehen) Soldaten nur noch selten durch die Stadt bzw. an Ministern vorbei. Diskussionen stoßen eher Bilder mit Soldaten in anderen Ländern an (z. B. im Nahen Osten), die die eigene Bevölkerung bekämpfen. Auch den Klischierer gibt es als Berufsbezeichnung nicht mehr. Heute erledigt der Mediengestalter entsprechende Aufgaben am Computer. Mit ‚**Klischee**‘ bezeichnet man außerdem eine überkommene Vorstellung oder ein **eingefahrenes Denkschema**, eine abgedroschene Redensart oder vorgeprägte Ausdrucksweise, kurz: eine überholte Perspektive.

Deutung des Titels

Die „überholten Perspektiven“ – der Autor verwendet den Plural – im **Titel** sind **mehrdeutig:** Sie beziehen sich einmal auf das **Foto**, das etwas zeigt, was den Lesern angeblich nicht mehr zugemutet werden könne, da sich das Blatt zur Familienlektüre ausgewachsen habe. Beim wohlverdienten Abendstündchen könne man diese nicht mit solchen tristen Sachen belasten, so der „Boß“ (vgl. Z. 33–36). Anti-Kriegs-Botschaften seien also „überholt“. Für den Betrachter hätten sich im ursprünglichen Foto die Figuren zu einem Ganzen gefügt, nämlich in dem Sinn, dass der Einbeinige im Vordergrund ein **Kriegsopfer** darstellt und die Soldaten im Hintergrund solche Kriegsopfer werden könnten, wenn sie in den Kampf geschickt würden oder welche verursachen, wenn sie schießen. Über den Inhalt des Bildes wird geurteilt: „Damals, gleich nach der Niederlage, hätte man so etwas bringen können.“ (Z. 33 f.) Dies ist eine Anspielung auf das Ende des Zweiten Weltkrieges 1945 in Deutschland, in dessen Folge es viele solcher Kriegsversehrter gegeben hat. Die Bildunterschrift „Wenn die Soldaten durch die Stadt marschieren …“ (Z. 45 f.) hätte zu beiden Varianten gepasst, aber die Fortsetzung des Konditionalsatzes hätte in Gedanken der Leser jeweils entscheidend anders gelautet, nämlich zunächst „… könnte es sein, dass sie bald in den Kampf geschickt und Opfer werden wie der da im Vordergrund“ oder jetzt: „… erfreuen sich die Mädchen an den strammen Kerlen und winken ihnen zu.“

Der Titel ist auch **ironisch** gemeint, denn **ambitionierte Fotos mit künstlerischem Wert** sind nie unzeitgemäß. Seit 1955 vergibt die Stiftung „World Press Photo“ jedes Jahr Preise für die besten Pressefotos, die dann in einer Wanderausstellung und in einem Jahrbuch veröffentlicht werden. Die **überholte Perspektive** hat derjenige, der solche Bilder ablehnt oder, noch schlimmer, verfälscht. Ein Zwiespalt zwischen Autoren und Rezipienten klingt an: Inwiefern hängt die Qualität eines Mediums von dem ab, was die Leser, Zuschauer oder Zuhörer sich wünschen bzw. inwiefern verwirklichen die Autoren ihre eigenen Intentionen ohne Rücksicht auf Wünsche? Das Abhängigkeitsverhältnis zwischen Autoren bzw. Medien und Konsumenten ist ständig präsent, sie beeinflussen sich immer gegenseitig. Man kann auch an verschiedene **Lebenseinstellungen** denken: Ist es mittlerweile „überholt“, der Wahrheit und dem Anspruch von Kunst zuliebe auf Umsatz und Honorar zu verzichten?

grundsätzliche Problematik: Kunst vs. Geld

Ein **Fotograf** hat als Künstler gegenüber den Betrachtern seiner Bilder eine **Verantwortung**. Das ist dem Protagonisten bei Reding bewusst – wir erfahren, dass er sich an Kollegen orientiert, die ihre Werke in avantgardistischen Kunstzeitschriften veröffentlicht haben. Sie gehören zu einer der politischen und künstlerischen Bewegungen, die eine starke Orientierung an der **Idee des Fortschritts** gemeinsam haben und sich durch besondere **Radikalität gegenüber politischen Verhältnissen oder ästhetischen Normen** auszeichnen.

Der Redakteur in der Kurzgeschichte verkörpert dagegen den Typus des Geschäftsmannes, der glaubt, dass man **alles mit Geld regeln** könne und dass alle Menschen käuflich seien. Symbolisch reibt er Daumen und Zeigefinger aneinander (vgl. Z. 42), das Zeichen für Geld, was den Fotografen aber (anscheinend) nicht beeindruckt.

Indem bei Reding eine Figur auf einem Foto ausgetauscht wird, wird die **Wahrheit manipuliert**. Zunächst scheint es sich jeweils nur um einen kleinen Eingriff in die Bildkomposition zu handeln, doch die Wirkung auf den Rezipienten ist mächtig. Aus der Aussageabsicht, dem Appell des Malers, die vor den Schrecken eines Krieges warnt, wird ein eindimensionales Bildchen: ein winkendes Mädchen im Dirndl. So wird Wahrheit verschleiert, ja sogar **ins Gegenteil verkehrt**.

Schriftliche Abiturprüfung Deutsch (Baden-Württemberg): Übungsaufgabe 11
Verfassen eines Essays

Aufgabenstellung
„Digitale Demenz" und „Dumm 3.0" – Verblöden wir am Computer? Verfassen Sie auf der Grundlage des Dossiers einen Essay zu diesem Thema.

Material 1

Charlotte Theile: Surfen für Anfänger

Immer mehr Drei- bis Fünfjährige gehen über iPads und Smartphones ins Internet, wie eine neue Studie zeigt. Die Geräte sind schließlich kinderleicht zu bedienen. Aber sind die Inhalte für Kleinkinder geeignet? […]
Eine Studie aus Österreich hat den Internetkonsum Drei- bis Sechsjähriger untersucht und festgestellt: In mehr als zwei Dritteln der befragten Familien haben Vorschulkinder mit internetfähigen Geräten zu tun. 52 Prozent der Kinder waren schon im Netz, 41 Prozent sogar regelmäßig. Spiele, Videos und Fotos seien bei den Kleinsten besonders beliebt, sagt Bernhard Jungwirth, Leiter des österreichischen Instituts für Telekommunikation Öiat, das die Studie zum „Safer Internet Day" am 5. Februar veröffentlicht hat. Am höchsten sei die Nutzung, wenn ein Tablet im Haus sei.
In Deutschland ist eine ähnliche Entwicklung zu beobachten wie in Jungwirths Studie, wenn auch der Anteil der Kleinkinder hierzulande geringer ist. Die KIM-Studie des Medienpädagogischen Forschungsbunds Südwest untersucht seit mehr als zehn Jahren, wie Kinder mit Computer und Internet umgehen. 2013 wird erstmals die Gruppe der zwei bis fünf Jahre alten Kinder behandelt. Bisher begann die Untersuchung bei Sechsjährigen. Für KIM-Forscher Thomas Rathgeb ist die frühe Nutzung durchaus problematisch. „Kinderleichte Bedienung" bedeute nicht, „dass die Inhalte auch für Kinder geeignet sind."
Wie viel und vor allem ab wann Internet-Angebote sinnvoll sind – darüber gibt es unterschiedliche Auffassungen. Der Ulmer Hirnforscher Manfred Spitzer warnt: „Zu frühe Internet-Nutzung macht Kinder dumm." Er befürchtet, dass es dadurch zu schlechterer Konzentrationsfähigkeit und verlangsamtem Denken kommt, und rät, Kinder unter drei Jahren nie „vor Bildschirme zu setzen."
Das abschreckende Bild blasser Kleinkinder, die im Schummerlicht eines Monitors geparkt werden, habe mit der Realität wenig zu tun, findet Medienpädagoge Stefan Aufenanger von der Universität Mainz. Der 63-Jährige beobachtet begeistert, wie seine Enkel, fünf und acht Jahre alt, das Netz erkunden. „Wir können online ‚Das verrückte Labyrinth' gegeneinander spielen, ich in Mainz und sie in den Niederlanden." Außerdem gebe es „tolle Angebote", mit denen Kinder selbstständig das Netz entdecken können, die Suchmaschinen fragfinn.de und blinde-kuh.de etwa.
Wichtig sei jedoch, dass Eltern kleine Kinder im Netz begleiten, sie bei ihren ersten Schritten an die Hand nehmen. Sonst drohen eventuell hohe Kosten, außerdem sind die Inhalte nicht immer geeignet. „Wer seinem Kind eine App zum Spielen gibt, sollte sie ausprobiert haben", fordert Aufenanger. […]

http://jetzt.sueddeutsche.de/texte/anzeigen/565764 (05.02.2013)

Material 2

DUMM 3.0: „Wenn Sie sich zum Affen machen wollen …"

Markus Reiter beschreibt im Buch „Dumm 3.0", wie Twitter, Blogs und Social Networks „unsere Kultur bedrohen". Im Interview erzählt er, warum er nicht an das Netz glaubt.

ZEIT ONLINE: Wer ist denn Ihrer Meinung nach Dumm 3.0?

MARKUS REITER: Im Netz lässt sich schwierig herausfinden, wer dumm ist und wer nicht. Das ist ja genau das Problem. In der alten Welt der Medien gab es Gatekeeper, also zum Beispiel Journalisten, die versuchten, das Gute und das weniger Gute, das Richtige und das Falsche zu trennen. Und wenn es diese Institutionen eines Tages nicht mehr gibt, dann müssen Sie all das selber machen. Und vor dieser unglaublichen Menge an Informationen werden viele kapitulieren.

ZEIT ONLINE: Aber findet im Netz nicht vielmehr eine unglaubliche Demokratisierung statt?

MARKUS REITER: Ich glaube, dass das eine Täuschung ist. Letztlich werden sich im Netz jene soziodemografischen Eliten behaupten, die sich auch in der alten Welt behauptet haben. Also die Zahl der mit Relevanz bloggenden Münchner Taxifahrer mit Migrationshintergrund oder der bloggenden Kriegerwitwen ist beschränkt. Wenn Sie sich anschauen, wer im Netz relevante Kultur oder Information produziert, dann sind das Leute, die entweder in den alten Medien bereits Erfolg hatten, oder die in den alten Medien Erfolg gehabt hätten, wenn es das Internet nicht gegeben hätte.

ZEIT ONLINE: Was ist denn mit YouTube, wo in der Minute 24 Stunden Videomaterial hochgeladen werden, größtenteils kleine, selbst produzierte Filmaufnahmen. Ist es nicht toll, dass das alles dort auch sein Publikum findet?

MARKUS REITER: Wenn Sie sich im Netz zum Affen machen wollen, haben Sie immer ein Publikum. Aber das ist ja nichts, was eine gesellschaftliche Relevanz bekäme. Wenn Sie so wollen: Sie haben Brot und Spiele. Und im Moment hat die gesellschaftliche Elite den Vorteil, dass sie die Spiele noch nicht einmal selber bieten muss, sondern dass die Leute sie selbst veranstalten.

ZEIT ONLINE: Wo ist das Problem?

MARKUS REITER: Ich wende mich im Wesentlichen gegen die Heilserwartung, die Internetapologeten oder selbst ernannte Evangelisten an das Internet stellen. Also gegen den Glauben, dass das Internet emanzipatorisch wirke und dass jetzt neue Möglichkeiten der Demokratisierung bestünden. Es ist hier schlicht ein Machtkampf im Gange zwischen den Eliten der alten Medien und denjenigen, die an die Fleischtöpfe wollen.

ZEIT ONLINE: Fördert das Netz nicht aber gesellschaftliche Lernprozesse, indem es mehr Menschen ermöglicht, sich Gehör zu verschaffen und aktiv zu partizipieren?

MARKUS REITER: Die allermeisten Menschen partizipieren ja gar nicht. Wenn Sie schauen, wie viele Leute beispielsweise zu der gewaltigen Internet-Enzyklopädie Wikipedia beitragen, dann haben wir es mit wesentlich weniger als einem Prozent zu tun. Es gibt Schätzungen, dass ein paar Hundert Menschen den allergrößten Teil der Inhalte beitragen.

http://www.zeit.de/digital/internet/2010-03/markus-reiter-dumm-3.0/komplettansicht
Interview: Tina Klopp; Zeit Online (19.03.2010)

Erläuterung

Z. 26 f. *Apologet:* jemand, der mit seiner ganzen Überzeugung hinter einer Auffassung bzw. Lehre steht und diese mit Nachdruck vertritt

Material 3

Material 4

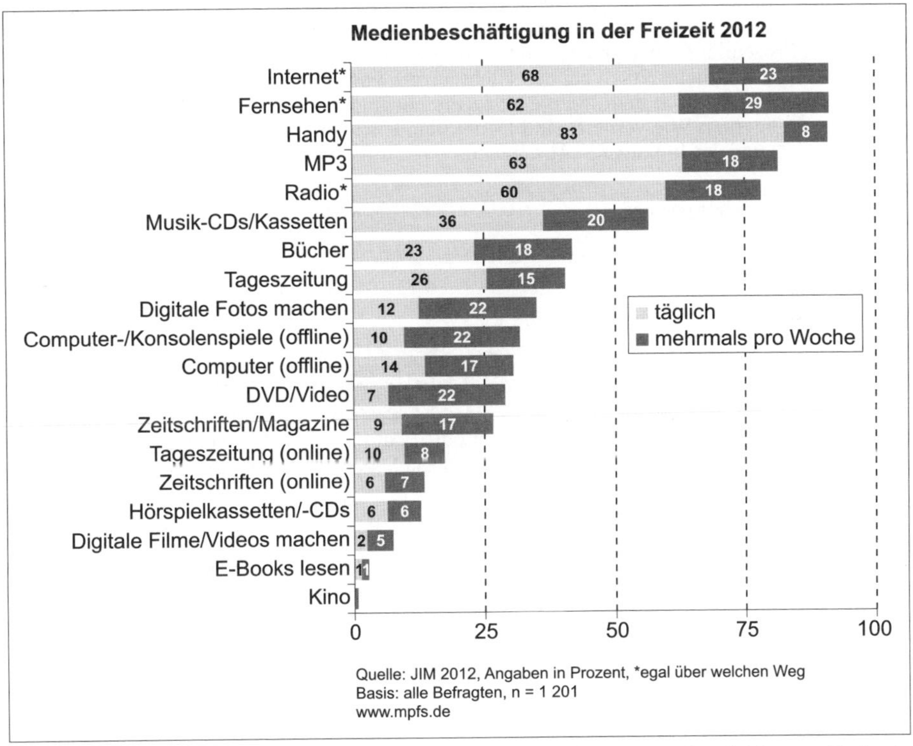

www.mpfs.de/index.php?id=535; Autoren: Ulrike Karg, Sabine Feierabend, Thomas Rathgeb

Material 5

Sprichwörter und Redensarten

Die Dummheit ist die sonderbarste aller Krankheiten. Der Kranke leidet niemals an ihr. Aber die anderen leiden.
Paul-Henri Spaak

Computer = Die intelligentesten Idioten, die es gibt.
Norman Mailer (*1923), amerik. Schriftsteller

Der Computer ist ein mechanischer Hohlkopf.
Peter F. Drucker (*1909), amerik. Managementlehrer u. -berater

Material 6

Studie: Computer machen Schüler schlauer

Wenn Kinder und Jugendliche in virtuelle Welten abtauchen, wird es Eltern oft mulmig. Viele fürchten, die ständige Hockerei am PC wirke sich negativ auf schulische Leistungen aus. Eine neue Studie gibt Entwarnung.
Demnach erzielen Kinder, die Web und PC intensiv nutzen, bessere Schulnoten als Mitschüler, die den Computer gar nicht oder selten anschalten. Wenn Kinder Offline-Lernsoftware sehr intensiv nutzen, schneiden 67 Prozent in Mathematik, 69 Prozent in Deutsch und 42 Prozent in Fremdsprachen mit „sehr gut“ oder „gut“ ab. Deutlich seltener kommen überdurchschnittliche Noten bei den Nichtnutzern vor: 55 Prozent glänzen in Mathematik, 53 Prozent in Deutsch und 35 Prozent in Fremdsprachen. Das hat die Sonderstudie „Bildung via Internet: Wie vernetzt sind Deutschlands Kinder?“ von Fujitsu Siemens Computers (FSC) und der Initiative D 21 ergeben.

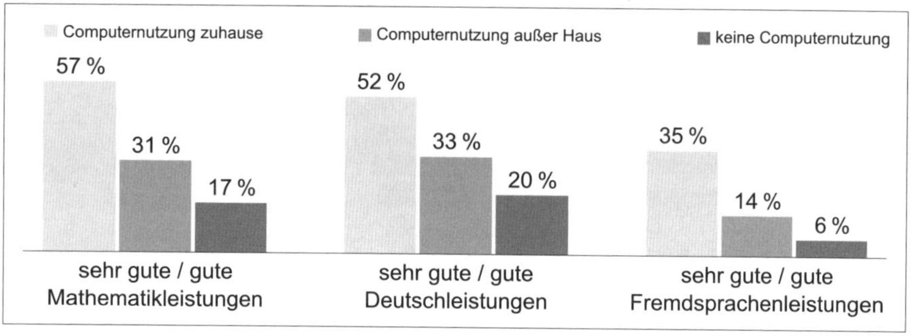

Online lernt es sich besser

Online-Lernangebote fördern die sprachlichen Fähigkeiten der Schüler anscheinend in besonderem Maße: Während nur 49 Prozent der Nichtnutzer überdurchschnittliche Deutschnoten erhalten, steigt der Anteil auf 71 Prozent, wenn Online-Lernsoftware sehr intensiv genutzt wird. Bei Fremdsprachen ist der Unterschied noch deutlicher: 56 Prozent der regelmäßigen Nutzer, aber nur 30 Prozent der Nichtnutzer schließen das Fach mit „sehr gut“ oder „gut“ ab. „Sobald Kinder zu Hause einen Zugang zu den digitalen Medien haben, steigt die Leistung in Mathematik, Deutsch und den Fremdsprachen“, resümiert FSC-Marketing-Chefin Barbara Schädler.

Selbst Spielernaturen profitieren vom Bildungspotential des Webs: Viele Online-Spiele und Hintergrundinfos sind ausschließlich in Englisch erhältlich, so dass Gamer ihre Fremdsprachenkenntnisse aktivieren müssen. „Da ist es nicht verwunderlich, dass bei intensiver Nutzung eher gute bis sehr gute Fremdsprachenleistungen erzielt werden", erläutert Schädler, die das Ergebnis nicht als Freibrief für grenzenlose Computerspiel-Sessions verstanden wissen will.

Wissen vernetzen

„Kinder, die intensiv auf dem PC spielen, bringen tendenziell weniger gute Schulnoten nach Hause", warnt sie. In Mathematik und Deutsch seien die Noten der Kinder mit durchschnittlichem Spielverhalten am besten. „Eltern sollten Computerspiele daher in Maßen zulassen."

http://www.focus.de/schule/familie/medien-tipps/tid-11805/studie-computer-machen-schueler-schlauer_aid_332642.html; Focus online (14.09.2008)
Autorin: Monika Holthoff-Stenger

Material 7

Definition

Eine **Demenz**, lat. *Demens* „ohne Geist" bzw. *Mens* = Verstand, *de* = abnehmend) ist ein Defizit in kognitiven, emotionalen und sozialen Fähigkeiten, das zu einer Beeinträchtigung sozialer und beruflicher Funktionen führt und meist mit einer diagnostizierbaren Erkrankung des Gehirns einhergeht. Vor allem ist das Kurzzeitgedächtnis, ferner das Denkvermögen, die Sprache und die Motorik, bei einigen Formen auch die Persönlichkeitsstruktur betroffen. Maßgeblich ist der Verlust bereits erworbener Denkfähigkeiten im Unterschied zur angeborenen Minderbegabung. Heute sind verschiedene Ursachen von Demenzen geklärt; einige Formen können in gewissem Umfang behandelt werden, das heißt, die Symptome können im Anfangsstadium einer Demenz verzögert werden. Die am häufigsten auftretende Form der Demenz ist die Alzheimer-Krankheit. Eine Demenz kann auf ganz verschiedenen Ursachen beruhen; für die Therapie ist die Klärung dieser Unterscheidungsmerkmale wichtig.

Wikipedia, 07.05. 2013

Material 8

Bei einer Untersuchung an jüngeren Berufstätigen wurde festgestellt, dass schon mehr als 60 % über Vergesslichkeit klagen, etwa sich nicht die eigene Telefonnummer oder die PIN merken, ein Gedicht im Kopf zu behalten oder die Frage „Was habe ich heute Mittag gegessen?". Als eine der Ursachen für diese Veränderung der Merkfähigkeit wird die steigende Informationsflut vermutet […].
Dazu Manfred Spitzer (Buchempfehlung: „Digitale Demenz. Wie wir uns und unsere Kinder um den Verstand bringen"): Wer Informationen googelt, speichert die Erkenntnisse mit geringer Wahrscheinlichkeit im Gehirn ab, wer sich im Chat austausche, statt Face to Face mit einem Gegenüber darüber zu sprechen, merkt sich Inhalte nicht so gut. Da im Internet zudem mehr gelogen und betrogen wird als in der realen Welt, arbeitet das menschliche Gehirn nicht mehr in der gleichen Weise präzise. Dieser oberflächliche Vorgang hemmt die Gehirn-Bildung langfristig, sodass verfrüht Symptome einer Demenz eintreten, wobei das Problem der digitalen Demenz in den nächsten Jahrzehnten deutlich zunehmen wird.

http://lernen.lerntipp.at/247/digitale-demenz, 12.06. 2013

Hinweise und Tipps

Bei dem Essay wird Ihnen ein **Dossier** aus unterschiedlichen Materialien zu einem Thema vorgelegt, z. B. journalistische Texte (Berichte, Reportagen, Interviews usw.), Grafiken aller Art, Bilder, aber auch Aphorismen, Sprichwörter und Zitate von Aussagen berühmter Persönlichkeiten oder Ausschnitte aus literarischen Werken. Das Dossier dient als Grundlage für die Auseinandersetzung mit dem Thema des Essays, es ersetzt in der Prüfungssituation die eigene Recherche nach relevantem Material. Darüber hinaus soll das Dossier Sie dazu anregen, eigenes Vorwissen zum Thema zu aktivieren, Assoziationen zu bilden und Ideen zu entwickeln. Nach der gründlichen Lektüre der Dossier-Materialien (Lesen mit Stift, Markieren, Anbringen von Randnotizen) sollten Sie für jeden Dossierteil eine kurze Zusammenfassung der zentralen Aussagen notieren. Auch wenn solche **Abstracts** als Prüfungsleistung nicht verlangt und bewertet werden, empfiehlt sich dieser Arbeitsschritt, um sich die Facetten des Themas bewusst zu machen. In einem weiteren Schritt hat sich das **Cluster** als Verarbeitungsform bewährt: Entwickeln Sie einen Ideenstern mit eigenen Gedanken, Ideen, Fragen zum Thema usw. Durch Strukturierung des Clusters und der zentralen Aussagen aus den Dossiermaterialien erhalten Sie eine Mindmap, die auch als Gliederungshilfe für den zu schreibenden Aufsatz geeignet ist, denn der Essay soll eine Art assoziativer „Gedankenspaziergang" sein, auf den Sie Ihre Leser in unterhaltsamer, anschaulicher und gleichzeitig anspruchsvoller Schreibweise mitnehmen.

Persönliche **Positionsbestimmung** und **Aufforderung zur Meinungsbildung** sind die Hauptanliegen eines Essays. Dazu eignet sich ein Sprachstil, der im Unterschied zur präzise und sachlich argumentierenden (textgebundenen) Erörterung von **Subjektivität** geprägt ist: Schilderungen, Provokationen, das Spiel mit dem Klang der Wörter und der Bedeutung der Begriffe, Ironie und Witz, Anspielungen und Wortneuschöpfungen sind, immer mit Maß und Ziel, ausdrücklich erlaubt.

Dennoch müssen Sie darauf achten, dass Ihr Essay einen **roten Faden** hat, den der Leser erkennt. Deshalb empfiehlt es sich, einen Schreibplan zu erstellen, in dem Sie bereits berücksichtigen, an welchen Stellen im Aufsatz Materialien aus dem Dossier integriert werden sollen. Achten Sie beim Verfassen Ihres Essays darauf, dass die geplante Gliederung auch im Layout des Textes sichtbar wird.

Sprachliche Richtigkeit ist, wie bei allen Aufsätzen, auch für den Essay ein Bewertungskriterium.

Lösungsvorschlag in Grundzügen

„Digitale Demenz" und „Dumm 3.0" – Verblöden wir am Computer?

Eine Demenz ist ein „Defizit in kognitiven, emotionalen und sozialen Fähigkeiten, das zu einer Beeinträchtigung sozialer und beruflicher Funktionen führt und meist mit einer diagnostizierbaren Erkrankung des Gehirns einhergeht. Vor allem ist das Kurzzeitgedächtnis, ferner das Denkvermögen, die Sprache und die Motorik, bei einigen Formen auch die Persönlichkeitsstruktur betroffen."

Begriffserläuterung „Demenz" (Bezug zu Material 1)

Mit dieser Erläuterung umschreibt das Internetlexikon Wikipedia eine **Krankheit**, von der in unserer alternden Gesellschaft immer mehr Menschen betroffen sind. Wir alle haben sofort die passenden **Bilder** dazu parat: der freundliche Herr aus der Nachbarschaft, der bei jeder Begegnung am Gartenzaun die immer gleiche Geschichte mehrfach hintereinander erzählt, die auf Ordnung bedachte Hausfrau, die ihren Geldbeutel immer öfter verlegt und ihn eines Tages im Kühlschrank wiederfindet, die Oma,

Assoziationen zum Begriff „Demenz"

die im Hochsommer im Pelzmantel spazieren geht, der unsicher tappende Greis, der mit erloschenem Blick seinen Rollator durch die düsteren Gänge eines Pflegeheims schiebt. Demenz – ein **Fluch**, der jeden treffen kann in einer Gesellschaft, die den Menschen, statistisch gesehen, eine immer höhere Lebenserwartung in Aussicht stellt.

Vor diesem Hintergrund liest sich der Titel des Buches „Digitale Demenz" des Ulmer Hirnforschers und Psychiaters Manfred Spitzer als polemische **Provokation:** Nicht um krankhafte Veränderungen im Hirn alter Menschen geht es, sondern darum, so der Untertitel, „Wie wir uns und unsere Kinder um den Verstand bringen" – und zwar mit Computer & Co. Spitzer outet sich nicht zum ersten Mal als vehementer Kritiker von Bildschirmmedien, denen er einen fatalen Einfluss auf die mentale, psychische und soziale Gesundheit gerade der jungen Generation unterstellt. „Digitale Demenz", so kann man analog zur Definition von Wikipedia formulieren, ist ein durch den Gebrauch von Bildschirmmedien hervorgerufenes „Defizit in kognitiven, emotionalen und sozialen Fähigkeiten", welches „das Kurzzeitgedächtnis, ferner das Denkvermögen, die Sprache und die Motorik, bei einigen Formen auch die Persönlichkeitsstruktur" betrifft. Von dieser „Krankheit" werden, so lässt sich Spitzers Buchtitel weiter ausdeuten, vor allem Kinder und Jugendliche befallen, und schuld daran sind nicht biologische Abbauprozesse, sondern bewusste (Miss-)Handlungen der Erwachsenen. Mit dem Stichwort „Digitale Demenz" stellt sich ein **Horrorszenario** vor dem inneren Auge ein, das den Vergleich mit den oben skizzierten Momentaufnahmen von Alzheimer-Patienten nicht scheuen muss: Säuglinge, die mit starrem Blick auf ein Foto im iPad schauen, anstatt mit allen Sinnen aktiv ihre Umwelt zu erkunden, Kleinkinder, die in der Kita isoliert vor Videospielkonsolen kauern, anstatt draußen zu toben und ihre Kräfte zu erproben, Schüler, die ziellos und tumb im Internet herumirren, anstatt konzentriert an anspruchsvollen Denkaufgaben zu arbeiten, Jugendliche, die ihren Tag mit Killerspielen am Computer verbringen und dabei emotional abstumpfen und schließlich Amok laufen. Da drängt sich die Frage auf: **Wie sieht** für diese Gesellschaft **die Zukunft aus**, wenn bei den Alten der Verstand nachlässt und die Jungen von vornherein verblöden?

Buchtitel „Digitale Demenz": eine Provokation (Bezug zu Material 1 und 8)

Übertragung der Definition „Demenz" auf „digitale Demenz" Beispiele

daraus resultierende Frage

Das Bild ist zugespitzt, ganz wie es Herrn Spitzer – nomen est omen – gefallen würde. Aber auch andere Kritiker schildern die Auswirkungen von Medienkonsum auf unsere Gesellschaft nicht weniger pointiert. So bezweifelt der Journalist und Medienberater Markus Reiter in seinem Buch mit dem plakativen Titel **„Dumm 3.0"** die viel beschworene „Demokratisierung", die das Internet weltweit bewirkt haben soll. Für eine Täuschung hält er die Auffassung, dass Internet und social media zur Überwindung sozialer und kultureller Spaltungen in der Gesellschaft beitrügen. Ganz im Gegenteil, er behauptet: „Wenn Sie sich anschauen, wer im Netz relevante Kultur oder Information produziert, dann sind das Leute, die entweder in den alten Medien bereits Erfolg hatten, oder die in den alten Medien Erfolg gehabt hätten, wenn es das Internet nicht gegeben hätte." Auch die Einwände der Interviewerin von ZEIT-online weist er zurück: Die allermeisten Menschen partizipierten nicht aktiv an emanzipatorischen Prozessen im Netz und würden **sich „zum Affen machen"**, wenn sie Filme, Fotos, Nachrichten ohne jede gesellschaftliche Relevanz ins Internet stellen. Eine **Karikatur** illustriert diesen Gedanken: Computer und Internet, so könnte man das Bild deuten, vollenden die **Evolution der Spezies Mensch**

(Bezug zu Material 2)

im **homo digitalis**, der dem Affen wieder verdächtig nahekommt. Durch die Nutzung von Geräten mit höchster künstlicher Intelligenz wird der Mensch „dumm 3.0“: Krumm und gebeugt vor dem Bildschirm sitzend verbringt er sein Leben und lässt alle körperlichen und geistigen Fähigkeiten verkümmern, die ihm der aufrechte Gang einst ermöglicht hat.

Karikatur (Bezug zu Material 3)

Zu einer **konträren Einschätzung** gelangt die Studie „Bildung via Internet: Wie vernetzt sind Deutschlands Kinder?“: **„Computer machen Schüler schlauer“**, so lautet das Fazit einer Untersuchung von Fujitsu Siemens Computers (FSC) und der Initiative D 21, über die focus-online berichtet. Demnach erzielen Kinder, die Internet und PC „intensiv nutzen“ und mit Lernsoftware trainieren, in den Hauptfächern Deutsch, Mathematik und Fremdsprachen bessere Leistungen als ihre Klassenkameraden, die den Computer nicht oder selten nutzen. Balkendiagramme visualisieren die Befunde – und sollen ihre Glaubwürdigkeit untermauern. Dass die FSC-Marketing-Chefin Barbara Schädler zu einem so positiven Fazit kommt, ist allerdings nicht verwunderlich, vertritt sie doch die wirtschaftlichen Interessen der Computerindustrie. Dennoch versäumt sie es nicht, **vor exzessivem Medienkonsum**, z. B. von Computerspielen, **zu warnen**.

Gegenposition:
– empirische Untersuchung (Bezug zu Material 6: Statistik)

Relativierung: ökonomische Interessen der Auftraggeber

Was stimmt denn nun? Werden wir immer dümmer durch Computer, Internet & Co? Oder steigt die Aussicht auf Bildungsgerechtigkeit und Intelligenz für alle?

Die Antwort ist, wie so häufig, **kein entweder – oder**. Entscheidend scheinen eher folgende Fragen: Welches Maß an Medien ist dem Menschen zuträglich? Welche Bindungen und Verbindungen geht er mit der verfügbaren Technik ein? Zu welchen Zwecken nutzt er künstliche Intelligenz?

Zwischenfazit: Fragen

Dass Babys und Kleinkinder eine **anregungsreiche reale Umwelt** brauchen, um sich körperlich, geistig und sozial gesund entwickeln zu können, steht außer Frage. Niemand will den Teddybären durchs iPad, den Beißring durch eine spezielle App und die über dem Kinderwagen baumelnden bunten Kugeln und Figuren durch einen Videofilm ersetzen. Aber schon im Vorschulalter können die digitalen Medien eine Bereicherung und Erweiterung des Lebensumfelds bieten. So berichtet der Medienpädagoge Stefan Aufenanger von der Universität Mainz begeistert davon, wie er dank Internet gegen seine fünf und acht Jahre alten Enkelkinder das Computerspiel „Das verrückte Labyrinth“ spielt, er in Mainz, die Kinder in den Niederlanden. Zudem hält er Suchmaschinen für sinnvoll, die auf die Bedürfnisse und die Denkweise von Kindern eingestellt sind, z. B. fragfinn.de und blinde-kuh.de. Allerdings, so betont auch Aufenanger, ist es wichtig, dass die Kinder bei ihren ersten Schritten im Netz von den Erwachsenen **begleitet und geführt** werden. Der Verführung, aus der kinderleichten Bedienbarkeit der modernen Hard- und Software die Kindertauglichkeit ihrer Inhalte abzuleiten, müssen sich verantwortungsvolle Eltern widersetzen. Dass der unkontrollierte Umgang mit digitalen Medien bei Vorschulkindern durchaus problematisch ist, meint auch der KIM-Forscher Thomas Rathgeb, der 2013 in einer neuen Studie des Medienpädagogischen Forschungsbunds Südwest erstmals die Gruppe der zwei bis fünf Jahre alten Kinder untersucht. **Konzentrationsprobleme**, **oberflächliches Denken**, verkürzte Aufmerksamkeitsspannen sind die häufig beobachtete Kehrseite intensiver Mediennutzung bei Kindern und Jugendlichen.

Betrachtung der Realität: einige Szenen

Position von Medienpädagogen (Bezug zu Material 1)

Wiederaufnahme der Fragestellung

Medien gehören zum heutigen Lebensstil (Bezug zu Material 4)

persönliche Positionierung aus der Perspektive von digital natives

rhetorische Fragen

Ob diese Entwicklung auf „digitale Demenz“ hinausläuft oder zum Phänomen „dumm 3.0“ führt – die **zunehmende mediale Durchdringung des Alltagslebens** lässt sich durch solche kulturkritischen Warnungen sicher nicht aufhalten. Längst rangieren Internet, Fernsehen und Handy im Medienmix der Jugendlichen an erster Stelle (vgl. JIM Studie 2012). Smartphone, Laptop und Tablet gehören in allen Altersklassen ganz selbstverständlich zum Lebensstil und helfen Probleme zu lösen, an die sich noch vor Kurzem nur Experten herangewagt hätten. Den Angehörigen unserer Generation, den **digital natives**, **stellt sich** Manfred Spitzers **Frage nach der digitalen Demenz also gar nicht**, ganz im Gegenteil: Durch digitale Medien können wir die kognitiven, emotionalen und sozialen Fähigkeiten weiterentwickeln, die wir für die Anforderungen unserer Lebenswelt brauchen. Wenn wir uns über Facebook vernetzen, wenn wir uns in englischsprachigen Chatrooms treffen, wenn wir durch Computeranimationen komplexe naturwissenschaftliche Zusammenhänge begreifen, dann führen die neuen Medien nicht in die „digitale Demenz“, sondern tragen ganz im Gegenteil dazu bei, dass wir unseren Lebensraum erweitern, uns Weltwissen aneignen und selbst Wissen generieren. Warum sollten wir auf diese Möglichkeiten verzichten? Was ist dagegen einzuwenden, dass wir Informationen bei Bedarf über das Smartphone recherchieren, anstatt eine Bibliothek aufzusuchen oder im Großen Brockhaus aus dem Bücherschrank der Eltern nachschlagen, sofern es einen solchen gibt? Was spricht dagegen, dass wir die Möglichkeit ortsungebundener Kommunikation nutzen, um Freundschaften zu pflegen und Communitys zu bilden? Was sollte uns daran hindern, virtuelle Welten zu erkunden und im Spiel unsere Identität immer neu zu konstruieren? Bei allen Formen des Web 2.0 ist nämlich nicht nur passiver Konsum gefragt, sondern **aktives Mitmachen**, bei dem das Gehirn in Schwung kommt.

Problemaufriss

Infragestellung der eigenen Position

Die Gefahr, dass wir uns durch digitale Medien „um den Verstand bringen“, sehe ich weniger im drohenden Verlust von Konzentrationsvermögen und Denkfähigkeit, sondern in den **Anforderungen der sogenannten „Wissensgesellschaft“**, die sich bei genauerem Hinsehen als „Wissenskonsumgesellschaft“ erweist. Wenn das komplette Wissen der Welt jederzeit per Mausklick verfügbar ist, wie findet man dann Orientierung? Wenn jedes Smartphone in Sekundenschnelle eine uferlose Informationsflut liefert, wie soll man da unterscheiden, was wichtig und was unwichtig ist? Der freie Zugang zu den Wissensbeständen der Welt führt dazu, dass wir über immer mehr Informationen verfügen und immer weniger wissen, wozu wir diese brauchen. Bildung im Sinne des Leitspruchs der Aufklärung, *Sapere aude*, zu erwerben, wird immer schwieriger. Droht also doch eine digitale Demenz, die unser Denkvermögen einschränkt?

Fazit: Es kommt auf den richtigen Umgang an (Bezug zu Material 5)

Ja und nein! Natürlich wissen wir, dass der **Computer** „ein **mechanischer Hohlkopf**“ (Peter F. Drucker) ist, und wir erfahren tagtäglich, dass elektronische Geräte „die intelligentesten Idioten [sind], die es gibt“. Wie bei allen Medien kommt es auf den richtigen **Umgang** mit ihnen an, und der muss von klein auf gelernt und trainiert werden.

Im Zeitalter der Aufklärung konnten etwa 80 % der Bevölkerung weder lesen noch schreiben. Der **Zugang zur Bildung**, deren Leitmedium das gedruckte Buch war, musste gegen kirchliche Macht und weltliche Fürstenherrschaft hart erkämpft werden. Heute, da im Prinzip allen das gesamte Weltwissen zur Verfügung steht, geht es darum, sich durch gezielte **Selektion von Wissen** und bewusste **Abwehr überflüssiger Informationen** von einer allmächtigen Datenindustrie zu emanzipieren.

Vergleich mit Bildung in früherer Epoche

Wie kann das gelingen? Sicher nicht durch bewahrpädagogische Verhinderungsstrategien, wie sie Herr Spitzer propagiert, sondern durch die Ausbildung klarer Wertvorstellungen davon, wie das richtige und gute Leben der Zukunft aussehen soll. Nach wie vor ist es eine der wichtigsten Aufgaben der Gesellschaft, die nachwachsende Generation zu kritischem Denken zu befähigen. Dazu gehört heute auch, dass Kinder und Jugendliche frühzeitig lernen, mit den Medien ihrer Zeit reflektiert umzugehen, damit sie deren Möglichkeiten und Grenzen einschätzen und sie zur Gestaltung der Zukunft nutzen können.

Ausblick: Erziehung zu Werten, kritischem Denken

Schriftliche Abiturprüfung Deutsch (Baden-Württemberg): Übungsaufgabe 12 Verfassen eines Essays

Aufgabenstellung
Schreiben Sie auf der Grundlage des vorgelegten Dossiers einen Essay mit dem Titel „**Vom Umgang mit Neid**"

Material 1:

Leonardo da Vinci – Der Pfirsichbaum

Ein Pfirsichbaum, der neben einem Nußbaum lebte, betrachtete voll Neid die mit Nüssen beladenen Zweige seines Nachbarn.
Warum darf er so viele Früchte tragen, dachte er, und ich so wenige? Das ist nicht gerecht. Ich will versuchen, es ihm gleichzutun.
„Übernimm dich nicht", sagte ein junger Pflaumenbaum, der seine Gedanken las. „Siehst du nicht, was für mächtige Zweige der Nußbaum hat, was für einen Stamm? Jeder muß seiner Kraft gemäß geben. Denke daran, gute Pfirsiche zu geben. Nicht die Quantität, die Qualität wiegt!"
Aber der Pfirsichbaum platzte vor Neid und wollte nicht hören. Er hieß seine Wurzeln, mehr Substanz aus der Erde zu ziehen, seine Fasern, mehr Saft aufzunehmen, seine Zweige, mehr Blüten zu treiben, seine Blüten, sich in mehr Früchte zu verwandeln, bis er schließlich, als seine Zeit kam, von Kopf bis Fuß mit Pfirsichen beladen war.
Aber die reifenden Pfirsiche nahmen zu an Gewicht, und die Zweige konnten sie nicht mehr tragen; auch der Stamm konnte alle diese von Pfirsichen überfüllten Zweige nicht mehr halten. Ächzend bog sich der Pfirsichbaum, und dann, mit großem Krachen, spaltete sich der Stamm, und alle Pfirsiche rollten dem Nußbaum vor die Füße.

Aus: Leonardo da Vinci: Fabeln. Hrsg. von Bruno Nardini, übersetzt von Rudolf Hagelstange. Würzburg: Arena Verlag 1973.

Material 2:

Martin Seel – Neid

Die Tugend der Bewunderung unterhält eine interessante Liaison mit dem Neid. Wer nämlich bewundern kann, vermag neidlos neidisch zu sein. Dieser Anwandlung wohnt keinerlei Missgunst bei. „Ich beneide dich um deine Gelassenheit", sagen wir manchmal, und stellen uns vor, auch wir hätten mehr von diesem Temperament. Ob es sich um Geduld, Energie, Disziplin oder um Besitztümer wie Ferienhäuser oder Jacketts mit Streifenmuster handelt, man begehrt das, was andere haben, ohne sich doch zu wünschen, diese hätten es nicht. Man würde es nehmen, aber will es ihnen keineswegs nehmen. Respekt für alle wird in der neidlosen Bewunderung von wenigen geübt. Man muss auch gönnen können – nicht nur sich selbst, sondern denen, die haben, was wir nicht haben.
Die aggressiv Neidischen sehen das anders. Sie halten den Vergleich nicht aus. Sie vergleichen sich mit den anderen und neiden ihnen alles, wodurch sie vermeintlich oder tatsächlich besser dastehen. Oder doch fast alles. Einige der immateriellen Güter lassen sie beiseite, denn was nützte es, Ulrichs Frohsinn zu haben, wenn man sein Ferienhaus nicht hätte. Glück, Glanz und Ruhm missgönnt der Neidische allen, die sich darin sonnen dürfen. Er nimmt ihnen ihren Nimbus oder Wohlstand nicht deshalb übel, weil sie sich ihn ergaunert hätten (denn das wäre ein Grund zur Empörung), sondern einfach, weil sie haben, was er nicht hat. Wenn er nur könnte, würde er sich alles das nehmen, was freilich seinen Reiz nur hätte, wenn er es den anderen abnehmen könnte. Denen, die vom Neid

zerfressen sind, wäre es weit lieber, dass keiner diese Güter hat, als dass irgendein anderer sie hat. Phantasien der Zerstörung geben sie sich nur zu gern hin.
[…] Der generöse und der aggressive Neid haben dieselbe Wurzel. Da man sich eine Gesellschaft ohne den generösen kaum wird wünschen wollen, wird man nicht davon träumen dürfen, den aggressiven einmal ein für alle Mal losgeworden zu sein. Eine Gesellschaft ohne Neid wird es nicht geben, vielleicht aber eine, in der Neid und Gier nicht das Sagen haben.

Aus: Martin Seel: 111 Tugenden – 111 Laster. Eine philosophische Revue. S. Fischer Verlag: Frankfurt/M. 2011, S. 113–115

Erläuterungen:
Z. 1 *Liaison:* Verbindung
Z. 15 *Nimbus:* besonderes Ansehen
Z. 21 *generös:* großzügig

Material 3:

„Missgunst gehört zum Berufsalltag"

Neid kann produktiv machen – wenn Konkurrenz gesund gesteuert wird. Was Führungskräfte zu beachten haben, erklärt die Arbeitspsychologin Julia Belting im Interview.

ZEIT ONLINE: Frau Belting, Sie haben sich mit Konkurrenzverhalten am Arbeitsplatz beschäftigt. Gehört Konkurrenz zum Arbeitsalltag?

JULIA BELTING: Ja. Generell kann man sagen, dass Neid, Missgunst und Konkurrenz zum Berufsalltag in jeder Branche und in jedem Unternehmen gehören. Wo Menschen zusammen arbeiten, gibt es auch Konkurrenz. Und sie lässt sich auch positiv steuern.

ZEIT ONLINE: Konkurrenz hat einen erheblichen Einfluss auf das Arbeitsklima.

BELTING: Das stimmt, aber das muss nicht zum Nachteil werden. Konkurrenz bedeutet Wettbewerb, sie ist wichtig für wirtschaftlichen Erfolg. Wir wissen, dass Unternehmen mit Monopolstellung weniger innovativ sind und kostenintensiver produzieren als Unternehmen, die im Wettbewerb stehen. Das lässt sich auch auf das Individuum übertragen: Studien zeigen, dass Mitarbeiter produktiver, leistungsfähiger und kreativer sind, wenn sie in einem Umfeld arbeiten, in dem es viele andere leistungsstarke Mitarbeiter gibt. Manche Unternehmen fördern deshalb den Wettbewerb unter den Mitarbeitern, durch Bonuszahlungen oder Auszeichnungen für die besten Mitarbeiter. Gesunde Konkurrenz führt dazu, dass sich Mitarbeiter angespornt fühlen. […]
Schädliche Konkurrenz kann aber auch in einer gesunden Wettbewerbssituation entstehen, denn jeder Mensch geht unterschiedlich mit Konkurrenz um. Die einen sehen sie als sportliche Herausforderung, die anderen fühlen sich dadurch bedroht. Die Angst ist umso stärker, je mehr auf dem Spiel steht: die Versetzung, die Bonuszahlung oder sogar der Job.

ZEIT ONLINE: Wie zeigt sich schädliche Konkurrenz?

BELTING: Wenn Neid und Missgunst verleugnet werden und nicht mehr auf der Sachebene, sondern auf der Beziehungsebene mit unfairen Mitteln ausgetragen werden. Dann kann es zu Mobbing kommen. Das beginnt meist recht harmlos: Wichtige Informationen werden nicht mehr weitergegeben, ein Kollege klaut dem anderen die Idee oder lässt ihn absichtlich bei einer Präsentation unerwähnt. Dieses Verhalten zielt darauf ab, den Konkurrenten auszubremsen. Manchmal äußern die Konkurrenten Zweifel an der Kompetenz des anderen – und organisieren sich schließlich Unterstützer. Es schaukelt sich dann ein Konflikt hoch. […]

ZEIT ONLINE: Sollten Führungskräfte Konkurrenzsituationen bewusst schüren?

BELTING: Auch das kann ein Instrument zur Mitarbeiterführung sein, wenn der Wettbewerb kein Schädigungspotential entfalten kann. In der Werbebranche beispielsweise wird das häufig genutzt, wenn ein Wettbewerb für die beste Kampagnen-Idee ausgeschrieben wird. Wenn Mitarbeiter um die besten Ideen streiten, ist die Möglichkeit begrenzt, den anderen oder den Kunden zu schaden. Anders sieht es aus, wenn beispielsweise Anlageberater eine bestimmte Anzahl an Abschlüssen erzielen müssen. Verantwortungsvolle Führungskräfte überlegen genau, unter welchen Umständen sie Konkurrenz fördern.

Quelle: ZEIT ONLINE vom 01.03.2012; http://www.zeit.de/karriere/beruf/2012-02/interview-konkurrenz-belting; Zugriff 30. 7. 2012; Interview: Tina Groll

Material 4:

Joseph Epstein – Die Jugend, Gott verdamm sie!

Unter den vielen Dingen, die in den Augen der Welt generell als beneidenswert gelten, gibt es vielleicht nur eins, das nahezu einhellige Zustimmung findet: Jugend. Selbst der Hochherzigste wird bisweilen nicht umhin können, die Jungen zu beneiden, und sei es auch nur um der unbestreitbaren Tatsache willen, dass die wichtigsten Karten des Lebens – die noch vor ihnen liegenden Jahre – nun einmal in ihrer Hand sind. Ich möchte nicht noch mal jung sein, sagt man gerne, was aber wahrscheinlich nichts anderes heißt, als dass man, wenn vielleicht auch unbewusst, die eigene Lebensmüdigkeit zum Ausdruck bringt.

Natürlich sind junge Menschen selbst nicht neidisch auf die Jugend – sie finden andere Dinge beneidenswert: Reichtum, Status, Erfahrung, Macht –, aber fast niemand, der allmählich in die mittleren Jahre kommt, kann die strahlende Jugend ohne einen sehnsüchtigen Seufzer betrachten, der allzu leicht in Neid umschlägt. In den meisten Fällen ist dieser Neid auf die Jugend eher allgemein und harmlos, doch gelegentlich kann er auch sehr unmittelbar und ziemlich bösartig werden.

Die Jungen haben Gesundheit, Energie, feste, wohlproportionierte Körper und normalerweise kaum eine Ahnung, dass das Leben endlich ist. Fast scheint es zwecklos, sie daran zu erinnern, dass die Mortalität letzten Berechnungen zufolge noch immer bei hundert Prozent liegt. Als ich vor vielen Jahren das staatliche Programm zur Bekämpfung der Armut in Little Rock, Arkansas, leitete, arbeiteten wir auch ein sogenanntes Pflegegroßeltern-Programm aus, in dessen Rahmen sich ärmere Mitbürger der älteren Generation ein wenig Geld verdienen konnten, indem sie auf Kinder aufpassten, wenn deren Eltern bei der Arbeit waren. Allerdings stellte sich heraus, dass die Alten von den ganz Jungen nicht immer wirklich angetan waren – um ehrlich zu sein, eigentlich in den seltensten Fällen. Meistens hatten sie sogar eine regelrechte Aversion gegen diese kleinen Kreaturen, die sich noch auf der Erde tummeln würden, wenn sie, die Älteren, schon längst unter ihr lägen. Da das Programm den Neid der Alten auf die Jungen nicht berücksichtigt hatte, erwies es sich letzten Endes als Fehlschlag.

Manchmal fragt man sich, ob der sogenannte Generationenkonflikt, der etwa alle zwanzig Jahre in erneuerter Version wieder aufflammt, nicht weniger ein Konflikt ist als vielmehr eine emotional aufgeladene Beziehung, die seitens der älteren Generation durch Neid entfacht und geschürt wird – einen Neid, in dem oft auch Bedauern mitschwingt.

Aus: Joseph Epstein: Neid. Die böseste Todsünde. Übersetzt von Matthias Wolf. Verlag Klaus Wagenbach: Berlin 2010, S. 54f.

Hinweise und Tipps

Ein Essay stellt den Versuch eines Verfassers dar, auf eine zentrale Frage Antworten zu finden. Der Text spiegelt seinen Gedankengang wider, nähert sich der Thematik aus unterschiedlichen Seiten an und kann durchaus assoziativ und sprunghaft angelegt sein. Auch wenn Sie also den Neid aus ganz unterschiedlichen Perspektiven in den Blick nehmen, muss ein **roter Faden** erkennbar bleiben, damit der Leser in der Lage ist, Ihren Überlegungen zu folgen. Sprachliche Mittel wie die Verwendung von Metaphern, Vergleichen, Zitaten oder ein abwechslungsreicher Satzbau, zu dem auch Fragen oder Ellipsen zählen, sollen die Lektüre möglichst anregend und spannend gestalten. Sie sollten also Ihr Augenmerk auf zwei Schwerpunkte richten: 1. Wie wollen Sie sich dem vorgegebenen Thema inhaltlich annähern, welche Aspekte wollen Sie berücksichtigen? 2. Wie stellen Sie Ihre Überlegungen sprachlich möglichst geschickt dar?

Von zentraler Bedeutung ist die Phase der **Stoffsammlung**, bei der Ihnen das vorgelegte Dossier hilft. Notieren Sie zunächst spontan alle Assoziationen, die Sie mit dem Thema „Neid“ verbinden. Lesen Sie dann gründlich die Materialien des Dossiers, unterstreichen Sie wichtige Aussagen und machen Sie am Rand kurze Notizen.

Die Dossiermaterialien beleuchten einzelne Aspekte des Phänomens Neid und bieten Ihnen Bausteine, die Sie in Ihrem **Essay** verwenden können (aber nicht müssen). Beachten Sie die exakte Formulierung der **Überschrift:** Es wird nicht nur nach der Empfindung Neid gefragt, sondern auch nach dem Umgang damit. Dazu können Reaktionen von Beneideten zählen, aber auch Möglichkeiten, wie der Neidische mit diesem Gefühl fertigwird, oder denkbare gesellschaftliche Maßnahmen, um den Neid abzustellen. Wie Sie das Thema inhaltlich füllen, bleibt Ihnen überlassen. Suchen Sie in jedem Fall nach weiteren Punkten zu der Problemstellung und notieren Sie alle Ideen in Form eines **Clusters**. Achten Sie darauf, nicht zu abstrakt zu bleiben, sondern sammeln Sie auch **konkrete Beispiele**, die Ihren Essay lebendig machen. Dies können neidische Personen aus der Geschichte oder der Literatur sein oder aber auch allgemeingesellschaftliche Diskussionsthemen. Ihre in dem Cluster erfasste Stoffsammlung sollten Sie vor der Niederschrift in einem **Schreibplan** ordnen. Verwenden Sie besondere Mühe auf den **Einstieg**, mit dem Sie die Aufmerksamkeit des Lesers gewinnen wollen. Hier empfiehlt es sich, eine ganz bestimmte Situation auszumalen oder aber ein griffiges Beispiel herauszustellen. Überlegen Sie schon vorab, an welcher Stelle Sie auffällige **sprachliche Mittel** verwenden wollen, wo Sie vielleicht ein Zitat einfließen lassen können oder wo Sie den Gedankengang bewusst abbrechen und neu ansetzen wollen. Am **Schluss** besteht die Option, in einer Kreisbewegung die Gedanken Ihres Einstiegs aufzugreifen. Oder Sie schließen mit einer Sentenz oder geben einen Anstoß, der den Leser zum Nachdenken bringen soll.

Lösungsvorschlag in Grundzügen

Vom Umgang mit Neid

„Spieglein, Spieglein an der Wand, wer ist die Schönste im ganzen Land?“ – „Frau Königin, Ihr seid die Schönste hier, aber Schneewittchen ist tausendmal schöner als Ihr.“ Dieses Schönheitsurteil kann die böse Königin aus Grimms Märchen *Schneewittchen* nicht auf sich sitzen lassen und sie lässt nichts unversucht, um dem schönen Mädchen den Garaus zu machen. Ihr Neid treibt sie zu immer neuen Mordanschlägen, für die sie zuletzt selbst mit dem Tod bezahlt.

Einstieg
Beispiel: Märchen

Neid ist es auch, der den Pfirsichbaum in Leonardo da Vincis Fabel dazu bringt, sich zu überanstrengen. Er will unbedingt dem Nussbaum nacheifern und dessen Ertrag erzielen, worüber er seine eigenen Grenzen vergisst. So mobilisiert er all seine Kräfte, um möglichst viele Früchte hervorzubringen, doch sind Stamm und Äste dem Gewicht nicht gewachsen. Die Moral von der Geschicht: Auch hier wird der Neider gestraft und stirbt.

Beispiel: Fabel
Bezug zu Material 1

Zwei alte Erzählungen über Neid, zwei indirekte Warnungen vor einer Empfindung, die als verwerflich und gefährlich dargestellt wird. Dass Neid krank macht, weiß auch der Volksmund: Man ist gelb oder grün vor Neid oder gar von Neid zerfressen. Das Schimpfwort „Neidhammel" schließlich rückt das Gefühl in die Nähe der Dummheit, die man traditionell Schafen zuschreibt.

Neid in Sprichwörtern

Doch was genau bedeutet Neid? Muss er immer schädlich und negativ sein? Neid richtet sich stets auf etwas, das ein anderer hat. Es kann sich um den sozialen Status, materiellen Besitz, bestimmte Privilegien, den Lebensstil oder besondere Fähigkeiten handeln. Dabei lassen sich, so Martin Seel, durchaus zwei Erscheinungsformen unterscheiden. Der generöse Neid ist gleichbedeutend mit neidloser Bewunderung – man gesteht dem anderen seine jeweiligen Gaben oder Güter zu; zwar würde man sie gerne selbst haben, doch ohne sie dem anderen nehmen zu wollen. Die negative Spielart dagegen hat aggressive, destruktive Züge und grenzt an Missgunst. Man gönnt dem anderen seinen Besitz nicht und würde ihm diesen am liebsten wegnehmen, wenn nicht sogar zerstören. Ein drastisches Beispiel für einen zur Besessenheit gesteigerten Neid führt der Spielfilm *Amadeus* vor, der fiktive und reale geschichtliche Ereignisse verwebt: Der Hofkomponist Antonio Salieri verkraftet es nicht, dass der junge Mozart ihm an Talent und Erfolg himmelweit überlegen ist, und treibt seinen Konkurrenten aus Neid in den Tod.

Definition von Neid
Bezug zu Material 2

Filmbeispiel

Kaum einer ist frei von Neid. Auch ich habe mich schon dabei ertappt, wie ich neidisch war auf die neuesten Trendsneakers meines Mitschülers, auf die Beliebtheit eines anderen, den Urlaub einer Freundin auf den Malediven. Das Ungeheuer Neid wird eben nicht nur durch materielle Besitztümer geweckt, auch persönliche Vorzüge rufen es auf den Plan. Und nicht nur ich, also der Einzelne, wird ein Opfer dieses Ungeheuers. Auch die ganze Gesellschaft ist anfällig dafür. Besonders Deutschland wird oft als Neidgesellschaft bezeichnet. Dies zeigen die regelmäßig aufflammenden Neiddebatten, die um die Frage nach sozialer Gerechtigkeit kreisen und die durch das Bekanntwerden hoher Gehälter oder Abfindungen für Vorstandsvorsitzende oder Manager neuen Zündstoff erhalten. Die Emotionen kochen hoch, wenn ein zum Rücktritt gezwungener Bundespräsident einen lebenslangen Ehrensold erhält oder ein Pleite-Manager mit einem „goldenen Handschlag" verabschiedet wird. In der Schweiz wurde nun sogar auf Votum des Volkes ein Gesetz zur Begrenzung von Managergehältern eingeführt.

persönlicher Bezug (konkrete Beispiele)

Neid auf individueller und gesellschaftlicher Ebene

„Was hat er, was ich nicht habe?" – Hinter jener Begehrlichkeit stecken Unzufriedenheit und das Empfinden eigener Minderwertigkeit: Man fühlt sich zu kurz gekommen, man entdeckt beim Gegenüber Dinge, die man bei sich selbst vermisst. Aber auch Verlorenes provoziert Neid: Erwachsene beneiden junge Menschen um deren Jugend und alles, was damit einhergeht: Gesundheit, Fitness, Unbedarftheit, Zukunft. Gerne würden die

thematischer Sprung: Gründe für Neid
Bezug zu Material 4

meisten das Rad der Zeit zurückdrehen und die Weichen ihres Lebens neu stellen. Alles auf Anfang? – Ein Ding der Unmöglichkeit. Und so bleibt eine leichte Missgunst gegenüber jenen, die am Start stehen und sich gar nicht bewusst sind, wie beneidenswert sie sind.

Neid scheint eine anthropologische Grundkonstante zu sein, eine schlechte Eigenschaft, die seit jeher das Wesen des Menschen prägt. Im Alten Testament erschlägt Kain seinen Bruder Abel, da er ihn um Gottes Segen beneidet. Joseph wird von seinen Brüdern ausgesetzt, da sie es nicht ertragen können, dass ihr Vater Jakob ihn bevorzugt. Im griechischen Mythos fürchtete man den Neid der Götter. Wer aus der Masse herausstach – sei es durch Schönheit, sei es durch Klugheit –, musste die Strafe der Himmlischen fürchten. Davon erzählt auch Schillers Ballade *Der Ring des Polykrates:* Als Polykrates sich seines Glückes und seines Vermögens rühmt, warnt ihn ein Freund vor dem Neid der Götter und rät ihm, zur Besänftigung dieser seinen teuersten Schatz im Meer zu versenken. Polykrates wirft beunruhigt seinen Lieblingsring in die Fluten, doch präsentiert ihm alsbald sein Koch einen gefangenen Fisch, in dessen Bauch eben jener Ring liegt. Polykrates kann seinem Schicksal nicht entfliehen: Die göttliche Strafe ist unabwendbar.

Fazit: Neid als typisch menschlich
Rückblick: Beispiele aus Bibel und Mythos

Doch wie schützt man sich vor Neid? Wie geht man mit diesem Unbehagen um? Im Mittelalter fürchtete man den bösen Blick, der als Zeichen des Neids galt und dem man eine unheilvolle, verhexende Wirkung zuschrieb. Um diesen Blick zu bannen, behängte man sich mit Amuletten – diese Form des Aberglaubens ist heute noch in nordafrikanischen Kulturen anzutreffen. Auch die christliche Theologie fordert, den Neid zu bekämpfen – wenn auch nicht mit magischen Mitteln, sondern mit der Nächstenliebe. Liebe ich meinen Nächsten wie mich selbst, gönne ich ihm sein Hab und Gut. Den Neid verteufelte man als Laster, bis er schließlich als eine der sieben Todsünden und als Fahrkarte zur Hölle galt.

Frage nach dem Umgang mit Neid
Rückblick II: Mittelalter

christliche Sichtweise

Und manchmal kann man aus dem Laster auch eine Tugend machen: Der Neid wird zur positiven Triebkraft, zum Stimulans, wenn man ihn gezielt und in Maßen einsetzt, etwa um den Wettbewerb zu fördern. In Unternehmen ist man sich dieser leistungssteigernden Wirkung bewusst und lässt Mitarbeiter um Bonuszahlungen oder Prämierungen konkurrieren. Neid als Impuls, sich selber weiterzuentwickeln. Freilich macht er nur produktiv, solange er nicht umschlägt in Missgunst oder den Wunsch, den anderen zu schädigen. Führungskräfte sollten also nicht leichtfertig Mitarbeiter gegeneinander ausspielen. Auch die Werbung hat den Neid als Motivationsfaktor für sich entdeckt, wenn sich in einem TV-Spot zwei Business-Männer gegenseitig mit Statussymbolen zu übertrumpfen versuchen: „Mein Haus, mein Auto, mein Pferd!"

thematischer Sprung: Nutzen von Neid
Bezug zu Material 3

Beispiel: Werbung

Auf gesellschaftlicher Ebene gab es immer wieder Überlegungen, den Neid durch eine gerechtere soziale Ordnung, durch Umverteilungen zu eliminieren. Karl Marx etwa sah im Kapitalismus eine wesentliche Ursache für Neid. Seine Folgerung: Gleicher Besitz für alle beseitigt auch Neid und Missgunst. Diese These greift aber zu kurz. Mein Mitmensch und ich können beide eine Yacht besitzen – und noch immer ließen sich Anlässe zum Neidisch-Sein finden: weil er tollere Partys auf seiner Yacht feiert, weil er besser navigieren kann, weil ihm die Kapitänsuniform besser steht … Dem Neid sind keine Grenzen gesetzt. Er ist und bleibt eine zutiefst mensch-

gesellschaftliche Maßnahmen gegen Neid

liche Eigenschaft, die unabhängig von den Rahmenbedingungen auftritt. Will man ihm beikommen, muss man bei sich selbst ansetzen.

Die böse Königin fühlt sich erst durch die Gegenüberstellung mit Schneewittchen nicht mehr schön genug. Der Pfirsichbaum aus da Vincis Fabel empfindet sich erst aufgrund seiner Beobachtung des Nussbaumes als nicht genügend. Da Neid immer aus einem Vergleich resultiert, gilt es, nicht den Besitz oder die Fähigkeiten eines anderen als Maßstab zu betrachten, an dem ich mein eigenes Leben messe. Auch sollte man stets bedenken, dass man nicht in den Beneideten hineinschauen, also nicht beurteilen kann, ob es ihm wirklich besser geht. Ein gesundes Selbstwertgefühl ist die Voraussetzung dafür, dem anderen etwas zu gönnen.

Rückbezug auf Beispiele des Einstiegs

Schlussfolgerungen

Den Neid kann also nur jeder selbst bändigen. Und dies ist nicht nur im Interesse des Beneideten, der mit den feindlichen Gefühlen umgehen muss, sondern auch im Interesse jedes Einzelnen. Wie das Märchen sowie die Fabel zu Beginn gezeigt haben, schadet der Neider vor allem sich selbst. Aufgrund seiner Missgunst steht er sich selbst im Weg und ist nicht in der Lage, seine eigenen Talente und Güter wertzuschätzen.

Doch so sehr man sich auch bemüht, vollends wird sich der Neid nie beseitigen lassen. Nicht umsonst schrieb Molière: „Die Neider sterben wohl, doch nimmermehr der Neid.“

Schluss: Sentenz

Deutsch (Baden-Württemberg): Übungsaufgabe 13
Analyse und Erörterung nicht fiktionaler Texte
Schwerpunkt: Analyse

Thema: Nina Pauer: Wenn Ironie zum Zwang wird. Die Flucht ins Extrapeinliche und in den schlechten Geschmack verrät eine große Unsicherheit

„Die Erinnerung an Torre di Venere ist atmosphärisch unangenehm", beginnt Thomas Mann seine Erzählung *Mario und der Zauberer.* Ein merkwürdiger Widerstand war es, den der Erzähler bei einem außergewöhnlich peinlichen Spektakel, der Aufführung des dämonischen Zauberers Cipolla, verspürte und der es ihm unmöglich machte, die Veranstaltung zu verlassen. „Zu entschuldigen ist es nicht, dass wir blieben, und es zu erklären fast ebenso schwer", hadert er mit sich selber, als der Magiker unter dem Johlen des Publikums seine hypnotisierten Opfer auf unerträgliche Weise vorführt. Verlegen ist schließlich das Eingeständnis: Der schaurig-schöne Bann, den das peinliche Spiel auf der Bühne ausübte, war einfach zu stark gewesen, um zu gehen. Eine unangenehme Selbsterkenntnis – damals noch bei Thomas Mann.

Denn heute ist es mit der Verlegenheit vorbei. Die Lust am Peinlichen, das bewusste Zelebrieren der „Fremdscham", dieses selbstquälerischen Genusses der Lächerlichkeit anderer, hat einen festen Platz im Gesellschaftlichen gefunden. Der Fremdscham werden Hymnen gewidmet – „Halli, hallo Herr Onkel Doktor, ich habe da ein riesiges Problem / Ja Mann, es ist echt der absolute Horror, kein Tag vergeht wo ich mich nicht für jemand schäm", so der Soul- und Hip-Hop-Sänger Jan Delay in seinem Hit *Überdosis Fremdscham* –, und ganze Freundeskreise finden sich allein zu ihrem Zweck wöchentlich vor ihren Fernsehgeräten zusammen. Pünktlich um 20.15 Uhr formieren sich die Abiturienten, Studenten, Doktoranden oder vielversprechenden Berufseinsteiger zu einem vergnügten Publikum, das bei Chips und Süßigkeiten nichts anderes tut, als sich der lustvollen Konträrfaszination des Schlimmen hinzugeben. „Wie peinlich ist das denn?!", kreischt der Chor, den Zeigefinger kollektiv auf den Fernseher gerichtet.

Gemeint sind die talentfreien Kandidaten von Bohlen bis Klum, die, sich ihrer eigenen Peinlichkeit nicht bewusst, ein bisschen singen und tanzen dürfen, bevor die Selektionsmaschinerie sie gnadenlos aussortiert. Gemeint sind die mageren Sechzehnjährigen, die kindlich-unbeholfen mit der Kamera flirten, die bemitleidenswert tölpischen Bauern, die inmitten ihrer Schafe eine Frau suchen. Wie einst bei Thomas Manns Zaubershow johlt das Publikum, als würde es von allen Seiten gekitzelt, wenn sich die meist übergewichtigen Singles von *Schwiegertochter gesucht* zu neuen Paaren zusammenfinden. In sadomasochistischer Freude krallt man sich in den Sofakissen fest, wenn sich die Paare, untermalt von kitschiger Musik und höhnischen Kommentaren aus dem Off, zum ersten Mal über einem „Malen nach Zahlen"-Bild küssen. Unter begeistertem Lamento vergleicht man, wenn sich die Frischverliebten gegenseitig unter die billigen Fleecepullis mit Huskeymotiv vortasten, das Ausmaß der „Ekelgänsehaut", das einem die Haare zu Berge stehen lässt. Denn peinlicher geht es nicht.

Genau deshalb gehören die geplanten Fremdscham-Events für viele junge Leute mittlerweile zum humoristischen Highlight der Woche, zu einer der schönsten Beschäftigungen mit den besten Freunden. „So sind wir nicht", bedeuten nämlich die gemeinsam ausgestreckten Zeigefinger auf den Fernseher. Und bündeln damit die gemeinschaftsgenerierende Erfahrung, sich in Sachen Peinlichkeit wieder einmal kollektiv nach unten abgegrenzt zu haben. Beruhigt geht man nach diesen Abenden nach Hause und verlängert die fröhliche Dosis Fremdscham noch Tage später dadurch, sich die besten, also peinlichsten Clips in Endlosschleife bei YouTube anzuschauen. Als gemeinsames Ritual wirkt die Fremdscham wie eine Kompensation der individuellen Angst, die ansonsten überall lauert.

Denn wie schwer ist es, diesem allgegenwärtigen Adjektiv „peinlich“, das unsere Zeit bestimmt, zu entrinnen! Nahezu unmöglich und vor allem furchtbar anstrengend ist es geworden, im weit und subtil verästelten analog-virtuellen Netzwerk stets die Balance aus lässigem Understatement, hübscher Ironie und gleichzeitiger Selbstvermarktung zu pflegen. Die Codes sind unendlich: Mit dem neuesten Smartphone prahlen? Peinlich! Immer noch keines haben? Peinlich! Zuckersüße Pärchenfotos auf Facebook veröffentlichen? Peinlich! Das eigene Mittagessen abfotografieren, den Stolz über den neuen Job allzu offensichtlich zeigen? Zu viele Freunde haben? Zu wenige? Peinlich, peinlich! Musik hochladen, die alle schon kennen? Musik hochladen, die nie irgendwer kennt? PEINLICH!

So zahlreich sind die unsichtbaren Fettnäpfchen allerorts, dass es nahezu unmöglich ist, sich von der stetigen Angst, in sie zu treten, nicht irritieren zu lassen. Kein Wunder jedenfalls, dass die Erleichterung sich ihren Weg sucht. Nicht nur boomt die inszenierte Fremdscham als Ventil. Auch der aktiv gelebte Trash hat hartnäckig Konjunktur. Bei „Entdeck the Dreck“-Partys, die sich offensiv als „bescheuertste Party“ der Stadt rühmen, wird in szenischen Clubs nächtelang extra peinlich zu billigsten Hits der Neunziger getanzt. Auf privaten „Bad Taste“-Feiern entstellen sich die sonst so stilbewussten Gäste grotesk wie nur irgend möglich. Im schaurig-schönen Camp-Style verkleidet man sich als Geeks, Freaks, Prolls und Tussen. In engen braunen Männerslips über rosa Trainingsanzügen aus Ballonseide trifft man sich, am besten mit einem allein zum Zweck der Party gewachsenen fiesen Schnauzer im Gesicht, zum Dosenstechen in der Küche.

Der Uncoolnessfaktor wird auf hundert Prozent gekurbelt, wenn die alten *Bravo Hits*-CDs aufgedreht werden und man sich, unter den entsetzlichen Beats von DJ Bobo zuckend, gegenseitig mit Mezzo Mix bespritzt oder den Erdnussflips aus der XXL-Packung von Ja! bewirft. Die Fotos davon, wie man sich in so einer Nacht einmal richtig hat gehen lassen, so richtig „abgespackt“ und sich „zum Vollhorst“ gemacht hat, darf am nächsten Tag jeder gerne ins Internet stellen. Sie sind Trophäen der Lässigkeit, beseelt von dem großen Gefühl der Sicherheit: Peinlichkeit impft gegen Peinlichkeit. Schließlich ist nichts davon ernst. Alles ist Ironie.

Schützt die Peinlichkeit wirklich vor der Peinlichkeit? Wo potenziell alles peinlich ist, bleibt nichts als der ewige ironische Reflex. Die Ironie wird zum Standard und die Distanz zum Zwang. Dann regieren die Zwinkersmileys, die alles Gesagte, Geschriebene, Getane sofort relativieren, um bloß immer „*safe*“ zu sein. Von der Freude an der Peinlichkeit ist dann nicht mehr viel übrig. Die Lust wird zu ihrem Gegenteil, zur Langeweile. Denn ach, wie leicht ist es, ewig ironisch zu sein, wie vorhersehbar und fad, sich immer nur witzelnd herauszuwinden. Die Überheblichkeit der Ironie ist das Neinsagen. Präventiv entwertet sie jede Aussage oder lässt sie vage im Uneindeutigen verharren. „Ich habe mir jetzt auch so eine nerdige Poser-Brille zugelegt“, „Ich bin jetzt auch so ein Apple-Opfer geworden“, wird vieldeutig gezwinkert. Am Ende bedeutet es nichts.

Jenseits der spaßigen Trash-Exzesse ist die Ironie als Strategie des Anti-Peinlichkeit-Managements keine befreiende, sondern vielmehr eine einengende Haltung. Eine Liebeserklärung, die sich durch das Hintertürchen des Ironischen verdrückt, um bloß die Gefahr der Peinlichkeit zu vermeiden, ist undenkbar. Ein politisches Statement lässt sich nicht durch das ewige Lustigmachen über sich verhaspelnde und stolpernde Minister ersetzen. Dem Papst eine rote Nase malen kann jeder, sich zum Glauben bekennen nicht.

Das Affirmative ist ein Wagnis, das sich dem Urteil, auf den einen oder anderen peinlich zu wirken, schonungslos stellt. Das dauernde Zelebrieren des Peinlichen allerdings ebenso. „Weißt du, das ist so jemand, der schafft es nur auf Bad-Taste-Partys, aus sich herauszugehen“, könnte die gefürchtete Meinung über den ewig Selbstironischen dann beispielsweise lauten. Ständig Castingshows gucken? Nie etwas ernst meinen, immer nur mit dem Finger auf andere zeigen? Peinlich. Restlos schützen kann nichts und niemand vor dem P-Wort. Aber am Ende ist es dann ja auch doch nur eines: ein Adjektiv unter vielen.

Nina Pauer, DIE ZEIT Nr. 43/2011, www.zeit.de/2011/43/Peinlichkeit-Ironie, 25. 10. 11

Erläuterung:
Z. 89: *affirmativ:* bejahend, zustimmend, sich zu etwas bekennend

Aufgabenstellung
- Arbeiten Sie die Kerngedanken des Textes heraus und analysieren Sie seine Struktur und seine sprachliche Gestaltung.
- *„Das Affirmative ist ein Wagnis, das sich dem Urteil, auf den einen oder anderen peinlich zu wirken, schonungslos stellt.“* (Z. 89 f.)
  Setzen Sie sich mit dieser These der Autorin auseinander.

[Bitte beachten Sie, dass der Schwerpunkt der Gewichtung auf der ersten Teilaufgabe liegt.]

Hinweise und Tipps

Teilaufgabe 1
Dass der Schwerpunkt dieser Aufgabenstellung auf der **ersten Teilaufgabe** (Analyse) liegt, hängt mit der Beschaffenheit des Textes selbst zusammen – seine Kernaussage ist nämlich rasch zusammengefasst: Hinter der scheinbaren Lust an der Ironie steckt die Angst, für ein unironisches Bekenntnis zu jemandem oder etwas in der gnadenlosen Bewertungsmaschinerie der sozialen Netzwerke „disliked“ zu werden.
Lohnenswert wird eine Beschäftigung mit diesem Text daher vor allem dann, wenn man das **Zusammenwirken von Inhalt, Struktur und Sprache** beleuchtet. Dabei ist auffällig, dass die Autorin Nina Pauer, die Ironie schon in der Überschrift als Zwang benennt, selbst konstant mit verschiedenen Mitteln Ironie erzeugt. Diese Wirkung gilt es zu beschreiben, ihren Zweck zu erklären.

Teilaufgabe 2
Die **zweite Teilaufgabe** soll der Auseinandersetzung mit einer aus dem Text herausgegriffenen These Pauers dienen. Das Zitat *„Das Affirmative ist ein Wagnis, das sich dem Urteil, auf den einen oder anderen peinlich zu wirken, schonungslos stellt“* ist die Brücke zwischen ausladender und lustvoller Beschreibung eines Phänomens / versuchter Erklärung desselben und einem noch nicht allzu konkreten Lösungsansatz. Es liegt daher auf der Hand, dass Ihre Auseinandersetzung nicht nur in der Frage „Zustimmung oder Ablehnung?“ mündet, sondern dass sie das Wagnis, die Schwierigkeiten des Affirmativen konkretisiert und anschaulich macht und damit den Text gleichermaßen weiterdenkt.
Um das Feld der Erörterung zu öffnen und gleichzeitig abzustecken, sollten Sie sich zunächst Pauers Äußerung quasi in Zeitlupe auf der Zunge zergehen lassen. Das heißt zum einen, den Kontext des Zitates nicht aus den Augen zu verlieren. Zum andern bietet es sich an, mit den zentralen Begriffen ihrer Aussage zu „jonglieren“, also Synonyme zu suchen, Gegensatzpaare zu bilden, Gesagtes in eigenen Worten zu umschreiben. Durch diese Vorgehensweise tut sich z. B. das Feld „Risiko und Gewinn des Affirmativen“ auf. Des Weiteren stellt sich die Frage, was denn das Affirmative so sehr zum Wagnis macht. Direkt in diesem Zusammenhang schließt sich eine weitere Überlegung an, nämlich die, dass den Menschen etwas fehlen muss, wenn der Schritt zum Affirmativen so schwerfällt. Ihre Betrachtungen sollten nicht nur vom „Einzelnen“, aber auch nicht nur von „der Gesellschaft“ sprechen – es geht vielmehr um eine Wechselwirkung zwischen beiden.

Lösungsvorschlag in Grundzügen

Einleitung

Nina Pauer spürt in ihrem 2011 in der „Zeit" erschienenen Artikel „Wenn Ironie zum Zwang wird" dem **Phänomen des gewollten kollektiven Fremdschämens** nach. Zahlreiche TV-Sender bieten entsprechende Formate an, die zum gemeinsamen Schauen und Spotten einladen. Pauers **Augenmerk** liegt jedoch nicht auf der Rolle der Medien in diesem Trend, sondern **auf den Zuschauern** und **der Frage, was diese** unter der Oberfläche des „Sich-gemeinsam-Amüsierens" **antreibt**, das Erleben von Fremdscham bewusst zu suchen. Gestoßen ist sie dabei auf Folgendes:

Teilaufgabe 1: Die Kernaussagen des Textes

In der Öffentlichkeit des „subtil verästelten analog-virtuellen **Netzwerk[s]**" (Z. 47) **wird jeder**, der dies möchte, **zu einem öffentlichen Menschen** und somit fast zwangsläufig zu einem **Selbstvermarkter**, denn: je mehr Öffentlichkeit, desto mehr Potenzial, durch eine Abweichung von der sich im Netz herausbildenden Norm negative Aufmerksamkeit auf sich zu ziehen, also „peinlich" (Z. 45) zu sein. Die Reaktionen auf diese „individuelle[] Angst" (Z. 44) vor dem „Peinlich-Sein" sind, so Pauer, die auf Bad Taste-Partys oder bei Fremdscham-Events „inszenierte Fremdscham als Ventil" (Z. 56 f.) sowie Ironie, also Distanz und Verneinung, als „Reflex" (Z. 74). Die Autorin deckt das **Motiv hinter dieser kollektiven Abgrenzung „nach unten"** (Z. 40) auf und ermutigt abschließend, aus dem Versteck der Ironie und Unverbindlichkeit herauszukommen.

Analyse der Struktur des Textes

Fremdscham früher und heute

Pauers Text folgt einem logischen und für den Leser gut nachvollziehbaren Aufbau: Zunächst gibt es einen Verweis auf Thomas Manns „Mario und der Zauberer" (Z. 1–10), was **Hinführung zum Thema und zugleich auch Rückblick** ist. Dadurch wird der **Kontrast** in Abschnitt zwei (Z. 11–22) nur umso deutlicher: Dort nämlich taucht die Autorin ausführlich und mit spürbarer Freude am Veranschaulichen in die heutige Welt der „Generation Fremdscham" ein und zeigt, welche Entwicklung das Phänomen genommen hat, von etwas peinlich berührt und zugleich fasziniert zu sein: Schämte man sich bei Thomas Mann noch ob der beschriebenen „Konträrfaszination" (Z. 20 f.), so sucht man sie heute kollektiv und bewusst.

TV-Formate ermöglichen regelrechte Fremdscham-Events

Mit diesem Vorgehen demonstriert Nina Pauer ihre **Kennerschaft** sowohl der Welt der Literatur und damit des wertebewussten Bildungsbürgertums als auch der Welt der „Fremdscham-Events" (Z. 36), die bewohnt wird von „Abiturienten, Studenten, Doktoranden oder vielversprechenden Berufseinsteiger[n]" (Z. 18 f.). Sie verschafft sich damit bei Vertretern beider Welten (die so unterschiedlich gar nicht mehr sind) gleichermaßen Gehör. Außerdem ermöglicht ihr diese Kennerschaft eine **Präzisierung** der Beschreibung der heutigen Fremdscham-Kultur in Abschnitt drei (Z. 23–35): Dort wird klar, dass es inzwischen eine Reihe von Fernsehformaten gibt, die die in den Abschnitten eins und zwei beschriebene Lust am Fremdschämen bedient, nämlich Casting-Shows und jede Menge Reality-TV.

Von der Beschreibung zur Analyse: Was hinter der Freude an Fremdscham steckt

Nachdem ein anschauliches Bild der heutigen Situation gezeichnet wurde, macht sich Pauer ab Abschnitt vier (Z. 36–53) daran, die **Hintergründe** des zuvor beschriebenen Trends zu beleuchten. Hinter der kollektiven Abgrenzung von den Peinlichen stecke das Bedürfnis nach „Kompensation der individuellen Angst" (Z. 44), selbst das Etikett „peinlich" verpasst zu bekommen. Die **Funktion der Fremdscham-Events** wird nun deutlich (Abschnitt 5, Z. 54–72): Sie sind in der Daueranspannung, als peinlich bewertet werden zu können, ein „Ventil" (Z. 57), durch das sich „die Erleichterung […] ihren Weg sucht" (Z. 56). Dasselbe trifft auf das aktive statt passive Zelebrieren von Peinlichem zu, zum Beispiel auf „Bad Taste-Feiern" (Z. 60). Diese beschreibt die Autorin zunächst mit der ihr eigenen Freude am Detail, um ihren Gedankengang mit der folgenden erklärenden Formel abzuschließen: „Peinlichkeit impft gegen Peinlichkeit" (Z. 71).

In Abschnitt sechs (Z. 73–88) beginnt sich **Pauers eigener Standpunkt** herauszukristallisieren: Was Sicherheit geben soll, nämlich Ironie und Distanz, enge bei genauem Hinsehen ein (Z. 84). Die Entscheidung, ironisch oder mit lustvoller Übertreibung an eine Sache heranzugehen, sei **keine freie, spontane, individuelle Aktion**, sondern eine schon beinahe **konventionalisierte Reaktion**, die Echtheit und Klarheit im eigenen Tun verhindere. Aus diesen Gedanken heraus bahnt sich ein **Lösungsansatz** an, in dem der Text im Schlussabsatz in einer Art **Conclusio** mündet (Z. 89–95): Dort wird mit dem Mut zu einer bejahenden Haltung Personen und Einstellungen gegenüber ein Gegenmodell zur „Überheblichkeit [des] Neinsagen[s]" (Z. 79) entworfen. Wenn auch knapp und vage gehalten, überzeugt Pauers Idee dennoch durch die Argumentation, das Affirmative sei nicht riskanter als der vertraute „ironische Reflex" (Z. 74), denn letztlich könne in einer Gesellschaft, in der potenziell alles „peinlich" sei, auch das bemühte „Anti-Peinlichkeit-Management[]" (Z. 83 f.) für „peinlich" befunden werden. **Implizites Fazit**, das der Leser automatisch ziehen muss: dann doch lieber negativ bewertet werden für etwas, was einem ernsthaft am Herzen liegt, als für ein aufgesetztes Verhalten, dessen einziger Sinn ohnehin nur darin besteht, genau diese Etikettierung zu umgehen.

Ironie = Einengung statt Freiheit; daher: Mut zur Affirmation

Durch zahlreiche **sprachliche Finessen** nimmt Nina Pauer ihre Leser von der ersten bis zur letzten Zeile mit. Diese dienen nicht nur der **Veranschaulichung** und **Unterhaltung**, sondern sie sind mit Aufbau und Inhalt stimmig verwoben, sodass **wichtige Aussagen wirkungsvoll verstärkt, unterstrichen** oder auch **zugespitzt** werden.

Mittel der sprachlichen Gestaltung

So verdeutlicht z. B. das **Oxymoron** „selbstquälerische[r] Genuss[]" (Z. 12) die Vereinigung von eigentlich Widersprüchlichem: Qual (durch empfundene Verlegenheit und Scham) und Genuss (im freudigen Gemeinschaftserlebnis). Auch im **Kompositum** „Konträrfaszination" (Z. 20 f.) steckt dieser Hinweis auf die Widersprüchlichkeit, an Ekel und Scham Freude zu empfinden. Geradezu paradox kommt die **sentenzhafte Aussage** „Peinlichkeit impft gegen Peinlichkeit" (Z. 71) daher. Ihr folgen die Sätze „Schließlich ist nichts davon ernst. Alles ist Ironie" (Z. 71 f.), die die Begriffe „nichts" und „Alles" **antithetisch** gegenüberstellen. Ein **Parallelismus** („Die Ironie wird zum Standard und die Distanz [wird] zum Zwang", Z. 74 f.) unterstreicht die im Text dargestellten Zusammenhänge zwischen Angst vor Peinlichkeit und scheinbar selbstsicher-unterkühlter Ironie als Reaktion darauf.

Funktionale Analyse auffälliger Stilmittel

Die Angst davor, peinlich zu sein, wird anschaulich als solche dargestellt: Die **Wiederholung** des Adjektivs „peinlich" (Z. 49–53) steigert sich zur **Klimax**; die **Häufung** suggeriert, dass es ja ohnehin nichts gibt, das nicht von irgendjemandem „peinlich" genannt werden könnte. Welchen Schluss man aus dieser Erkenntnis ziehen müsste (sein Verhalten dann nämlich nicht nach diesem Begriff auszurichten), das hebt sich Nina Pauer für ihren letzten Absatz auf (s. o.). Hier sind also Inhalt, Sprache und Aufbau wirkungsvoll miteinander verbunden.

Der Umgang mit dem zentralen Begriff „peinlich"

Pauers gesamter Text atmet **Zeitgeist:** Sie beherrscht die „Codes" (Z. 49) der ironischen, die Fremdscham liebenden Menschen in Wort und Bild. Sie **veranschaulicht** ihre Beispiele mit vielen unterhaltsamen, aber eigentlich unnötigen Details („Malen nach Zahlen"-Bild, Z. 32; „billige[] Fleecepullis mit Huskeymotiv", Z. 33 f.), **malt Situationen** bis hin zur **Übertreibung** aus („und man sich [...] mit Mezzo Mix bespritzt oder den Erdnussflips aus der XXL-Packung von Ja! bewirft", Z. 67 f.), was zum von ihr beschriebenen gesellschaftlichen Trend nur zu gut passt. Neben Anglizismen („Trash", Z. 57; „Bad-Taste", Z. 60; „‚safe'", Z. 76) verwendet sie auch zahlreiche **Neologismen** („Fremdscham-Event[]", Z. 36; „Uncoolnessfaktor", Z. 65; „Anti-Peinlichkeit-Management[]", Z. 83 f.), die sie nicht zuletzt deshalb einsetzt, weil sie für das neuartige Phänomen neue Wörter braucht. Vor allem bewirkt ihr Text aber, dass jeder sich von ihm angesprochen fühlen kann: Der Kritiker dieser Fernsehformate ebenso wie derjenige, der sich ein wenig ertappt fühlt, weil auch er sich beim Dschungelcamp oder ähnlichen Sendungen bestens entspannt hat. Ersterer fühlt sich durch die Darstellung in seinen Befürchtungen ernst genommen, Letzterer fühlt sich nicht belehrt, da Pauer sich nicht über ihn erhebt, sich nicht von ihm abgrenzt.

Pauers Sprache passt zu dem von ihr beschriebenen Sachverhalt

Die Autorin **kommt** in ihrem Text also **der Ironie auf die Spur:** Nicht Lässigkeit und (Selbst-)Sicherheit stecken hinter den angesagten Exzessen zum Peinlichen, sondern Angst. Eine Angst, die hinter einem witzelnd-distanzierten Auftreten versteckt werden muss. Ein gelungener **Kunstgriff** dabei ist, dass die Autorin diesen Zusammenhang ausgerechnet mit einem sehr unterhaltsamen, immer wieder ironischen Text aufdeckt. Anstatt den moralischen Zeigefinger zu erheben, hält sie der „Generation Fremdscham" den Spiegel so vor, dass diese sich nicht verurteilt, aber angesprochen, verstanden und zu einer Verhaltensänderung gleichermaßen ermutigt fühlt („ein Adjektiv unter vielen", Z. 95). Der **Schlussabsatz** zeigt nämlich eine **positive Reaktion auf die Angst des ständigen Bewertet-Werdens: das Affirmative**. Diese Conclusio ist sprachlich, inhaltlich und strukturell miteinander verwoben: Das Adjektiv „peinlich", das die „Fremdschämer" so gerne verwenden (Z. 49–53), könnte auch gegen sie selbst – die Fremdschämer – verwendet werden, nämlich dann, wenn eine andere Personengruppe genau diese ständige Abgrenzung von anderen „peinlich" (Z. 94) findet. So unterstützt die häufige und gezielte Verwendung dieses einen Adjektivs den Gedankengang der Autorin.

Mit Ironie die Ironie kritisiert

Pauers Text ist unterhaltsam geschrieben, holt Leser mit verschiedenen Interessen/Standpunkten zum Thema „Fremdscham" ins Boot und bietet neben einem schlüssigen Erklärungsansatz für den beschriebenen gesellschaftlichen Trend eine gedanklich eng damit verbundene (Verhaltens-) Alternative. Diese drückt sich in der Äußerung aus, auf die im Folgenden näher eingegangen werden soll: „Das Affirmative ist ein Wagnis, das sich dem Urteil, auf den einen oder anderen peinlich zu wirken, schonungslos stellt." (Z. 89 f.)

Teilaufgabe 2:
Erörterung
Über die Begriffserklärung das Thema erschließen

Beginnen wir mit einer **Erläuterung der Schlüsselwörter** dieser Aussage. Am interessantesten dürfte das bei dem Begriff „**affirmativ**" sein, zu dem, im Kontext gesehen, „**konstruktiv**" das Synonym, „**gleichgültig**", „**ironisch-witzelnd distanziert**" oder gar „**destruktiv**" die passenden Gegenbegriffe sind. Letztere verweisen nämlich auf die Motive einer solchen Ablehnung (vgl. Z. 84–88), die da wären: Angst vor dem Urteil anderer, bequemes Mitschwimmen mit den in der Netz-Community anerkannten

Das „Affirmative": Synonyme und Antonyme

Denk- und Verhaltensweisen, bewusstes Vermeiden einer Auseinandersetzung mit einer Sache durch vorschnelles, ironisches Abtun.

Ist auf diese Art das **Gegensatzpaar „affirmativ – negierend“** erschlossen, fügen sich die Formulierungen „Wagnis“ und „sich schonungslos stellen“ stimmig hinzu. In „**Wagnis**“ schwingt mit, dass man sich für ein Risiko bewusst entscheidet, weil man sich davon gleichzeitig einen Gewinn, etwas Lohnendes verspricht. In diesem Fall wären das Freiheit und Authentizität, denn in dem Moment, wo sich der Einzelne von dem öffentlichen Druck befreit, bloß nicht aufzufallen oder peinlich zu sein, gewinnt er **Autonomie** und **Freiheit** zurück. Diese Entscheidung braucht aber zunächst einmal **Mut** und **Konfliktfähigkeit** („Wagnis“), weil man durch sie sichtbar wird und deutlich mehr auffällt als durch normkonformes Handeln – daher auch die Formulierung „sich dem Urteil schonungslos stellen“ (Z. 89 f.).

Das „Wagnis“: Wo liegt das Risiko, wo der Gewinn?

Man könnte der Autorin natürlich vorwerfen, mit ihrem **Lösungsansatz vage und unkonkret** zu bleiben. Schließlich beendet sie damit mehr oder weniger ihren Text, ohne zuvor anschauliche Beispiele geliefert zu haben, wie sich das Affirmative in Einzelfällen zeigt. Jedoch könnte bei genauerem Hinsehen, wie eben durch die Begriffserklärung geschehen, der Satz zu einem Mantra, einem **Konzept** werden, das auf viele Situationen passt und dann quasi als **Leitfaden** in konkretes Handeln umgesetzt werden muss. Die Konkretisierung leistet der Anwender selbst; Pauers Verdienst ist es, ihren Vorschlag so prägnant formuliert und durch den Kontext der gesamten Darstellung als attraktive Alternative zur unverbindlichen Dauerironie dargestellt zu haben.

Auseinandersetzung mit der These: zu vage oder brauchbares Konzept?

So wäre es beispielsweise durchaus mit ihrer These vereinbar, aus der Kirche auszutreten, aber eben nach einer ernsthaften Auseinandersetzung mit dem Gedanken und nicht, weil man den Papst zur Witzfigur mit roter Nase (vgl. Z. 88) macht und damit bei Facebook auch noch Beifall heischt. Die „Negation“ und das „Affirmative“ (Z. 89) schließen sich also nicht aus, im Gegenteil: Etwas fundiert begründet abzulehnen, ist in gewisser Weise auch ein „**Bekenntnis**“, ein **mutiges „Sichtbar-Werden**“, ist **konstruktiv statt destruktiv**. Entscheidend ist folglich nicht die Frage, ob man sich für oder gegen eine Sache ausspricht, sondern aus welchen Gründen das jeweils geschieht: Hat der Einzelne vor einer Entscheidung **äußere Maßstäbe** an sein eigenes Handeln angelegt, sie verinnerlicht und ist er damit **fremdbestimmt**, oder ist die **Richtschnur seines Handelns der eigene Verstand** und vielleicht auch **Instinkt**? Ist der Antrieb, sich Dingen zu stellen, das Untertauchen im sicheren Kollektiv, das Dazugehören, die Selbstvermarktung in der permanenten Öffentlichkeit der sozialen Netzwerke – oder kommt der **Antrieb aus dem Einzelnen oder gar aus der Sache selbst**?

Konkretisierung: Das Konzept des Affirmativen in der konkreten Anwendung

In Pauers Logik verhindert die Distanz schaffende Dauerironie mehr als nur die **Authentizität jedes Einzelnen:** Sie steht echten Auseinandersetzungen im Weg, die auch **die Gesellschaft weiterbringen** würden. Wenn es aber Usus wird, dass Äußerungen über Politik sich darauf beschränken, sich über Macken von Politikern lustig zu machen (vgl. Z. 87), redet zwar jeder mit, aber jeweils, ohne etwas gesagt zu haben. Die Folge ist, dass auch Politiker sich mehr um ihre Vermarktung und ihr Auftreten kümmern (sie wollen ja gewählt werden) und weniger um Inhalte. Das kann nicht im Interesse der Gesellschaft sein.

Bedeutung des Affirmativen für den Einzelnen und die Gesellschaft

So wünschenswert es also auch gesellschaftlich wäre, dass Inhalten und damit verbundenen Auseinandersetzungen nicht ausgewichen wird, so sehr

Hindernisse für das Affirmative

muss man doch feststellen, dass **die schnelllebige Zeit des World Wide Web** ein beharrliches, tiefgehendes Befassen mit einzelnen Fragen kaum mehr ermöglicht. Auch die **relative Orientierungslosigkeit in einer pluralistischen**, scheinbar enttabuisierten **Gesellschaft** ist eine Erklärung für den mangelnden Mut (oder vielleicht eher für den mangelnden Anlass) zum Affirmativen. Überspitzt formuliert: Warum sollte man für eine Sache kämpfen, wenn ohnehin alles möglich zu sein scheint?

Als weiteres Hindernis für das Affirmative muss das **Leistungs- und Wettbewerbsdenken** genannt werden, das die Industriestaaten des ausgehenden 20. und jetzt 21. Jahrhunderts und damit ihre Gesellschaften prägt. Das, was in der Wirt- und Wissenschaft durchaus seine Berechtigung haben mag, hat sich verselbstständigt und **auf andere Bereiche übertragen:** Das von Nina Pauer anschaulich dargestellte Bedürfnis nach Abgrenzung nach unten (vgl. Z. 38–41), zelebriert als nicht ganz ernstgemeinter Spaß, ist ein gutes Beispiel dafür, wie der ständige Vergleich mit anderen („So sind wir nicht", Z. 38) zur **selbstverständlichen, verinnerlichten Dauerhaltung** wurde.

Fazit

Abschließend sollen einige Gedanken festgehalten werden, die den **Weg zum Affirmativen** weisen: Wenn man das Affirmative dem Ironischen vorzieht, muss man sich fragen, wie es der Einzelne schaffen kann, der Welt konstruktiv statt distanziert, gleichgültig oder gar destruktiv gegenüberzutreten, und was der Mensch braucht, um ein gutes Gefühl eben nicht aus der negativen Abgrenzung von anderen zu ziehen.

Eine Antwort auf diese Überlegungen findet man, wenn man sich klarmacht, dass **der Mensch** zum einen **etwas Sinnstiftendes braucht**, für das er sich einsetzt, zum anderen, dass er ein **soziales Wesen** ist. Auch wenn der Begriff des Kollektivs im Text Pauers negativ behaftet ist, weil es durch Abgrenzung nach unten entsteht, muss das nicht heißen, dass ein Aufgehen im Kollektiv grundsätzlich feige und schlecht ist. Vielmehr ist eine **Umkehr zu einer positiven Werteskala** gar **nicht im Alleingang** möglich. Auch im Affirmativen/Konstruktiven braucht es Verbündete, braucht es ein Kollektiv, ein Netzwerk, wo sich Ideen addieren, wo man sich aufgehoben und unterstützt fühlt. „Greenpeace" ist nur ein Beispiel dafür, wie Menschen sich für Überzeugungen zusammentun.

Schluss

Ironie ist ein legitimes **Mittel des Selbstschutzes**, wenn man hin und wieder Distanz zu einer belastenden Sache gewinnen muss. Mit ihr als **Dauerhaltung** durch alle Momente des Lebens zu gehen, sich hinter ihr zu verstecken, ist dagegen **keine attraktive Option**. Nina Pauer macht das mit ihrem Text mehr als deutlich und mit ihrer These um das Affirmative hat sie einen wichtigen **Impuls** gegeben, der, weitergedacht, das **Bewusstsein** eines jeden neu **schärft**.

Deutsch (Baden-Württemberg): Abiturprüfung 2014
Aufgabe 1: Interpretation und Vergleich der Pflichtlektüren (Werke im Kontext)

Thema:
Georg Büchner (1813–1837): **Dantons Tod (II, 3; Auszug)**
Max Frisch (1911–1991): **Homo faber**
Peter Stamm (*1963): **Agnes**

Georg Büchner: Dantons Tod. 2. Akt, 3. Szene (Auszug)

CAMILLE: Was sagst du Lucile?

LUCILE: Nichts, ich seh dich so gern sprechen.

CAMILLE: Hörst mich auch?

LUCILE: Ei freilich.

CAMILLE: Hab ich Recht? Weißt du auch, was ich gesagt habe?

LUCILE: Nein wahrhaftig nicht.

(Danton kömmt zurück.)

CAMILLE: Was hast du?

DANTON: Der Wohlfahrtsausschuss hat meine Verhaftung beschlossen. Man hat mich gewarnt und mir einen Zufluchtsort angeboten. Sie wollen meinen Kopf, meinetwegen. Ich bin der Hudeleien überdrüssig. Mögen sie ihn nehmen. Was liegt daran? Ich werde mit Mut zu sterben wissen, das ist leichter, als zu leben.

CAMILLE: Danton, noch ist's Zeit.

DANTON: Unmöglich, – aber ich hätte nicht gedacht.

CAMILLE: Deine Trägheit!

DANTON: Ich bin nicht träg, aber müde. Meine Sohlen brennen mich.

CAMILLE: Wo gehst du hin?

DANTON: Ja, wer das wüsste!

CAMILLE: Im Ernst, wohin?

DANTON: Spazieren, mein Junge, spazieren! *(Er geht.)*

LUCILE: Ach Camille!

CAMILLE: Sei ruhig, lieb Kind.

LUCILE: Wenn ich denke, dass sie dies Haupt! Mein Camille! das ist Unsinn, gelt, ich bin wahnsinnig?

CAMILLE: Sei ruhig, Danton und ich sind nicht Eins.

LUCILE: Die Erde ist weit und es sind viel Dinge drauf, warum denn grade das eine? Wer sollte mir's nehmen? Das wäre arg. Was wollten sie auch damit anfangen?

CAMILLE: Ich wiederhole dir, du kannst ruhig sein. Gestern sprach ich mit Robespierre, er war freundlich. Wir sind ein wenig gespannt, das ist wahr, verschiedne Ansichten, sonst nichts!

LUCILE: Such ihn auf.

CAMILLE: Wir saßen auf einer Schulbank. Er war immer finster, und einsam. Ich allein suchte ihn auf und machte ihn zuweilen lachen. Er hat mir immer große Anhänglichkeit gezeigt. Ich gehe.

LUCILE: So schnell, mein Freund? Geh! Komm! Nur das *(sie küsst ihn)* und das! Geh! Geh!

(Camille ab.)

LUCILE: Das ist eine böse Zeit. Es geht einmal so. Wer kann da drüber hinaus? Man muss sich fassen.

(Singt.) Ach Scheiden, ach Scheiden, ach Scheiden
Wer hat sich das Scheiden erdacht?

Wie kommt mir gerad das in Kopf? Das ist nicht gut, dass es den Weg so von selbst findet. Wie er hinaus ist, war mir's als könnte er nicht mehr umkehren und müsse immer weiter weg von mir, immer weiter.

Wie das Zimmer so leer ist, die Fenster stehn offen, als hätte ein Toter drin gelegen. Ich halt es da oben nicht aus. *(Sie geht.)*

Georg Büchner: Dantons Tod. Stuttgart: Reclam Verlag 2008, S. 38 ff.

Arbeitsanweisung

- Interpretieren Sie den Textauszug im Kontext der vorangegangenen Handlung.
- Büchners „Dantons Tod", Frischs „Homo faber" und Stamms „Agnes": Untersuchen Sie in einer vergleichenden Betrachtung die Bedeutung, die Lucile für Camille, Sabeth für Faber und Agnes für den Ich-Erzähler hat.

[Bitte beachten Sie, dass der Schwerpunkt der Gewichtung auf der zweiten Teilaufgabe liegt.]

Hinweise und Tipps

Einleitung

Bedenken Sie, eine Einleitung zu formulieren, die dem gesamten Aufsatz gerecht wird und sich auch auf den vergleichenden zweiten Teil, der ja den Schwerpunkt bildet, bezieht.

Teilaufgabe 1

Der **kontextuelle Einbezug** der vorangegangenen Handlung kann natürlich zunächst als Block erfolgen. Dabei besteht allerdings die Gefahr, dass die relativ komplexen Geschehnisse des Schauspiels Szene für Szene fast im Stile einer Nacherzählung wiedergegeben werden. Sinnvoller ist es, nur in den unmittelbar vorausgegangenen Kontext einzuführen, d. h. im gegebenen Fall kurz auf das Gespräch zwischen Danton und Camille Bezug zu nehmen, mit dessen Ende die Textvorlage ihren Ausgang nimmt. Andere wichtige vorausgegangene Aspekte können Sie dann hinzufügen, wenn diese im Verlauf der Interpretation für das Verständnis der vorgegebenen Textstelle wichtig werden (z. B. der Wohlfahrtsausschuss, Dantons zögerliches Verhalten, der Antagonismus zwischen ihm und Robespierre und der Beschluss des Letzteren, auch Camille zu opfern). Sodann ist es wichtig, sich noch einmal vor Augen zu führen, dass der Basisoperator „Interpretieren" die Analyse des Textes miteinschließt, d. h., dass Sie die **sprachliche und dramatische Gestaltung** des Textes (z. B. Regieanweisungen, Ausrufe, Ellipsen, Wiederholungen etc.) **funktional in die Deutung einarbeiten** sollen. Unverzichtbar sind **Textbelege**, sei es durch direkte oder indirekte Zitate mit Verweis auf die Zeile der Textvorlage bzw. auf die Seite (ggf. auch Akt und Szene) der jeweiligen Lektüre.

Teilaufgabe 2

Wichtig ist es, sich für die zweite Teilaufgabe genügend Zeit zu nehmen; zum einen bildet sie den **Schwerpunkt**, zum anderen ist hier ein Vergleich zwischen drei (!) Lektüren anzustellen. Dabei sollte die Aufgabenstellung genau gelesen werden: Wenn es gilt, die Bedeutung der Frau für den Mann zu untersuchen, dann heißt dies, dass **der Mann jeweils im Zentrum der Untersuchung** steht, er ist es ja, dem die Frau etwas bedeutet bzw. nicht bedeutet. Der Vergleich kann grundsätzlich blockweise oder auch aspektorientiert parallel erfolgen. Im vorliegenden Aufsatz werden die Liebesbeziehungen nacheinander in der Reihenfolge des Erscheinungsjahres der Lektüre behandelt. Diese Vorgehensweise erscheint angemessener, um der Komplexität des Themas gerecht zu werden.

Selbstverständlich können in einer vergleichenden Betrachtung nicht alle Aspekte erschöpfend zur Sprache kommen; wichtig ist eine **aussagekräftige und differenzierte Gegenüberstellung unter dem vorgegebenen Blickwinkel**. Eine detaillierte Textarbeit steht nicht im Fokus, wohl aber können – wie hier der Fall – zentrale Aussagen durch Belegangaben gesichert werden.

Lösungsvorschlag in Grundzügen

Einleitung

Die **Liebe in Paarbeziehungen** ist ein die Weltliteratur beherrschendes Thema über alle Zeiten hinweg. Auch in den drei vorgegebenen Werken spielt die Liebe in ihren verschiedenen Ausformungen eine zentrale Rolle. In Georg Büchners Drama „Dantons Tod" von 1835 sind es gleich zwei Liebesbeziehungen – die des Titelhelden zu Julie und die seines Freundes Camille zu Lucile –, die einen starken Kontrast zu den blutigen politischen Ereignissen der Französischen Revolution bilden. Der Protagonist in dem Roman „Homo faber" von Max Frisch aus dem Jahre 1957 vermengt dagegen zwei Arten der Liebe, indem er zunächst nicht erkennen will, dass die junge Geliebte Sabeth seine eigene Tochter ist. Und auch in der 1998 erschienenen Prosalektüre „Agnes" von Peter Stamm werden zwei Ebenen miteinander vermischt: zum einen die Liebesgeschichte, wie sie sich im Roman ereignet, und zum anderen die Liebesgeschichte, die das männliche Ich darin entwirft und niederschreibt. Im folgenden Aufsatz sollen nun die Besonderheiten dieser Liebesbeziehungen unter der konkreten Fragestellung, welche Bedeutung Lucile für Camille, Sabeth für Faber und Agnes für den Ich-Erzähler haben, genauer untersucht werden. Dass die Analyse dieser Paare ihren Ausgangspunkt nicht von der Hauptfigur Danton, sondern von dessen Freund Camille her nimmt, hat ihren Grund in der vorgegebenen Textstelle, die zunächst entsprechend der Aufgabenstellung einer Interpretation unterzogen wird.

Teilaufgabe 1
Zusammenhang der Textstelle

Die dem Drama „Dantons Tod" entnommene Textvorlage aus dem zweiten Akt beinhaltet einen **Dialog des Ehepaares Camille und Lucile Desmoulins**, nachdem der Titelheld vorübergehend den Raum verlassen hat. Direkt zuvor hatten sich die beiden Freunde in dieser Szene in ein Gespräch über die Kunst und ihr Verhältnis zur Wirklichkeit vertieft (vgl. II, 3). Camille kritisiert darin die Menschen, dass sie die Schönheit der Schöpfung, die er selbst leidenschaftlich als „glühend, brausend und leuchtend" (S. 38) beschreibt, nicht genügend wahrnehmen und sich stattdessen an der vorgegaukelten Welt des Theaters und der Romane erfreuen würden. Erst als Danton herausgerufen wird, scheint er seine Frau zu bemerken und möchte ihre Meinung zu dem Thema wissen. Doch Lucile scheint weder etwas dazu sagen zu wollen (vgl. Z. 2) noch hat sie den Inhalt seiner Rede wirklich verfolgt (vgl. Z. 6). Man gewinnt zunächst den Eindruck, dass sich in der kurzen Aufeinanderfolge von Rede und Gegenrede nicht gerade ein tieferes Verständnis der Eheleute füreinander, sondern eher eine gewisse Unachtsamkeit, vielleicht sogar Desinteresse widerspiegelt. Doch das Gegenteil scheint bei genauerer Betrachtung der Fall zu sein. **Lucile fühlt sich zu ihrem Ehemann hingezogen**, sie **hängt** förmlich **an seinen Lippen** (vgl. Z. 2: „ich seh dich so gern sprechen") und bestätigt damit seine Rede von der Schönheit des Augenblicks in der Schöpfung viel eindringlicher, als wenn sie deren Inhalt theoretisch begriffen hätte. Wie wichtig Camille für Lucile ist, wird auch in der Folge dieses Dialoges deutlich.

Luciles Liebe zu Camille

Vorerst aber werden die beiden durch die **Rückkehr Dantons** und die Nachricht unterbrochen, dass im Wohlfahrtsausschuss, also in der zentralen Schaltstelle der Revolution, die **Verhaftung des Titelhelden** beschlossen worden ist. Für den Leser kommt diese Entscheidung nicht überraschend. Schon zu Beginn des Dramas wird deutlich, dass Danton mit seinen Anhängern unter den revolutionären Gruppen eine gemäßigte Haltung vertritt und sich gegen ein weiteres Blutvergießen wendet. Eine Gegenposition dazu bildet der einflussreiche **Robespierre**, der in seiner Rede im Jakobinerklub (vgl. I, 3) das Volk davon überzeugt, dass die revolutionären Ziele von Freiheit und Gleichheit nur durch eine Politik des Schreckens durchzusetzen seien. Die gegensätzlichen Anschauungen erfahren noch eine Zuspitzung, als die Widersacher am Ende des ersten Aktes aufeinandertreffen: Während Robespierre das Handeln nach einem **radikalen Tugendbegriff** ausrichten will, steht Danton als Epikureer umgekehrt für das **Lustprinzip**, indem er davon ausgeht, dass alle Menschen letztlich nur nach Genuss streben, und wenn es nur der Genuss sei, sich für besonders tugendhaft zu halten (vgl. I, 6, S. 25). Damit hat er bei Robespierre genau den wunden Punkt getroffen und sich gleichzeitig zu dessen schlimmstem Feind gemacht, der vernichtet werden muss.

Drohende Verhaftung des Titelhelden

Die Antagonisten Robespierre und Danton

Die **Reaktion** in dem vorgegebenen Textausschnitt **auf Dantons bevorstehende Verhaftung** fällt sehr unterschiedlich aus. Der Betroffene selbst wirkt zunächst gefasst, beinahe gleichgültig und spielt seine drohende Enthauptung herunter: „Sie wollen meinen Kopf, meinetwegen. Ich bin der Hudeleien überdrüssig.“ (Z. 10 f.) Allerdings erscheint sein furchtloser Entschluss, „mit Mut zu sterben“ (Z. 11 f.), vor dem Hintergrund seiner späteren panischen Todesangst (vgl. IV, 3) fragwürdig. Auch die im Anschluss schon fast gestammelte Aussage kündet eher von innerem Aufruhr und Unsicherheit. Dem Mann, der sonst mit Rhetorik und Sprache förmlich spielt, scheinen die Worte zu fehlen, wie der elliptische Satzbau anzeigt (vgl. Z. 14). Offenbar hat Danton nicht mit seiner Festnahme gerechnet (vgl. Z. 14: „ich hätte nicht gedacht“) und tatsächlich an seine noch kurz zuvor wie zu einer Beschwörung wiederholte Parole (vgl. II, 1, S. 33: „sie werden's nicht wagen“) geglaubt. All dies zeigt eine **widersprüchliche Haltung**, die **charakteristisch für Danton** ist. Todessehnsucht, wie sie sich im Gespräch mit Julie gleich in der ersten Szene andeutet, Fatalismus und Lebensüberdruss, dem schon die tägliche Prozedur des Ankleidens zuwider ist (vgl. II, 1), wechseln mit Lebenserhaltungstrieb und dem Glauben ab, man könne ihn „noch nötig haben“ (I, V, S. 24). Die Mischung dieser gegensätzlichen Gefühle bedingt Dantons Passivität und Unentschlossenheit.

Widersprüchliche Haltung Dantons

Camille ist dagegen derjenige, der im vorliegenden Dialog den Titelhelden angesichts der drohenden Verhaftung **zum Handeln antreiben** will und in einem Ausruf dessen Trägheit beklagt (vgl. Z. 13 und 15). Er möchte über die nächsten Schritte Aufschluss erhalten, wird aber nur erneut mit der Ziellosigkeit des Freundes konfrontiert, der anstelle eines Fluchtplanes oder einer politischen Aktion lediglich äußert, spazieren gehen zu wollen (vgl. Z. 20). Tatsächlich wird ihn der Leser in der folgenden Szene auf freiem Feld vorfinden, wo er sich letztlich gegen eine Flucht – aus der Stadt oder auch aus dem Leben – und mit einer erneuten Beschwörungsformel für das Bleiben entscheidet (vgl. II, 4).

Camille will zum Handeln antreiben

Nach Dantons Weggang rückt **Luciles Sorge um ihren Gatten** in den Mittelpunkt. Sie fürchtet, dass auch ihm die Enthauptung droht, kann aber diesen entsetzlichen Gedanken nicht zu Ende aussprechen; allein die bloße Vorstellung, dass man ihr den Kopf des geliebten Mannes wegnehmen könne, macht sie wahnsinnig (vgl. Z. 23 f.). Camille versucht sie mehrfach zu beruhigen (vgl. die sich steigernde dreimalige Nennung des Wortes „ruhig"), indem er sie zunächst wie ein kleines Kind besänftigt (vgl. Z. 22), ihr dann klar macht, dass Dantons Schicksal nicht seines sei (vgl. Z. 25), und schließlich die bedrohliche Lage herunterspielt und darauf verweist, sich noch gestern mit Robespierre freundlich ausgetauscht zu haben (vgl. Z. 28 ff.). Dabei weiß der Leser, dass Camille untertreibt, wenn er von einer leichten Anspannung spricht, **hatte er doch noch vor Kurzem Robespierre in einem Pamphlet als Blutmessias beleidigt** (vgl. I, 6, S. 29). Dass er selbst deshalb bereits auch auf der Todesliste steht (vgl. ebd.), kann oder will er jedoch nicht ahnen, vielmehr betont er die Anhänglichkeit des früheren Schulfreundes und scheint auf die Aufforderung seiner Frau hin bereit, ihn sofort aufzusuchen.

Luciles Sorge um Camille

Doch der plötzliche Abschied der Eheleute scheint Lucile zu überfordern. **Sie ist hin- und hergerissen zwischen zwei gegenläufigen Haltungen:** Einerseits will sie, dass Camille zu Robespierre geht, andererseits möchte sie die Nähe des geliebten Mannes. Letztlich überwiegt die Einsicht in die Notwendigkeit des Abschiednehmens, der widersprüchlichen Aufforderung (vgl. Z. 35: „Geh! Komm!") folgt zunächst ein Kuss, dann aber das entschiedene Drängen, sich zu trennen (vgl. Z. 35: „Geh! Geh!").

Lucile beim Abschied

Wie emotional diese Szene ist und wie schwer Lucile der Verzicht fällt, zeigt auch **ihr anschließender Monolog nach dem Weggang Camilles**. Mit fast kindlichen Worten (vgl. Z. 37: „Das ist eine böse Zeit.") macht sie die gesellschaftlichen Ereignisse dafür verantwortlich, dass sie sich fügen und ihre eigenen Bedürfnisse zurückstellen muss (vgl. Z. 37 f.: „Man muss sich fassen."). Sie beginnt **ein Volkslied zu singen** und wundert sich, warum ihr gerade diese zwei Zeilen über das Scheiden in den Sinn kommen. Vielleicht handelt es sich um ein Lied mit tragischem Ausgang, denn sie bricht es im Gefühl einer Vorahnung ab: „Das ist nicht gut, dass es den Weg so von selbst findet." (Z. 41) Tatsächlich spannt das Lied mit zwei weiteren einen Bogen über die kommende verhängnisvolle Entwicklung, wenn Camille in Gefangenschaft das Liebeslied seiner Frau hört (vgl. IV, 4, S. 76), bis hin zum Ende des Dramas, als Lucile am Richtplatz, wo ihr Camille und die anderen Dantonisten von der Guillotine geköpft wurden, den Gesang vom Schnitter, dem Sensenmann, anstimmt: „Viel hunderttausend ungezählt, // Was nur unter die Sichel fällt." (IV, 9, S. 84) Anders als die Männer, die wie Danton und Camille die Situation aufgrund der eigenen vermeintlichen politischen Größe oder wegen eines freundschaftlichen Kontaktes verharmlosen wollen, **ahnt Lucile im vorliegenden Monolog den Gang der Dinge im Unterbewusstsein voraus**. In einer durch das anaphorische „Wie" dreifach gesteigerten Vision kündigt sich ihr die Katastrophe intuitiv an: zunächst im Lied vom Scheiden (vgl. Z. 39 f.), dann in der Vorstellung von einer Trennung ohne Wiederkehr (vgl. Z. 42 f.) und schließlich im unerträglichen Bild vom Totenzimmer (vgl. Z. 44 f.).

Luciles Vorahnungen

In Büchners Stück spielen die Frauen eine besondere Rolle, da sie nicht der „männlichen" Welt der Politik und der Revolution angehören. Sie handeln weniger auf der gesellschaftlichen Bühne und sind eher in der privaten **Sphäre des Gefühls, der Sinnlichkeit und der Liebe** zu Hause. Dies lässt sich an der Grisette Marion ebenso wie an den Ehefrauen Julie und Lucile zeigen. Letztere hat für ihren Mann eine große Bedeutung, denn auch Camille ist in seinen von der griechischen Antike geprägten Anschauungen sehr sinnlich ausgerichtet. Der Genuss ist für ihn ein hervorstechendes Merkmal, das auch sein politisches Denken prägt. Selbst die eigene Hinrichtung vergleicht er noch mit einem klassischen Gastmahl (vgl. IV, 7, S. 81). **Das ästhetische Ideal der Schönheit ist die Richtschnur seines Handelns, und der Inbegriff der Schönheit ist für ihn in seinem Leben Lucile.** Als er gefangengenommen wird, kreisen seine Gedanken und Träume ständig um seine Frau und er macht sich Sorgen um sie. Als das Revolutionstribunal den Verdacht äußert, einige Frauen würden ein Komplott zur Befreiung der Angeklagten schmieden, schreit er seine Angst heraus, dass man seine Lucile ermorden wolle (vgl. III, 9, S. 68/ 69). Zugleich aber glaubt er, dass sie in ihrer vollkommenen Schönheit unantastbar sei: „Sie können die Hände nicht an sie legen. Das Licht der Schönheit, das von ihrem süßen Leib sich ausgießt ist unlöschbar. Unmöglich! Sieh die Erde würde nicht wagen sie zu verschütten, sie würde sich um sie wölben […]" (IV, 3, S. 72).

Teilaufgabe 2

Lucile verkörpert Camilles Schönheitsideal

Ebenso wenig ist es für Lucile vorstellbar, dass die Erde ihren innig geliebten Camille nicht mehr existieren ließe (vgl. IV, 8, S. 82). Wie bedingungslos sich dieses Liebespaar in der Art zu fühlen und zu denken entspricht, zeigt sich auch darin, dass nicht nur Lucile aus lauter verzweifelter Liebe zu Camille verrückt wird, sondern dieser darüber selbst wahnsinnig zu werden scheint: „Was sie aus dem Wahnsinn ein reizendes Ding gemacht hat. Warum muss ich jetzt fort? Wir hätten zusammen mit ihm gelacht, es gewiegt und geküsst." (IV, 5, S. 78) Diese **Einigkeit zwischen den beiden Liebenden** findet ihre Vollendung darin, dass sich Lucile an dem Ort, an dem Camille enthauptet wurde, **selbst zum Tod verurteilt**, indem sie laut und vernehmlich „Es lebe der König!" (IV, 9, S. 84) ruft. Damit teilt sie ihr Schicksal mit Julie, die auch nach der Hinrichtung ihres Gatten Danton den Freitod aus Liebe wählt (vgl. IV, 6) – wohl wissend, dass er nicht ohne sie sterben will (vgl. IV, 2), weil er nur bei seiner Frau Ruhe findet (vgl. I, 1, S. 5 f.; III, 7, S. 67).

Vereinigung der beiden Liebenden im Tod

Auch **Max Frischs Roman „Homo faber" behandelt die großen Themen Tod und Liebe**. Der darin enthaltene zweiteilige Bericht des Ingenieurs Walter Faber schildert nicht nur, wie seine junge Geliebte Elisabeth, genannt Sabeth, bei einem Aufenthalt in Griechenland stirbt, sondern lässt auch Vermutungen über den Tod des Verfassers aufkommen, da seine Aufzeichnungen in einem Krankenhaus jäh abbrechen. **Die Bedeutung, die Sabeth für den Protagonisten hat, ist allerdings recht komplex**, da sich herausstellt, dass sie seine Tochter ist, was er jedoch während ihrer Liebesbeziehung zunächst nicht wahrhaben will.

„Homo faber"

Sabeth – Geliebte und Tochter

Der Leser lernt **Walter Faber** als einen Mann kennen, der als **Techniker** alles um sich herum sehr **rational** erfasst. Für ihn zählen nur messbare Fakten, die Welt erscheint ihm berechenbar. Obwohl sein Reisebericht einen schicksalhaften Verlauf annimmt, hält er alles für Zufall, an eine Vorhersehung glaubt er nicht (vgl. S. 22). Gefühle unterdrückt er, sie passen nicht

Walter Faber – der rationale Techniker

zu seiner Vorstellung von einem werktätigen Mann – einem „homo faber“ – und werden wie alles Unerklärliche, Romantische und Künstlerische der Welt der Frau zugewiesen (vgl. z. B. S. 47 und S. 90 ff.).

Probleme in Liebesbeziehungen

Liebesbeziehungen sind für ihn daher schwierig: Seine **Jugendliebe Hanna**, an die er sich während seiner Aufzeichnungen immer wieder erinnert, verließ ihn, weil für ihn damals die berufliche Karriere wichtiger als Heirat und Familie war, und das Verhältnis zu der **Amerikanerin Ivy**, die er gar nicht wirklich kennt und versteht, beendet er schon zu Beginn seines Berichts mit einem Brief. Sein einseitiges rationalistisches Weltbild beginnt allerdings aufzubrechen, als er **Sabeth auf einer Schiffsreise von Amerika nach Europa begegnet**. Obwohl der wesentlich ältere Mann – Faber begeht an Bord seinen fünfzigsten Geburtstag – sein Interesse für die 20-jährige Frau herunterspielt und eher wie ein Vater für sie zu sorgen scheint, fühlt er sich doch mehr von ihrer Jugendlichkeit angezogen, als er zugibt, und macht ihr völlig überraschend noch auf dem Schiff einen Heiratsantrag, den sie aber nicht weiter in Betracht zieht. Auch nach der Landung in Frankreich sucht er beharrlich den Kontakt, mit dem Erfolg, dass sie zusammen mit dem Auto eine Kulturreise durch Italien und Griechenland unternehmen und ein Verhältnis miteinander beginnen. War Fabers Denken als Ingenieur bisher auf Zukunft und Fortschritt ausgerichtet, so kommt er jetzt über seine Liebe zu Sabeth mit ganz anderen Sichtweisen, nämlich mit der Vergangenheit, in Berührung und wird mit der Geschichte des Abendlands konfrontiert. **Faber beginnt sich für die Schönheit der Kunst, der Sprache und der Natur zu interessieren**; man könnte fast sagen, dass er durch Sabeth in den **Genuss der Schönheit des Lebens** kommt, beinahe so wie es in Büchners Drama Camille durch Lucile erfahren hat. Besonders deutlich wird diese Wandlung, als Faber, der sich früher vor der Natur eher ekelte (vgl. seine Beschreibungen von der blühenden Verwesung im südamerikanischen Dschungel, S. 49 ff.), nun mit Sabeth einen Sonnenaufgang auf Akrokorinth erlebt und gemeinsam mit ihr versucht, das Wunder dieses Naturschauspiels in Worte zu fassen (vgl. S. 150 f.). Auf diesen Höhepunkt des gemeinsamen Glücks folgt dann der tragische Unfall, als Sabeth nach einem Schlangenbiss vor dem nackten Faber zurückschreckt und die Böschung herunterfällt.

Faber kommt durch Sabeth in den Genuss der Schönheit des Lebens

Fabers Reise in die eigene Vergangenheit

Aber die **Reise in die Antike ist auch eine Reise zu sich selbst, zur eigenen Vergangenheit**. Sabeth erinnert den Protagonisten an seine Jugendliebe Hanna (vgl. S. 94: „Ihr Hanna-Mädchen-Gesicht!“), die damals ein Kind von ihm erwartete, das nicht in sein rationales Lebenskonzept passte. Es entsteht der Eindruck, als würde er nun **mit Sabeth die einstige Liebe zu Hanna wieder aufleben lassen** und seine Fehler von damals durch ein Mehr an Emotion und Fürsorglichkeit wiedergutmachen wollen. Vielleicht sind aber auch seine Empfindungen für die junge Frau deshalb so intensiv, weil sich darin nicht gekannte Vatergefühle mischen. Doch die Tatsache, dass Sabeth seine Tochter ist, will er bis zu ihrem Tod nicht wirklich wahrhaben.

Sabeth als Wegbereiterin

Zusammenfassend lässt sich **Sabeths Bedeutung** für Faber als **die einer Wegbereiterin** umschreiben. Sie leitet ihn aus seiner einseitigen Techniker-Existenz heraus in eine Welt, in der neben der Kunst und der Natur auch Gefühle und Liebe ihren Platz haben. Und sie führt ihn auf ihrer gemeinsamen Reise in die Vergangenheit zu ihrer Mutter, seiner früheren Liebe.

Der zweite Teil des Berichts macht deutlich, dass aber erst **Sabeths Tod** den Protagonisten dazu bringt, **seine Schuld zu begreifen** und zu erkennen, dass er **im doppelten Sinne sein Kind ignoriert und der Mutter vorenthalten hat:** zum einen, als er Hanna damals indirekt zum Schwangerschaftsabbruch drängte, und zum anderen, als er die Tochter mit der Geliebten verwechselte und Inzest beging. Diese Erkenntnis lässt ihn am Ende kurz vor seinem mutmaßlichen Tod erstmalig von „unserem Kind" (vgl. S. 203) und nicht mehr allein von Hannas Kind sprechen.

Fabers Schuld

Über die Liebe zu Sabeth und durch ihren Tod werden Walter Faber die Augen geöffnet; **er ist nicht mehr mit Blindheit geschlagen** und kann die Realität sehen, wie sie ist. Wie Camille Desmoulins will er vor dem Sterben „dem Leben noch die letzten Blicke aus seinen hübschen Augen stehlen, [...] will die Augen offen haben" (IV, 3, S. 73), und so macht er in Cuba einen Zwischenstopp: „Vier Tage nichts als Schauen –" (S. 172). In dieser Lust, Augenblicke der Wirklichkeit einzufangen, unterscheiden sich die beiden Männer von dem Protagonisten der dritten Lektüre, dem Ich-Erzähler aus **Peter Stamms Roman „Agnes"**. Dabei hat Letzterer gerade mit Faber einige Gemeinsamkeiten. Beiden fehlen Heimat und Familie, beide leben in Hochhäusern und reisen durch die Weltgeschichte, der eine als Ingenieur, der andere als Sachbuchautor. Und **beide nehmen in ihren Liebesbeziehungen**, der eine mit Hanna, der andere mit Agnes, **nicht die Möglichkeit wahr, Wurzeln zu schlagen, zu heiraten und Väter zu werden**. Faber verändert sich allerdings später durch Sabeth und übernimmt Verantwortung, der Ich-Erzähler in „Agnes" scheint dagegen in einer Affäre mit Louise das unverbindliche Leben fortzusetzen. Welche Bedeutung hat dann aber Agnes für ihn?

Gemeinsamkeiten zwischen Faber und Ich-Erzähler

Als er die äußerlich unauffällige **Physik-Doktorandin** in einer Bibliothek in Chicago kennenlernt, spielt der Ich-Erzähler ähnlich wie Walter Faber seine Gefühle für die wesentlich jüngere Frau zunächst herunter: „Ich kann nicht behaupten, ich hätte mich schon da in sie verliebt [...]" (S. 14). Dabei deutet alles darauf hin, er beschäftigt sich dauernd mit Agnes, er kann nicht mehr in Ruhe arbeiten, solange sie ihm gegenübersitzt, und spürt die eigene innere Leere. Aber er hat nach „einige[n] gescheiterte[n] Beziehungen" gelernt, „solchen Gefühlen auszuweichen, bevor sie zu einer Bedrohung" werden (S. 14 f.). **Die Faszination, die von Agnes' intellektueller und zugleich unbefangener Art ausgeht**, scheint jedoch stärker als die Beziehungsangst zu sein – sie werden ein Paar. Nähe und Vertrautheit nehmen zu, und auf Agnes' Wunsch hin besinnt sich der Sachbuchautor seiner schriftstellerischen Qualitäten und beginnt, über seine Geliebte eine fiktive Geschichte zu schreiben. Doch **in die wachsende Liebe mischen sich** in der Wirklichkeit **zusehends negative Gefühle**; die Gegenwart der Geliebten berauscht und ängstigt den Ich-Erzähler zugleich (vgl. S. 59), er spürt eine demütigende Abhängigkeit und es kommt ihm vor, als ob die Liebe wie etwas Fremdes von ihm Besitz ergriffe (vgl. S. 61). Zugleich bietet ihm das **Schreiben an Agnes' Geschichte die Möglichkeit, sich von diesem Gefühl der Abhängigkeit zu befreien**. Als die geschriebene Fiktion die Schwelle der Gegenwart überschritten hat, gibt dem Autor dies die Illusion, den weiteren Verlauf der „Liebesgeschichte" selbst zu bestimmen: „Jetzt war Agnes mein Geschöpf." (S. 62)

Agnes und ihre Faszination für den Ich-Erzähler

Die Geschichte in der Geschichte: Schreiben als Befreiung

Der Ich-Erzähler gibt also mit seiner selbst verfassten Geschichte vor, wie die Beziehung in Zukunft verlaufen soll, **seine Vorstellungen sind der Maßstab, dem sich Agnes gerne unterzuordnen scheint** (vgl. das Beispiel mit dem blauen Kleid, S. 63 f.).

Doch das Spiel mit der Fiktion wird von **Agnes' Schwangerschaft** unterbrochen, **die dem Ich-Erzähler nicht ins Konzept passt**. Folglich will er nichts davon wissen: „‚Agnes wird nicht schwanger', sagte ich. ‚Das war nicht ... Du liebst mich nicht. Nicht wirklich.'" (S. 89) **Was Liebe ist, diktieren die Wunschbilder des männlichen Ich, durch deren Macht die Wirklichkeit immer mehr in den Hintergrund gedrängt wird**. Agnes erleidet im weiteren Verlauf des Romans eine Fehlgeburt und verdrängt ihr Unglück in der Familienidylle, die der Ich-Erzähler in der fiktiven Geschichte erfindet. Was der Protagonist also in der Realität nicht fertigbringt, nämlich auf Agnes' Befindlichkeit einzugehen und Verantwortung zu übernehmen, das schafft er mit seinem fiktiven Entwurf, in dem er sich als Familienvater darstellt und das erfundene Kind mit Leben füllt. Am Ende aber **siegt seine Angst vor einer engen Bindung**. In der Erzählwirklichkeit lässt er sich auf einen **Seitensprung mit Louise** ein, in der fiktiven Welt aber folgt er seiner Erkenntnis, dass Glück keine guten Geschichten mache (vgl. S. 68), und **lässt Agnes am Schluss der Geschichte sterben**. Dabei bleibt offen, ob Agnes wirklich dem Skript folgt und sich in den kalten Schnee legt.

Liebe und die Macht der männlichen Wunschbilder

Die **Bedeutung der Frauen** in den drei Werken **für die männlichen Protagonisten ist sehr unterschiedlich. Camille und Lucile sind ein ideales Liebespaar**. Beide hegen tiefe Gefühle füreinander und sind sehr um das Wohl des anderen besorgt. Wie sehr sie sich ergänzen, wird besonders darin deutlich, dass Lucile in ihrer Schönheit das ästhetische Denken ihres Mannes regelrecht verkörpert. **Von einer solchen Entsprechung kann bei den anderen beiden Liebesbeziehungen nicht die Rede sein**. Hier ist das Verhältnis nicht ausgewogen, die **Partnerin wird in ihrer eigenen Wirklichkeit ausgeblendet**. **Walter Faber** beginnt eine Liebesbeziehung mit Sabeth und will wider besseres Wissen nicht wahrhaben, dass sie seine Tochter ist. Dennoch führt sie ihn aus seiner einseitigen rationalistischen Weltsicht heraus. Aber erst ihr Tod bewirkt, dass Faber seine Blindheit und Schuld erkennt. **Der Ich-Erzähler in Stamms Roman vollzieht dagegen keine Wandlung**. Die Begegnung mit Agnes ermöglicht ihm die Aussicht auf ein gemeinsames Liebes- und Familienglück. Doch diese Bindung macht ihm Angst, er sucht Zuflucht in der Fiktion und tauscht die bedrohlich reale Agnes immer mehr gegen eine Agnes ein, die er in der gemeinsamen Geschichte erfindet. Am Ende bleibt er der namenlose Ich-Erzähler, der Agnes regelrecht aus seinem Leben „herauserzählt" hat.

Unterschiedliche Bedeutung der Frauen

Ideales Liebespaar vs. unausgewogene Liebesbeziehungen

Deutsch (Baden-Württemberg): Abiturprüfung 2014
Aufgabe 2: Vergleichende Interpretation zweier Gedichte

Thema:
Paul Fleming (1609–1640)**: Zur Zeit seiner Verstoßung**
Heinrich Heine (1797–1856)**: Ich wollte bei dir weilen**

Paul Fleming (1609–1640): **Zur Zeit seiner Verstoßung** (entstanden um 1637)

Ein Kaufmann, der sein Gut nur einem Schiffe traut,
Ist hochgefährlich dran, indem es bald kann kommen,
Daß ihm auf einen Stoß sein ganzes wird genommen.
Der fehlt, der allzuviel auf ein Gelücke traut.

Gedenk ich nun an mich, so schauret mir die Haut:
Mein Schiff, das ist entzwei, mein Gut ist weggeschwommen.
Nichts mehr, das ist mein Rest; das machet kurze Summen.
Ich habe Müh und Angst, ein andrer meine Braut.

Ich Unglückseliger! mein Herze wird zerrissen,
Mein Sinn ist ohne sich; mein Geist zeucht[1] von mir aus.
Mein Alles wird nun Nichts. Was wird doch endlich draus?

Wär eins doch übrig noch, so wollt ich alles missen.
Mein teuerster Verlust, der bin selbselbsten ich.
Nun bin ich ohne sie; nun bin ich ohne mich.

Aus: Paul Fleming: Gedichte. Auswahl v. J. Pfeifer. Stuttgart: Reclam Verlag 1980, S. 73

Worterklärung
1 zeucht … aus – altertümlich für: zieht … aus

Heinrich Heine (1797–1856): **Ich wollte bei dir weilen** (entstanden um 1824)

Ich wollte bei dir weilen
Und an deiner Seite ruhn;
Du mußtest von mir eilen;
Du hattest viel zu tun.

Ich sagte, daß meine Seele
Dir gänzlich ergeben sei;
Du lachtest aus voller Kehle,
Und machtest 'nen Knicks dabei.

Du hast noch mehr gesteigert
Mir meinen Liebesverdruß,
Und hast mir sogar verweigert
Am Ende den Abschiedskuß.

Glaub nicht, daß ich mich erschieße,
Wie schlimm auch die Sachen stehn!
Das alles, meine Süße,
Ist mir schon einmal geschehn.

Aus: Heinrich Heine: Sämtliche Gedichte in zeitlicher Folge. Hg. v. Klaus Briegleb. Frankfurt/M., Leipzig: Insel Verlag 1993, S. 176 f.

Arbeitsanweisung

Interpretieren und vergleichen Sie die beiden Gedichte.

Hinweise und Tipps

Stellen Sie in einem Basissatz – bzw. einigen wenigen Sätzen – die beiden Gedichte mit Angabe von Autor, Titel und Entstehungszeit vor und benennen Sie das **gemeinsame Thema**. Verfassen Sie **zunächst zwei getrennte Interpretationen**. Analysieren Sie jeweils den **formalen Aufbau** und stellen Sie, wenn möglich, schon eine **Beziehung zum Gesamtinhalt** her. Interpretieren Sie dann tendenziell **am Text entlang**, also Strophe für Strophe; **verknüpfen Sie formale Beobachtungen** (z. B. von Stilmitteln) **mit Inhaltsbeschreibungen**. Achten Sie auf einen prägnanten Schluss der jeweiligen Interpretation.
Um Wiederholungen zu vermeiden, heben Sie zuletzt nur die **wesentlichen Vergleichspunkte** hervor. Der Schlussteil kann einen **persönlichen Kommentar** enthalten. Eine Einordnung ins Gesamtwerk des jeweiligen Autors bzw. eine Epochenzuordnung ist **nicht notwendig, aber sinnvoll, sofern Sie dabei immer den Bezug zum konkreten Inhalt der Gedichte wahren**.

Lösungsvorschlag in Grundzügen

Einleitung: gemeinsames Thema

In den Gedichten „Zur Zeit seiner Verstoßung", verfasst um 1637 von Paul Fleming, und Heinrich Heines „Ich wollte bei dir weilen", entstanden um 1824, spricht **jeweils ein lyrisches Ich, das von seiner Geliebten verlassen wurde**. Die Reaktionen darauf fallen jedoch unterschiedlich aus.

„Zur Zeit seiner Verstoßung": Form

Paul Flemings Gedicht ist ein **Sonett** aus Alexandrinern, also sechshebigen jambischen Versen, die fast durchgängig eine deutliche Mittelzäsur zeigen. Das Reimschema ist abba abba cdd cee. Die b- und c-Zeilen haben klingende, die anderen stumpfe Kadenzen. Vers 7 endet statt mit einem Reimwort mit einer Assonanz („Summen").
Im ersten Quartett führt ein Bild zur Problematik hin, die im zweiten Quartett **exponiert** wird; **der letzte Vers des zweiten Terzetts fasst sie pointiert zusammen**. Allein durch die strenge Form wirkt das Gedicht sehr stilisiert.

Bild im ersten Quartett

Das Bild im ersten Quartett ist das eines Kaufmanns, der seine gesamten Güter einem einzigen Schiff „traut", d. h. anvertraut; **er riskiert, sie im Unglücksfall „auf einen Stoß" (V. 3) zu verlieren.** Das Wort „Stoß" erhält durch die unmittelbar folgende Zäsur besonderen Nachdruck. In Vers 4 folgt eine **abstrahierende Sentenz:** „Der fehlt, der allzuviel auf sein Gelücke traut." Die allgemeine Gültigkeit des Satzes erscheint prononciert durch die Synkope auf dem ersten Wort „der" (im Sinne von „jeder, der").

Bezug zum persönlichen Verlust

Im zweiten Quartett tritt ein **lyrisches Ich** in Erscheinung und stellt den **Bezug zu seiner persönlichen Situation** her, die offenbar so desolat ist, dass sie einen Schauer auf seiner Haut hervorruft (vgl. V. 5). Dabei verharrt es zunächst auf der Bildebene und betont das Wort „Schiff" durch Anfügung des Pronomens „das": „Mein Schiff, das ist entzwei" (V. 6). Dazu parallel und durch die Anapher „mein" zusätzlich markant steht im zweiten Teil des Verses „mein Gut ist weggeschwommen". „Nichts mehr, das ist mein Rest" (V. 7): Hier wird das Wort „nichts" durch die Position am Anfang und auch durch die Synkope hervorgehoben. Die Feststellung „das machet kurze Summen", wiederum klar abgetrennt im zweiten Versteil und durch die Anapher „das" betont, scheint eigentlich überflüssig; sie verstärkt aber die Bitterkeit des Tonfalls. Erst am Schluss der Strophe verrät das lyrische Ich in einem einsilbigen Wort, worum es eigentlich geht: „Ich habe Müh und Angst, ein andrer meine **Braut**." Die Antithese wirkt nicht nur durch die Mittelzäsur, sondern auch durch das Zeugma pointiert; es handelt sich ja um zwei unterschiedliche Formen des „Habens". Mit der Braut hat man eine lebende Person bei sich, mit „Müh und Angst" trägt man negative Gefühle mit sich herum. Gemeint ist wohl, dass dem lyrischen Ich sein Dasein zur Last fällt und dass es sich ängstigt im Sinne von „beengt fühlt", indem es keinen Ausweg aus seinem Leid sieht.

Selbstverlust

Auf die Enthüllung, verlassen worden zu sein, folgt zu Beginn des ersten Terzetts ein prägnanter elliptischer Ausruf: „Ich Unglückseliger!" (V. 9) Die Formulierung „mein Herze wird zerrissen" scheint heute abgegriffen und war es vielleicht schon zur Entstehungszeit des Gedichts. Die bildliche Aussage wird jedoch präzisiert in der – ein weiteres Mal durch Anapher und Parallelismus markierten – Doppelung: „Mein Sinn ist ohne sich; mein Geist zeucht von mir aus." (V. 10) Sie besagt, dass das lyrische Ich **mit der Geliebten auch seine Identität verliert**. Sein Leben war offensichtlich so stark auf sie konzentriert, dass nach ihrem Fortgang nur eine große Leere zurückbleibt. **Sie war sein „Alles" (V. 11), vergleichbar der gesamten Habe des Kaufmanns**, der nach dem Untergang des einzigen Frachtschiffs mittellos dasteht. „Mein Alles wird nun Nichts": Die Anapher „mein" setzt sich fort und verstärkt die Emotionalität; nicht umsonst wird das Wort „nichts" aus Vers 7 wiederholt, welches die Lebensbilanz betont. Es schließt sich die rhetorische Frage an, wie es dem lyrischen Ich langfristig („endlich", V. 11) ergehen werde.

Sinnverlust nicht hinterfragt

Diese Frage bleibt ohne Andeutung einer Antwort. Das zweite Terzett **variiert mehrfach das Thema des Selbstverlustes, der letztlich das zentrale Problem darstellt.** Jeder andere Verlust ließe sich bewältigen (vgl. V. 12), aber wenn sich das Ich „selbselbsten" (V. 13) abhandenkommt, erscheint alles sinnlos. Dabei fällt auf, dass das Problem keineswegs, wie in vielen anderen Barockgedichten, auf die Gefährdung der unsterblichen Seele ausgedehnt wird. Das lyrische Ich wendet sich in seiner Verzweiflung nicht an Gott, eine transzendente Sinngebung bleibt völlig ausgeblendet, die Thematik rein innerweltlich. Doch auch auf eine mögliche Rettung und Heilung im irdischen Leben kommt das lyrische Ich nicht zu sprechen. **Die Gleichung „Nun bin ich ohne sie; nun bin ich ohne mich" (V. 14)**, einprägsam durch die Variation nur des letzen Wortes, **wird moralisch und philosophisch nicht infrage gestellt.**

„Ich wollte bei dir weilen": Form

Heinrich Heines Gedicht „Ich wollte bei dir weilen" besteht aus vier Strophen mit jeweils vier Versen. Diese sind kreuzweise gereimt, wobei der erste und dritte Vers eine klingende, der zweite und vierte eine stumpfe Kadenz hat. Jeder Vers weist drei Hebungen, jedoch unterschiedlich viele Senkungen auf; das Metrum ist teils jambisch, teils anapästisch. (Die Verse 2, 5, 6, 7, 8, 10, 11, 12, 13, 14 und 16 haben jeweils einen Anapäst; z. B. stehen am Ende von Vers 16 zwei Senkungen und eine Hebung: „Ist mir schon einmal geschehn".) Durch den **aufgelockerten Rhythmus** wirkt das Gedicht spontan und eher ungezwungen als streng. Dazu passt, dass nur wenige und einfache Stilfiguren zu finden sind.

Gegensätzlichkeit von Ich und Du

Der titelgebende erste Vers steht parallel und antithetisch zum dritten: „Du mußtest von mir eilen." **Das lyrische Ich ist** im ersten Verspaar **durch Passivität gekennzeichnet** („weilen", „ruhn"), **das lyrische Du** im zweiten **durch Betriebsamkeit** („eilen", „tun"). Das lyrische Ich will etwas, das lyrische Du „muss", in welchem Sinne auch immer, seinem eigenen Willen folgen. Hier kann man schon erkennen, wessen Bedürfnis sich durchsetzen wird.

Wie tief sind die Gefühle?

Auch die zweite Strophe ist von Gegensätzlichkeit geprägt. Zu Beginn steht eine Liebeserklärung, jedoch eine indirekte: „Ich sagte, daß meine Seele / Dir gänzlich ergeben sei" (V. 5/6). Das lyrische Ich zitiert seine eigenen Worte aus der Vergangenheit. Damit schafft es eine gewisse **Distanz zu sich selbst und zu seinem Pathos**, das aus dem erhabenen Ausdruck „Seele" und der Hyperbel „gänzlich ergeben" klingt. **Vollends distanziert reagiert das lyrische Du**, indem es lauthals lacht. Offensichtlich hält es das Geständnis für übertrieben und unecht, für eine galante Redensart, und antwortet in adäquater Weise mit einem koketten und förmlichen Knicks. Dessen Flüchtigkeit und scherzhafter Charakter erscheinen noch verstärkt durch die Abkürzung des Artikels („'nen Knicks", V. 8).
Man fragt sich: Mangelt es dem lyrischen Du an Fantasie und Einfühlungsvermögen? Oder bagatellisiert es das einseitige Geständnis des lyrischen Ich bewusst, um sich und ihm eine explizite Absage zu ersparen? Dann würde es sich zum Lachen nur zwingen. Oder nimmt es die Gefühle des lyrischen Ich nicht ernst, weil sie nicht wirklich ernst zu nehmen sind? Die Rede ist von „Liebesverdruß" (V. 10). Die Bedeutung des Wortes „Verdruss" lässt sich schwer einschätzen, da es heute nur noch ironisch gebraucht wird. Aber dass jemand „verdrossen" oder „verdrießlich" ist, muss noch nicht auf existenzielle Verzweiflung hindeuten.
Andererseits scheint zwischen den jeweiligen Gefühlen der beiden doch eine Diskrepanz zu bestehen, denn sie kommen auf diesen Austausch hin so schlecht miteinander zurecht, dass das lyrische Du das Ich nicht einmal mehr zum Abschied küssen will (vgl. V. 11/12). Wahrscheinlich **sieht sich das Ich zumindest verletzt** und zeigt seine Missstimmung offen, was wiederum beim Du auf Ablehnung stößt.

Trotzreaktion des lyrischen Ich

Jedenfalls reagiert das Ich in der letzten Strophe mit **ironischem Trotz:** „Glaub nicht, daß ich mich erschieße" (V. 13). Seit dem Erscheinen von Goethes „Die Leiden des jungen Werthers" ist diese Form des Selbstmords aus Liebeskummer sozusagen klassisch. Es gibt aber keinen Anhaltspunkt dafür, dass die Angeredete etwas dergleichen in Erwägung zieht oder ziehen sollte. Der Zusatz „Wie schlimm auch die Sachen stehn" (V. 14) zeigt, dass das Ich tatsächlich zu einem gewissen Grade leidet, klingt jedoch durch den Ausdruck „die Sachen" auch wieder etwas oberflächlich. Ebenfalls muss die Apostrophe „meine Süße" in Vers 15 als Ironie verstanden werden.
Das Gedicht findet seinen Höhepunkt in der Feststellung, dass die Erfahrung für das lyrische Ich nicht neu sei (vgl. V. 15/16). Die Botschaft ist: Ich bin schon einmal über eine Geliebte hinweggekommen, **ich werde auch über dich hinwegkommen**. Du bist nicht die einzige Frau auf der Welt.

Die **ironische Brechung romantischer Gefühle** in schlichtem, ansatzweise saloppem Stil ist **typisch für die Gedichte von Heinrich Heine**.

In „Ich wollte bei dir weilen“ scheitert die Beziehung eines **mäßig Verliebten** und er versucht damit fertig zu werden, in Paul Flemings „Zur Zeit seiner Verstoßung“ – sei die Verstoßung fiktiv oder real – **scheint das lyrische Ich am Verlust seiner Geliebten zugrunde zu gehen**. Es ist eine Tatsache, dass ein solches Ereignis zunächst auch starke Selbstentfremdung nach sich zieht. Dennoch erscheint mir das Gedicht seltsam **kalt durch die rhetorisch kunstvollen Variationen** über eben dieses Thema. **Das Ich steht im Vordergrund**; über die „Braut“, die in der dritten Person steht, erfährt man nichts, außer dass sie – warum auch immer – mit einem anderen Mann zusammen ist. Vergleich

Heines Gedicht wendet sich an ein Du, das immerhin mit seinen forschen Reaktionen menschliche Züge erhält. **Die Ich-Aussagen wirken persönlicher und aufrichtiger**, obwohl oder gerade weil die Tiefe der Liebe zweifelhaft bleibt. Auch die trotzige Herabwürdigung der begehrten Person finde ich verständlich. Die Widersprüchlichkeit der Gefühle erhält in einer **einfachen, jedoch stilistisch gebrochenen Sprache** auf interessante Weise Ausdruck.

Deutsch (Baden-Württemberg): Abiturprüfung 2014
Aufgabe 3: Interpretation eines Kurzprosatextes

Thema:
Franz Kafka (1883–1924): **Ein altes Blatt**

Es ist, als wäre viel vernachlässigt worden in der Verteidigung unseres Vaterlandes. Wir haben uns bisher nicht darum gekümmert und sind unserer Arbeit nachgegangen; die Ereignisse der letzten Zeit machen uns aber Sorgen.

Ich habe eine Schusterwerkstatt auf dem Platz vor dem kaiserlichen Palast. Kaum öffne ich in der Morgendämmerung meinen Laden, sehe ich schon die Eingänge aller hier einlaufenden Gassen von Bewaffneten besetzt. Es sind aber nicht unsere Soldaten, sondern offenbar Nomaden aus dem Norden. Auf eine mir unbegreifliche Weise sind sie bis in die Hauptstadt gedrungen, die doch sehr weit von der Grenze entfernt ist. Jedenfalls sind sie also da; es scheint, daß jeden Morgen mehr werden.

Ihrer Natur entsprechend lagern sie unter freiem Himmel, denn Wohnhäuser verabscheuen sie. Sie beschäftigen sich mit dem Schärfen der Schwerter, dem Zuspitzen der Pfeile, mit Übungen zu Pferde. Aus diesem stillen, immer ängstlich rein gehaltenen Platz haben sie einen wahren Stall gemacht. Wir versuchen zwar manchmal aus unseren Geschäften hervorzulaufen und wenigstens den ärgsten Unrat wegzuschaffen, aber es geschieht immer seltener, denn die Anstrengung ist nutzlos und bringt uns überdies in die Gefahr, unter die wilden Pferde zu kommen oder von den Peitschen verletzt zu werden.

Sprechen kann man mit den Nomaden nicht. Unsere Sprache kennen sie nicht, ja sie haben kaum eine eigene. Unter einander verständigen sie sich ähnlich wie Dohlen. Immer wieder hört man diesen Schrei der Dohlen. Unsere Lebensweise, unsere Einrichtungen sind ihnen ebenso unbegreiflich wie gleichgültig. Infolgedessen zeigen sie sich auch gegen jede Zeichensprache ablehnend. Du magst dir die Kiefer verrenken und die Hände aus den Gelenken winden, sie haben dich doch nicht verstanden und werden dich nie verstehen. Oft machen sie Grimassen; dann dreht sich das Weiß ihrer Augen und Schaum schwillt aus ihrem Munde, doch wollen sie damit weder etwas sagen noch auch erschrecken; sie tun es, weil es so ihre Art ist. Was sie brauchen, nehmen sie. Man kann nicht sagen, daß sie Gewalt anwenden. Vor ihrem Zugriff tritt man beiseite und überläßt ihnen alles.

Auch von meinen Vorräten haben sie manches gute Stück genommen. Ich kann aber darüber nicht klagen, wenn ich zum Beispiel zusehe, wie es dem Fleischer gegenüber geht. Kaum bringt er seine Waren ein, ist ihm schon alles entrissen und wird von den Nomaden verschlungen. Auch ihre Pferde fressen Fleisch; oft liegt ein Reiter neben seinem Pferd und beide nähren sich vom gleichen Fleischstück, jeder an einem Ende. Der Fleischhauer ist ängstlich und wagt es nicht, mit den Fleischlieferungen aufzuhören. Wir verstehen das aber, schießen Geld zusammen und unterstützen ihn. Bekämen die Nomaden kein Fleisch, wer weiß, was ihnen zu tun einfiele; wer weiß allerdings, was ihnen einfallen wird, selbst wenn sie täglich Fleisch bekommen.

Letzthin dachte der Fleischer, er könne sich wenigstens die Mühe des Schlachtens sparen, und brachte am Morgen einen lebendigen Ochsen. Das darf er nicht mehr wiederholen. Ich lag wohl eine Stunde ganz hinten in meiner Werkstatt platt auf dem Boden und alle meine Kleider, Decken und Polster hatte ich über mir aufgehäuft, nur um das Gebrüll des Ochsen nicht zu hören, den von allen Seiten die Nomaden ansprangen, um mit den Zähnen Stücke aus seinem warmen Fleisch zu reißen. Schon lange war es still, ehe ich mich auszugehen getraute; wie Trinker um ein Weinfaß lagen sie müde um die Reste des Ochsen. Gerade damals glaubte ich den Kaiser selbst in einem Fenster des Palastes gesehen zu haben; niemals sonst kommt er in diese äußeren Gemächer, immer nur lebt er in dem inners-

ten Garten; diesmal aber stand er, so schien es mir wenigstens, an einem der Fenster und blickte mit gesenktem Kopf auf das Treiben vor seinem Schloß.
„Wie wird es werden?“ fragen wir uns alle. „Wie lange werden wir diese Last und Qual ertragen? Der kaiserliche Palast hat die Nomaden angelockt, versteht es aber nicht, sie wieder zu vertreiben. Das Tor bleibt verschlossen; die Wache, früher immer festlich ein- und ausmarschierend, hält sich hinter vergitterten Fenstern. Uns Handwerkern und Geschäftsleuten ist die Rettung des Vaterlandes anvertraut; wir sind aber einer solchen Aufgabe nicht gewachsen; haben uns doch auch nie gerühmt, dessen fähig zu sein. Ein Mißverständnis ist es, und wir gehen daran zugrunde.“

Aus: Franz Kafka: Ein Landarzt und andere Drucke zu Lebzeiten. Hg. v. H.-G. Koch. Frankfurt/M.: Fischer Taschenbuchverlag 1994, S. 208 ff.

Arbeitsanweisung

Interpretieren Sie den Text.

Hinweise und Tipps

Wer bereits ein Werk von **Franz Kafka**, einen Roman oder eine Erzählung, kennt, wird sich mit dieser Aufgabe leichter tun, denn die **Grundkonstellation** im Text „Ein altes Blatt“ weist viele Ähnlichkeiten mit Kafkas übriger Prosa auf.
Der Prager Autor beschreibt meist eine undurchschaubare Welt, in der sich ein auf sich allein gestellter, hilfloser Protagonist zurechtzufinden sucht und trotz aller Bemühungen am Ende scheitert. Die Helden der Geschichten werden dabei durch überraschende, unerwartete Vorkommnisse aus ihrem vertrauten Alltag gerissen und müssen nun auf die neue Situation reagieren, wobei sie sich häufig überfordert fühlen, zumal sie in selbstquälerischer Auseinandersetzung immer wieder nach ihrer eigenen Schuld fragen. Strategische Fehler, eine falsche Lagebeurteilung, Nachlässigkeiten und unverständliche Versäumnisse tragen häufig dazu bei, dass die Protagonisten nicht mehr aus ihrer verworrenen Lage herausfinden und schließlich resignieren oder gar zu Tode kommen, ohne dass sie zu einer Klärung der vielen rätselhaften Umstände gelangt wären.
In vielen seiner kleineren Prosawerke verwendet Kafka die Form einer **Parabel**. Diese gleichnishafte Erzählung versucht dem Leser auf lehrhafte Weise eine allgemeine Erkenntnis zu vermitteln. Am Ende steht im Gegensatz zum Gleichnis jedoch kein klares Fazit mit einer allgemein gültigen Wahrheit, sondern die Geschichte bleibt offen, sodass der Leser bei der Deutung der dargestellten Ereignisse erheblich gefordert ist.

Sowohl die Gedankenwelt Kafkas als auch die Parabelform spielen für die Interpretation des Textes „Ein altes Blatt“ eine wichtige Rolle. Diese beiden Bereiche sollten deshalb auch in der **Einleitung** erwähnt werden. Die Aufgabe selbst („Interpretieren Sie den Text.“) beginnen Sie am besten mit einer **Inhaltswiedergabe** von Kafkas Parabel. Dabei fassen Sie die wesentlichen Handlungsschritte der Geschichte in eigenen Worten und in der Zeitform des Präsens zusammen. Die Textwiedergabe bildet die Grundlage für die anschließende **Interpretation**, die Sie in die drei Bestandteile Form, Sprache und Inhalt aufteilen können. Bei der Analyse der Form achten Sie auf die Struktur des Textes, indem Sie die typischen Elemente einer Parabel (unmittelbarer Beginn, linearer Verlauf, gleichnishafte Handlung) an diesem Kafka-Text aufzeigen. Eine zentrale Rolle sollte auch die Funktion des Erzählers spielen, weil dieser von Anfang bis Schluss präsent ist und die erstaunlichen Vorgänge in seiner Heimat aus persönlicher Sicht (mit eigenen Wertungen) schildert. Die Untersuchung von Kafkas Sprache konzentriert sich wiederum auf charakteristische Stilmittel einer Parabel (einfacher

Satzbau, Gegenüberstellungen: sie – wir, deutliche Hervorhebungen). Für die Deutung des Inhalts bietet sich – entsprechend der Struktur dieser Parabel – die Konzentration auf die gegensätzlichen Gruppen an (Nomaden – Einheimische), insbesondere auf ihr jeweiliges Verhalten und ihre Mentalität. Die Bewohner des Kaiserreichs sind dabei nach dem handelnden Bürgertum (Schuster, Fleischer) und dem passiven Hofstaat (Kaiser und seine Wache) zu unterscheiden. Im Mittelpunkt der Deutung steht der Konflikt zwischen einer zivilisierten Gesellschaft und einem barbarischen Reitervolk und damit die Frage nach Macht und Ohnmacht.

Wie können Sie nun **methodisch** vorgehen?
- Lesen Sie den Text zunächst einmal gründlich durch und versuchen Sie dabei, die Intention des Autors (und die typischen Merkmale einer Parabel) zu erfassen.
- Bei der zweiten und dritten Lektüre kennzeichnen Sie die inhaltlichen, formalen und sprachlichen Besonderheiten, indem Sie entsprechende Stichwörter herausschreiben oder markante Textstellen unterstreichen.
- Erstellen Sie nun eine Gliederung für Ihre Interpretation, der Sie anschließend die von Ihnen erfassten Textstellen zuordnen.
- Verfassen Sie jetzt Ihren Aufsatz, wobei Sie entsprechend Ihrem Aufbauschema vorgehen und Ihre Ausführungen in sinnvolle Abschnitte unterteilen. Bei der sprachlichen Gestaltung sollten Sie auf verbindende Überleitungen achten und vor allem Abwechslung bei Ihren Formulierungen anstreben.

Lösungsvorschlag in Grundzügen

Einleitung

Die Menschen haben sich in ihrem Alltag eingerichtet, das Leben geht seinen gewohnten Gang. Plötzlich werden sie durch eine unangenehme Überraschung aufgeschreckt, die ihre Lage grundlegend verändert.
Diese Ausgangssituation findet man oft in den Werken des Prager Schriftstellers **Franz Kafka** (1883–1924), sowohl in seinen berühmten Romanen „Der Prozess" oder „Das Schloss" als auch in seinen viel gelesenen Erzählungen „Die Verwandlung" und „Das Urteil" sowie in seinen zahlreichen kleineren Prosatexten.
Auch Kafkas **Parabel** „Ein altes Blatt" thematisiert den Einbruch des Unheimlichen in ein wohlgeordnetes Alltagsleben, mit dem die Bürger des Landes nicht umgehen können.

Hauptteil
Textwiedergabe

Der Erzähler, ein Schuhmacher, dessen Geschäft sich vor dem Kaiserpalast auf dem Hauptplatz befindet, gibt sich sehr besorgt, weil mitten in der Nacht fremde Soldaten aus dem Norden seine Hauptstadt besetzt haben. Offenbar hat es schwere Versäumnisse bei der Landesverteidigung gegeben, denn die „Nomaden" sind sehr schnell von der weit entfernten Grenze in das Landesinnere vorgedrungen.
Unter den Stadtbewohnern lösen die Fremden Entsetzen und Abscheu aus, weil sie mit ihren rohen Umgangsformen den stets sauber gehaltenen Platz verwüsten. Die Nomaden nächtigen im Freien und beschäftigen sich tagsüber mit der Pflege ihrer primitiven Waffen und machen Übungen mit ihren wilden Pferden.
Es gelingt den verängstigten Einwohnern nicht, mit den Eindringlingen Kontakt aufzunehmen, denn diese verhalten sich völlig gleichgültig oder ablehnend, außerdem verstehen sie die Landessprache nicht. Rücksichtslos holen sich die Soldaten von den Bürgern alles, was sie zu ihrer Versorgung brauchen. Auch der Erzähler wird mehrfach zum Opfer dieses barbarischen Vorgehens. Am schlimmsten ergeht es jedoch dem Fleischer, dessen Waren regelmäßig geplündert und sowohl von den Nomaden selbst als auch von

ihren Pferden verzehrt werden. Eines Tages, als der Fleischer auf eine Schlachtung verzichtet und einen lebenden Ochsen abliefert, reißen die Nomaden mit roher Gewalt Fleischstücke aus dem Tier, das dabei so entsetzlich schreit, dass der Erzähler sich im hintersten Winkel seiner Werkstatt mit Kleidern bedecken und die Ohren zuhalten muss. Der Fleischer wird ermahnt, so etwas nie mehr zu tun, aber er wird von den Bürgern wenigstens finanziell für seine Verluste entschädigt.
Ängstlich fragen sich die Einheimischen, wie es weitergehen wird. Der Schuster glaubt, dass er vor Kurzem den Kaiser am Fenster seines Palastes gesehen hat. Der Herrscher habe jedoch gesenkten Hauptes das Geschehen vor seinem Schloss beobachtet. Auch von der Wache, die früher immer wieder aufmarschiert ist, ist nicht mehr viel zu sehen. Dem Erzähler ist deshalb bewusst, dass er als Handwerker zusammen mit anderen Selbstständigen sein Vaterland retten müsste, aber dazu fühlt sich keiner in der Lage. So warten sie nur auf ihren baldigen Untergang.

Grundaussage

Die Parabel zeigt die **Konfrontation** zwischen einem barbarischen Reitervolk aus dem nicht genauer lokalisierten „Norden" (Z. 7) und einer zivilisierten Gesellschaft. Die scheinbar gut organisierte Monarchie offenbart sich als keineswegs gefestigtes Staatswesen, das auf das Vordringen der Nomaden völlig hilflos reagiert und deshalb auch kein Konzept für die Lösung dieses politischen Konflikts hat. Während sich die fremden Soldaten als neue Herren über das unterworfene Land aufspielen, verharren die Besiegten in einer **totalen Passivität**. Niemand ergreift die Initiative zu einer Selbstbefreiung. Zwar bleibt das Ende offen, dennoch scheint es keine Hoffnung auf einen Ausweg zu geben.
Franz Kafka verdeutlicht in dieser Geschichte, die 1917 (also gegen Ende des Ersten Weltkriegs) in dem Erzählband „Ein Landarzt" veröffentlicht wurde, wie die in der Menschheit stets vorhandene **Gewalt** die **kulturellen Leistungen** bedrohen und zerstören kann. Die Berichte aus dem Ersten Weltkrieg haben den damals 34-jährigen Autor, der selbst nicht an der Front war, vermutlich überzeugt, dass die Barbarei sogar jederzeit inmitten der Zivilisation ausbrechen und mit ungeheurer Kraft mühsam erworbene Errungenschaften zunichtemachen kann.

Interpretation

Form: Aufbau der Parabel

Die Parabel wird aus der Sicht eines an dem Geschehen beteiligten **Ich-Erzählers** geschildert, der sich gleich zu Beginn als Schuster vorstellt. Dabei wird die Handlung (Nomadeneinfall) von den jeweiligen Beurteilungen des Schuhmachers am Anfang und am Ende des Textes eingerahmt. Die ersten zwei Sätze (Z. 1–3) enthalten Vermutungen über den unerwarteten Erfolg der Besatzer, wobei der Erzähler sich und seinen Mitbürgern eine Teilschuld an der verhängnisvollen Lage einräumt. Mit den beiden Schlusssätzen (Z. 50–53) wendet sich der Schuhmacher der Zukunft zu, die allerdings für sein Land düster erscheint.
Die Handlung der Parabel, die chronologisch erzählt wird, setzt mit der Invasion der Nomaden am frühen Morgen ein und endet mehrere Tage später mit einer noch stärkeren Präsenz der Besatzer, der die Bürger nichts entgegenzusetzen haben. Den grausigen Höhepunkt bildet die Zerfleischung des Ochsen, wodurch die gewaltige Bedrohung durch die unzivilisierten Soldaten verdeutlicht wird. Ob die Invasoren bald das Land verlassen werden, bleibt ungewiss. Der Erzähler betrachtet die Lage als hoffnungslos.

Titel

Der **Titel** der Parabel („Ein altes Blatt") scheint auf einen weit zurückliegenden Vorfall zu verweisen, der weder zeitlich noch lokal näher eingeordnet wird. Wie ein Chronist wirkt der Erzähler, der aus seiner Sicht das einstige Geschehen nicht nur beschreibt, sondern auch beurteilt. Dabei scheint das „Blatt“ nur ein Teil einer längeren Geschichte (des Landes?) zu sein.

Person des Erzählers

Die ganze **Verunsicherung** der unterworfenen Bewohner kommt auch in den Gedanken des Erzählers zum Vorschein. In seinen Eingangs- und Ausgangsbetrachtungen werden Spekulationen („Es ist, als wäre viel vernachlässigt worden“, Z. 1) und Ängste („die Ereignisse der letzten Zeit machen uns aber Sorgen“, Z. 2 f. – „wir gehen daran zugrunde“, Z. 53) in den Vordergrund gestellt. Gleichzeitig sieht sich der Schuster auch zu klaren, eindeutigen Erkenntnissen fähig, wenn er das Verhalten des Bürgertums schonungslos analysiert und dessen **Unfähigkeit** sowohl in der Vergangenheit als auch in der Zukunft aufzeigt: „Wir haben uns bisher nicht darum gekümmert“ (Z. 1 f.) – „wir sind aber einer solchen Aufgabe nicht gewachsen“ (Z. 51 f.).
Der Schuster gehört zu der wohlhabenden Schicht von „Handwerkern und Geschäftsleuten“ (Z. 50 f.), die in dieser Krisensituation zu ihrer **gesellschaftlichen Verantwortung** stehen müsste, wozu sie aber bereits wegen ihres in der Vergangenheit bekundeten **Desinteresses** am Staatswesen nicht mehr in der Lage ist. Von seiner „Schusterwerkstatt“ (Z. 4), die sich auf dem zentralen Platz der Hauptstadt befindet, sieht der Erzähler direkt auf den „kaiserlichen Palast“ (Z. 4). Das heißt, er berichtet vom Mittelpunkt seines Landes aus, allerdings in untergeordneter sozialer Stellung. Dabei geht er jedoch nicht objektiv vor. Als Opfer der skrupellosen Plünderer („Auch von meinen Vorräten haben sie manches gute Stück genommen.“, Z. 27) neigt er zu Übertreibungen, denn die „Nomaden aus dem Norden“ (Z. 7) werden als völlig unzivilisierte, unzugängliche Rohlinge beschrieben, die keinerlei menschliche Regungen zeigen. Deshalb hält er es auch für sinnlos, mit ihnen in Kontakt zu treten: „sie haben dich doch nicht verstanden und werden dich nie verstehen.“ (Z. 22 f.) Mit **wachsendem Schaudern** werden die Untaten der Fremden erzählt, die aus dem Blickwinkel des Kaisers in dem abwertenden Begriff „das Treiben vor seinem Schloß“ (Z. 46) zusammengefasst werden.
Trotz seines persönlichen Schadens, den ihm die Barbaren zugefügt haben, kann der Erzähler seinen Verlust richtig einschätzen. Er weiß, dass er im Vergleich mit dem völlig ausgeraubten Fleischer noch gut davongekommen ist („Ich kann aber darüber nicht klagen“, Z. 27 f.). Mit den anderen Handwerkern und Geschäftsleuten schließt er sich zu einer **Solidargemeinschaft** zusammen, die die Verluste des Fleischers als gemeinsames Opfer sieht und dafür aufzukommen versucht. Doch der Erzähler gibt sich letzten Endes keinen Illusionen über die Zukunft hin, denn er weiß, dass sein ganzes Land von nun an dem fremden Reitervolk vollständig ausgeliefert ist.

Deutung des Inhalts

Kaiserreich

Das Kaiserreich, dem der Schuster als treuer Untertan angehört, wird als eine **friedliche Klassengesellschaft** beschrieben, die einerseits von dem Kaiser und seiner Palastwache und andererseits von den Geschäftsleuten getragen wird. Arbeiter und Bauern kommen in der Parabel jedoch nicht vor. Der Schuster als Repräsentant des **Bürgertums** sieht nur seinesgleichen. Zu dem Monarchen, der ganz in seiner Nähe residiert, hat er keine Beziehung. Deshalb bleibt auch am Ende unverständlich, warum den Handwerkern „die Rettung des Vaterlandes anvertraut“ (Z. 51) sein soll.

Offenbar wird dem resignativ dreinblickenden Kaiser (vgl. Z. 45 f.) eine solche Befreiungstat nicht (mehr) zugetraut. Der Erzähler beurteilt aber auch die seiner Klasse auferlegte Mission äußerst skeptisch und spricht von einem „Mißverständnis" (Z. 52 f.), weil das Bürgertum mit der Verteidigung des Landes völlig überfordert ist.
Der **Kaiser** kann seinen Bürgern keinen Optimismus vermitteln. Mit allen seinen Gesten und Anordnungen scheint er nur die Hoffnungslosigkeit zu verstärken. Die einst so prächtige Wache verlässt schon gar nicht mehr das Schloss. Noch besorgniserregender ist es, dass der Kaiser, der sonst immer nur „in dem innersten Garten" (Z. 44 f.) lebt, zum ersten Mal in die „äußeren Gemächer" (Z. 44) seines Schlosses kommt und von dort stumm auf den Platz schaut. Allerdings ist sich der Schuster nicht sicher, ob er den Monarchen wirklich erblickt hat. Aber dem Herrscher wird letzten Endes die **Schuld** an der ausweglosen Lage zugeschoben: „Der kaiserliche Palast hat die Nomaden angelockt, versteht es aber nicht, sie wieder zu vertreiben." (Z. 48 f.)

Das **friedliche, geordnete Leben des Bürgertums** wird dem barbarischen Treiben der Nomaden direkt gegenübergestellt. Dennoch kommt es nicht zu einer Konfrontation, weil sich die noch in der **Schockstarre** verharrenden Bewohner der völlig unerwarteten Invasion aus dem Norden hilflos ausgesetzt fühlen. Weil sie weder von ihrem Kaiser noch von ihrer Armee eine Rettung erwarten können, setzen sie auf ihre **kultivierten Umgangsformen** und versuchen die Barbaren mit ihrer **bereitwilligen Kooperation** milde zu stimmen. So liefern sie regelmäßig große Fleischrationen, wenn sich die Nomaden ihre Beute nicht schon zuvor aus dem Metzgerladen geholt haben. Der „ängstlich[e]" (Z. 32) Fleischhauer steht stellvertretend für alle Bürger, die keinen Mut zur Selbstverteidigung aufbringen, sondern vielmehr ihr Heil in der **Anpassung und Nachgiebigkeit** gegenüber den Besatzern suchen: „Vor ihrem Zugriff tritt man beiseite und überläßt ihnen alles." (Z. 26) Bürgertum
Die Passivität der Bürger hat ihre Ursache vermutlich in ihrem **schlechten Gewissen**, denn gleich zu Beginn der Parabel weist der Erzähler selbstkritisch auf die Gleichgültigkeit gegenüber den Fragen der Landesverteidigung hin. Aus **Bequemlichkeit** sind die Untertanen nur ihrer „Arbeit nachgegangen" (Z. 2), ohne sich um politische Angelegenheiten zu kümmern, und haben deshalb zu den militärischen Versäumnissen des Landes geschwiegen.
Was die Bürger vor allem irritiert, ist die Ungewissheit bezüglich ihrer Zukunft, zumal sie von ihrem Kaiser keine Hilfe erwarten können und die Nomaden in immer größerer Zahl in ihr Land eindringen. Mit ihrem kooperationsbereiten, zurückhaltenden Gebaren sichern sie sich nur eine **momentane Sicherheit**, die jederzeit ins Gegenteil umschlagen kann. Der gegenwärtige Zustand wird von allen als „Last und Qual" (Z. 47) empfunden, aber etwas anderes als ein unrühmliches Ende erwartet keiner der Bürger.

Mit der überraschenden Besetzung der Hauptstadt haben die Nomaden aus dem Norden die Bewohner des Kaiserreichs über Nacht aus ihrer vertrauten Umgebung gerissen. Als der Schuster sein Geschäft „in der Morgendämmerung" (Z. 5) öffnet, sind bereits alle Gassen von den Eindringlingen besetzt. Diese stoßen die zivilisierten Stadtbewohner mit ihren **unkultivierten Umgangsformen** vor den Kopf. Das wilde Reitervolk zieht nicht in die Häuser der Hauptstadt ein, sondern kampiert im Freien, wo es sich Nomaden

mit der Reinigung seiner Waffen und mit seinen Pferden beschäftigt. Der gepflegte Hauptplatz ist bald in eine Müllhalde verwandelt.
Gemeinsamkeiten zwischen Besatzern und Besetzten gibt es nicht, denn die Soldaten interessieren sich weder für die „Sprache" (Z. 17) noch für die „Lebensweise" (Z. 19) und die „Einrichtungen" (Z. 19) der Besiegten. Dafür holen sie sich von ihnen, was sie zu ihrer Versorgung brauchen, ohne dabei gewaltsam vorzugehen: „Man kann nicht sagen, daß sie Gewalt anwenden." (Z. 25 f.) Doch ihre **derben Sitten** und ihre **stetig wachsende Anzahl** schüchtern die Bürger zunehmend ein, sodass der Erzähler die Invasoren schließlich **dämonisiert**. Eine Sprache als Kulturleistung spricht er ihnen ab und sieht in ihrer Verständigung nur eine animalische Form („ähnlich wie Dohlen", Z. 18). Bei ihren Grimassen „dreht sich das Weiß ihrer Augen und Schaum schwillt aus ihrem Munde" (Z. 23 f.).
Das größte Entsetzen breitet sich bei den Bürgern aus, als die Barbaren einen lebendigen Ochsen in Stücke reißen und das Fleisch trotz des lauten Tiergebrülls ungerührt verzehren. Schon vor diesem grausigen Höhepunkt werden die Einheimischen durch eine unglaubliche Beobachtung verstört: „Auch ihre Pferde fressen Fleisch" (Z. 30). Während die Bürger in Anbetracht der veränderten Lage ihr Verhalten umstellen, geben sich die Nomaden völlig **authentisch**: Sie leben ohne Hemmungen ihre Bedürfnisse aus und verhalten sich naturnah: „sie tun es, weil es so ihre Art ist." (Z. 24 f.) Dabei scheinen sie sich auf einen längeren Aufenthalt in der Hauptstadt ihres Gegners einzurichten. Von ihren weiteren Plänen erfährt der Leser jedoch nichts.

Fazit

Gegenüber der urwüchsigen Gewalt der Nomaden bleiben die Bürger des Kaiserreichs wie gelähmt. Mit dem Einbruch einer anonymen (primitiven?) Macht in ihren so friedlichen, geordneten und geregelten Alltag kommen sie nicht zurecht. Gegen die Akte der Barbarei gibt es keine wirkungsvolle Strategie. Auch Anpassung und Passivität helfen nur vorübergehend, eine Lösung zur endgültigen Beseitigung der permanenten Gewalt scheint es nicht zu geben.
Kafkas Parabel verdeutlicht, wie hoch entwickelte Zivilisationen ständig durch Barbarei und Gewalt gefährdet sind, was sich in der Geschichte schon häufig zugetragen hat – man denke z. B. an das Dritte Reich, den Stalinismus, die Kulturrevolution in China oder die Roten Khmer in Kambodscha.

Sprache
Stil

Die schauderhaften Vorgänge bei dem Nomadeneinfall in das Kaiserreich werden vom Erzähler in einem weitgehend sachlichen **Chronistenstil** beschrieben. Mit vorwiegend **parataktischem Satzbau** und relativ **einfachem Wortschatz** wird die Handlung sehr anschaulich geschildert.

Pronomen

Dabei bestätigt der Schuster viele Einzelheiten aus seiner persönlichen Sicht. Sowohl die Invasion der Nomaden als auch ihr barbarisches Vorgehen sowie das Verhalten des Kaisers werden aus der **Ich-Perspektive** dargestellt. Um die Gegensätze zwischen den Bürgern und ihren Unterwerfern zu betonen, verwendet der Erzähler die **Personalpronomen „wir" und „sie"** bzw. die **Possessivpronomen „unsere" und „ihre"**. Während die Bürger der Monarchie aus Individuen (Schuster, Fleischer, Kaiser) oder sozialen Gruppen (Handwerker und Geschäftsleute) bestehen, werden die Invasoren als eine wilde, unkultivierte Einheit wahrgenommen, die als „Nomaden aus dem Norden" oder als „Bewaffnete" (vgl. Z. 6 f.) bezeichnet werden. Auch ihre Pferde bilden eine ununterscheidbare anonyme Masse.

Die Taten bzw. Untaten der Besatzer werden in **Aufzählungen** („Sie beschäftigen sich mit dem Schärfen der Schwerter, dem Zuspitzen der Pfeile, mit Übungen zu Pferde.“, Z. 11 f.) verdeutlicht und darüber hinaus mit **Adverbien** („oft“, Z. 23, 30; „immer wieder“, Z. 18 f.; „kaum … schon“, Z. 4 f.) und **Negationen** („nicht“, Z. 17, 22; „nie“, Z. 22; „weder … noch“, Z. 24) versehen, sodass ihre dominante Anwesenheit sowie ihre irritierende Andersartigkeit eindringlich zum Ausdruck kommen.

rhetorische Figuren

Als Repräsentant des verunsicherten Bürgertums geht der Erzähler bei seinen Einschätzungen und Wertungen vorsichtig und differenziert vor. Viele Wahrnehmungen werden durch **Konjunktive** („Es ist, als wäre …“, Z. 1; „Bekämen die Nomaden kein Fleisch …“, Z. 33) und einschränkende **Adverbien** („offenbar“, Z. 7; „immer seltener“, Z. 14 f.) relativiert.

Auf das ungewöhnliche Verhalten des Kaisers, der in dieser außerordentlich bedrohlichen Lage des Reiches seine Gewohnheiten fundamental verändert, wird in Form einer **Antithese** zwischen „niemals sonst/immer nur“ und „diesmal“ (vgl. Z. 44 f.) hingewiesen.

Am Ende der Parabel fassen zwei **offene Fragen** („Wie wird es werden?“, Z. 47 – „Wie lange werden wir diese Last und Qual ertragen?“, Z. 47 f.) die Zukunftsängste aller Bürger zusammen. Im Gegensatz zu seiner sonstigen Skepsis scheint der Erzähler jedoch die **Antwort** auf diese Fragen zu kennen: Da von nirgendwoher Hilfe zu erwarten ist, bleibt seiner Meinung nach nur der Untergang des Landes: „wir gehen daran zugrunde.“ (Z. 53) Würde sich dieses **apodiktische Urteil** bestätigen, hätte eine barbarische Reiterhorde eine kultivierte Gesellschaft völlig unterworfen.

Deutsch (Baden-Württemberg): Abiturprüfung 2014
Aufgabe 4: Verfassen eines Essays

Thema:
Sehnsucht – über die Bedeutung eines Gefühls

Material 1:

Zitate

„Alles beginnt mit der Sehnsucht." (Nelly Sachs)

„Nur wer die Sehnsucht kennt, / weiß, was ich leide." (Johann Wolfgang Goethe)

„Der leere Wunsch, die Zeit zwischen dem Begehren und dem Erwerben des Begehrten vernichten zu können, ist Sehnsucht." (Immanuel Kant)

„Wenn Du ein Schiff bauen willst, dann trommle nicht Männer zusammen um Holz zu beschaffen, Aufgaben zu vergeben und die Arbeit einzuteilen, sondern lehre die Männer die Sehnsucht nach dem weiten, endlosen Meer." (Antoine de Saint-Exupery)

„Die Liebe ist Sehnsucht, und gestillte Sehnsucht vergeht." (Hans Christian Andersen)

„Sehnsucht kann Menschen nahezu grenzenlos manipulierbar machen." (Cornelia Funke)

Quellen: www.zitate-online.de/stichworte/sehnsucht/ und http://www.zitate.de/db/ergebnisse.php?stichwort=sehnsucht&x=O&y=O (1. 6. 2013)

Material 2:

Urs Widmer: Eine Spur im Sand hinterlassen

Die Fähigkeit, durch seine eigene Phantasie die Welt gestalten zu können, bedeutet eine Macht, die sich erst später als eine Illusion herausstellt. Kleine Kinder sind ja nicht nur unsterblich, sie sind auch allmächtig. Sie sind Götter, an den Kriterien der Erwachsenen gemessen. Sie schaffen eine Welt nach ihrem Bild, erst später merken sie, daß die Welt sich nicht darum kümmert. Die Enttäuschung und die Wut darüber sind groß. Erst in diesem Augenblick wird die Allmacht eine bloße Phantasie. Eben noch ist sie, für das Kind, eine Realität gewesen. Es ist kränkend, lernen zu müssen, daß man nicht fliegen kann. Keine Einsicht hindert einen daran, manchmal, wenn man sich unbeobachtet glaubt, ein paar Flügelschläge zu probieren.
Gerade mit dieser Sehnsucht des Erwachsenen treiben die Profiteure der Gesellschaft ein Doppelspiel, kein Wunder, daß die Sehnsucht dann zu großer Wut wird. Einerseits verbieten sie ihm, seine Wünsche auch nur andeutungsweise auszuleben: innerhalb eines Produktionsprozesses ist wenig Platz für Allmachts-Sehnsüchte. Andererseits funktioniert, in einer bösartigen Ironie, das Leistungsprinzip gerade dadurch, daß es dem einzelnen die Hoffnung vormacht, er könne doch vielleicht einmal der größte sein. Die Gesellschaft lockt den einzelnen, mit voller Kraft in ein Leistungsrennen einzusteigen, in dem dann nur der eine Chance hat, der seine persönlichen Wünsche aufgibt. Es ist ein aufreibender Widerspruch. Verzweifelt geht er schließlich der Werbung auf den Leim, die in derselben Wunde wühlt. Er gibt sich mit den Symbolen seiner Wünsche von früher zufrieden, statt mit den erfüllten Wünschen selber. Er raucht die Zigarette, die einen Hauch von Freiheit verspricht. In der Industriegesellschaft lassen sich die Phantasien von früher am schlechtesten ausleben.

Material 3:
Karikatur

„Türlich ist es eine Art Ritual.
Aber man kann enorm süchtig danach werden."

Aus: Künstler, Kracher & Konsorten. Cartoons von Volker Kriegel. Zürich: Haffmans Verlag 1992, S. 112

Material 4:

Anselm Grün: Die Sehnsucht – Ein Anker

Die Sehnsucht ist das Wertvollste, das der Mensch in sich trägt. Sie ist der Anker, den Gott in unser Herz geworfen hat, um uns daran zu erinnern, dass unser Herz im Vorläufigen nicht zur Ruhe kommt. In der Sehnsucht ist in uns schon etwas, das diese Welt übersteigt, über das daher die Welt keine Macht hat. Die Sehnsucht macht den Menschen heilig. Für den Menschen, der mit seiner Sehnsucht in Berührung ist, relativieren sich seine Probleme, seine Krankheiten, seine Verletzungen. Ja er spürt, dass all das, worunter er leidet, seine Sehnsucht noch mehr anstachelt. In seiner Sehnsucht berührt er Gott. Die Sehnsucht ist die Spur, die er selbst in unser Herz gelegt hat. Wenn wir unsere Sehnsucht spüren, dann spüren und erfahren wir seine Liebe mitten in der Kälte und Dunkelheit dieser Welt.

Aus: Anselm Grün: Buch der Lebenskunst. Hrsg. von Anton Lichtenauer. Freiburg: Herder Verlag ^{4}2002, S. 199

Material 5:

Ernst Bloch: Nacktes Streben und Wünschen, nicht gesättigt.

Aus dem bloßen Innern greift etwas hervor. Das Drängen äußert sich zunächst als „Streben", begehrend irgendwohin. Wird das Streben gefühlt, so ist es „Sehnen", der einzige bei allen Menschen ehrliche Zustand. Das Sehnen selber ist nicht weniger vage und allgemein als der Drang, doch ist es deutlich wenigstens nach außen gerichtet. Es wühlt nicht wie das Drängen, sondern schweift, das freilich gleichfalls ruhelos schlechthin, süchtig. Und verbohrt es sich dabei in sich, so bleibt das Sehnen bloße allgemeine Sucht. Als blind und leer schweifende kann diese sich gar nicht dorthin begeben, wo sie gestillt würde.

Dazu muss das Sehnen erst auf etwas deutlich hintreiben. Als so bestimmtes hört es auf, nach allen Richtungen zugleich auszuschlagen. Es wird ein „Suchen", das hat und nicht hat, was es sucht, wird ein gezieltes Treiben. (…)

Aus: Ernst Bloch: Das Prinzip Hoffnung, Bd. 1. Frankfurt/M.: Suhrkamp Verlag 1967

Material 6:

Sucht-Statistik

Suchtmittelmissbrauch verursacht enorme Schäden, auf der einen Seite für die einzelnen Abhängigen in ihren sozialen Systemen, auf der anderen Seite für die Gesellschaft und die involvierten Sozialleistungsträger.

In Deutschland leben:

- 17 Millionen Raucher/innen, davon sind 4,3 Millionen tabakabhängig – das durchschnittliche Einstiegsalter ist inzwischen auf 13,6 Jahre gesunken.
- 10,4 Millionen Menschen, die Alkohol riskant konsumieren, davon sind 1,7 Millionen abhängig.
- 415 000 Abhängige illegaler Drogen, davon konsumieren 240 000 Menschen Cannabis; im Jahr 2004 verstarben in Deutschland 1 385 Menschen infolge ihres Rauschgiftkonsums, das ist der niedrigste Stand seit 1989.
- 1,4 Millionen Medikamentenabhängige, davon sind zwei Drittel Frauen.
- 180 000 beratungs- und behandlungsbedürftige Spieler/innen.

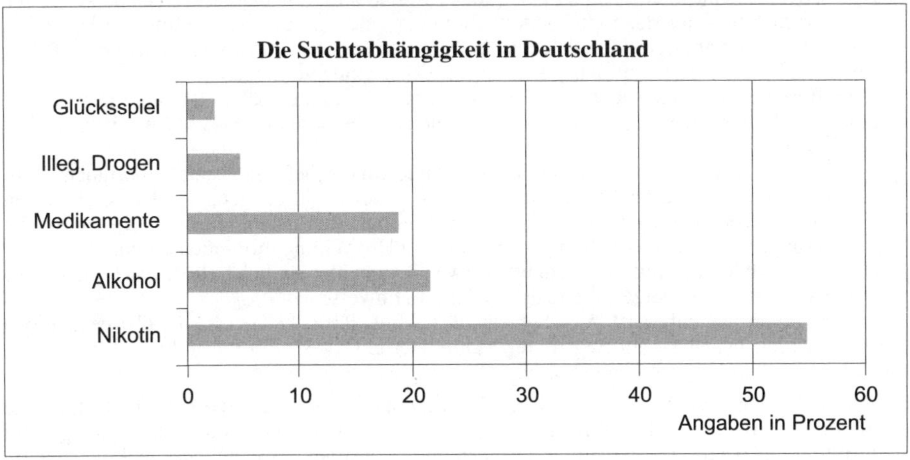

Quelle: Jahrbuch Sucht. Hrsg.: Deutsche Hauptstelle für Suchtfragen. Zit. nach: http://kreuzbund-gross-gerau.de/infosuebersucht/suchtproblemdeutschland.html (1. 6. 2013)

Arbeitsanweisungen

Verfassen Sie einen Essay zu diesem Thema.

Die vorgelegten Materialien sind als Anregung, nicht als Vorgabe zu verstehen.

Hinweise und Tipps

Beim **Aufgabentyp Essay** wird Ihnen ein Dossier aus unterschiedlichen Materialien zu einem Thema vorgelegt, z. B. journalistische Texte (Berichte, Reportagen, Interviews usw.), Grafiken aller Art, Bilder, aber auch Aphorismen, Sprichwörter und Zitate von Aussagen berühmter Persönlichkeiten oder Ausschnitte aus literarischen Werken. Die Dossiermaterialien – hier: essayistische und philosophische Texte, kurze Zitate, Cartoon und Diagramm (Statistik) – bieten Ihnen eine Wissensgrundlage an und geben Anstöße, sich mit dem Thema des Essays gedanklich auseinanderzusetzen.

Beim Durcharbeiten der Materialien sollten Sie diese zunächst **gründlich lesen**. Auch die sogenannten diskontinuierlichen Texte (Diagramme, visuelle Darstellungen, Cartoons, Karikaturen usw.) müssen entschlüsselt werden. Fragen Sie sich jeweils, wo sich Anknüpfungspunkte zu Ihrem eigenen Erfahrungs- und Wissenshorizont finden lassen. Verfassen Sie für alle Materialien ein **Abstract**, also eine kurze Zusammenfassung der zentralen Aussagen; machen Sie sich bewusst, welche Facetten des Themas in den Materialien bereits enthalten sind, und ergänzen Sie Ihre Notizen durch eigene Ideen, z. B. in Form eines Clusters.

Hilfreich ist es auch, **Fragen** zu formulieren, um sich das Thema weiter zu erschließen. Beim Thema „Sehnsucht" könnten Sie sich beispielsweise folgende Fragen stellen:

- Was bedeutet Sehnsucht für mich persönlich? Kenne ich dieses Gefühl? Welche konkreten Situationen fallen mir dazu ein? – Als Anregung sind hierfür visuelle Impulse besonders geeignet. Der Cartoon mit dem Weihnachtsbaum erzeugt bei Ihnen vielleicht andere Bilder von Situationen, die Sie mit Sehnsucht im weitesten Sinne verbinden.
- Worauf richtet sich Sehnsucht? Auf Orte, Personen, Zustände, materielle Güter usw.? – Die Texte der Materialien enthalten vielfältige, auch widersprüchliche Aussagen dazu. Gehen Sie diesen nach.
- Ist Sehnsucht etwas typisch Menschliches? Können auch Tiere Sehnsucht empfinden? Wovon ist Sehnsucht abhängig? Vom Alter, von den Lebensbedingungen, von den persönlichen Ansprüchen, von einer bestimmten Lebenseinstellung, einer Religion usw.? – Lesen Sie die Ausführungen von Ernst Bloch, Anselm Grün und Urs Widmer gründlich durch.
- Welche Gefühle sind mit „Sehnsucht" verwandt oder ihr ähnlich? Hoffnung? Nostalgie? Wehmut? usw. – Die kurzen Zitate geben darauf Hinweise.
- Gibt es einen Gegenbegriff zur „Sehnsucht"? Abgeklärtheit? Gelassenheit? Resignation? usw. – Durchsuchen Sie Ihr Begriffsrepertoire oder nutzen Sie ein Wörterbuch.

Notieren Sie weitere Fragen und skizzieren Sie mögliche Antworten.

All diese Fragen und Antworten zeigen: Eine streng lineare oder dialektisch strukturierte Gliederung ist für die Aufsatzform Essay eher ungeeignet. **Essays sind offen angelegt und gedanklich verzweigt**, sie wollen die Leser in unterhaltsamer, anschaulicher und gleichzeitig anspruchsvoller (Schreib-)Weise auf einen assoziativen „Gedankenspaziergang" mitnehmen. Deshalb kann der Essay vielfältige sachliche und kreative Darstellungsformen enthalten: Berichtende, erörternde, beschreibende, schildernde und sogar erzählende Passagen können sich abwechseln. Dennoch soll in all den unterschiedlichen Elementen ein **roter Faden**, eine schlüssige Konzeption, eine „geordnete Vielfalt" erkennbar sein. Dies sollten Sie beim Schreiben immer wieder berücksichtigen.

Lösungsvorschlag in Grundzügen

7,995 Millionen Menschen – das sind fast 10 Prozent der Bevölkerung. So viele Süchtige gibt es in Deutschland. Sie sind süchtig nach Alkohol, Zigaretten und Rauschgift, abhängig von Medikamenten und vom Spiel. Das sagt die Statistik. Ganz nüchtern, in harten Fakten und exakten Zahlen, wird dort verbucht: Wie viele Menschen sind von welcher Sucht betroffen? In welchem Alter steigen sie in den Drogenkonsum ein? Wie verhalten sich

Suchtstatistik als Aufhänger (Bezug zu Material 6)

Männer, wie Frauen? Wie viele Todesopfer fordert der Konsum von Rauschgift jährlich? „**Suchtmittelmissbrauch** verursacht enorme Schäden, auf der einen Seite für die einzelnen Abhängigen in ihren sozialen Systemen, auf der anderen Seite für die Gesellschaft und die involvierten Sozialleistungsträger", stellt das „Jahrbuch Sucht" fest.

Sucht – ein Massenphänomen?

Sind wir alle süchtig? Mehr oder weniger, zumindest wenn man die Liste der Suchtmittel um harmlosere Dinge ausweitet. Da gibt's die Schokoladen-Junkies, die Colaholiker und Kaffee-Säufer, die Handy-Hörigen, Computersüchtigen und TV-Abhängigen … – von all den Streit-, Vergnügungs-, Ehr- und anderen Süchtigen einmal abgesehen.

Was steckt hinter diesem **Massenphänomen**?

„Jede Sucht ist eine Suche"

„Jede Sucht ist eine Suche", sagt der Volksmund. Was suchen die Süchtigen? Abwechslung und Ablenkung? Glück und Genuss? Lebenssinn? Liebe? Gott? Eine bessere Welt im Jenseits? Eine gerechte Gesellschaft? Frieden auf Erden? Oder sich selbst? „Wer sucht, der findet!" Von wegen! Diese Spruchweisheit erfüllt sich allzu oft nicht. Glück und Genuss sind schnell verflossen, die Liebe vergeht und lässt uns enttäuscht zurück, Gott zeigt sich nicht, ans Jenseits glaubt kaum noch jemand und die Utopien einer friedvollen Welt werden gerade wieder von der politischen Realität zunichte gemacht. Da bleibt wohl nur noch die **Rettung in eine Sucht**, die in keiner Statistik auftaucht: die **Sehnsucht**.

Zitat Nelly Sachs (Bezug zu Material 1)

„Alles beginnt mit der Sehnsucht", sagt die Lyrikern Nelly Sachs. Aber wo endet die Sehnsucht? Kann sie jemals erfüllt werden? Wann wird sie zur gefährlichen Sucht?

Definition von Kant

Immanuel Kant, der Philosoph der Aufklärung, versucht das **Phänomen Sehnsucht** in einer Definition auf den Punkt zu bringen: „Der leere Wunsch, die Zeit zwischen dem Begehren und dem Erwerben des Begehrten vernichten zu können, ist Sehnsucht." Das klingt recht negativ. Besteht etwa gar keine Chance, dass sich Sehnsucht erfüllt? Handelt es sich womöglich lediglich um eine **fehlgeleitete Hoffnung**, die bei Nichterfüllung in Sehnsucht umschlägt? – Genug der Fragen, suchen wir nach Antworten!

Der Mensch als Mängelwesen (Platon)

Erklärungen für das Phänomen Sehnsucht findet man nämlich schon lange vor der europäischen Aufklärung. Sie gehen zurück auf die Erkenntnis der **Unzulänglichkeit aller menschlichen Existenz:** Wir sind Mängelwesen und deshalb ständig auf der Suche nach Vervollkommnung, nach Ganzheit, nach Perfektion. Besonders eindrücklich zeigt dies der Mythos von den Kugelmenschen, den der Komödiendichter Aristophanes in Platons *Symposion (Das Gastmahl)* erzählt: Ursprünglich hatten die Menschen kugelförmige Rümpfe sowie vier Hände und Füße und zwei Gesichter auf einem Kopf – sie waren so vollkommen, dass sie in ihrem Übermut die Götter herausforderten. Da zerlegte Zeus jeden von ihnen in zwei Hälften und es entstanden die heutigen Menschen, die in ihrer Unvollständigkeit die verlorene andere Hälfte suchen! In der Redensart vom Geliebten, von der Geliebten als der „**besseren Hälfte**" ist der Mythos bis heute präsent.

Sehnsucht – ein zutiefst menschliches Gefühl

Ziehen wir ein **erstes Fazit** aus diesen Erklärungsversuchen: Die Sehnsucht ist ein zutiefst menschliches Gefühl. Sie lenkt unser Streben in **zwei Richtungen:** die **Vergangenheit** und die **Zukunft**. Sehnsucht manifestiert sich im nostalgischen Blick zurück ins verlorene Paradies und im Streben nach

Transzendenz und Überwindung der Endlichkeit. In der Gegenwart jedoch, so die leidvolle Erfahrung, ist der Gegenstand der Sehnsucht – ein Ort, eine Person, ein Wunschtraum, ein Gefühl ... – unerreichbar. So klagt auch Mignon in Johann Wolfgang Goethes Bildungsroman *Wilhelm Meisters Lehrjahre*: „Nur wer die Sehnsucht kennt, weiß, was ich leide".

Zum Glück erschöpft sich der **Sinn von Sehnsucht** nicht nur in Klage und Leid, Depression und Trauer. Denn ähnlich der „Power of Love" ist die Sehnsucht auch ein starker Motor, eine Antriebskraft – im Guten wie im Schlechten.

Leiden durch Sehnsucht – Power der Sehnsucht

„Wenn du ein Schiff bauen willst, dann trommle nicht Männer zusammen um Holz zu beschaffen, Aufgaben zu vergeben und die Arbeit einzuteilen, sondern lehre die Männer die Sehnsucht nach dem weiten, endlosen Meer." Der französische Schriftsteller Antoine de Saint-Exupéry setzt auf die konstruktive Kraft der Sehnsucht: Wer andere für ein Projekt gewinnen will, so lässt sich sein Sinnspruch verstehen, der tut gut daran, ein großes Ziel aufzuzeigen, für das der Einsatz sich lohnt. Organisation, Arbeitsaufträge, Anweisungen und Befehle sind nebensächlich, ja werden geradezu überflüssig, wenn alle darauf brennen, dieses Ziel zu erreichen. Die Sehnsucht bewegt uns dazu, Grenzen zu überschreiten und ins Unendliche vorzudringen.

Zitat Saint-Exupéry (Bezug zu Material 1)

Nun sind die Schiffbauer (und -bauerinnen!) unter uns eine kleine Minderheit – aber das **„weite, endlose Meer"** ist für alle ein Sehnsuchtsort, zumindest im übertragenen Sinn. Wo passt diese **Metapher** besser als in der Schule, wo Kinder und Jugendliche auf das „Meer des Wissens" mit all seinen Inseln, Riffen, Klippen, Untiefen hinausfahren, Stürme und Flauten erleben, um schlussendlich unbekanntes Land zu betreten und neue Gebiete zu entdecken? Wie schön wäre es, wenn nicht nur Saint-Exupérys Geschichte vom *Petit Prince* im Französischunterricht auf dem Programm, sondern seine „Sehnsuchtslehre" im Lehrplan stünde, und zwar als Leitprinzip für alle Schularten, alle Stufen und alle Fächer! Vielleicht wäre sogar einer wie Kant dann bereit, seine Sehnsuchtsskepsis zu überwinden. Wer weiß?

Saint-Exupérys „Sehnsuchtslehre"

Zugegeben: Die Wirklichkeit unserer postmodernen Welt, die sich nicht nur als Wissens-, sondern vor allem als Konsumgesellschaft definiert, sieht oft anders aus. Nur noch die Kinder, so stellt der Schweizer Geschichtenschreiber und Essayist Urs Widmer fest, gestalten die Welt kraft ihrer Fantasie nach ihrem Bild: In dieser ihrer Welt sind sie mächtige Helden, die zaubern, fliegen, sich und andere verwandeln können – bis sie als Jugendliche auf dem Weg des Erwachsenwerdens entdecken, dass „die Allmacht eine bloße Phantasie" ist. Das **Realitätsprinzip** setzt sich durch. Aber bei aller Wut und Enttäuschung darüber, so Widmer, bleibt auch im erwachsenen Menschen ein Rest von kindlicher Allmachtsfantasie – in Form von Sehnsucht. Für die Versprechungen der Werbung wird er dadurch so anfällig. „Sehnsucht kann Menschen nahezu grenzenlos manipulierbar machen", stellt die Jugendbuchautorin Cornelia Funke fest.

Rolle der Sehnsucht in der Konsumgesellschaft (Bezug zu Material 2)

Da taucht sie wieder auf, die **„Power der Sehnsucht"**: Wo Leere ist, entsteht die Sehnsucht nach dem Vollkommenen; wer Mangel empfindet, sucht die Fülle. Die ist aber in unserer modernen Leistungsgesellschaft meist nur noch symbolisch zu haben. Beispiele dafür finden sich viele: Wer sich in seiner bürgerlichen Existenz nach Freiheit und Abenteuer sehnt, greift zur

Sucht nach Ersatzbefriedigung

Marlboro; wer inmitten einer verplanten Bürowoche davon träumt, in der Wildnis zu (über)leben, ersteht im Baumarkt einen Weber-Grill für die Gartenparty am Wochenende; wer in der Einsamkeit einer erkalteten Beziehung von ewiger Liebe träumt, geht ins Kino. Und wer den Griff nach den Sternen längst aufgegeben hat, begnügt sich mit der elektrischen Lichterkette des Christbaums. Auch Rituale können süchtig machen …

(Bezug zu Material 3)

Warum auch nicht? „Die **Sehnsucht ist das Wertvollste, das der Mensch in sich trägt**", behauptet Anselm Grün in seinem *Buch der Lebenskunst*. Die Sehnsucht sei „der Anker, den Gott in unser Herz geworfen hat, um uns daran zu erinnern, dass unser Herz im Vorläufigen nicht zur Ruhe kommt", in ihr berühre der Mensch Gott und erfahre „seine Liebe mitten in der Kälte und Dunkelheit dieser Welt". „Die Sehnsucht", so Grün, „macht den Menschen heilig." Was soll man halten von diesem **Trostpflaster** aus Psychologie und Spiritualität? Ist es hilfreich, wenn man die Hoffnung auf ein besseres Leben in einer anderen Welt behält? Die Antworten auf diese Fragen werden wohl sehr unterschiedlich ausfallen.

Zitat von Anselm Grün (Bezug zu Material 4)

Wer tatsächlich „mitten in der Kälte und Dunkelheit dieser Welt" lebt, wer unter Armut, Obdachlosigkeit, Hunger, Krankheit, Krieg leidet, wird den Wert der Sehnsucht womöglich geringer schätzen als der Benediktiner-Pater Anselm Grün. Die Sehnsucht dieser Menschen richtet sich wohl weniger auf Inneres als auf die **äußeren Lebensbedingungen:** Ein Dach über dem Kopf, ein Platz zum Schlafen, eine warme Mahlzeit, ein paar Stunden ohne Schmerzen, ein Ort ohne Bomben – das sind die ganz konkreten, handfesten, irdischen Hoffnungen von Menschen in Not.

Sehnsucht konkret: Hoffnung auf bessere Lebensbedingungen statt spirituelle „Lebenskunst"

Ob auch Ernst Bloch das so sieht? Für ihn ist das Sehnen „der einzige bei allen Menschen ehrliche Zustand" und er philosophiert, dass es eben nicht im Inneren des Menschen bleibe, sondern sich **nach außen richte**. Von Heiligkeit ist in seiner Philosophie der Hoffnung keine Spur. Vielleicht besteht die Lebenskunst genau darin: im ehrlichen Suchen nach Sinn, in der Sehnsucht nach Selbstwirksamkeit, in produktiver Tätigkeit statt Nostalgie.

Sehnsucht und Hoffnung: aktiv statt süchtig werden (Bezug zu Material 5)

So ließe sich das Gefühl der Sehnsucht mit dem „Prinzip Hoffnung" verbinden und wir könnten **im Hier und Jetzt leben**, ganz ohne den Versprechungen stoffgebundener und -ungebundener Suchtmittel zu folgen.

Deutsch (Baden-Württemberg): Abiturprüfung 2014
Aufgabe 5: Analyse und Erörterung nicht fiktionaler Texte
Schwerpunkt: Erörterung

Thema:
Ulrich Greiner: Diktatur der Fürsorge. Jeder hat auch die Freiheit, sich selbst zu schaden.

Wer der geplanten neuen EU-Kampagne gegen das Rauchen Beifall klatscht, sollte sich überlegen, was er da tut. Mit ekelerregenden Fotos kranker Organe auf den Packungen will man den letzten Rauchern die Freude vergällen. Doch diesmal geht es nicht um den Schutz der Nichtraucher, das hier ist eine Erziehungsmaßnahme. Sind wir im Kindergarten? Hat nicht jeder das Recht, nach eigener Fasson selig zu werden, zu genießen, was er mag, ob gesund oder nicht? Das war einmal. Jetzt verbietet man ihm die Glühbirne, regelt den Krümmungsgrad von Gurken und den Salzgehalt von Brezeln. In der Tat: Rauchen ist nicht gesund. Zu viel Salz ist nicht gesund. Zu viel Zucker ist nicht gesund. Demnächst wird man wohl die Tafel Schokolade mit einem Foto verfaulter Zähne schmücken und die Whiskyflasche mit dem Bild einer Säuferleber.

Wir sind auf dem besten Weg in eine Diktatur der Fürsorge. Die Liberalutopie des Nachtwächterstaates, der die Rechte seiner Bürger schützt, verwandelt sich still und leise in die Sozialutopie des Fürsorgestaates, der seine Bürger zum richtigen Leben anhält. 1789 erklärte die Nationalversammlung in Paris die Menschenrechte. In Artikel 4 heißt es: „Die Freiheit besteht darin, dass man all das tun kann, was einem andern nicht schadet." Der Kommunismus in seiner Blüte machte daraus: Die Freiheit besteht darin, dass man all das tun muss, was jedem Einzelnen und der Gesellschaft nutzt. Sehr weit sind wir davon nicht entfernt. Und weil wir schon so lange in einer freien Gesellschaft leben, haben wir vergessen, wie kostbar und selten Freiheit ist. Gesundheit und Sicherheit sind uns wichtiger.

Das Gebot, gesund und richtig zu leben, führt zu wachsender Kontrolle

Der Fürsorgestaat beruft sich auf den Solidargedanken. Wenn ich riskant lebe, ohne Fahrrad- oder Skihelm fahre, wenn ich mich ungesund ernähre und dann auch noch rauche, schade ich der Solidargemeinschaft, die für die Behandlung meines Infarkts oder Schädelbruchs aufkommen muss. Diese Logik untergräbt jegliche Freiheit. Denn so gesehen ist nichts, was ich tue, ohne Belang für die Allgemeinheit, die daraus folgert, mich kontrollieren zu dürfen.

Diese Logik ist auch keineswegs so rational, wie sie tut. Sie richtet sich kaum gegen den Raubbau, den die Reichen und Mächtigen an der Solidarität betreiben. Sie richtet sich gegen die kleinen Sünden. Die wachsende Zahl der Verbote, Maßregelungen und Ratschläge, mit denen wir uns gegenseitig zum richtigen, gesunden Leben anhalten, könnte Ausdruck der Tatsache sein, dass uns zwar das Christentum abhandengekommen ist, nicht aber die Sünde. Wir sündigen noch, können aber Vergebung nur noch von unserem Nachbarn erbitten. Der ist selten gnädig.

Aus: Ulrich Greiner: Diktatur der Fürsorge. Jeder hat auch die Freiheit, sich selbst zu schaden. In: DIE ZEIT Nr. 1/2013, 05. 01. 2013

Arbeitsanweisungen

- Arbeiten Sie die Position heraus, die der Autor vertritt.
- Setzen Sie sich mit Greiners Auffassung auseinander.

Bitte beachten Sie, dass der Schwerpunkt der Gewichtung auf der zweiten Teilaufgabe liegt.

Hinweise und Tipps

Teilaufgabe 1
Die erste Teilaufgabe verlangt eine geraffte Wiedergabe des vorliegenden Kommentars von Ulrich Greiner unter Herausarbeitung der wesentlichen Strukturen, Leitgedanken und Strategien. Besonders zu beachten ist, dass hierbei **ausschließlich inhaltliche Aspekte** von Belang sind, nicht aber sprachlich-rhetorische.
Da diese Teilaufgabe die Grundlage für eine anschließend abzufassende Erörterung bildet, sollte Ihre Bearbeitung nicht zu oberflächlich ausfallen, können Ihre Ergebnisse doch wichtige Hinweise oder Ideen für das weitere Vorgehen liefern.
Strukturieren Sie den Kommentar also nach inhaltlichen Zäsuren, dividieren Sie die wesentlichen Argumente auseinander, zeigen Sie Querverbindungen auf – und suchen Sie unbedingt nach Schwachstellen, nach Brüchen bzw. nach Lücken in seinem argumentativen Körper. Diese können Sie später für Ihre eigene Argumentation (zweite Teilaufgabe) fruchtbar machen. Vermeiden Sie aber unbedingt, in der ersten Teilaufgabe Kritik zu üben, auch wenn Sie dazu bereits Vorarbeiten geleistet haben. Beschränken Sie sich auf eine **sachliche, nüchterne Wiedergabe**.
Da die Aufgabenstellung keine tiefschürfende Analyse des vorliegenden Kommentars beabsichtigt, müssen Sie keine übermäßige Zitat- oder Verweiskultur pflegen. Zur inhaltlichen Absicherung, insbesondere aber bei der Paraphrase schwieriger Textpassagen, sei dennoch angeraten, auf die entsprechenden Stellen zu verweisen oder zentrale Formulierungen direkt dem Kommentar zu entnehmen.
Der **gerafften Wiedergabe** sollte ein knapper **Basissatz** vorausgehen, der über die zugrunde liegende Textart, den Autor, den Entstehungszeitpunkt und die behandelte Thematik Aufschluss gibt.

Teilaufgabe 2
Die zweite Teilaufgabe fordert Sie dazu auf, eine auf Ulrich Greiners Kommentar bezugnehmende **Erörterung** abzufassen.
Hierbei gilt es, die Anforderungen des Operators „auseinandersetzen" genau zu beachten: Dieser fordert Sie dazu auf, sich mit Greiners Verständnis von Freiheit und seiner Wahrnehmung des Fürsorgestaates kritisch, differenziert, argumentativ und urteilend zu befassen. Das Adverb „**kritisch**" ist in diesem Zusammenhang besonders hervorzuheben, ist der vorliegende Kommentar doch zu einseitig und polemisch gestaltet, zu lückenhaft, als dass man ihm uneingeschränkt zustimmen könnte. Insbesondere die von Greiner nur unscharf vollzogene Trennung von Staat und Gesellschaft sowie die sehr weitreichenden, argumentativ aber kaum ausgestalteten Bögen, die er zwischen gesellschaftlicher Mit- und Eigenverantwortung und dem „Raubbau" der „Reichen und Mächtigen an der Solidarität" spannt, sollten dabei Beachtung finden.
Vergegenwärtigen Sie sich also, bevor Sie Argumente für Ihre Erörterung entwickeln, die im Zuge der Bearbeitung der ersten Teilaufgabe aufgedeckten **Schwachstellen in Greiners Argumentation**. Klären Sie, inwieweit seine Argumente stärker differenziert, erweitert, womöglich aber auch grundsätzlich infrage gestellt werden können. Überprüfen Sie auch seine ideologischen Quellen (ganz besonders die von ihm zitierten, 1789 durch die französische Nationalversammlung erklärten Menschenrechte) auf Stichhaltigkeit. Es ist in diesem Zusammenhang ebenso legitim, mitunter völlig neue Argumente ins Feld zu führen, deren Fehlen in Greiners Kommentar als Makel empfunden wird.
Es empfiehlt sich, diesen Aufsatzteil entweder mit einer **allgemeinen Kritik** am vorliegenden Text oder mit **Leitfragen** zu eröffnen, die Sie aus Greiners Kommentar ableiten können. Benennen Sie die ausgemachten Schwachstellen oder zweifeln Sie sie an, um Ihre nachfolgende Auseinandersetzung vorzubereiten bzw. zu legitimieren.

Als grobes strukturelles Raster Ihrer Argumentation dürfen Sie sich direkt an Greiners Kommentar orientieren. Setzen Sie sich mit jedem seiner Argumente auseinander, bauen Sie Ihre eigenen im Dreischritt Behauptung – Begründung – Beleg bzw. Beispiel aus, erweitern Sie die Breite des thematischen Spektrums. Beachten Sie, sollten Sie völlig neue Argumente einbringen, das Steigerungsprinzip eines erörternden Textes. Es steht Ihnen gleichfalls frei, Greiner mitunter auch (begründet!) zuzustimmen. In diesem Fall wäre Ihre Erörterung dialektisch zu gestalten.
Ihre Erörterung sollte mit einem knappen **Fazit** schließen, das die wesentlichen Ergebnisse noch einmal prägnant und zusammenfassend darlegt.

Lösungsvorschlag in Grundzügen

Erste Teilaufgabe
Basissatz

In seinem im Januar 2013 in der ZEIT erschienenen Kommentar „Diktatur der Fürsorge. Jeder hat auch die Freiheit, sich selbst zu schaden." **bemängelt** Ulrich Greiner vor dem Hintergrund einer geplanten EU-Kampagne gegen das Rauchen, dass das **Recht des Einzelnen auf freie Entfaltung** zunehmend einer **„Diktatur der Fürsorge"** (Z. 11) weiche. Hinter „ekelerregenden Fotos kranker Organe auf […] Packungen" (Z. 2), dem **Verbot** der Glühbirne (vgl. Z. 6) und **Regelungen** zum Aussehen und Geschmack von Lebensmitteln (vgl. Z. 7) sieht er **staatliche Erziehungsmaßnahmen** zu einem **gesunden und richtigen Leben** (vgl. Z. 13), die seiner Meinung nach „im Kindergarten" (Z. 4 f.) besser aufgehoben wären. Unser Bedürfnis, gesund und sicher zu leben (vgl. Z. 19), verwandle das während der Französischen Revolution postulierte **Menschenrecht**, „all das [zu] tun […], was einem andern nicht schadet" (Z. 15), schleichend in die **kommunistische Handlungsmaxime**, nur das zu tun, was der gesamten Gesellschaft nutzt (vgl. Z. 16 f.).

Fallbeispiel: EU-Regulierungen

Der Staat als Erzieher

Diagnose: Erziehungsmaßnahmen bedingen Freizeitverlust

Zentrale These

Greiner leitet hieraus seine **zentrale These** ab, die er in Form einer Zwischenüberschrift mitten in seinem Kommentar platziert: „Das Gebot, gesund und richtig zu leben, führt zu wachsender **Kontrolle**" (Z. 20).

Ursachenforschung

Kritik am Solidargedanken

Der Fürsorgestaat zwinge uns unter Berufung auf den **„Solidargedanken"** (Z. 21) dazu, uns nicht selbst zu schaden, um die **Gesellschaft** davor zu bewahren, für unsere anschließende Gesundung zur Kasse gebeten zu werden. Da so jegliches individuelle Handeln nur noch Ausdruck des **Gemeinwillens** bzw. **Gemeinwohls** sein könne, werde das Recht auf freie Entfaltung des Einzelnen ad absurdum geführt (vgl. Z. 24 ff.). Dass der Solidargedanke sich dabei vornehmlich auf den kleinen Mann (vgl. Z. 28 f.), aber kaum auf die „Reichen und Mächtigen" (Z. 28) konzentriere, empfindet er als **ungerecht**. Unserer Gesellschaft sei das christliche Ideal der „Vergebung" (Z. 32), der **maßvolle Umgang** mit unseren „kleinen Sünden" (Z. 29) abhanden gekommen.

Fazit

Zweite Teilaufgabe
Leitfragen

Beschränkt ein Staat die **persönliche Freiheit** seiner Bürger, wenn er zu einem **gesünderen Lebenswandel** anregt? Steht das Prinzip **gesellschaftlicher Solidarität** einer **freien Entfaltung des Individuums** im Weg? Nimmt der **fürsorgliche**, auf unser Wohl bedachte **Staat** uns in Haft? – Wenn man Ulrich Greiner Glauben schenkt, schlittern wir geradewegs in eine „Diktatur der Fürsorge".

Greiner scheint sich in seinem **polemischen** Kommentar für eine nahezu anarchische Gesellschafts(un)ordnung auszusprechen, in der jeder tun darf, wonach ihm gerade der Sinn steht. Aber wie hieß es doch einst: „Liberté, Égalité, Fraternité" – neben die Freiheit treten gleichberechtigt Gleichheit und Brüderlichkeit. Auch die von ihm hochgehaltenen französischen Revolutionäre wussten nur zu gut, dass es bei aller Freiheit eines brüderlichen, solidarischen Verhaltens bedarf, um den Drahtseilakt zwischen **Selbstentfaltung** und dem **Schutz der individuellen Rechte jedes Einzelnen** auch nur ansatzweise zum Erfolg zu führen: **Demokratie** hat sich schon immer durch eine Politik der größtmöglichen **Schnittmengen** ausgezeichnet. Greiner verschweigt, wenn er sich auf die Menschenrechte beruft, dass diese der Freiheit gleichfalls **gesetzliche Grenzen** setzen, um zu verhindern, dass der Freiheitswunsch des Einzelnen die Rechte anderer Gesellschaftsmitglieder verletzt. Kurzum: Freiheit kann nur durch **Beschränkungen und Verbote** garantiert werden. In seiner Bezugnahme auf die 1789 erklärten Menschenrechte ist Greiner also **nicht umfassend genug**. Er beschränkt sich auf jene Passagen, die seinem Standpunkt am zuträglichsten sind.

Allgemeine Kritik: Vereinfachung und Unvollständigkeit

Einspruch: Freiheit nur durch Beschränkung möglich

Rückgriff auf die zitierten Menschenrechte und Erweiterung

Mit seinem Vorwurf, der Staat denke nur in **wirtschaftlichen Kategorien**, wenn er uns auf unsere Laster aufmerksam macht, und bezwecke mit seinen Anti-Rauch-Kampagnen lediglich eine **Entlastung** des durch die Solidargemeinschaft subventionierten Gesundheitssystems, vermag Greiner kaum zu überzeugen: In letzter Konsequenz nämlich regt uns der Staat zu einem **gesünderen, längeren Leben** und damit auch zu einem gesünderen, längeren Lebensabend an. Folgen wir dieser Anregung, erhalten wir im Idealfall also länger Gelegenheit, die ohnehin schon maroden Rentenkassen zu „plündern": Diverse **Langzeitstudien** belegen, dass lebenslange Nichtraucher durchschnittlich zehn Jahre länger unter uns weilen als ihre rauchenden Pendants. Wer kommt dafür auf? Erneut die Solidargemeinschaft. Wäre dem Staat tatsächlich nur an einem wohlgenährten Haushalt gelegen, wäre jedwede Maßnahme zur Erhöhung der durchschnittlichen Lebenserwartung seiner Bürger jenseits ihrer beruflichen Tätigkeit kontraproduktiv.

Widerlegung der These, der Staat denke nur wirtschaftlich, unter Bezugnahme auf Anti-Rauch-Kampagnen

Beleuchtung der positiven Seiten unter Berufung auf Langzeitstudien

Hinweis auf wenig stichhaltige Logik

Wollte man Greiners **eigenwillige Logik** konsequent weiterführen, müsste der Staat stattdessen einen **selbstzerstörerischen Lebenswandel** fördern, um der Solidargemeinschaft (zumindest rein wirtschaftlich) etwas Gutes zu tun, getreu dem Motto: „Beim Kauf von drei Schachteln Zigaretten erhalten Sie eine Flasche hochprozentigen Wodka gratis dazu! Denn wer kürzer lebt, kostet uns auch weniger." Wünschen wir uns wirklich eine Welt, in welcher der Staat der leichtfertigen Selbstzerstörung seiner Bürger tatenlos zusieht?

Kritik an Argumentationslogik durch Überspitzung

Greiners Unmut über den „Raubbau [...] [der] Reichen und Mächtigen an der Solidarität" (Z. 28) ist **nachvollziehbar** – die **wachsende Kluft zwischen Arm und Reich** ist nicht von der Hand zu weisen. Es wirkt beispielsweise **ungerecht**, wenn die kostspielige Energiewende über Zusatzsteuern wie die Ökostromumlage gegenfinanziert werden soll, Letztere aber einer wachsenden Zahl von Unternehmen durch **Ausnahmegenehmigungen** teilweise oder ganz erlassen wird – eine Option, von der der kleine Bürger nur träumen kann. Er muss zahlen – ob ihm das nun gefällt oder nicht. Nüchtern betrachtet wird allerdings klar: Der fürsorgliche Staat muss sich zwangsläufig darum bemühen, Unternehmen einen **attraktiven Wirtschaftsstandort** zu bieten, wenn er seine Bürger nicht zur **Arbeits- und Mittellosigkeit** verdammen möchte – **Kompromisse** (selbst unbeque-

Zustimmung unter Vorbehalt anhand des Fallbeispiels Energiewende: vordergründige Ungerechtigkeit

Definition eines wirtschaftlich fürsorglich agierenden Staates

me) müssen eingegangen werden, auch zulasten der Arbeitnehmer, um Arbeitsplätze zu erhalten bzw. neue zu schaffen. Mit einem mäßig gefüllten Geldbeutel lebt es sich immer noch besser (und freier) als mit einem gähnend leeren. Wovon würde Greiner dann seine Zigaretten kaufen? So denken auch Unternehmen, die lieber in kostengünstigere Nachbarstaaten abwandern, als sich das Geld aus den (zugegebenermaßen vermutlich prallen) Taschen ziehen zu lassen. Wir sind von jenen „Räubern" **abhängig** – so lautet die bittere Wahrheit. Der Staat sucht im Angesicht dieser grauen Wirklichkeit nach der größtmöglichen Schnittmenge zwischen bürgerlichen (Beschäftigung und Lebenserhalt) und unternehmerischen Interessen (Profit), die, wie eingangs erwähnt, eben auch mit Einschränkungen verbunden ist. Auch wenn Greiner ein offenkundiges Problem anspricht: Er verurteilt **vorschnell**.

Widerlegung durch Differenzierung: Anti-Rauch-Kampagne kein Verbot, sondern ein Hinweis

Zuletzt bleibt festzustellen: Bei der angeprangerten EU-Kampagne gegen das Rauchen handelt es sich um kein Verbot, keine Beschränkung persönlicher Freiheit (was Greiner so wahrzunehmen scheint, wenn er den begründeten Exodus der energiehungrigen Glühlampe mit „ekelerregenden [,] [aber authentischen] Fotos kranker Organe" (Z. 2) gleichsetzt), sondern um einen berechtigten Hinweis, wie er selbst einräumt: „In der Tat: Rauchen ist nicht gesund." (Z. 7 f.) Es ist deutlich zu unterscheiden zwischen einem **ausdrücklichen Rauchverbot** in Restaurants und Lokalen, das die Freiheit überzeugter Nichtraucher, sich für ein gesundes Leben zu entscheiden, schützen soll, und der **unverbindlichen Warnung** an Raucher, ihre eigene Gesundheit durch Zigarettenkonsum aufs Spiel zu setzen.

Fazit: kein unfreier, aber ein informierter Bürger; fürsorglicher Staat

Was Greiner nicht sehen will: Er besitzt weiterhin die „Freiheit, sich selbst [wissentlich] zu schaden" (Titel), nun eben vor der Kneipe und bald mit dem Bild einer Raucherlunge vor Augen, und niemand wird ihm diese in absehbarer Zeit nehmen. Von einer „Diktatur der Fürsorge" (Z. 11) kann nicht die Rede sein. Vielmehr möchte sich Greiner wohl nur ungern an **unbequeme Wahrheiten** erinnern lassen und verteufelt stattdessen einen Staat, der seine **Fürsorgepflicht** wahrnehmend lieber auf lukrative Einnahmen aus der Besteuerung von Tabakwaren verzichtet, als seine Bürger verfrüht das Zeitliche segnen zu lassen.

Freiheit, sich selbst zu vergeben

„Was aber, wenn mein Nachbar mich weiterhin mit ungnädigen Blicken straft? Was, wenn die Glaubensgemeinschaft immer noch unbarmherzig ‚Sünde' ruft, während ich meiner Lust an der Zigarette fröne?", hört man Greiner schon raunen. Die Antwort fällt leicht: nichts. Er darf seinen ungeliebten Moralisten und Weltverbesserern freundlich zuwinken und **sich selbst vergeben**. Diese Freiheit besitzt er ebenfalls.

Deutsch (Baden-Württemberg): Abiturprüfung 2015
Aufgabe 1: Interpretation und Vergleich der Pflichtlektüren (Werke im Kontext)

Thema:
Max Frisch (1911–1991): **Homo faber**
Georg Büchner (1813–1837): **Dantons Tod**
Peter Stamm (*1963): **Agnes**

Max Frisch: Homo faber. Ein Bericht (Auszug)

The American Way of Life:
Schon ihre Häßlichkeit, verglichen mit Menschen wie hier: ihre rosige Bratwurst-Haut, gräßlich, sie leben, weil es Penicillin gibt, das ist alles, ihr Getue dabei, als wären sie glücklich, weil Amerikaner, weil ohne Hemmungen, dabei sind sie nur schlaksig und laut – Kerle wie Dick, die ich mir zum Vorbild genommen habe! – wie sie herumstehen, ihre linke Hand in der Hosentasche, ihre Schulter an die Wand gelehnt, ihr Glas in der andern Hand, ungezwungen, die Schutzherren der Menschheit, ihr Schulterklopfen, ihr Optimismus, bis sie besoffen sind, dann Heulkrampf, Ausverkauf der weißen Rasse, ihr Vakuum zwischen den Lenden. Mein Zorn auf mich selbst!
(Wenn man nochmals leben könnte.)
Mein Nacht-Brief an Hanna –
Am andern Tag fuhr ich hinaus an den Strand, es war wolkenlos und heiß, Mittag mit schwacher Brandung: die auslaufenden Wellen, dann das Klirren im Kies, jeder Strand erinnert mich an Theodohori.
Ich weine.
Das klare Wasser, man sieht den Meeresgrund, ich schwimme mit dem Gesicht im Wasser, damit ich den Meeresgrund sehe; mein eigener Schatten auf dem Meeresgrund: ein violetter Frosch.
Brief an Dick.
Was Amerika zu bieten hat: Komfort, die beste Installation der Welt, ready for use, die Welt als amerikanisiertes Vakuum, wo sie hinkommen, alles wird Highway, die Welt als Plakat-Wand zu beiden Seiten, ihre Städte, die keine sind, Illumination, am andern Morgen sieht man die leeren Gerüste, Klimbim, infantil, Reklame für Optimismus als Neon-Tapete vor der Nacht und vor dem Tod –
Später mietete ich ein Boot.
Um allein zu sein!
Noch im Badkleid sieht man ihnen an, daß sie Dollar haben; ihre Stimmen (wie an der Via Appia), nicht auszuhalten, ihre Gummi-Stimmen überall, Wohlstand-Plebs.
Brief an Marcel.
Marcel hat recht: ihre falsche Gesundheit, ihre falsche Jugendlichkeit, ihre Weiber, die nicht zugeben können, daß sie älter werden, ihre Kosmetik noch an der Leiche, überhaupt ihr pornografisches Verhältnis zum Tod, ihr Präsident, der auf jeder Titelseite lachen muß wie ein rosiges Baby, sonst wählen sie ihn nicht wieder, ihre obszöne Jugendlichkeit –
Ich ruderte weit hinaus.
Hitze auf dem Meer –
Sehr allein.
Ich las meine Briefe an Dick und an Marcel und zerriß sie, weil unsachlich; die weißen Fetzchen auf dem Wasser; mein weißes Brusthaar –
Sehr allein.

Später wie ein Schulbub: ich zeichne eine Frau in den heißen Sand und lege mich in diese Frau, die nichts als Sand ist, und spreche laut zu ihr –
Wildlingin!
Ich wußte nicht, was anfangen mit diesem Tag, mit mir, ein komischer Tag, ich kannte mich selbst nicht, keine Ahnung, wie er vergangen ist, ein Nachmittag, der geradezu wie Ewigkeit aussah, blau, unerträglich, aber schön, aber endlos – bis ich wieder auf der Prado-Mauer sitze (abends) mit geschlossenen Augen; ich versuche mir vorzustellen, daß ich in Habana bin, daß ich auf der Prado-Mauer sitze. Ich kann es mir nicht vorstellen, Schrecken.
Alle wollen meine Schuhe putzen –
Lauter schöne Menschen, ich bewundere sie wie fremde Tiere, ihr weißes Gebiß in der Dämmerung, ihre braunen Schultern und Arme, ihre Augen – ihr Lachen, weil sie gerne leben, weil Feierabend, weil sie schön sind.

Aus: Max Frisch: Homo faber. Ein Bericht. Frankfurt/M.: Suhrkamp 1995

Arbeitsanweisungen

– Interpretieren Sie die Textstelle im Kontext der vorangegangenen Handlung.
– Frischs „Homo faber“, Büchners „Dantons Tod“ und Stamms „Agnes“: Erörtern Sie in einer vergleichenden Betrachtung, inwieweit Faber, Danton und der Ich-Erzähler in Peter Stamms „Agnes“ scheitern.

[Bitte beachten Sie, dass der Schwerpunkt der Gewichtung auf der zweiten Teilaufgabe liegt.]

Hinweise und Tipps

Der Aufgabentyp I bezieht sich auf die Werke, die für den jeweiligen Abiturjahrgang als Pflichtlektüren vorgeschrieben sind und im Unterricht ausführlich behandelt wurden. Für diesen Aufgabentyp sind Sie bestens gerüstet, wenn Sie die Werke mit Interesse gelesen und im Unterricht mitgearbeitet haben. Durch eine nochmalige Lektüre und die Rekapitulation Ihrer Unterrichtsmaterialien und -mitschriften vor dem Abitur, eventuell ergänzt durch Lektürehilfen, können Sie sich inhaltlich gezielt darauf vorbereiten.

Teilaufgabe 1

Die **Aufgabenstellung** gliedert sich in **zwei Teile:** Im ersten wird die **Interpretation** eines Textauszugs – hier aus „Homo faber“ – verlangt, im zweiten die vergleichende Betrachtung der literarischen Werke („Sternchenthemen“). Beide Teilaufgaben sind durch Spiegelstriche kenntlich gemacht. Sie sollen nicht, wie z. B. die nummerierten Aufgaben in Mathematikklausuren, einfach nacheinander abgehandelt werden, sondern ein stimmiges Ganzes ergeben. Die übliche **Gliederung** in Einleitung, Hauptteil (hier zweiteilig, s. Aufgabenstellung) und Schluss mit passenden Überleitungen ist also auch hier erforderlich.
Machen Sie sich in einer **Themenanalyse** bewusst, was genau von Ihnen erwartet wird, und beachten Sie hierzu die verwendeten Operatoren. Der **Operator „interpretieren“** (**erste Teilaufgabe**) wird ergänzt durch den Hinweis auf den **Kontext der vorangegangenen Handlung**. Es gilt also, die Textstelle in den Handlungsverlauf einzuordnen, nicht jedoch die komplette (Roman-)Handlung wiederzugeben oder gar nachzuerzählen. Überprüfen Sie beim Schreiben deshalb immer wieder, ob Sie ein sogenanntes besprechendes Tempus (Präsens, bei Vorzeitigkeit Perfekt) verwenden.
Wie bei allen Interpretationsaufgaben müssen Sie Ihre Erkenntnisse begründen und am Text durch Zitate belegen. Berücksichtigen Sie in Ihrer Interpretation auch die literarische Gattung

des Texts (hier: Roman), seine Struktur (Aufbau des „Berichts“ von Walter Faber in zwei „Stationen“, Verwendung der Tagebuchform, Chronologie der Ereignisse und des Berichts) und seine sprachliche Gestaltung (z. B. Satzbau, Satzzeichen, Verwendung des Konjunktivs).

Teilaufgabe 2
Die **zweite Teilaufgabe** nimmt alle drei Pflichtlektüren unter dem thematischen **Vergleichsaspekt des Scheiterns** der männlichen Protagonisten in den Blick. Denken Sie deshalb zunächst gründlich über die Bedeutung dieses Begriffs nach (evtl. mithilfe eines Wörterbuchs): Synonyme wären etwa Missglücken, Misslingen, Versagen, Fehlschlagen; Antonyme z. B. Gelingen, Gedeihen. Versuchen Sie sodann, die Frage möglichst differenziert für die drei Protagonisten zu beantworten und dabei auf die jeweilige Art und das Ausmaß ihres Scheiterns einzugehen (s. Aufgabenstellung: „inwieweit“). Zu den Vorarbeiten gehört es auch, die Werke nach relevanten Textstellen zu durchsuchen und diese mit Seitenangabe und knappen Stichworten zusammenzustellen, etwa in einer Tabelle oder Mindmap (Hinweis: Bei „Dantons Tod“ wird im Folgenden aus der Reclam-Ausgabe zitiert).
Bei der Darstellung Ihrer Untersuchungsergebnisse im Aufsatz verlangt die Aufgabenstellung eine **erörternde Schreibhaltung**. Im Unterschied zur ersten Teilaufgabe wird keine detaillierte Textarbeit erwartet, lediglich zentrale Ergebnisse müssen durch Verweise und/oder Zitate abgesichert werden.
Konzeptionell sind bei der Vergleichsaufgabe mehrere Vorgehensweisen möglich, z. B. eine blockweise Untersuchung der drei Werke, die mit einem pointierten Fazit abgeschlossen wird, oder eine parallelisierende Darstellung der Vergleichsergebnisse, die nach Teilaspekten des Scheiterns geordnet werden (z. B. beruflicher Bereich, menschliche Beziehungen, Weltanschauung usw.). Beim vorliegenden Thema bietet es sich an, auf der Grundlage der Ergebnisse aus der ersten Teilaufgabe mit Walter Faber zu beginnen.
Damit Ihr Aufsatz auch von einem Leser ohne Vorkenntnisse verstanden werden kann, ist es unerlässlich, dass Sie auch die Vergleichswerke knapp vorstellen. Informieren Sie deshalb über Autor, Textgattung, Zeit der Entstehung und Handlung, zentrale Figuren und Themen, soweit dies jeweils für das Verständnis Ihres Aufsatzes nötig ist.

Lösungsvorschlag in Grundzügen

Einleitung

„**Wenn man nochmals leben könnte.**“ – Fast jeder Mensch macht in seinem Leben Erfahrungen, die ihn zu solchen Überlegungen führen. Habe ich etwas falsch gemacht, Schuld auf mich geladen? Wie kann ich Verfehlungen wiedergutmachen? Könnte ich verpasste Chancen nicht noch einmal bekommen, die Weichen neu stellen?

Teilaufgabe 1

M. Frischs Roman „Homo faber“ und der Protagonist Walter Faber

Auch Walter Faber, der Protagonist in Max Frischs Roman „Homo faber. Ein Bericht“ (1957), lässt kurz vor seinem Tod wichtige **Stationen seines Lebens** noch einmal Revue passieren und äußert diesen unerfüllbaren Wunsch: „Wenn man nochmals leben könnte“ (Z. 10).

Romanhandlung, Motive

Der **Roman** setzt bei Fabers Abflug vom New Yorker Flughafen La Guardia ein, von wo er im Auftrag der UNESCO zu einer dienstlichen Reise nach Mexiko startet. Der Plan des 50-jährigen Schweizer Ingenieurs, der in New York lebt, geht jedoch nicht auf, denn **entgegen aller Wahrscheinlichkeit und Statistik** kommt es zu einer Notlandung in der Wüste von Tamaulipas, wo er den Bruder seines ehemaligen Studienfreundes Joachim kennenlernt und erfährt, dass dieser **Fabers Jugendliebe Hanna** geheiratet hat. In der Folge häufen sich die **Zufälle, die in Fabers rational-technischem Weltbild nicht vorgesehen** sind. In der Begegnung mit der jungen Elisabeth Piper, die er auf einer Schiffsreise nach Europa kennenlernt, wird aus Zufall Schicksal. Denn aus anfänglicher Freundschaft entwickelt sich eine

Liebesbeziehung und gegen alle Berechnungen stellt sich heraus, dass **Sabeth** nicht nur Hannas, sondern auch **sein eigenes Kind** ist. Sabeth erleidet einen Unfall mit tödlichen Folgen, ohne zu erfahren, dass ihr Liebhaber ihr Vater war. Die Wiederbegegnung mit Hanna macht Faber seine **Schuld** bewusst. Er begibt sich erneut auf Reisen, um schlussendlich nach Athen zurückzukehren, wo er sich in einem Krankenhaus einer längst fälligen Magenoperation unterzieht.

Von den Ereignissen bis zu Sabeths Tod **berichtet Walter Faber im Rückblick** („1. Station"), wobei er die Chronologie des Geschehens immer wieder in Form von Rückblenden in seine Züricher Studienjahre unterbricht. Der Bericht der „2. Station", in der es im Wesentlichen um die Zeit zwischen Sabeths Tod und seiner Rückkehr nach Athen geht, wird in die handschriftlichen, im Roman am Kursivdruck erkennbaren Tagebuchnotizen eingeschoben.

Erzählstruktur des Romans

Die vorliegende Textstelle ist **Teil der „2. Station"**. Faber befindet sich in einem Krankenhaus in Athen und berichtet von vier Tagen in Habanna, wo er auf einen Anschlussflug warten muss: „Vier Tage nichts als Schauen – " (S. 172). Seine Lebenseinstellung hat sich durch die Begegnung mit Sabeth und nach deren Tod verändert. Er schließt mit seinem alten Leben ab und entdeckt **neue Lebensprinzipien**, die ihm vorher suspekt waren: Schönheit, Sinnlichkeit, Emotionalität, Spontaneität, all dies sieht er in den Kubanern, die ihm begegnen (vgl. S. 172 ff.). Gleichzeitig rechnet er radikal und zynisch mit dem **„American Way of life"** (vgl. S. 170 und Z. 1 ff., 30 ff.) ab, der so lange sein Leben bestimmt hat. Schon die äußere Erscheinung amerikanischer Menschen, „ihre Häßlichkeit, verglichen mit Menschen wie hier: ihre rosige Bratwurst-Haut, gräßlich" (Z. 2 f.), stößt ihn auf einmal ab, und von Vorbildern wie seinem amerikanischen Freund Dick distanziert er sich (vgl. Z. 5). Das Selbstbild der Amerikaner als „Schutzherren der Menschheit" (Z. 7) entlarvt er als falsch und überheblich, ihr Verhalten als widersprüchlich (vgl. Z. 7 ff.), ihren Lebensstil als steril (vgl. Z. 8 f.). Auch die Errungenschaften amerikanischer Technik faszinieren ihn nicht mehr, sie werden nun in ironischem Ton als oberflächlich und utilitaristisch (vgl. Z. 20 ff.), als „Klimbim, infantil" (Z. 23) und verlogen abgewertet: „Was Amerika zu bieten hat: Komfort, die beste Installation der Welt, ready for use" (Z. 20). Zu diesem **Wandel** passt, dass er auf einmal Verständnis für die vormals als „Künstlerquatsch" abgetane Zivilisationskritik des Musikers Marcel aufbringt, den er auf seiner ersten Reise im Dschungel kennengelernt und damals für seine Maya-Forschungen verachtet hat. Jetzt erkennt er: „Marcel hat recht: ihre falsche Gesundheit, ihre falsche Jugendlichkeit, ihre Weiber, die nicht zugeben können, daß sie älter werden, ihre Kosmetik noch an der Leiche, überhaupt ihr pornografisches Verhältnis zum Tod, [...] ihre obszöne Jugendlichkeit" (Z. 30 ff.).

Einordnung der vorgelegten Textstelle

Biografische Situation Walter Fabers

Kritik an Amerika

Wandel des Weltbildes

Was Faber am „American Way of Life" auszusetzen hat, bekommt im Zuge seines Wandels zunehmend **selbstkritische Töne**. War zu Beginn des Berichtsabschnitts noch von **„Zorn auf Amerika"** (S. 175) die Rede, spricht Faber nun von **„Zorn auf mich selbst!"** (Z. 9), denn viele der kritisierten Eigenschaften und Verhaltensweisen entdeckt Faber auch an sich. Dazu gehören vor allem die Unfähigkeit zum Erleben, die Entfremdung von der Natur und die Verdrängung von Alter, Krankheit und Tod. Erst Hanna hat ihm dies klargemacht, auch wenn er sie immer noch nicht ganz versteht (vgl. S. 169, „Diskussion mit Hanna"). Fabers **Einsicht in seine verfehlte**

Kritik wird zur Selbstkritik

Existenz führt zum „Entschluß, anders zu leben" (S. 175) und zum Wunsch „Wenn man nochmals leben könnte" – unerfüllbar und deshalb im Irrealis und im Text eingeklammert (Z. 10).

Kuba als Gegenwelt zu Amerika

Fabers Abkehr von Amerika und dem „American Way of Life" geht mit einer **Hinwendung zu Kuba als Gegenwelt** einher. Am „andern Tag" (Z. 12), so berichtet er, fährt er an den Strand, mietet ein Boot, rudert weit hinaus aufs Meer, zeichnet „wie ein Schulbub" (Z. 40) eine Frau in den Sand und legt sich in sie hinein, vertrödelt den Nachmittag und setzt sich schließlich auf die Prado-Mauer, von wo er die flanierenden Menschen bewundert (vgl. Z. 45 ff.). All diese Verhaltensweisen sind **Versuche einer Neuorientierung**. Faber vergisst die Zeit (vgl. Z. 44), er öffnet sich dem Augenblick und der Schönheit der Welt. Dabei holt ihn jedoch immer wieder der schmerzliche Gedanke an Sabeths Tod ein („Ich weine", Z. 15). So erinnert ihn der kubanische Strand an Theodohori (vgl. Z. 13 f.), wo Sabeth von der Schlange gebissen wurde und gestürzt ist, und von Sabeths Vergleichsspiel inspiriert, beschreibt er den Meeresgrund in metaphorischer Weise („ein violetter Frosch", Z. 17 f.). Dass er sich nach Sabeth sehnt, wird auch durch sein Schulbuben-Spiel deutlich: Er legt sich in die gezeichnete Frau im heißen Sand, spricht laut zu ihr und bezeichnet sie in einer kreativen Wortschöpfung als „Wildlingin" (Z. 42). Sein Verhalten kann als symbolischer Hinweis auf **erotische Vereinigungsfantasien** gedeutet werden, die im Gegensatz zu seinem früheren Empfinden von Sexualität („absurd", vgl. S. 93, 100) stehen.

Rückfall in alte Denkmuster

In der Realität ist er jedoch **ganz allein**, wie er wiederholt betont (vgl. Z. 36, 39), ein Zustand, den er ganz bewusst herbeiführt (vgl. finaler Infinitivsatz „Um allein zu sein!", Z. 26). Gleichzeitig verspürt er offensichtlich ein **Mitteilungsbedürfnis**, denn er schreibt Briefe an Hanna, Dick und Marcel (vgl. Z. 11, 19, 29), von denen er die an Dick und Marcel wieder zerreißt, „weil unsachlich" (Z. 37). Dieser Rückfall in seine alte Orientierung verrät, dass sein neues Selbstkonzept noch nicht völlig gefestigt ist, was sich auch in seiner Entdeckung äußert: „ich kannte mich selbst nicht" (Z. 43 f.).

Fazit: „Komischer Tag"

So fällt dann auch sein **Tagesfazit ambivalent** aus: Die Erlebnisse resümiert Faber als „komische[n] Tag" (Z. 43), den Nachmittag als „unerträglich, aber schön, aber endlos" (Z. 45), er zeigt sich am Ende jedoch auch tief beeindruckt von der Lebensfreude und Schönheit der Menschen, die ihm in der Dämmerung begegnen (vgl. Z. 50 ff.).

Erzählsituation: Athener Krankenhaus

Die **Erinnerung** an die Tage auf Kuba hält Faber im **Krankenhaus in Athen** fest. Die Erfahrungen und Erlebnisse, die er dort gemacht hat, sind einerseits noch sehr lebendig (vgl. Passagen im Präsens, Z. 15 ff., 40 f., 45 ff.), andererseits gelingt es ihm in seiner aktuellen Situation im Athener Krankenhaus nicht mehr, sie sich in Erinnerung zu rufen: „[I]ch versuche mir vorzustellen, daß ich in Habana bin, daß ich auf der Prado-Mauer sitze. Ich kann es mir nicht vorstellen, Schrecken." (Z. 46 ff.) – ein Schrecken, der, wie in der antiken Tragödie, zur Einsicht führt?

Sprache und Stil als Spiegel innerer Unsicherheit

Faber befindet sich an einer **Schnittstelle** zwischen seinem alten, technisch-rationalen Weltbild und einem neuen Selbstkonzept als erlebensfähiger Mensch. Dies führt zu innerer Unsicherheit, die sich auch in der **Sprache seines Berichts** äußert. Bei der zynischen Abrechnung mit Amerika verliert er den Sinn für logisch konstruierte Sätze; die zahlreichen Ellipsen,

Nominalphrasen und einzelnen Wörter wirken so, als würde er seine Kritik unkontrolliert ausstoßen. Für alles Amerikanische findet er unsachliche, abwertende Begriffe, z. B. „Klimbim“ (Z. 23), oder er kreiert Neologismen: „Gummi-Stimmen […] Wohlstand-Plebs“ (Z. 28). Faber gibt seinen nach logischen Gesichtspunkten geordneten Berichtsstil auf, er beschränkt sich auf Gedankensplitter, die er assoziativ aneinanderreiht, unterbricht seine Ausführungen mit Gedankenstrichen, verkürzt sie durch Doppelpunkte, springt in der Zeit hin und her. All dies lässt beim Leser Zweifel aufkommen, ob das beim Lesen entstandene Bild vom rationalen Techniker noch stimmt oder je gestimmt hat.

Überleitung: Frage nach dem Scheitern

Ist man gescheitert, wenn die eigenen Vorstellungen vom Leben sich nicht verwirklichen lassen? Diese **Frage** stellt sich für den Protagonisten des Romans „Homo faber“ ebenso wie für die männliche Hauptfigur des Romans „Agnes“ (1989) von Peter Stamm und für Danton, den Titelhelden von Georg Büchners Drama „Dantons Tod“ (1835). Sie soll in einer vergleichenden Betrachtung erörtert werden.

Teilaufgabe 2
Inwiefern scheitert W. Faber?

Beruflicher Erfolg

Inwiefern ist Walter Faber **gescheitert**? Seine **Biografie** weist in dieser Hinsicht sehr unterschiedliche, ja widersprüchliche Aspekte auf. Als Ingenieur der UNESCO kann er auf ein erfolgreiches Berufsleben im Dienst der Menschheit zurückblicken. Seine Existenz ist materiell gesichert, er besitzt ein schickes Auto (Studebaker), auf seinen zahlreichen Flugreisen lernt er die Welt kennen und hält seine Eindrücke in Filmen fest. Allerdings hat seine **Fixierung auf Beruf und Karriere** dazu geführt, dass er weder eine feste Partnerschaft eingegangen ist noch eine Familie gegründet hat. Auch für Natur und Kunst, Musik und Literatur war in seiner von technischer Ratio geprägten Welt nie Platz. Dies alles hat er jedoch nie als Mangel empfunden, ganz im Gegenteil. Schon in seiner Studentenzeit in Zürich nennt er Hanna abwertend eine „Schwärmerin und Kunstfee“ (S. 47); später, bei einem Besuch im Louvre, äußert er gegenüber Sabeth, „daß Skulpturen und Derartiges nichts anderes sind […] als Vorfahren des Roboters“ (S. 77) und fordert „Technik statt Mystik!“ (S. 77). Zu seinem **einseitigen Welt- und Menschenbild** gehört auch die **pauschale Ablehnung alles Weiblichen**. Der Beruf des Technikers ist für ihn „männlich“, wie seine ganze Lebenskonzeption; Frauen, so meint er, sei der Bereich der Technik völlig verschlossen. Bei diesen stellt er hingegen ein typisch „weibliches“ Bedürfnis nach Kommunikation und Kontakt fest, das er als Bedrohung empfindet. In der Charakterisierung seiner Geliebten Ivy wird dies besonders deutlich: „Ivy heißt Efeu, und so heißen für mich eigentlich alle Frauen. Ich will allein sein.“ (S. 91) Indem er solche zutiefst menschlichen Bedürfnisse **verdrängt** und alle vermeintlich „unmännlichen“ Anteile seiner Persönlichkeit über Jahre hinweg **abspaltet**, scheitert Faber als Mensch. Der Widerstreit der Prinzipien Mann / Technik auf der einen, Frau / Natur auf der anderen Seite findet sich nämlich nicht nur in der äußeren Welt, sondern ist tief in seiner **Psyche** verankert. Immer wieder macht er die Erfahrung, dass die Natur, die er mit Technik unterwerfen will, ihn gegen seinen Willen beherrscht, dass er selbst Teil von ihr ist. Nur so lässt sich erklären, warum er natürlichen Vorgängen wie Bartwuchs und Schwitzen, aber auch Sexualität und Fortpflanzung mit vehementer Ablehnung begegnet. Marcel, der Hieroglyphenforscher, bringt Fabers Erfahrung auf den Punkt: „Tu sais, que la mort est femme […] et que la terre est femme.“ (S. 69)

Menschliches Versagen

Erst die **Begegnung mit Sabeth** vermittelt Faber eine Ahnung davon, was Leben noch bedeuten kann: offen zu sein für alle Eindrücke, zu schauen, sich zu freuen, zu singen, Tod und Vergänglichkeit als Teil des Lebens ernst zu nehmen. Sabeths Tod, an dem er eine Mitschuld trägt, **erschüttert** ihn und bringt sein dualistisches Weltbild ins Schwanken. Auf seiner letzten Reise durch Südamerika und Europa erlebt er Landschaften, Menschen und sich selbst mit neuer Intensität: „Ich hatte keinen besonderen Grund, glücklich zu sein, ich war es aber." (S. 180) Auch über seine **verdrängte Vergangenheit** mit Hanna, die durch seine mangelnde Empathie geplatzte Hochzeit damals in Zürich, die verfehlte Vaterrolle, beginnt er nachzudenken. Hanna ist es auch, die ihm im Krankenhaus von Athen, wo er auf eine lebensbedrohliche Operation wartet, klarmacht, dass sein „ganzes Leben" ein „Irrtum" sei (S. 169 f.): „Mein Irrtum: daß wir Techniker versuchen, ohne den Tod zu leben. Wörtlich: Du behandelst das Leben nicht als Gestalt, sondern als bloße Addition, daher kein Verhältnis zum Tod, weil kein Verhältnis zur Zeit." (S. 170) Fabers „Verfügung für den Todesfall" zeigt jedoch, dass die Erfahrung des Scheiterns letztlich zum Leben dazugehört.

Erschütterung des Welt- und Selbstbildes durch Sabeth

Späte Einsicht

Mit Erfahrungen des Scheiterns wird auch der **namenlose Ich-Erzähler von „Agnes"** in seinem Leben konfrontiert. Der postmoderne Roman des Schweizer Schriftstellers Peter Stamm (*1963) ist eine **Liebesgeschichte** zwischen Agnes, einer jungen **Doktorandin der Physik**, und einem etwa 40-jährigen **Sachbuchautor**, der sich wegen eines Buchprojekts in den USA befindet. Nach einer ersten Begegnung in der Chicago Public Library kommen sich die zurückhaltende, spröde Agnes und der Ich-Erzähler näher und werden schließlich ein Paar. Eine zentrale Rolle im Roman und in der Beziehung der Hauptfiguren spielt **eine Geschichte**, ein **Buch im Buch:** Agnes fordert ihren Freund auf, ein literarisches Porträt von ihr zu entwerfen, „eine Liebesgeschichte mit dir und mir" zu schreiben („Agnes", S. 50). Der verliebte Ich-Erzähler lässt sich auf das Experiment ein, er ist gespannt, ob er „überhaupt noch fähig [ist], Geschichten zu schreiben" (S. 50). Seine literarischen Versuche sind vor Jahren gescheitert, deshalb verdient er seinen Lebensunterhalt mit dem Verfassen von Sachbüchern. Im Verlauf des Schreibprozesses wird Agnes nicht nur in der Fiktion, sondern auch in der Realität mehr und mehr zu seinem „Geschöpf", über dessen Leben er nun verfügen kann. Was als **reizvolles Spiel** beginnt, endet in einer **Tragödie**. Agnes wird schwanger, obwohl die Geschichte das nicht vorsieht, und der Erzähler drängt sie zu einer Abtreibung. Agnes verlässt ihn und verliert das Kind. Erneut leben die beiden zusammen und bauen sich, wieder in der fiktiven Welt der Geschichte, eine Art Ersatzwelt als Familie auf. Doch auch dieses **Projekt scheitert**. Agnes wird krank, zieht sich mehr und mehr zurück und verlässt schließlich in der Silvesternacht die gemeinsame Wohnung, während sich ihr Freund auf einer Party mit einer anderen Frau amüsiert. Sie hat gelesen, wie der Erzähler den verheimlichten zweiten Schluss ihrer Geschichte gestaltet hat: Agnes geht in den Schnee und sucht den **Kältetod**.

„Agnes": Inwiefern scheitert der Ich-Erzähler?

Projekt der Geschichte

Tod

Mit der Feststellung „Agnes ist tot. Eine Geschichte hat sie getötet" (S. 9) beginnt der Roman, der aus der **Perspektive des Ich-Erzählers** geschrieben ist und dem Leser keinerlei objektive Sicht auf die Geschehnisse erlaubt. Ob die Aussage stimmt, lässt sich nicht nachprüfen, aber als subjektive Wahrheit ist sie für den Ich-Erzähler gültig. Seine Beziehung zu Agnes ist auf ganzer Linie gescheitert. Grund dafür ist nicht der Altersun-

Erzählperspektive

Gründe für das Scheitern

terschied, sondern der **Charakter der beiden Liebenden**. Agnes sagt von sich selbst, sie sei „kein sozialer Mensch“, und auch der Ich-Erzähler lebt ohne Freundeskreis und Familie, ja er hat nicht einmal Kollegen und kennt seine Nachbarn nicht. Die Liaison mit Agnes setzt fort, was er schon mehrmals erlebt hat: Wenn es darum geht, eine Partnerschaft zu führen, in der einer für den anderen Verantwortung übernimmt, zieht er sich zurück: „[…] **Freiheit** war mir immer wichtiger gewesen als **Glück**. Vielleicht war es das, was meine Freundinnen Egoismus genannt hatten.“ (S. 110)

W. Faber und der Ich-Erzähler im Vergleich

Fehlende Empathie, Mangel an Verantwortung, Angst vor der Vaterrolle sind die **Berührungspunkte der männlichen Hauptfiguren** in „Agnes“ und „Homo faber“. In ihrem Scheitern gibt es jedoch einen entscheidenden Unterschied: Während Faber in seinem „Bericht“ seinen Lebensentwurf überdenkt, lässt sich der Ich-Erzähler auf eine kritische Selbstreflexion nicht ein. Aus seiner Sicht gibt es keinen Grund, sein Leben zu ändern.

„Dantons Tod“: Inwiefern scheitert Danton?

Danton, der Titelheld des **Dramas** von **Georg Büchner**, bekommt gar keine Chance mehr, die Weichen noch einmal neu zu stellen. Das Drama, das in der Zeit der **Französischen Revolution** spielt, endet mit Dantons Tod auf dem Schafott. **Robespierre**, sein politischer Gegenspieler, führt die Herrschaft der „Terreur“ fort und lässt die Dantonisten und ihren revolutionsmüden Anführer hinrichten. Der **Tod** als endgültiges Scheitern eines Lebensplans, so könnte man Dantons Schicksal beschreiben. Aber schon vor dem Urteilsspruch des Revolutionstribunals lernt der Zuschauer Danton als einen **vom Scheitern bedrohten Menschen** kennen, der zwischen Genusssucht (vgl. I, 5) einerseits, sarkastischem Werterelativismus (vgl. I, 6), Fatalismus (vgl. z. B. I, 5; II, 1; II, 5) und Nihilismus (vgl. IV, 5) andererseits schwankt. Ihm ist bewusst, dass die Revolution ihre Ziele nicht erreicht hat, und wegen der von ihm verantworteten Septembermorde plagen ihn Schuldgefühle (vgl. II, 5). Er erkennt: „Wir haben nicht die Revolution, sondern die Revolution hat uns gemacht“ (II, 1; S. 32), „Puppen sind wir von unbekannten Gewalten am Draht gezogen; nichts, nichts wir selbst!“ (II, 5; S. 43). Danton durchlebt eine **existenzielle Krise**, die ihn lähmt. Er zweifelt grundsätzlich an der Sinnhaftigkeit jeglichen Handelns. Die Warnungen seiner Freunde, die ihm zur Flucht raten, schlägt er in den Wind, weil er glaubt, „sie [die Anhänger Robespierres] werden's nicht wagen“, ihn zu verhaften. Aber er verrechnet sich, denn die Maschinerie der Revolution ist längst angelaufen. Sein Todesurteil kann er weder durch seine persönliche Auseinandersetzung mit Robespierre (I, 5) noch durch seine öffentlichen Auftritte vor dem Revolutionstribunal (III, 4 und 9) verhindern. Schließlich wendet sich auch das Volk endgültig von ihm ab und lässt Robespierre wegen seiner Tugendhaftigkeit hochleben. Dantons Ende ist dennoch **kein Scheitern auf der ganzen Linie**. Er setzt sich mit persönlicher Schuld auseinander (vgl. II, 5), hält bis zum Schluss am Ziel einer gerechteren Welt fest (vgl. III, 4) und kritisiert noch auf dem Richtplatz die sinnlose unmenschliche Revolutionsgewalt (vgl. IV, 7). Auch wenn er die Welt als „Chaos“ erkennen muss, erfährt er im Angesicht des Todes doch noch einmal die **Solidarität** seiner Freunde und die **Liebe** seiner Frau Julie, die ihm freiwillig in den Tod folgt.

Tod auf dem Schafott

Existenzkrise

Menschliche Erfahrungen

Fazit

„Wenn man nochmals leben könnte.“ – Was wäre, wenn man diesen Wunsch erfüllen könnte? Walter Faber würde vermutlich anders leben, der Ich-Erzähler vielleicht eine neue Geschichte schreiben und Danton erneut mit dem Tod kokettieren.

Deutsch (Baden-Württemberg): Abiturprüfung 2015
Aufgabe 2: Vergleichende Interpretation zweier Gedichte

Thema:
Eduard Mörike (1804–1875)**: Früh im Wagen**
Bertolt Brecht (1898–1956)**: Als ich nachher von dir ging**

Eduard Mörike: Früh im Wagen (1846 verfasst)

Es graut vom Morgenreif
In Dämmerung das Feld,
Da schon ein blasser Streif
Den fernen Ost erhellt;

Man sieht im Lichte bald
Den Morgenstern vergehn,
Und doch am Fichtenwald
Den vollen Mond noch stehn:

So ist mein scheuer Blick,
Den schon die Ferne drängt,
Noch in das Schmerzensglück
Der Abschiedsnacht versenkt.

Dein blaues Auge steht
Ein dunkler See vor mir,
Dein Kuß, dein Hauch umweht,
Dein Flüstern mich noch hier.

An deinem Hals begräbt
Sich weinend mein Gesicht,
Und Purpurschwärze webt
Mir vor dem Auge dicht.

Die Sonne kommt; – sie scheucht
Den Traum hinweg im Nu,
Und von den Bergen streicht
Ein Schauer auf mich zu.

Aus: Eduard Mörike: Werke und Briefe,
Bd. 1: Gedichte. Hg. v. Hans-Henrik Krummacher.
Stuttgart: Klett-Cotta 2003, S. 146

Bertolt Brecht: Als ich nachher von dir ging[1] (1950 erstmals veröffentlicht)

Als ich nachher von dir ging
An dem großen Heute
Sah ich, wie ich sehn anfing
Lauter lustige Leute.

Und seit jener Abendstund
Weißt schon, die ich meine
Hab ich einen schönern Mund
Und geschicktere Beine.

Grüner ist, seit ich so fühl
Baum und Strauch und Wiese
Und das Wasser schöner kühl
Wenn ich's auf mich gieße.

Aus: Bertolt Brecht: Werke, Bd. 15: Gedichte 5.
Hg. v. Werner Hecht u. a. Frankfurt/M.:
Suhrkamp Verlag 1993, S. 240

Worterklärung

1 ursprünglicher Titel: „Lied einer Liebenden"

Arbeitsanweisung

Interpretieren und vergleichen Sie die beiden Gedichte.

Hinweise und Tipps

Nach einer kurzen Einleitung verfassen Sie zunächst zwei getrennte Gedichtinterpretationen. Benennen Sie – mit Angabe von Autor, Titel und Entstehungs- bzw. Erscheinungsjahr – das Thema des jeweiligen Gedichts. Danach analysieren Sie den Aufbau und stellen, wenn möglich, schon einen Bezug zum Gesamtinhalt her.
Es folgt die Deutung am Text entlang, d. h. Strophe für Strophe, Zeile für Zeile. Verknüpfen Sie Beobachtungen zu Syntax und Wortwahl (also z. B. von Stilmitteln) immer direkt mit Aussagen zum Inhalt!
Zuletzt heben Sie in sinnvoller Ordnung die wesentlichen Gemeinsamkeiten und Unterschiede der beiden Gedichte hervor. Achten Sie auf einen aussagekräftigen Schluss; dieser kann, muss aber nicht in einem persönlichen Kommentar bestehen.

Lösungsvorschlag in Grundzügen

Einleitung: Das Thema „Trennung" in Gedichten

„Nur die Sehnsucht ist poetisch, nicht der Besitz", schrieb einmal die Dichterin Annette von Droste-Hülshoff. So nimmt es nicht wunder, dass viele Gedichte von unerfüllter Liebe handeln. Ebenso setzen viele die **Abwesenheit einer geliebten Person** voraus, sei sie nun endgültig oder nur vorübergehend. Der oder die Liebende, auf sich selbst zurückgeworfen, findet Zeit zum Nachdenken und wird sich der eigenen Gefühle deutlicher bewusst.

Auch in Eduard Mörikes Gedicht „Früh im Wagen“ von 1846 und in Bertolt Brechts Gedicht „Als ich nachher von dir ging“, erstmals veröffentlicht 1950, ist das lyrische Ich von der geliebten Person räumlich getrennt.

„Früh im Wagen“: Thema

„Früh im Wagen“ handelt von einem lyrischen Ich, das in den frühen Morgenstunden zu einer Fahrt aufgebrochen ist und eine geliebte Person zurückgelassen hat. Der Einfachheit halber sei diese im Folgenden mit einer Frau gleichgesetzt, obwohl es im Text selbst dafür keinen zwingenden Anhaltspunkt gibt.

Form

Das Gedicht besteht aus sechs Strophen mit je vier Versen, die sich kreuzweise reimen. Das Versmaß ist ein dreihebiger Jambus, alle Kadenzen sind stumpf. Die a- und b-Zeilen einer Strophe sind jeweils durch ein Enjambement verbunden (nur von Vers 9 auf 10 und von Vers 15 auf 16 wird durch ein Komma eine Pause im Lesefluss gesetzt). So entsteht eine deutliche **Gliederung der Strophen in zwei Einheiten**, eine Aneinanderreihung von Sinnabschnitten. Das Gleichmaß der Form macht das Gedicht sehr einprägsam.

Symbolik des Morgens und der Nacht

In der ersten Strophe präsentiert sich **der Morgen**, angekündigt durch Tau und Dämmerung, **bleich und farblos** („Es graut“, V. 1; „ein blasser Streif“, V. 3). Sein Licht beginnt in der zweiten Strophe die Lichter der Nacht abzulösen, die deutlich markanter erscheinen: den Morgenstern und den „vollen Mond“ (V. 8). Der Mond verweilt, antithetisch zum Morgenstern, noch etwas länger. Anders als jener ist er ganz und gar Symbol der erfüllten Nacht. Er beleuchtet einen Wald, der mit Leben und Geheimnissen assoziiert wird. Parallel zum Morgenstern beginnt der Blick des lyrischen Ich sich zu verabschieden, verweilt aber dann auf dem Mond. Eigentlich sollte es nach vorn schauen, wie die dritte Strophe andeutet, in eine **Zukunft, die fern und grau, also unbestimmt und wenig verlockend erscheint**. Das Ich ist jedoch **rückwärtsgewandt**, noch durchdrungen vom „Schmerzensglück [d]er Abschiedsnacht“ (V. 11 f.). Das Oxymoron zeigt wie die Symbole des Vollmondes und des Waldes, dass die Nacht das **Leben in seiner Fülle** umfasst: das Glück der gegenseitigen Liebe und den Schmerz der Trennung. Sie nötigen dem lyrischen Ich ebenso Respekt ab wie die Zukunft (vgl. V. 9: „mein scheuer Blick“).

Vergegenwärtigung der Geliebten

In der vierten und fünften Strophe imaginiert das lyrische Ich, das schon im Wagen sitzt, seine **Geliebte** und spricht in Gedanken zu ihr. **Anders als die Zukunft** (und wie implizit Wald und Mond) **zeichnet sie sich durch starke Farben aus, wirkt also sehr lebendig** „Dein blaues Auge steht / Ein dunkler See vor mir“ (V. 13 f.): Hier erfolgt die metaphorische Gleichsetzung bündig und eindrücklich durch eine Prädikatsergänzung. Ein dunkler See ist tief, abgründig und ebenso geheimnisvoll wie ein Wald. So lebhaft stellt sich das lyrische Ich die Geliebte vor, dass es sie nicht nur sieht, sondern auch hört („Dein Flüstern“, V. 16) und sogar spürt („Dein Kuß, dein Hauch“, V. 15; „An deinem Hals begräbt / Sich weinend mein Gesicht“, V. 17 f.). Die anaphorische Wiederholung von „dein“ intensiviert die Vergegenwärtigung. Auffallend ist, dass sich **das lyrische Ich offenbar völlig an die Geliebte verlieren will:** Die Schlüsselwörter „versenkt“ (V. 12), „See“ (V. 14) und „begräbt“ (V. 17) legen dies genau so nahe wie der Ausdruck „Purpurschwärze“ (V. 19), eine Art dunkles Violett, das den Liebenden blind macht für alles außer der Geliebten.

Die letzte Strophe entlarvt jedoch die Vergegenwärtigung als irreal. „Die Sonne kommt; – sie scheucht/Den Traum hinweg im Nu“ (V. 21 f.): **Hier gewinnt der Tag erstmals sein volles Licht**, das intensiver ist als das des Mondes. Seine Wirkung entfaltet sich, durch den Gedankenstrich verzögert, umso eindrucksvoller. Allerdings tritt die Sonne ausschließlich in ihrer Eigenschaft als Traumverdrängerin auf – das Wort „scheucht“ lässt sie rigoros, ja erbarmungslos wirken. In sachlichem, aber nicht im funktionalen Widerspruch zur Sonne steht der „Schauer“ (V. 24), der von den Bergen herannaht und die Assoziation weckt, dass das lyrische Ich erschauert. Die Berge können als Hürde oder Sichtbehinderung gedeutet werden. Nach wie vor ist die Zukunft ungewiss, von Verheißung ist nicht die Rede, aber **anders als vorher hat sich das Ich nun dem Kommenden zugewandt**.

Wende am Schluss

In Bertolt Brechts nach der Anfangszeile betiteltem Gedicht „Als ich nachher von dir ging“ ist von der geliebten Person nicht näher die Rede, obwohl auch hier das lyrische Ich sie direkt anspricht. Anders als in Mörikes Gedicht **nimmt es von Anfang an auf neuartige und intensive Weise seine Umgebung wahr**.

„Als ich nachher von dir ging“: Thema

Das Gedicht hat drei vierzeilige Strophen im Kreuzreim. Das Versmaß ist trochäisch, die a-Zeilen sind vierhebig mit einer stumpfen, die b-Zeilen dreihebig mit einer klingenden Kadenz. Nicht nur die **klare Form**, sondern auch die **alltägliche Sprache** lassen das Gedicht einfach und eingängig wirken.

Form

Bereits die erste Zeile wirft jedoch eine grundlegende Frage auf. „Als ich nachher von dir ging“: Ist das Fortgehen im Sinne einer endgültigen Trennung zu verstehen, die das lyrische Ich befreit und für den Rest der Welt empfänglich macht?
Das Wort „nachher“, das bezugslos bleibt, scheint allerdings etwas Spektakuläreres anzudeuten als das Ende einer Beziehung, nämlich den **Liebesvollzug**, und womöglich den ersten. Auch „An dem großen Heute“ (V. 2) kann theoretisch einen Tag bezeichnen, der die Trennung bringt, aber wahrscheinlicher ist doch, dass ein ungeahnt schönes Erlebnis stattgefunden hat.
Vollends gegen einen Abschied für immer spricht der ursprüngliche Titel „Lied einer Liebenden“, welcher die Liebe einer Frau zu einem Mann und nicht zu etwas anderem suggeriert. Das offensichtliche Glück des lyrischen Ich weist auf ein **Fortbestehen der Beziehung** hin.

Nur kurzfristige Trennung

Gehen wir also davon aus, es ist der Liebesakt oder auch nur ein erster Kuss oder ein Geständnis, was die **Weltsicht des lyrischen Ich positiv verändert**. Gemeinhin sagt man ja, dass Verliebte alles durch eine rosa Brille sehen. Das lyrische Ich ist sich der Veränderung von Anfang an bewusst: „Sah ich, wie ich sehn anfing“ (V. 3). Durch die Ellipse und die Wortverkürzung (eigentlich müsste es heißen: „zu sehen anfing“) ist der Vers umgangssprachlich und wirkt spontan und ungezwungen. Das Objekt ist in einer Inversion nachgestellt und dadurch besonders betont: „Lauter lustige Leute“ (V. 4). Ebenso heben die dreifache Alliteration und eine zusätzliche Silbe den Vers hervor. **Die Mitmenschen spiegeln die eigene Fröhlichkeit** und erscheinen sämtlich liebenswert.

Wahrnehmung der Mitmenschen

Auch „jene[ ] Abendstund/Weißt schon, die ich meine“ (V. 5 f.) spricht für ein romantisches Ereignis, sonst würde das lyrische Ich wohl nicht so

Selbstwahrnehmung

bedeutungsvoll darauf anspielen. Hier, in der Parenthese, klingt die elliptische Umgangssprache (das Wort „du“ fehlt) sehr unmittelbar. Von den Mitmenschen gelangt das lyrische Ich zu **sich selbst:** Es sieht an sich, wohl im Spiegel, „einen schönern Mund“ (V. 7) und spürt „geschicktere Beine“ (V. 8). Die Veränderung stellt es diesmal jedoch nicht als subjektiven Eindruck, sondern als Tatsache dar („Hab ich“, V. 7). Wahrscheinlich hat es sogar recht: **Liebesglück bewirkt Ausstrahlung und Sicherheit**. Das lyrische Ich bewegt sich nun leichtfüßig und ohne Hemmungen. Dazu passt, dass auch in Vers 8 der Trochäus durch eine zusätzliche Silbe aufgelockert ist.

Wahrnehmung der Natur

In der dritten und letzten Strophe wendet sich das lyrische Ich der **Natur** zu. Die Strophe beginnt mit einer Inversion: „Grüner ist, seit ich so fühl/ Baum und Strauch und Wiese“ (V. 9 f.), welche die stärkere Farbe hervorhebt. Wieder wird die vom Liebesglück **intensivierte Wahrnehmung** als Tatsache formuliert. Das Polysyndeton betont die **Fülle der Natureindrücke**, denen das lyrische Ich sich öffnet. In einem Chiasmus schließt sich eine Aussage über ein weiteres Naturelement an, das Wasser; am Ende von Vers 11 stehen exponiert die Worte „schöner kühl“. „Kühl“ wird häufig gleichgesetzt mit „frisch“. Die Neuartigkeit der Empfindungen erscheint so noch einmal verstärkt. Indem sich das lyrische Ich mit Wasser übergießt, erinnert es an den Taufakt: Die Taufe steht symbolisch für die **Erneuerung des Lebens**.

Vergleich

In beiden Gedichten entfernt sich das lyrische Ich von einer geliebten Person. „Früh im Wagen“ hat jedoch eine **größere Reise** zum Anlass, was auch die Ursache für den grundsätzlichen Unterschied der Gedichte ist. Hier steht zunächst ganz die **längere Trennung** im Vordergrund.
„Als ich nachher von dir ging“ deutet darauf hin, dass das lyrische Ich zu Fuß aufbricht. Was die Sprechsituation angeht, so ist ein innerer Monolog genauso möglich wie eine Rede an den bereits wieder anwesenden Geliebten. Dass das lyrische Ich nach einer Liebesstunde fortgegangen ist, muss nichts weiter bedeuten, als dass die Liebenden nicht oder noch nicht zusammen wohnen. So bleibt das Glück ungetrübt von Trennungsschmerz; das Ich kann sich auch und gerade in Zeiten des Alleinseins auf sein neues Leben besinnen. Es ist **weniger fixiert** auf die Person des Geliebten, weil es nicht das Gefühl hat, sie festhalten zu müssen.
Während in Brechts Gedicht **das Liebesglück die Welt erschließt, versperrt** in Mörikes Gedicht **das Liebesleid zunächst den Zugang zu ihr**. Nur für die nächtliche Natur zeigt das lyrische Ich sich aufgeschlossen, weil sie mit der Nähe der Geliebten konnotiert ist. Die Tageswelt bleibt von deren Abwesenheit beeinträchtigt, auch wenn sich das Ich zuletzt ihren Forderungen stellt. **Den widerstreitenden starken Empfindungen entspricht das Pathos der Wortwahl**. Die Gefühle von Brechts weiblichem lyrischen Ich dagegen sind eindeutig. Es beschreibt die durchaus bekannte Erfahrung, dass **Liebe den Alltag verklärt**, auch in passend **alltäglicher, ungekünstelter Sprache**.

Fazit: Nachvollziehbarkeit

Nur bei oberflächlicher Betrachtung erscheint die Ausgangssituation in den beiden Gedichten gleich. Die **Umstände der Trennung** sind **verschieden** und bewirken unterschiedliche, aber jeweils nachvollziehbare Reaktionen.

Deutsch (Baden-Württemberg): Abiturprüfung 2015
Aufgabe 3: Interpretation eines Kurzprosatextes

Thema:
Alfred Polgar (1873–1955): **Auf dem Balkon** (erstmals veröffentlicht 1936)

Auf dem Balkon des hoch überm See gelegenen friedevollen Häuschens, dessen Fenster die Sommer-Abendsonne spiegelten (wie in ruhigen Atemzügen entließ der Schornstein Rauch), tranken gute Menschen guten Wein. Es war eine Gesellschaft von geistig anspruchsvollen Leuten, bewandert in den Vergnügungen des Denkens, gewohnt, hinter die Dinge zu sehen, nicht nur aus dem Glauben, sondern auch aus dem Zweifel Süßes zu schmecken und an der Wirklichkeit die Unwirklichkeit, die in ihr steckt, mit wahrzunehmen. Die auf dem Balkon waren nicht taub für den Jammer der Welt, und wenn ihr Herz auch zuweilen, müde des Gefühls, in harten Schlaf sank – die Natur fordert ihre Rechte, sagt man in solchem Fall –, so war es doch ein Schlaf, der sich mit qualifizierten Träumen ausweisen konnte, Träumen von Gutsein oder zumindest von Gutseinwollen.
Die Aussicht vom Balkon war zauberisch schön, besonders für den Hausherrn, der ein reicher Mann war, vor gemeinen Nöten sicher, soweit das die aus allen Fugen geratene Wirtschaft der aus allen Fugen geratenen Zeit zuließ. Er sah über den kleinen europäischen See hinüber bis nach Südafrika, wo ihm in blühenden Kupferminen die Dividende reifte.
Die Sonne war von dem Häuschen weggeglitten, sie färbte nur noch die westlichen Gipfel, und langsam überschleierte das durchlässige Dunkel der Julinacht Tal und Berg. Man machte Licht. Gewiß wären die Falter hineingeflogen und verbrannt, wenn es nicht Licht von Glühbirnen gewesen wäre, die so poetischen Faltertod nicht ermöglichen. Das enttäuschte Kleingetier wurde lästig. „Die Natur hat leider ihre Mucken und Mücken“, sagte jemand. Aber das verdarb den anderen die gute Laune nicht.
Tief unten, am andern Ufer des Sees, ringelte sich (ein gliederreiches Würmchen, jetzt Glühwürmchen) der Eisenbahnzug die vorgezogene Spur entlang. Aus der weiten Schau betrachtet, kam er äußerst langsam vorwärts trotz seiner hundert Kilometer Geschwindigkeit.
Die Dame in der Gesellschaft fand, er sähe aus wie ein Spielzeug. Das konnte man wohl sagen, ja das mußte geradezu gesagt werden.
Trotzdem nahm die Konversation eine Wendung ins Ernste. Man sprach vom Elend der Welt. Ein wenig passendes Thema für solch’ freundliche Stunde. Sie machte es so leicht, fernes Elend zu vergessen, daß es fast wie Taktlosigkeit gegen sie erschien, sich seiner zu erinnern.
Unten am jenseitigen Seeufer schlupfte der Glühwurm-Expreß in ein Erdloch; man sah auf der andern Lehne des Bergs das Loch, aus dem er wieder herauskommen mußte. „Wie ein Maulwurf gräbt er sich durch“, sagte die Dame.
Man sprach von Greueltaten, im Nachbarland an Schuldlosen verübt, und von der Grausamkeit der Menschen, die machten, daß solches geschah. Man sprach nicht von der schauerlichen Seelenruhe der andern anderswo, die es, ungestörten Schlafs und ungestörter Verdauung, geschehen ließen.
Der Schriftsteller unter den Gästen äußerte: „Wer seine Kinder liebt, setzt sie nicht in die Welt.“ … „Zumindest nicht in diese“, fügte ein anderer Gast hinzu.
Die Luft roch nach Sommer-Quintessenz, auch zart nach Gebratenem.
Unten kroch das Bähnlein aus der Erdhöhle. Putzig und lieblich war das. Der Dame fiel nichts dazu ein, sie guckte mit stummer Frage den Schriftsteller an, der leicht und ein wenig beschämt die Achseln hob und wieder fallen ließ. Es kam jetzt von der entgegen-

gesetzten Seite her auch ein Eisenbahnzug, in weiten Kehren bergabwärts. Er sah aus wie eine Schlange, hell punktiert, mit feuerroter Schwanzspitze.

Dann geschah etwas Überraschendes. Die beiden Züge glitten nicht, wie zu erwarten war, aneinander vorbei, sondern geradewegs aufeinander los, Kopf gegen Kopf. Und plötzlich erloschen in beiden Zügen die Lichter. Abendschatten und Nebel über der Szene verhinderten zu sehen, was dort sich ereignet hatte.

Ein Unglück ohne Zweifel, ein Eisenbahnzusammenstoß. Der Gesellschaft auf dem Balkon schien es, als wehe der Abendwind etwas von den Geräuschen des Krachens und Splitterns her, die solchen Vorfall begleiten. Alle waren aufgesprungen, standen an der Brüstung des Balkons, starrten, hoffnungslos bemühten Blicks, zu dem Schauplatz der Katastrophe hinüber. Wisse vielleicht jemand von einem ihm Nahestehenden, der Passagier eines der beiden Züge gewesen sein könnte? Nein, glücklicherweise. Nur ganz fremde Menschen – die Gesellschaft fühlte das mit Beruhigung und Dankbarkeit – fielen der Katastrophe da unten zum Opfer. Vielleicht nicht einmal Landsleute. Man stellte sich vor: Tote und Verstümmelte – aber, gottlob, man sah sie nicht. Schmerz und Qual – aber man spürte sie nicht. Jammer und Hilferufe – aber man hörte sie nicht.

So verblaßten die Unglücksbilder bald wieder. Und der Wein in den Gläsern wurde durch sie nicht sauer. Lieber Himmel, wenn einen alles aufregen wollte, was Gott und die Menschen über die Menschen verhängen! Man muß es hinnehmen und denken: Heute dir, morgen, hoffentlich erst übermorgen, oder womöglich gar niemals, mir.

„Von so weit gesehen", sagte die Dame „schien selbst der Zusammenstoß eine Spielzeug-Affaire." Der Hausherr präzisierte den Eindruck ähnlich, etwa so, daß aus der Ferne auch das Grausige nicht grausig wirke. Damit kehrte das Gespräch zwanglos zu den früheren Themen, die eines politischen Beigeschmacks nicht entbehrten, zurück.

Aus: Alfred Polgar: Kleine Schriften, Bd. 3: Irrlicht. Hg. v. Marcel Reich-Ranicki. Reinbek: Rowohlt 1984

Arbeitsanweisung

Interpretieren Sie den Text.

Hinweise und Tipps

Der parabelartige Prosatext von Alfred Polgar weist inhaltlich einen klaren Aufbau auf, ist aber auch sprachlich vielseitig und niveauvoll gestaltet. In Ihrer Interpretation kommt es darauf an, die Bandbreite von inhaltlicher und stilistischer Vielfalt angemessen herauszustellen. Dabei lässt Ihnen die offen formulierte Aufgabenstellung viel Freiheit. Dennoch müssen Sie Ihren Aufsatz nachvollziehbar strukturieren: Auf eine prägnante Textwiedergabe sollten verschiedene Teile der Interpretation folgen, die auf jeden Fall formale, inhaltliche und sprachliche Besonderheiten von Polgars Text enthalten sollten.

- In der **Einleitung** führen Sie zum Thema (mangelndes Mitgefühl der abgehobenen Balkon-Gesellschaft) hin. Außerdem beziehen Sie die wichtigsten Angaben zum Autor und zur Textsorte mit ein.
- Anschließend formulieren Sie eine auf die wesentlichen Erzählschritte konzentrierte **Inhaltswiedergabe**.
- Die nun folgende **Interpretation** stellt den Schwerpunkt Ihres Aufsatzes dar. Deshalb sollte sie in sich wiederum gegliedert sein: Beginnen Sie mit einer Erläuterung der formalen und erzählerischen Mittel, und erklären Sie in diesem Zusammenhang auch den Aufbau des Textes. Die inhaltliche Deutung sollte sich vor allem mit der Denkweise und dem Verhalten

der auf dem Balkon versammelten Intellektuellen, aber auch mit der Bedeutung des Zugunglücks beschäftigen. Die Analyse der sprachlichen Merkmale sollte im Kontext der inhaltlichen Interpretation erfolgen. Greifen Sie gezielt die auffälligsten Eigenheiten zum Satzbau und die aussagekräftigsten Stilmittel heraus, wobei Sie diese mit passenden Textbeispielen versehen und vor allem deren Funktion für die Aussage des Prosatextes erklären.
- Mit einem **Schlussteil**, der eine persönliche Beurteilung von Polgars Text vornimmt, beenden Sie Ihre Interpretation.

Wie können Sie nun **methodisch** vorgehen?
- Lesen Sie den Text zunächst einmal gründlich durch und versuchen Sie dabei, die Intention des Autors zu erfassen.
- Bei der zweiten und dritten Lektüre kennzeichnen Sie die inhaltlichen, formalen und sprachlichen Besonderheiten, indem Sie entsprechende Stichwörter herausschreiben oder markante Textstellen unterstreichen.
- Erstellen Sie nun eine Gliederung für Ihre Interpretation, der Sie anschließend die von Ihnen erfassten Textstellen zuordnen.
- Verfassen Sie jetzt Ihren Aufsatz, wobei Sie Ihrem Aufbauschema entsprechend vorgehen und Ihre Ausführungen in sinnvolle Abschnitte unterteilen. Bei der sprachlichen Gestaltung sollten Sie auf verbindende Überleitungen achten und vor allem Abwechslung bei Ihren Formulierungen anstreben.

Lösungsvorschlag in Grundzügen

Einleitung

Wie reagieren wir auf das Unglück und das Leid anderer Menschen? Normalerweise empfinden wir zumindest Mitleid, aber sinnvoller wäre ein hilfreiches Eingreifen. Doch je weiter unangenehme Ereignisse von uns entfernt geschehen, desto mehr lässt uns das Negative gleichgültig und wir gehen schnell wieder zur Tagesordnung über. Solche allgemeinen Verhaltensweisen spielen in dem **parabelhaften Prosatext** „Auf dem Balkon" des österreichischen Schriftstellers und Literaturkritikers Alfred Polgar (1873–1955) eine wesentliche Rolle.

Hauptteil

Inhaltswiedergabe

Ein reicher Mann hat in seinem Haus, das hoch über einem See liegt und eine fantastische Aussicht bietet, eine **Gesellschaft von** weltoffenen, nachdenklichen **Intellektuellen** empfangen. An einem sonnigen Abend im Juli sitzen der Gastgeber und seine Gäste, zu denen auch ein Schriftsteller zählt, bei einem Glas Wein und unterhalten sich angeregt über das Weltgeschehen. Besonders die „Greueltaten […] im Nachbarland" (Z. 35) werden ausgiebig diskutiert.
Während der Unterhaltung beobachten die Leute auf dem Balkon, wie auf der anderen Seite des Sees ein **Zug** mit einer Geschwindigkeit von hundert Kilometern in einen Tunnel hineinfährt. Kaum ist der Eisenbahnexpress wieder ans Tageslicht getreten, prallt er mit einem entgegenkommenden Zug zusammen.
Sofort springt die Abendgesellschaft auf und tritt an die Balkonbrüstung, um Einzelheiten dieser **Katastrophe** zu erkennen. Wegen des Nebels und der aufziehenden Abendschatten kann aber nicht genau gesehen werden, wie das Zugunglück eigentlich passieren konnte und welche Folgen es hat. Lebhaft wird über die Zuginsassen gesprochen. Als sich jedoch herausstellt, dass unter den Opfern dieses Zusammenstoßes keine Nahestehenden sein können, kehren die Gäste beruhigt an ihre Plätze zurück.
Eine Dame stellt fest, dass sie das Unglück wie bei einer Modelleisenbahn empfunden habe. Der reiche Gastgeber bestätigt diese Bemerkung, indem

er darauf hinweist, dass in weiter Ferne geschehende Unglücksfälle im Allgemeinen keine großen Wirkungen bei den Beobachtern hinterlassen.

Intention

Alfred Polgar schildert in seinem Text, wie plötzlich „das Grausige“ (Z. 67) in eine **idyllische Welt** hereinbricht, ohne dass es große Spuren hinterlässt. Dabei beobachten einige Intellektuelle, die vorgeblich vorurteilsfrei und „zwanglos“ (Z. 67) diskutieren, ein Zugunglück, aber sie empfinden für die Opfer kein Mitgefühl, zumal diese wohl „nicht einmal Landsleute“ (Z. 58) sind. Dieser enorme Gegensatz zwischen geistigen Höhenflügen und mangelndem Einfühlungsvermögen prägt die ganze versammelte Balkon-Gesellschaft, die sich an einem vergnüglichen Abend weder von politischen Grausamkeiten im Nachbarland noch von einer Zugkatastrophe, die sich vor ihren Augen abspielt, die gute Laune verderben lässt. Während in der Welt unermessliches Leid geschieht, genießt der reiche Mann mit seinen Gästen den schönen Sommerabend bei Wein und Gebratenem.

Interpretation

Form: Aufbau des Prosatextes

Der parabelartige Text wird von **gewaltigen Gegensätzen** beherrscht. Eine harmonische Abendgesellschaft, die an einem prächtigen Sommerabend die Einladung eines reichen Gastgebers angenommen hat, erlebt mitten in einer angeregten, geistig niveauvollen Konversation eine schreckliche Eisenbahntragödie, die sich jenseits eines Sees ereignet. Durch mehrere Wendungen wird das heitere Gespräch unterbrochen, bevor man wieder zur Tagesordnung übergeht.
Zunächst wird die **Balkon-Idylle** ausführlich beschrieben: Eine Gruppe von „geistig anspruchsvollen Leuten“ (Z. 3 f.) unterhält sich über anregende Themen, ohne den „Jammer der Welt“ (Z. 7) aus ihren Betrachtungen auszublenden, denn schließlich hält man sich für moralisch korrekt. Dazu passt, dass der reiche Hausherr aufgrund seines ökonomischen Geschicks ein sorgloses Leben führen kann, und zwar in einem „Häuschen[]“ (Z. 1), das einen wundervollen Ausblick über einen See bietet.
Durch erste **Andeutungen** wird nun auf die Gefährdung dieses friedlichen Zusammenseins vorbereitet: Die untergehende Sonne taucht die gelöste Stimmung in das „Dunkel der Julinacht“ (Z. 17), in der einige Falter in der Beleuchtung hätten zu Tode kommen können, wäre es nicht Glühbirnen-Licht gewesen.
Das **Grauen** erfüllt sich in einer unerwarteten Eisenbahnkatastrophe. Aber auch dieses schreckliche Geschehen wird vom Erzähler behutsam vorbereitet: Zuerst beobachtet die Balkon-Gesellschaft einen Zug am anderen Ufer des Sees, der langsam durch einen Tunnel zu kriechen scheint, obwohl er mit hundert Stundenkilometern fährt. Wie ein „Glühwürmchen“ (Z. 23) oder ein „Spielzeug“ (Z. 26) wirkt er, doch die Menschen scheinen bereits eine Vorahnung von dem kommenden Unheil zu haben, denn plötzlich nimmt ihre „Konversation eine Wendung ins Ernste“ (Z. 28) und man spricht über schauderhafte Vorkommnisse im Nachbarland. Die Gesellschaft ist so bestürzt, dass sie zu der Erkenntnis kommt, dass man in diese düstere Welt keine Kinder setzen sollte.
Mit dem Gegenzug, der in weiten Kurven „bergabwärts“ (Z. 45) rast, bahnt sich die Katastrophe an. Der Vergleich mit einer Schlange „mit feuerroter Schwanzspitze“ (Z. 46) verdeutlicht die herannahende Bedrohung. Mit dem markanten Satz „Dann geschah etwas Überraschendes.“ (Z. 47), der eine Zäsur darstellt, wird die kurze Beschreibung des Zusammenpralls eingeleitet: Plötzlich gehen in beiden Zügen die Lichter aus, doch wegen der Schatten und des aufkommenden Nebels kann niemand etwas Genaues

sehen. Lediglich die Geräusche des Zusammenstoßes werden leise über das Tal zu dem Balkon herübergeweht.
Der Erzähler wendet sich jetzt wieder der Gruppe auf dem Balkon zu und schildert deren **Reaktionen:** Alle springen gleichzeitig auf, um Näheres wahrzunehmen, aber ihre Sicht ist durch die Umstände eingeschränkt. Nur das Ergebnis scheint klar zu sein: „Ein Unglück ohne Zweifel" (Z. 51). Besorgte Fragen zielen darauf ab, wer unter den Opfern sein könnte. Als jedoch klar wird, dass „[n]ur ganz fremde Menschen" (Z. 56 f.) davon betroffen sind, beruhigen sich alle mit der Gewissheit, dass man gegen das Schicksal sowieso nichts ausrichten könne. Die „Unglücksbilder" (Z. 61) lassen in ihrer Wirkung rasch nach, und eine Dame sowie der Hausherr ziehen das allgemein gültige **Fazit**, dass entfernt geschehenes Unglück die Menschen innerlich kaum berühre.

Vergleich mit einer Parabel

Alfred Polgars Prosatext weist Merkmale einer **Parabel** auf. Diese unterhaltsame Geschichte mit lehrhafter Tendenz stellt allgemeine menschliche Schwächen (Mitleidlosigkeit) bloß und ist damit auf andere Daseinsbedingungen (z. B. Egoismus, Rücksichtslosigkeit) übertragbar. Im Gegensatz zu einer Parabel z. B. von Franz Kafka hat Polgars Text aber keinen offenen Schluss, sondern bietet eine geschlossene Handlung.

Handlung: Ort und Zeit

Die Handlung spielt irgendwann in der Vergangenheit an einem „kleinen europäischen See" (Z. 13 f.). Da es keine genauen Orts- und Zeitangaben gibt, verweist der Text auf allgemeingültige Gegebenheiten der menschlichen Existenz.

Inhalt: Personen

Ebenso wie der Schauplatz bleibt auch die **Personengruppe** unbestimmt. Lediglich der Hausherr, der ein „Häuschen" hoch über einem See mit schöner Aussicht besitzt und Anteile an Dividende abwerfenden Kupferminen in Südafrika hält, wird kurz beschrieben. Sonst werden nur noch ein Schriftsteller und eine Dame erwähnt, über die außer ihren ziemlich zynisch wirkenden Äußerungen nichts zu erfahren ist. Neben diesen Personen wird noch auf „jemand" (Z. 21) verwiesen, und später wird noch „ein anderer Gast" (Z. 40) genannt.
Die Gesellschaft ist durch **gemeinsame Gesprächsthemen** geeint. Ihre skeptische Grundhaltung veranlasst sie, die (politischen) Vorgänge in der Welt mit „Zweifel[n]" (Z. 5) wahrzunehmen. Die Diskutanten sind an vielem interessiert, sie zeigen sich weltoffen und vorurteilslos und halten sich für rechtschaffene Zeitgenossen, die auch das Elend in der Welt nicht vergessen. Doch während ihr Verstand hellwach ist, offenbaren sich in ihrem Gefühlsleben deutliche Defizite. Sie träumen zwar vom „Gutsein" (Z. 10) oder vom „Gutseinwollen" (Z. 10), aber sie kommen aus ihrer **passiven Beobachterrolle** nicht heraus und empfinden auch kein Mitleid mit Menschen, die Opfer von Leid und Unglück geworden sind. Sie sprechen zwar von der abscheulichen Grausamkeit von Menschen, die Gräuel verüben, und auch verächtlich von Menschen, die bei Konflikten nicht eingreifen, aber sie selbst verharren wie andere in einer „schauerlichen Seelenruhe" (Z. 37), die sie nach einer eben erlebten Katastrophe in Ruhe gemeinsam weiterfeiern lässt. Die Grundlage ihrer Lebenseinstellung bildet die aus ihren Erfahrungen entstandene Erkenntnis, dass sich die Welt in ihrem Lauf nicht aufhalten lässt: Alles, „was Gott und die Menschen über die Menschen verhängen" (Z. 62 f.), müsse man tatenlos „hinnehmen" (Z. 63) und dabei hoffen, dass man selbst möglichst lange vom Schicksal verschont bleibt.

Titel

Der Erzähler zeigt, wie abgehoben diese Gesellschaft von der Welt ist. Die Gesprächsteilnehmer sitzen „hoch überm See“ (Z. 1) auf einem Balkon (Titel!) und betrachten die Geschehnisse, die sich „tief unten, am andern Ufer des Sees“ (Z. 22) abspielen. Der räumlich begrenzte Balkon symbolisiert dabei die **Selbstisolation dieser Intellektuellen**, die sich weitgehend emotionslos über die Niedertracht der Welt austauschen. Stellvertretend für diese arrogante Haltung steht der reiche Gastgeber, der sich in seinem „friedevollen Häuschen[]“ (Z. 1) „vor gemeinen Nöten [für] sicher“ (Z. 12) hält.

Zeitumstände

Diese **vermeintliche Geborgenheit** ist aber zutiefst gefährdet. Nicht nur die Ereignisse im Nachbarland bedrohen den Frieden, sondern auch das „Elend der Welt“ (Z. 28 f.) hat einen besorgniserregenden Stand erreicht. Die Intellektuellen wissen, dass sie in einer „aus allen Fugen geratenen Zeit“ (Z. 13) leben. Umso verwunderlicher erscheint ihre Gleichgültigkeit gegenüber den Veränderungen in der Welt. Nach dem kurzen Aufschrecken über das Zugunglück kehren die Gäste des wohlhabenden Mannes zu der Tätigkeit zurück, die sie alle gut beherrschen: zu geistig anspruchsvollen, aber letztlich unverbindlichen Plaudereien.

Zugunglück

Nicht einmal ein schweres Zugunglück kann die Intellektuellen aus ihrer Ruhe bringen. Nur für einen Moment stellen sie ihre Unterhaltung ein, aber weil sie nichts Genaues sehen und vor allem deshalb, weil unter den Unfallopfern kein ihnen Nahestehender ist, wird ihre anfängliche Besorgnis bald wieder besänftigt. Immerhin können sie sich „Tote und Verstümmelte“ (Z. 59) vorstellen, aber ein tief gehendes Mitgefühl kommt nicht zustande. Zu weit weg erscheint das Ganze, das harmlos mit einer „[p]utzig[en]“ (Z. 42) Bahnfahrt begonnen und mit einer unvorstellbaren Tragödie – wie aus heiterem Himmel – geendet hat. Parallel zu dieser sich anbahnenden Katastrophe werden die deprimierenden Vorkommnisse im Nachbarland („Greueltaten“, Z. 35) diskutiert. Auch hier stehen die „Schuldlosen“ (Z. 35) im Vordergrund, denen man nicht helfen kann. So offenbaren die Intellektuellen, die ihre Überlegenheit nur im Gespräch zeigen, ihre völlige **Ohnmacht**, wenn es um konkrete Taten geht. Für den Erzähler scheint das Zugunglück ein symbolischer Weckruf an seine Zeitgenossen zu sein, den diese jedoch nicht als solchen erkennen.

Sprache

Alfred Polgars Prosatext ist in einer anspruchsvollen poetischen Sprache gehalten, die sehr einfühlsam die Atmosphäre der Intellektuellen-Gruppe auf dem Balkon wiedergibt. Umso grauenhafter wirken die Erwähnung der politischen Gräuel im Nachbarland und vor allem das Zugunglück, dessen Hergang zunächst als heiteres, niedliches Geschehen geschildert wird, bevor das tödliche Ende eintritt.

Rolle des Erzählers

Der **personale Erzähler** beschreibt sowohl den unbeschwerten Abend der Gesellschaft als auch das Eisenbahnunglück anschaulich in chronologischer Reihenfolge. Er stellt die Vorkommnisse aus der Perspektive der handelnden Personen dar, geht von Anfang an aber zu ihnen deutlich auf **Distanz**, indem er z. B. häufig das Personalpronomen „man“ verwendet (vgl. Z. 17, 28, 35, 63). Seinen Spott verdeutlicht er durch verschiedene sprachliche Mittel:

Ironische Distanz

- **Ironie:** „Auf dem Balkon … tranken gute Menschen guten Wein.“ (Z. 1 ff.). Die Intellektuellen sind „bewandert in den Vergnügungen des Denkens“ (Z. 4), aber trotz ihrer geistigen Wachsamkeit fallen sie manchmal „in harten Schlaf" (Z. 8), wobei sie immerhin „mit qualifizierten Träumen" (Z. 9) schlummern.

- **Verniedlichungen (Diminutive):** Vom Balkon des „friedevollen Häuschens" (Z. 1) aus erleben die Gäste, wie ein „Bähnlein" (Z. 42), das in einer Parenthese als „ein gliederreiches Würmchen, jetzt Glühwürmchen" (Z. 22 f.) bezeichnet wird, durch das Tal fährt und schließlich in einer grauenvollen Katastrophe zugrunde geht.
- **Vergleiche** und **Metaphern:** Sowohl der Zug, der „wie ein Spielzeug" (Z. 26) aussieht und als „Glühwurm-Expreß in ein Erdloch" (Z. 32) verschwindet, als auch der Zusammenprall mit dem Gegenzug, der als „eine Spielzeug-Affaire" (Z. 65 f.) erscheint, werden von den auf dem Balkon Versammelten als eine liebenswerte Idylle wahrgenommen. Nur der entgegenkommende Zug, der „wie eine Schlange, hell punktiert, mit feuerroter Schwanzspitze" (Z. 45 f.) erscheint, verdeutlicht die große Gefahr.
- **Übertreibungen/Untertreibungen:** Während man von dem Balkon „hinüber bis nach Südafrika" (Z. 14) sehen kann, wirkt ein Zug lediglich wie ein Spielzeug, was unbedingt erwähnenswert scheint („ja das mußte geradezu gesagt werden", Z. 27).
- **Sentenzen:** Mit banalen Schlussfolgerungen stehlen sich die Intellektuellen aus ihrer Verantwortung. In diese grauenvolle Welt dürfe man keine Kinder hineinsetzen, meint der Schriftsteller (vgl. Z. 39 f.). Gegen viele Dinge in der Welt sei man machtlos, denn: „Die Natur hat leider ihre Mucken und Mücken" (Z. 20), wie jemand sagt.
- **Adverbien** und **Ausrufe:** Seufzer der Erleichterung beruhigen die Intellektuellen, die durch das Zugunglück in einen kurzen Schrecken versetzt wurden: „glücklicherweise" (Z. 56), „gottlob" (Z. 59), „Lieber Himmel" (Z. 62), „hoffentlich" (Z. 64).

Gegensätze

Auf verschiedenen Ebenen herrschen in Polgars Text **Antithesen** vor: Das Verhältnis von Nähe und Ferne (Balkon – anderes Seeufer, Europa – Südafrika) prägt die gesamte Geschichte. Die Intellektuellen sind unter sich in ihrer scheinbar friedlichen Welt, in der sie ihr sorgenfreies Leben genießen, und grenzen sich von den anderen Menschen ab, die Gräueln im Nachbarland oder einem Zugunglück zum Opfer fallen. Den „Greueltaten" (Z. 35) begegnen sie mit „Seelenruhe" (Z. 37). „Aus der weiten Schau betrachtet" (Z. 23 f.), lassen sie das Grauenhafte gar nicht an sich heran, zumal sie „Schmerz und Qual" (Z. 59) weder sehen noch spüren oder hören (vgl. Z. 59 f.).

Schluss:
Polgars Appell

Dieser gewaltige Gegensatz zwischen einer äußerst gefährdeten und gefährlichen Welt sowie dem gelassenen Dasein der untätigen Intellektuellen provoziert auch heute noch. Alfred Polgar versuchte seine Leser mit diesem Text aufzurütteln, indem er dazu ermahnte, Fehlentwicklungen in der Welt nicht nur zu registrieren und zu analysieren, sondern daraus durch konkrete Taten auch die erforderlichen Konsequenzen zu ziehen. So lässt sich der Text „Auf dem Balkon" als **Appell für eine humanere Welt** lesen, in der noch Mitgefühl, Verantwortung und Hilfsbereitschaft vorhanden sind.

Deutsch (Baden-Württemberg): Abiturprüfung 2015
Aufgabe 4: Verfassen eines Essays

Thema:
Die Macht des Sports

Material 1:

Quelle: © Thomas Plaßmann

Material 2:

Johan Huizinga: Homo ludens – Vom Ursprung der Kultur im Spiel

Als es klar wurde, daß der Name *Homo sapiens* für unsere Art doch nicht so gut paßte, wie man einst gemeint hatte, weil wir am Ende doch gar nicht so vernünftig sind, wie das achtzehnte Jahrhundert in seinem naiven Optimismus zu glauben geneigt war, stellte man neben diese Bezeichnung für unsere Spezies den Namen *Homo faber,* der schaffende Mensch. Dieser Name aber ist weniger zutreffend als der frühere, denn *faber* ist auch manches Tier. Was vom Schaffen gilt, gilt auch vom Spielen: recht viele Tiere spielen. Dennoch scheint mir *Homo ludens*, der spielende Mensch, eine ebenso wesentliche Funktion wie das Schaffen anzugeben und neben *Homo faber* einen Platz zu verdienen. […]
Damit hat man also ein erstes Hauptkennzeichen des Spiels: Es ist frei, es ist Freiheit. Unmittelbar damit hängt ein zweites Kennzeichen zusammen.

Spiel ist nicht das ‚gewöhnliche' oder das ‚eigentliche' Leben. Es ist vielmehr das Heraustreten aus ihm in eine zeitweilige Sphäre von Aktivität mit einer eigenen Tendenz. Schon das kleine Kind weiß genau, daß es ‚bloß so tut', daß alles ‚bloß zum Spaß' ist. [...]
Die Frage lautet: Inwieweit entfaltet sich die Kultur, in der wir leben, in den Formen des Spiels? Inwieweit kommt der spielhafte Geist über den Menschen, der die Kultur erlebt? [...]
Auf den ersten Blick scheint eine höchst bedeutsame Kompensationserscheinung den Verlust an Spielformen im Gesellschaftsleben mehr als gutgemacht zu haben. Der Sport hat als Gemeinschaftsfunktion seine Bedeutung im Zusammenleben der Gesellschaft stets mehr ausgebreitet und hat stets mehr Gebiet in seinen Bereich gezogen.
Wettkämpfe in Gewandtheit, Kraft und Ausdauer haben von alters her in jeder Kultur einen wichtigen Platz eingenommen, entweder verbunden mit dem Kult oder nur als Knabenspiele und Festbelustigung. Die feudale Gesellschaft des Mittelalters hatte eigentlich nur für das Turnier besonderes Interesse. In seiner starken Dramatisierung und aristokratischen Ausschmückung ist das Turnier nicht schlechthin Sport zu nennen. Es erfüllte gleichzeitig eine Funktion des Theaters.

Aus: Johan Huizinga, Homo ludens. Vom Ursprung der Kultur im Spiel. Übersetzt von H. Nachod. Reinbek bei Hamburg: Rowohlt Taschenbuch Verlag, 1956, S. 7, 15, 186

Material 3:

Hans Ulrich Gumbrecht: Lob des Sports

Wir können also sagen, daß das Aufgehen in der Zuschauermenge bei Sportereignissen Anlässe geboten hat, die ein Eintauchen in die Sphäre der Präsenz ermöglichen. Denken Sie noch einmal an die Arenen für die römischen Gladiatorenkämpfe und Wagenrennen seit der Mitte des ersten Jahrhunderts oder an die Boxkämpfe in London während des 18. Jahrhunderts, zu denen bis zu 30 000 Zuschauer kamen – und das in einem kulturellen Umfeld, das ansonsten keine sportliche Begeisterung kannte. Diese Zuschauermengen waren die Vorläufer der Massen, die seit dem späten 19. Jahrhundert in einer bis heute ständig wachsenden Zahl die riesigen Sportarenen füllen und die Kulisse für Sportveranstaltungen (zumindest im Mannschaftssport) bilden – was so alltäglich geworden ist, daß wir vergessen haben, wie sehr es, historisch gesehen, die Ausnahme ist. Was den entscheidenden Unterschied bei diesen Zuschauermassen ausmacht, ist der Lärm, das ‚Dröhnen', das mehreren zehntausend Kehlen gleichzeitig entsteigt und nicht nur die eigene Mannschaft beflügelt. Der Lärm wird zu einem physischen Punkt der Selbstreferenz, in dem die Masse der Zuschauer zu einem einzigen Körper verschmilzt. In den vergangenen Jahrzehnten war zu beobachten, wie die Zuschauer sich zunehmend als sichtbare Einheit präsentieren (und zwar vor allem für sich selbst), da eine immer größere Zahl von Fans die Trikots ihrer Mannschaften tragen und sogar ihre Gesichter in deren Farben bemalen. [...] Die Zuschauer jedenfalls sehnen sich nach einem Zustand, in dem ihre physische Energie eins wird mit der Energie der Spieler – und dadurch wächst. Dabei handelt es sich um ein Erleben, das, weit entfernt von einer rein geistigen Vereinigung, eine physische Realität begründen kann. Jedesmal, wenn wir diese kollektive Energie verspüren, wird sie einen bestimmten Raum einnehmen und besetzen, da sie an Körper gebunden ist. Unter psychologischer Perspektive ist dieses Gemeinschaftserleben unabhängig von Sieg oder Niederlage. Natürlich wollen die Zuschauer ihrer Mannschaft zum Sieg verhelfen. Aber die echten Fans bleiben selbst bei einer vernichtenden Niederlage im Stadion, vereint mit ihrer Mannschaft.

Aus: Hans Ulrich Gumbrecht, Lob des Sports. Übersetzt von Georg Deggerich. Frankfurt/M. 2005: Suhrkamp Verlag, S. 139ff.

Material 4:

George Orwell: Sportgeist

Fast jeder Sport, der heutzutage betrieben wird, beruht auf Wettbewerb. Man spielt, um zu gewinnen, und das Spiel hat wenig Bedeutung, sofern man nicht sein Äußerstes tut, um zu gewinnen. Auf dem Dorfanger, wo man Mannschaften wählt und keine lokalpatriotische Gesinnung im Spiel ist, ist es möglich, einfach spaßes- und übungshalber zu spielen; aber sobald die Frage des Prestiges auftaucht, sobald man das Gefühl hat, dass bei einer Niederlage man selbst und irgendeine größere Einheit in Ungnade fällt, werden die wildesten Kampfinstinkte geweckt. Jeder, der auch nur in einem Schulfußballspiel mitgewirkt hat, weiß das. Auf internationaler Ebene ist der Sport, offen gesagt, ein Kriegsspiel. Aber das Wesentliche ist nicht das Verhalten der Spieler, sondern die Haltung der Zuschauer; und, hinter den Zuschauern, der Nationen, die sich wegen dieser absurden Wettkämpfe in Wutanfälle hineinsteigern und im Ernst glauben – zumindest für kurze Zeitabschnitte –, dass Wettlaufen, Springen und Balltreten Kriterien der nationalen Tugend sind. […]
Sobald starke Rivalitätsgefühle geweckt werden, verschwindet der Gedanke, das Spiel nach den Regeln zu spielen. Die Leute wollen die eine Seite obenauf und die andere erniedrigt sehen, und sie vergessen, dass ein Sieg, den man durch Betrügen oder das Eingreifen der Menge erringt, bedeutungslos ist. Selbst wenn die Zuschauer nicht physisch eingreifen, versuchen sie doch, das Spiel zu beeinflussen, indem sie ihrer eigenen Seite zujubeln und die Spieler der Gegenseite mit Buhrufen und Beleidigungen nervös machen. Seriöser Sport hat nichts mit Fairplay zu tun. Er ist eng verbunden mit Hass, Eifersucht, Prahlerei, Missachtung aller Regeln und mit einem sadistischen Vergnügen, Gewalt mitzuerleben, verknüpft: Mit andern Worten, er ist ein Krieg ohne das Schießen. […]

Aus: George Orwell: Denken mit George Orwell. Aus dem Englischen von Felix Gasbarra/Tina Richter. Copyright der deutschsprach. Ausg. © 2005 Diogenes Verlag AG Zürich

Material 5:

Holger Kreitling: Olympia-Eröffnung – „Chinesen inszenieren sich in einer opulenten Oper“

Mit einem grandiosen Schauspiel sind die Olympischen Spiele eröffnet worden. In diesem herrlichen Stadion, an diesem Glückstag der Chinesen, an dem mindestens 10 000 Paare im Land geheiratet haben, gelingt die ganz große Show, eine Peking-Oper der Superlative. Altes und Neues verbinden sich zu Überwältigungskunst: Laserblitze und Feuerwerk, Schauspiel und Elektronik, Zukunft und Geschichte. Die Masse leuchtet und strahlt. Die Masse ist alles. Vier volle Stunden lang. […]

Die Gigantomanie kennt keine Grenzen

Der rasante Aufbruch des Landes, sein hastender technologischer Fortschritt, der Drang zu wirtschaftlicher Prosperität sind in der Show zu sehen. Sie ist größer, perfekter, prunkender als frühere Feiern. Ambition und Fortschritt und die Theorie der ungezügelten Globalisierung lassen sich in die Tänze und Bilder hineininterpretieren. Die Gigantomanie kennt keine Grenzen: Chinesische Erfindungen wie Feuerwerk und Papier werden dargestellt, aus der Darstellung der Seidenstraße erwächst die chinesische Flotte, die die Seefahrernation symbolisiert. Wale sind zu sehen und Wasserfälle. Süße Popmusik erklingt, der Pianist Lang Lang müht sich am Flügel. Asiens heikler Hang zum Kitsch wird gebührend berücksichtigt. Vielleicht hätten die Friedenstaube aus Licht und die vielen Kinderszenen nicht sein müssen. 14 000 Mitwirkende lassen die Jahrhunderte mit Licht und Figuren durchs Stadion purzeln. Dabei müssen auch Opfer gebracht werden: Das 20. Jahrhundert und die maoistische Revolution kommen irgendwie nicht vor. Nur die Soldaten, die im perfekten Stechschritt die chinesische Fahne bringen, erinnern direkt an den Kommunismus. Die mehr als 20 000 im Publikum verteilten Winkleucht-Elemente gemahnen einige im Stadion an kleine Schlagstöcke. Sie werden bunt durch die Luft geschwenkt.

Aus: Die Welt, 8. 8. 2008

Material 6:

Michael Ashelm: Fußball-WM 2014 in Brasilien – „Der Protest wird explodieren“

Er ist dreißig Jahre alt, studierter Stadtplaner und einer der Organisatoren des sogenannten Volkskomitees WM und Olympia – des Comitê Popular. [...]

Mehl gehört zu den wichtigsten Stimmen der Protestbewegung. Sie kritisiert das Milliardengeschäft mit dem WM-Turnier, prangert Korruption und Misswirtschaft der Politiker und Funktionäre an. Die Bewegung fordert den Staat, aber auch den Internationalen Fußball-Verband (Fifa) als Veranstalter der WM 2014 so sehr heraus, dass die Politik fürchtet, die WM könne im Chaos enden. [...]

Die Aufgabe für das WM-Organisationsbüro der Brasilianer (Loc), welches für die Fifa das Turnier umsetzt, wird dadurch nicht leichter. Diese Woche krachte noch ein Kran auf die Tribüne des Stadions in São Paulo und beschädigte Teile der neuen Arena. Zwei Arbeiter kamen ums Leben. Der Zeitplan hängt hinterher. Auch an anderen WM-Orten gibt es Verzögerungen.

Und dann die Proteste. [...]

An Rios Vorzeigestrand ist von den ganzen Problemen nichts zu spüren. Die Menschen an der Copacabana genießen das vorsommerliche Wetter, räkeln sich in den Liegestühlen, bräunen sich oder treiben Sport. Aber auch hier ist von einer Vorfreude auf die WM nichts zu spüren. Nur die Straßenhändler preisen ihre billigen Trikotimitate der brasilianischen Nationalelf aufdringlich an.

Im nächsten Juni werden die hohen Fußballfunktionäre der Fifa direkt an der Promenade im Luxushotel Copacabana Palace logieren. Ein mondänes Kolonialgebäude mit langer Geschichte. Dem Protestler Gaffney fällt dazu eines ein: „Wir befinden uns bei der WM nicht im Jahr 2014, sondern im Jahr 1814. Einziger Unterschied: Die Herrschaften werden nicht auf Sänften herumgetragen, sondern in dunklen Limousinen durch die Stadt chauffiert.“ Und das über speziell freigehaltene Spuren, vorbei am stockenden Verkehr. Das wird bei den Menschen sicher gut ankommen.

Aus: Frankfurter Allgemeine Zeitung, 30. 11. 2013

Arbeitsanweisungen

Verfassen Sie einen Essay zu diesem Thema.

Die vorgelegten Materialien sind als Anregung, nicht als Vorgabe zu verstehen.

Hinweise und Tipps

Das Dossier umfasst sechs Materialien, die mit diversen Facetten zum Thema Sport aufwarten und aus verschiedenen Zeiten stammen. Den Anfang macht eine Karikatur, die auf spöttische Art zeigt, wie im WM-Jahr 2014 ein fremdes Element wie die Kirche einen Nischenplatz in der allgemeinen Fußballbegeisterung findet. Material 2 enthält einen Ausschnitt aus Johan Huizingas Monographie „Homo ludens“ von 1956, der auf den Spielcharakter des Sports verweist. Auf diesen Grundgedanken bauen die folgenden Textauszüge auf: Sei es, dass das Spiel als Sportspektakel von den fanatischen Zuschauermassen (Material 3) oder von der pompösen Inszenierung her analysiert wird (Material 5), oder sei es, dass im Sinne des Wettkampfes seine kriegerische Machart (Material 4) betont wird. Der Schluss des Dossiers wird mit einem Zeitungstext abgerundet, der erneut auf die WM 2014 in Brasilien eingeht und in diesem Zusammenhang Korruption, Kommerz und Misswirtschaft anprangert (Material 6).

Sie müssen zwar nicht zwingend auf das Dossier Bezug nehmen, wenn Sie Ihren Essay verfassen. Aber es lohnt sich, die Materialien genau zur Kenntnis zu nehmen, und zwar aus folgenden Gründen:

- Sie erhalten wichtige Informationen zum Thema (Fakten und Daten).
- Sie bekommen Anregungen (auch für eigene Ideen, die über die Materialien hinausgehen).
- Sie finden eventuell erste strukturelle Ansätze für die Gedankenführung Ihres Essays.
- Sie erkennen an der Qualität und der Vielzahl der Aspekte in den Materialien, dass man dieses Essay-Thema keinesfalls unterschätzen sollte.

Es empfiehlt sich, für alle Textmaterialien ein Abstract zu verfassen – also eine kurze Zusammenfassung der zentralen Aussagen – und diese Notizen durch eigene Ideen, z. B. in Form eines Clusters, zu ergänzen.

Des Weiteren sind für die Erschließung des Themas Fragen sinnvoll, wie z. B.:

- Welchen persönlichen Bezug habe ich zum Sport? Treibe ich aktiv Sport? Bin ich in einem Verein? Oder interessiere ich mich eher passiv für Sport, als Zuschauer, als Fan?
- Wie ist das Thema zu verstehen, was bedeutet „Macht des Sports"? Ist damit die Faszination einzelner Sportarten gemeint? Oder der Einfluss der Sportverbände?
- Was macht Sport aus? Welche verschiedenen Sportarten gibt es? In welchem Verhältnis steht der Sport als Spiel zum Ernst der Alltagsrealität?
- Welchen Stellenwert hat Sport in unserer Gesellschaft? Kommt dem Sport aufgrund von Körperkult und Fitnesstrends vermehrte Bedeutung zu? Oder ist Sport heute vor allem ein großes Geschäft (z. B. Werbung)?
- Hat der Sport in unserem medialen Zeitalter eine andere Wirkungskraft (Fernsehen, Public Viewing), lassen sich zunehmend Sport als Show und Sportler als Stars vermarkten?

Natürlich muss diese thematische Bandbreite nicht vollkommen ausgeschöpft werden. Wohl aber gehört zur Aufsatzform Essay, dass Sie das Thema auf vielseitige, subjektiv originelle und unterhaltsame Weise entfalten. Sie produzieren quasi Ihren eigenen offenen Gedankengang zu dem Thema und können zwischen sachlichen und kreativen, sprachwitzigen Darstellungsweisen (z. B. Verwendung von Metaphern und rhetorischen Figuren) sowie unterschiedlichen Stilformen abwechseln. Trotz des weiten Gestaltungsspielraums sollten ein roter Faden und ein eigener Standpunkt erkennbar sein. Denken Sie bei der Konzeption Ihres Essays an einen Interesse weckenden, individuellen Einstieg und versuchen Sie Ihren Aufsatz am Ende erkennbar abzurunden (Pointe, offenes Ende, rahmender Bezug auf den Anfang etc.).

Lösungsvorschlag in Grundzügen

Wenn sich Sturm- und Abwehrreihen um jeden Meter Boden bekriegen, wenn die eigene Truppe zur Aufholjagd bläst, eine Granate nach der anderen abfeuert, die Schüsse gegen die Mauer prallen oder unter großem Geschrei der Zuschauer ans Lattengebälk donnern und sich der Gegner, um nicht ins offene Messer zu laufen, nur noch mit Blutgrätschen zu wehren weiß – dann ist wieder Samstag. Was auf den ersten Blick nach einem blutigen Schlachtengetümmel klingt, ist nichts anderes als ein **typisches Szenario aus der Fußball-Bundesliga**, die mit steter Regelmäßigkeit die Herrschaft über das Wochenende übernimmt. Vergessen sind die Probleme des Alltags, wenn Massen von Menschen in die Stadien strömen, wenn Schlachtengesänge aus zigtausend Kehlen dröhnen und die Fans in ein Fahnenmeer eintauchen oder aber in den Wohnzimmern das allsamstägliche Sportschau-Ritual über die Flatscreens flimmert. Dann **regiert König Fußball**, fiebert jeder dem Sieg seiner Mannschaft entgegen, entscheiden Taktik, Tore und Tabelle über die Feierabendstimmung und den Gesprächsstoff zu Wochenbeginn.

Kriegerische Sprache in Fußballreportage als Aufhänger

Sportmuffel mögen darüber verständnislos den Kopf schütteln. Ich nicht. **Ich bin Fan. Ich „lebe" meinen Verein.** Hier sind seine Farben, da ist seine Geschichte. Die Zugehörigkeit zu meiner Lieblingsmannschaft prägt mein Leben und gibt mir Halt, ich leide mit ihren Niederlagen und freue mich über jeden Sieg. Waren Sie schon einmal live in einem Fußball-Stadion? Kennen Sie dieses Gänsehautgefühl, wenn Ihre Mannschaft auf den Rasen marschiert, wenn Sie mit all den anderen Zuschauern aufstehen, den Schal mit den Vereinsfarben hin und her schwenken und rhythmisch den Vereinsnamen rufen? Das ist eine geballte Ladung kollektiver Energie, in der Mannschaft und Zuschauer eine Einheit bilden. Ein solches Gemeinschaftserlebnis ist für mich Emotion und Faszination pur. Ich gebe zu, der Fußball, der Volkssport Nummer 1, hat Macht über mich.

Sport als Identifikationsangebot (Bezug zu Material 3)

Man mag einräumen: **Wo der Fan ist, da ist der Fanatiker nicht weit.** Bei Letzterem wird die Liebe für den Sportverein zur Besessenheit. Diese extreme Macht zeigt sich leider immer da, wo Anhänger ihre Emotionen nicht im Griff haben, wo Enttäuschung in blinde Wut umschlägt, Gegenstände auf den Platz fliegen, Fahnen verbrennen und rivalisierende Fangruppen brutal aneinandergeraten. Fast könnte man meinen, der Kampf um den Ball setzte sich auf den Stadionrängen fort, die Tritte und Ellenbogenchecks auf dem Rasen fänden ihre gesteigerte Nachahmung in den Gewaltausbrüchen fanatisierter Zuschauer.

Sport und Fanatismus (Bezug zu Material 4)

An dieser Folgerung mag etwas dran sein. Aber es gibt einen großen Unterschied. **Sport ist Spiel**, das Handgemenge unter den Hooligans dagegen ist Ernst. Ein sportlicher Wettkampf besteht aus Spielregeln, die klar bestimmen, was erlaubt ist und was nicht. Ein Fußballspiel wird zum Beispiel von einem Schiedsrichter geleitet, der auch schon einmal energisch einschreiten und einen Spieler vom Platz stellen muss, wenn dieser wiederholt gegen die Regeln verstößt. Bei den Tumulten auf den Rängen fehlt ein solcher Spielleiter, sie sind Bestandteil des gewöhnlichen, des wirklichen Lebens. Wenn zwei Spieler dagegen um einen Ball kämpfen, dann kämpfen sie nicht wirklich, sondern des Spieles wegen. Der Sport tritt im Spiel aus dem gewöhnlichen Alltag heraus, er ist etwas Besonderes, ein zeitlich und örtlich begrenztes Spektakel, in dem es wie im Leben körperlich zur Sache geht und gewonnen oder verloren wird. Wenn man so will, **steht der Sport stellvertretend für das Leben. Darin liegt seine Macht, seine Faszination.**

Sport ist Spiel und steht stellvertretend für das Leben (Bezug zu Material 2)

Im Sport geht es um Sieg oder Niederlage, es ist ein Wettkampf, aber es ist immer **ein Spiel, kein Kriegsspiel**, und schon gar nicht ein Krieg. Mir ist der Unterschied wichtig. Denn ich bin Fan und kein Hooligan. Eher schon ein Schlachtenbummler. Ja, der altmodische Ausdruck trifft es vielleicht am besten. Im Sport werden Schlachten geschlagen, es wird gefightet, und wir pilgern in die Wettkampfarenen und sehen zu, wie die Gegner sich miteinander messen, jeder der Bessere sein will. Und dann gehen wir, begeistert oder enttäuscht, zurück in unseren Alltag. Im Sport wird auf Zielscheiben oder Tore geschossen, aber nicht auf Menschen; der „Bomber der Nation" war ein Torjäger und keine todbringende Kriegsmaschine und „Bumm-Bumm-Becker" ein Tennisspieler mit Kanonenschlägen aus gelben Filzkugeln. Man könnte sagen, Sport ist Kriegsersatz in Friedenszeiten.

Sport als „Kriegsersatz" in Friedenszeiten (Bezug zu Material 4)

Vielleicht ist das niemals deutlicher geworden als im Jahr 1954, als knapp zehn Jahre nachdem Deutschland in einem selbst verschuldeten, furchtba-

Das Wunder von Bern 1954

ren Weltkrieg unterging, eben dieses Land zur großen Überraschung aller Fußball-Weltmeister wurde und **eine ganze Nation nach all den Gefühlen von Schuld und Niederlage in einen Siegestaumel riss**. Seitdem ist das sogenannte Wunder von Bern ein Zeichen dafür, dass der Sport, dieses zeitlich und örtlich begrenzte, spielerische Spektakel, eine friedliche Alternative sein kann, nationale Selbstwertgefühle zu befriedigen.

Sport als nationales Aushängeschild

Der Sport bietet zahlreiche regionale und nationale Identifikationsmöglichkeiten. In dieser Funktion hat er in den letzten überwiegend friedlichen sieben Jahrzehnten in Europa stark an Bedeutung hinzugewonnen. Als sich in der Zeit des Kalten Krieges mit dem Westen und Osten nicht nur zwei ideologisch gegensätzliche Blöcke, sondern auch **zwei rivalisierende deutsche Staaten** gegenüberstanden, wurden die politischen Duelle vehement häufig über den Sport ausgetragen. Höher, weiter, schneller – ob im Wasser, auf dem Land, im Sommer oder im Winter, **auf der Jagd nach olympischem Gold purzelten die Rekorde** und brachten einen Medaillenregen mit sich, der sich über die beiden Supermächte und damit auch über die beiden deutschen Staaten ergoss: **Sport als nationales Aushängeschild**. Dass dabei die DDR mit steter Regelmäßigkeit mehr Medaillen einheimste, hatte freilich auch seine Kehrseite: Die Wunderwaffe hieß Doping. Wie sich später herausstellte, waren die enormen Leistungen des sozialistischen Sports zum Teil nur durch einen ausgeklügelten Pillencocktail möglich gewesen.

Sportereignisse – von der Politik als Show inszeniert (Bezug zu Material 5)

Sport wird von der Politik missbraucht. Das war schon bei Adolf Hitlers Olympiade in Berlin so, und daran hat sich bei den vielen olympischen Spielen sommers wie winters bis heute nicht viel geändert. Solche sportlichen Großereignisse bieten für die austragenden Länder **eine willkommene Gelegenheit, der Weltöffentlichkeit ihr schönstes Gesicht zu zeigen**. Der Sport muss herhalten, um sich als gastfreundlich, friedliebend und tolerant im Sinne der Völkerverständigung zu präsentieren und innenpolitische Probleme wie Armut, Unterdrückung und Ausbeutung zu überdecken. Dabei hat dieser **scheinheilige Show-Charakter** in unserer heutigen Event-Kultur ein ungeheures Ausmaß angenommen. Haben Sie beispielsweise die Eröffnungsfeier der Olympiade 2008 in China auf dem Bildschirm verfolgt? Da inszeniert sich ein Land in einer Oper der Superlative, stellt die geschichtlichen Errungenschaften seiner Kultur – die Feuerwerkskörper dürfen natürlich nicht fehlen – zur Schau und garniert das Ganze mit kitschiger Musik und einer angestrahlten Friedenstaube. Merkwürdig nur, dass darüber die jüngste Gegenwart vergessen und die maoistische Revolution wie überhaupt der graue Alltag eines kommunistischen Regimes komplett ausgeblendet werden.

Größenwahn sportlicher Megaevents

Offensichtlich lohnt es sich, den Sport für eine attraktive nationale Selbstdarstellung zu vereinnahmen. Sportliche Belange können dabei allerdings schnell in den Hintergrund treten. Warum nicht mal Winterspiele in einer Sommerferien-Region? Das russische Sotchi am Schwarzen Meer macht's möglich. Hier eine Arena, dort ein Eispalast, und den Riesenslalom verlegen wir einfach mal in den Kaukasus, auch wenn der vorher noch nie eine Skipiste gesehen hat. **Im Größenwahn der Mach(t)barkeiten reiht sich ein Megaevent an das nächste**, und jedes Großereignis muss das letzte toppen. **Eine Fußball-WM in der Wüste? Warum nicht?** Was wie ein Witz wirkt, wird WM-Wirklichkeit werden. Austragungsort im Jahr 2022: Katar. Dabei sollte es niemanden verwundern, dass dieser arabische Wüstenstaat mit den sprudelnden Ölquellen zu den reichsten Ländern der Welt gehört. Ob man dort allerdings in der sengenden Hitze genug Kraft hat, gegen den Ball zu treten, scheint keine Rolle zu spielen – Hauptsache, der Dollar fließt.

Sport und Geld scheinen zusammen eine Macht zu bilden, die auch über klimatische und geografische Gegebenheiten hinweggeht. Inzwischen hat man eingesehen, dass es für den Fußball in Katar wohl doch zu heiß ist. Kommt nun ein anderer Bewerber für die WM 2022 in Betracht? Keineswegs! Man verlegt einfach die WM in den Winter, dann sind die Temperaturen in Katar halbwegs erträglich. Wir können dann die Fanmeile auf dem Weihnachtsmarkt aufschlagen und uns bei einer Tasse Glühwein für das Fußballgekicke auf der Großleinwand erwärmen. Der Macht des Sports scheint offenbar nichts mehr heilig zu sein. Der **Fußball erobert die kirchliche Adventszeit**, und anstatt innezuhalten und sich zu besinnen, fiebern wir der Ankunft des neuen Weltmeisters entgegen!

Der Macht des Sports ist nichts mehr „heilig" (Bezug zu Material 1)

Aber warum macht der Sport vor nichts Halt, warum kennt er keine Grenzen mehr? Weil er **ein gigantisches Geschäft** ist und sich in unserer heutigen medialen Gesellschaft hervorragend vermarkten lässt. Das öffentlich-rechtliche Fernsehen, die Privatsender und das Pay-TV teilen sich den heiß umkämpften Markt der Sportberichterstattung. Dort jedoch, wo beliebte Sportereignisse von den Medien in die Wohnzimmer übertragen werden, sind auch die Sponsoren nicht weit. **Kein Austragungsort, wo sich nicht ein Werbepartner wichtigmachen würde**, ob auf Plakaten, Stadionbanden oder Sporttrikots; ja sogar noch auf dem kleinsten Hemdkragen findet sich das Logo oder der Schriftzug einer Firma, wie wenig sie auch immer mit dem jeweiligen Sport zu tun haben mag. Formel-1-Rennwagen kommen, gepflastert mit Werbeaufklebern, als rollende Litfaßsäulen daher und Skifahrer stehen auf dem Siegertreppchen wie Christbäume, behangen mit allen nur denkbaren Ausrüstungsgegenständen der verschiedensten Marken. **Der Sport und der Sponsor** – sie gehören heute untrennbar zusammen. Der Kommerz bindet die Sportvereine immer enger an Konzerne, große Stadien werden z. B. nach Versicherungen benannt. Umgekehrt ist ein erfolgreicher Verein heute selbst wiederum ein Markenzeichen und probiert sogar den **Gang an die Börse**. Oder aber man kurbelt den Verkauf von Fanartikeln an: Ob auf der Bettwäsche, dem Schreibmäppchen oder dem Waschbeckenstöpsel – das Vereinswappen ist immer mit dabei. Der Sport wirbt für sich und über den Sport wird für anderes geworben. Womit wir wieder bei der samstäglichen Sportschau wären. Da wechselt sich die Berichterstattung über die Fußballschlachten in der Bundesliga mit Werbespots zu Baumärkten, Bier und blitzschnellen Blechkisten ab – eben all das, was den typischen, meist männlichen Sportfan interessiert.

Sport, Medien und Werbung – ein gigantisches Geschäft

Darüber vergessen wir schnell, dass Sport nicht nur ein Ereignis ist, dem man von der Tribüne oder vom Wohnzimmer aus zuschaut. Sport ist ja in allererster Linie eigentlich Bewegung, die man auch **selbst ausüben** kann. Früher sagte man dazu Leibesübung. Und so schalte ich den Fernseher aus, hake den Bundesliga-Spieltag ab (mein Verein hat eh verloren), lasse die Werbung und den ganzen sportiven Medienrummel hinter mir, ziehe mein neuestes Marken-Runningshirt an, schnüre meine supergelben Speedcross-Schuhe, starte meine Jogging-App – und los geht's!

Fast vergessen: Sport kann man auch selbst ausüben

Deutsch (Baden-Württemberg): Abiturprüfung 2015
Aufgabe 5: Analyse und Erörterung nicht fiktionaler Texte
Schwerpunkt: Erörterung

Thema:
Rebekka Reinhard: Haltung bewahren

Bis zu seinem vierzigsten Geburtstag führte Marc Aurel (121–180 n. Chr.) ein ziemlich angenehmes Leben. Der Kaiser, sein Adoptivvater Antoninus Pius (86–161 n. Chr.), der ihn zum Mitregenten machte, gab ihm Freiräume, das zu tun, was er am liebsten tat: philosophieren. Kaum aber hatte Antoninus Pius' Zögling selbst den Kaiserthron bestiegen, versetzten Parther[1] und Germanenvölker das Römische Reich in Schrecken. Marc Aurel, der mit Militärischem nichts am Hut hatte, musste ins Feld ziehen. Um inmitten des Waffengetümmels nicht wahnsinnig zu werden, notierte er, so oft es ging, auf einem Wachstäfelchen die Erkenntnisse seiner Lieblingsphilosophen – der Stoiker. In seinen legendären „Selbstbetrachtungen" ermutigt er sich, angesichts widrigster Umstände gelassen zu bleiben: „Man soll aufrecht stehen, ohne aufrecht gehalten zu werden."

Die Probleme und Krisen, mit denen wir uns herumschlagen, sind Gott sei Dank weit weniger lebensgefährlich. Was uns heute Angst macht, sind nicht die Quaden[2] oder die Markomannen[2]. Es ist die Unübersichtlichkeit einer globalisierten Welt.

Demographischer Wandel, Klimawandel, Wandel der Vermögensverteilung, technologischer Wandel: Wenn sich alles verändert, was bleibt denn dann eigentlich noch? Wenn wir fern von unseren Liebsten sind, die in irgendeiner anderen Stadt, auf irgendeinem anderen Kontinent ihren Geschäften nachgehen – woran können wir uns überhaupt noch festhalten?

An uns selbst. Vorausgesetzt, wir entwickeln eine innere Haltung, einen Ethos, der uns durch alle Veränderungen hindurch trägt. Und zwar durch die Aufmerksamkeit auf den Augenblick, eine von Marc Aurels Lieblingsstrategien. Nach Meinung des Kaiser-Philosophen und aller Stoiker lohnen die meisten Aufregungen nicht, da sie sich immer entweder auf Vergangenes oder Zukünftiges beziehen. Selbst wenn früher alles besser war und morgen alles schrecklicher wird: Auf die Vergangenheit haben wir ohnehin keinen Einfluss mehr (sie steht ja schon fest), und die Zukunft können wir noch nicht beeinflussen (sie ist ja noch nicht). Nur die Gegenwart gehört uns, nur über sie können wir – zumindest teilweise – bestimmen. Aber wie lernt man Gegenwärtigsein?

Indem man dem Multitasking ab und zu die kalte Schulter zeigt und sich nur einer einzigen Sache widmet. Dem (Briefe- oder Tagebuch-)Schreiben, dem Lesen, dem Spazierengehen oder dem Zuhören zum Beispiel. Konzentration ist die Essenz des Gegenwärtigseins. Eine Gabe, die es zu pflegen gilt wie ein vom Aussterben bedrohtes Pflänzchen. Besonders in einer Zeit, in der niemand mehr sein Wachstäfelchen durch die Gegend schleppt. Wozu auch? Marc Aurels „tabula"[3] ist längst dem Tablet-PC gewichen. Aber während das Beschriften eines Wachstäfelchens ungeteilte Aufmerksamkeit erforderte, verführt das Herumwischen auf einem Tablet-PC zu geteilter Unaufmerksamkeit. Wir können das „Touch and Feel" noch so kompetent beherrschen – wir werden kein einziges App finden, das uns innere Haltung beschert …

„Aufrecht stehen, ohne aufrecht gehalten zu werden" hieß für Marc Aurel: Bloß nicht auf irgendetwas warten, erst recht nicht auf das Glück. Wer jetzt nicht glücklich ist, ist es (möglicherweise) nie. Er wird sich immer an Erfolgen und Misserfolgen aufreiben, die irgendwann einmal wichtig waren oder sein werden. Wahres Glück kann niemals nur ein vorübergehender Zustand sein. Glück ist immer genau jetzt. Denn es ist eben keine Frage der richtigen Umstände, sondern der geistigen Haltung.

Zu einer solchen Haltung gehört auch, eine Antwort auf die vielleicht grundlegendste aller lebensphilosophischen Fragen zu haben: Wofür lebe ich? Oder mit anderen Worten: Was motiviert mich eigentlich, jeden Tag aus dem Bett zu steigen? Unsere ganz persönliche Antwort darauf gleicht einem inneren Kompass, der uns zuverlässiger als sämtliche Navigationssysteme durch die Stürme dieses Lebens führt.

„Wenn du eines Morgens nicht gern aufstehen magst, denke: Ich erwache, um als Mensch zu wirken", heißt es in den „Selbstbetrachtungen". In einer Zeit, in der man uns ständig zuruft: „Grenzen gab's gestern – also stellt euch nicht so an, seid perfekt, arbeitet hart, macht so viel wie möglich gleichzeitig und wehe, ihr habt keinen Spaß dabei!", kostet es natürlich etwas Mühe, den Wert des Nur-Mensch-Seins zu erkennen. Man muss nämlich erst einmal das jeweilige internetfähige Gerät, das einen gerade noch in Aufregung versetzte, weglegen und in einen schweigenden Dialog mit sich selbst treten. Denn nur auf diese Weise kann man herausfinden, was wirklich zählt. Ob es die Familie ist, der Roman, den man schon seit Jahren schreiben will, oder die Schönheit der Natur. Persönlichkeiten wie Marc Aurel inspirieren uns dazu, das Leben nicht ohnmächtig zu erleiden, sondern Haltung zu zeigen, aktive Gestalter unserer Existenz zu werden. Mit dem entsprechenden Wertebewusstsein, mit dem entsprechenden Respekt für die Kostbarkeit jeden Moments.

Aus: Süddeutsche Zeitung – Beilage „Wohlfühlen" Nr. 4/November 2012, S. 6 f. (bearbeitet)

Worterklärungen

1 Parther: Stamm des Perserreichs
2 Quaden – Markomannen: germanische Stämme
3 tabula (lat.): Wachstafel

Arbeitsanweisungen

- Arbeiten Sie die Kernaussagen des Textes heraus.
- Setzen Sie sich mit den Ausführungen der Verfasserin auseinander.

Bitte beachten Sie, dass der Schwerpunkt der Gewichtung auf der zweiten Teilaufgabe liegt.

Hinweise und Tipps

Teilaufgabe 1

Die erste Teilaufgabe verlangt eine geraffte Wiedergabe des vorliegenden Artikels von Rebekka Reinhard unter Herausarbeitung der zentralen Gedanken der Autorin. Beachten Sie, dass Sie zu einer **rein inhaltlichen Auswertung** aufgefordert werden – sprachlich-rhetorische Gestaltungsaspekte sind nicht von Belang!

Da diese Teilaufgabe die Grundlage für die anschließend abzufassende Erörterung bildet, sollte Ihre Bearbeitung nicht zu oberflächlich ausfallen – sie kann Ihnen schließlich wichtige Hinweise oder Ideen für Ihr weiteres Vorgehen liefern.

Ermitteln Sie die zentrale These des Artikels und legen Sie dar, durch welche inhaltlichen Pfeiler sie gestützt wird. Suchen Sie nach inhaltlichen Zäsuren, rekonstruieren Sie die gedankliche Struktur, zeigen Sie Querverbindungen auf – und suchen Sie unbedingt nach argumentativen Schwachstellen wie Brüchen oder Lücken. Diese können Sie für Ihre anschließende Auseinandersetzung mit dem Text (zweite Teilaufgabe) nutzen. Vermeiden Sie es aber unbedingt, in der ersten Teilaufgabe Kritik zu üben, auch wenn Sie dazu bereits Vorarbeiten geleistet haben. Beschränken Sie sich auf eine **sachliche, nüchterne Wiedergabe**.

Da die Aufgabenstellung keine vertiefte Analyse des vorliegenden Artikels beabsichtigt, bedarf es auch keiner übermäßigen Zitat- oder Verweiskultur. Zur inhaltlichen Absicherung

(v. a. bei der Paraphrase entscheidender Textpassagen) sei dennoch angeraten, auf die entsprechenden Stellen zu verweisen oder zentrale Formulierungen direkt dem Artikel zu entlehnen. Der **gerafften Wiedergabe** sollte ein knapper **Basissatz** vorausgehen, der über die Textart, die Autorin, den Entstehungszeitpunkt und die behandelte Thematik Aufschluss gibt.

Teilaufgabe 2
Die zweite Teilaufgabe fordert Sie dazu auf, eine auf Rebekka Reinhards Artikel bezugnehmende **Erörterung** abzufassen. Hierbei gilt es, die Anforderungen des Operators „auseinandersetzen“ genau zu beachten: Dieser fordert Sie dazu auf, sich mit Reinhards Verständnis von Glück und ihren Handlungsgeboten zum Erreichen desselben kritisch, differenziert, argumentativ und urteilend zu befassen. Das Adverb **„kritisch“** ist in diesem Zusammenhang besonders hervorzuheben, da Reinhard der technologisierten Welt wenig spezifisch, vor allen Dingen aber mit einem einseitigen Gefühl der Angst gegenübertritt – den positiv zu bewertenden Chancen und Möglichkeiten unserer heutigen Zeit widmet sie sich überhaupt nicht. Ebenso ist zu prüfen, inwiefern die von Reinhard hochgehaltene Lebensmaxime des römischen Kaisers Marc Aurel, sich ausschließlich auf das Hier und Jetzt zu konzentrieren und sich in schweren Zeiten selbst Halt zu geben, heutzutage noch Gültigkeit besitzt.
Vergegenwärtigen Sie sich also, bevor Sie Argumente für Ihre Erörterung entwickeln, die im Zuge der Bearbeitung der ersten Teilaufgabe aufgedeckten **Schwachstellen in Reinhards Argumentation**. Klären Sie, inwieweit ihre Argumente stärker differenziert, erweitert, womöglich aber auch grundsätzlich infrage gestellt werden können. Es ist in diesem Zusammenhang ebenso legitim, zuweilen auch notwendig, mitunter völlig neue Argumente ins Feld zu führen, deren Fehlen in Reinhards Artikel als Makel empfunden wird.
Es empfiehlt sich, diesen Aufsatzteil entweder mit einer **allgemeinen Kritik** am vorliegenden Text oder mit **Leitfragen** zu eröffnen, die sich aus Reinhards Text ableiten lassen. Benennen Sie die ausgemachten Schwachstellen oder zweifeln Sie sie an, um Ihre nachfolgende Auseinandersetzung vorzubereiten bzw. zu legitimieren.
Als grobes strukturelles Raster Ihrer Argumentation dürfen Sie sich direkt an Reinhards Artikel orientieren. Setzen Sie sich mit jedem ihrer Argumente auseinander, bauen Sie Ihre eigenen im Dreischritt Behauptung – Begründung – Beleg/Beispiel aus, erweitern Sie die Breite des thematischen Spektrums.
Ihre Erörterung sollte mit einem knappen **Fazit** schließen, das die wesentlichen Ergebnisse noch einmal prägnant und zusammenfassend darlegt.

Lösungsvorschlag in Grundzügen

Teilaufgabe 1
Basissatz

In ihrem Artikel „Haltung bewahren“, der im November 2012 als Teil der Beilage „Wohlfühlen Nr. 4“ in der „Süddeutschen Zeitung“ erschienen ist, ruft Rebekka Reinhard zu einer **Haltung des „Gegenwärtigseins“** (Z. 30 f.) als Reaktion auf eine **unübersichtlich gewordene Welt** auf.

Ausgangspunkt: Marc Aurel

Reinhard wählt als Ausgangspunkt den philosophierenden römischen Kaiser Marc Aurel, der sich seinerzeit einer Bedrohung des Römischen Reiches durch äußere Aggressoren stellen musste. Um sich in jenen kriegerischen Zeiten seine geistige Gesundheit zu bewahren, habe sich Marc Aurel, inspiriert durch die von ihm verehrten Stoiker, auf das **Hier und Jetzt** konzentriert, denn **Vergangenheit und Zukunft** lägen ohnehin außerhalb des eigenen Einflussbereiches (vgl. Z. 20 ff.). Man solle „[b]loß nicht auf etwas warten, erst recht nicht auf das Glück“ (Z. 38 f.), da dieses sich **ausschließlich in der Gegenwart** konstituiere (vgl. Z. 42).

Konzentration auf das Hier und Jetzt

Appell an den Leser, sich selbst Halt zu geben

Reinhard **applaudiert** der Devise des römischen Kaisers, **„[a]ufrecht [zu] stehen, ohne aufrecht gehalten zu werden“** (Z. 38), und ruft dazu auf, sich diesen „Ethos, der uns durch alle Veränderungen hindurch trägt“

(Z. 19 f.), anzueignen, um sich in einer **globalisierten und technologisierten Welt** von **äußeren Einflüssen** freizumachen und sich selbst Halt geben zu können (vgl. Z. 19 ff.): Indem man dem **Multitasking** gelegentlich abschwöre (vgl. Z. 28 f.) und „das jeweilige internetfähige Gerät" (Z. 54) weglege, könne man in Zeiten stetigen Wandels die „**Aufmerksamkeit auf den Augenblick**" (Z. 20 f.) erlernen und erkennen, was im Leben wirklich entscheidend sei (vgl. Z. 55 f.). Reinhard schließt mit dem Appell, „das Leben nicht ohnmächtig zu erleiden, sondern [...] **aktive Gestalter unserer Existenz** zu werden" (Z. 58 f.).

Kritik am Multitasking

Abschließender Appell

Teilaufgabe 2

Zusammenfassung der Position Reinhards

„Was uns heute **Angst** macht, [...] ist die **Unübersichtlichkeit einer globalisierten Welt**. [...] Demographischer Wandel, Klimawandel, Wandel der Vermögensverteilung, technologischer Wandel: Wenn sich alles verändert, was bleibt denn dann eigentlich noch?" (Z. 12 ff.) Rebekka Reinhard steht Veränderungen **kritisch** gegenüber und sieht in der „**Aufmerksamkeit auf den Augenblick**" (Z. 20 f.) ein probates Mittel, um dagegen zu bestehen.

Leitfragen

Was aber, wenn der Quell unseres Leids dem Hier und Jetzt entspringt? Ist der vorgenannte **Lebensgrundsatz** Marc Aurels tatsächlich der Heilsbringer, als den Reinhard ihn ausmacht? Sind **Globalisierung und Technologisierung** wirklich Schreckgespenster, die es abzuwehren gilt?

Relativierung: andere Zeiten, andere Umstände

Marc Aurels Lebensgrundsatz als Produkt äußerer Umstände

Reinhard selbst räumt ein, dass „[d]ie **Probleme und Krisen**, mit denen wir uns herumschlagen, [...] weit weniger lebensgefährlich" (Z. 11 f.) sind als jene, denen sich der römische Kaiser gegenübersah. Marc Aurels Streben nach **innerer Haltung** war ein Produkt seiner äußeren, widrigen Umstände: Er war **alternativlos**. Als Staatsoberhaupt in die Rolle des Feldherren gezwungen, die Last eines ganzen Reiches auf seinen Schultern, tagtäglich mit den Schrecken des Krieges konfrontiert, fern von seinen Liebsten – in jener Welt gab es nicht viel, an dem er sich hätte festhalten können. So konzentrierte er sich zwangsläufig auf das Einzige, was ihm noch Halt und Beständigkeit bescheren konnte: sich selbst.

Eingeschränkte Zustimmung: moderner Mensch kann trotz Problemen sein Leben weitgehend frei gestalten

Ja, auch unsere Welt verändert sich rapide und nicht immer zum Guten. Ja, wir müssen uns Tag für Tag zahllosen **Herausforderungen** stellen. Ja, das ängstigt uns zuweilen. Dennoch leben wir in einer **Welt der Alternativen**. Während Marc Aurels Pfad durch seine Geburt als Kaisersohn bereits vorgezeichnet war, bewegen wir uns in einer freiheitlichen Gesellschaft von Kreuzung zu Kreuzung und können meist selbst entscheiden, in welche Richtung wir abbiegen möchten. Möchten wir Banker oder Bäcker werden? Möchten wir eine Familie gründen oder unseren Lebensweg lieber alleine beschreiten? Möchten wir Wurzeln schlagen oder zieht es uns doch in die Ferne? **Entscheidungen**, die uns allein obliegen.

Umwertung: Globalisierung und Technologisierung als Chancen

Töricht, wer Globalisierung und Technologisierung angesichts einer derartigen **Vielfalt an Entscheidungsmöglichkeiten** nicht als **Chance** begreift: Kaum jemand muss heutzutage „aufrecht stehen, ohne aufrecht gehalten zu werden" (Z. 10), wenn er das nicht möchte oder vermag. Ein globales Telekommunikations- und Verkehrsnetz gibt uns jederzeit (und nahezu allerorts) Mittel an die Hand, unseren Liebsten nahe zu sein, auch wenn sie noch so fern sind, und bei ihnen Halt zu finden, wenn wir diesen benötigen.

Weitere positive Seiten moderner Technik

Doch auch über die Pflege sozialer Kontakte hinaus befähigen uns heutige Technologien dazu, mit der **Schnelllebigkeit** unserer modernen Welt Schritt zu halten und eine Fülle an Aufgaben **effizient und unkompliziert** zu erledigen. Der von Reinhard argwöhnisch beäugte „Tablet-PC" (Z. 35), zugegebenermaßen nicht selten als **Mittel der Zerstreuung** missbraucht, ist zu einem modernen Schweizer Taschenmesser herangereift: Notizblock, Schreibmaschine, Terminkalender, Taschenrechner, Postzentrum und Rechercheinstrument verschmelzen in ihm zu einem **funktionalen Ganzen**, das uns Tag für Tag viel Zeit einspart. Zeit, die wir in uns selbst investieren können, wenn uns danach ist – und falls doch einmal der Wunsch nach **Kultur** aufkommt, lassen sich auch Bibliotheken, Videotheken und Plattensammlungen schmerzlos einbinden und überall erleben. Man darf davon ausgehen, dass Marc Aurel als fortschrittlicher Römer die Vorzüge einer derartigen Technologie zu schätzen gewusst und seine Wachstafel bereitwillig gegen einen Taschencomputer getauscht hätte. Die Gefahr der „geteilte[n] Unaufmerksamkeit" (Z. 35) erwächst nämlich nicht per se aus der **Verfügbarkeit von Technik**, sondern aus unserem zuweilen **unverantwortlichen Umgang** damit. Entscheidend ist unsere (Nicht-)Bereitschaft, uns gelegentlich in **Selbstbeschränkung und -beherrschung** zu üben.

Kritik an vereinfachender Argumentation: Technik ist nicht per se problematisch

Hinweis auf die Eigenverantwortlichkeit des Individuums

Insofern ist die **dunkle Kehrseite** unserer allgegenwärtigen Erreichbarkeit und stetigen Mobilität oft **selbstverschuldet**, wenn wir von Termin zu Termin und von Ort zu Ort hetzen, eine E-Mail des Chefs während unseres wohlverdienten Urlaubs beantworten oder die Stille eines zweisamen Moments vom Jingle unseres Mobiltelefons gestört wird. Augenblicke laufen zunehmend Gefahr, flüchtig zu werden, weshalb es umso wichtiger ist, Momenten ihre Einzigartigkeit zurückzugeben und ein hektisches Leben gelegentlich zu **entschleunigen**. Insofern ist Reinhard beizupflichten, wenn sie dazu aufruft, „dem Multitasking ab und zu die kalte Schulter [zu] zeig[en] und sich nur einer einzigen Sache [zu] widme[n]" (Z. 28 f.). Der Chef kann auch einmal warten.

Zustimmung: Bedeutung von gelegentlicher Entschleunigung

Dennoch: Wer sich ausschließlich dem „**Gegenwärtigsein**" (Z. 27) verschreibt und **Vergangenheit und Zukunft** darüber vergisst, handelt unverantwortlich und wirkt eben nicht als „aktive[r] Gestalter unserer Existenz" (Z. 59). Unser heutiges gesellschaftliches Gefüge zwingt uns regelrecht dazu, **vergangene (Fehl-)Entscheidungen** im Hier und Jetzt zu reflektieren und gegebenenfalls umzudenken. Genauso müssen wir unsere **Gegenwart als Nährboden unserer Zukunft** begreifen und aktiv darüber nachdenken, welche Augenblicke wir in 20, 30 oder 40 Jahren erleben möchten. Bildungs- und Karrierewege, Vermögenssicherung, Familienplanung, Eigenheim, Altersvorsorge – die Beispiele sind kaum an einer Hand abzuzählen.

Illustration des Zusammenhangs von Vergangenheit, Gegenwart und Zukunft

Letztlich ist auch Reinhards Behauptung, Glück sei „**keine Frage der richtigen Umstände, sondern der geistigen Haltung**" (Z. 42 f.), in Zweifel zu ziehen: Wie soll ein hungerndes Kind satt werden, wenn es nichts zu essen hat? Wie soll ein Mobbing-Opfer nicht zerbrechen, wenn ihm Gesten der Menschlichkeit verweigert werden? Ist es Zufall, dass in einer vor Kurzem durchgeführten Umfrage ausgerechnet die Schweiz, eines der wohlhabendsten und freiheitlichsten Länder dieser Welt, als das glücklichste ermittelt wurde? Jedes noch so schöne Gemälde benötigt einen Rahmen, der es hält: **Äußeren Bedingungen**, die unser „[w]ahres Glück" (Z. 41) gefährden, muss deshalb **aktiv entgegengetreten** werden. Nur auf diese Weise können wir uns unsere Welt so einrichten, dass auch sie uns Halt geben kann. Alles andere wäre haltlos.

Einspruch: Glück ist ohne entsprechende äußere Umstände nicht greifbar

Fazit